西藏地方近代史资料选辑

许广智　达　瓦　编

西藏人民出版社

图书在版编目(CIP)数据

西藏地方近代史资料选辑/许广智、达瓦编著. －拉萨：
西藏人民出版社,2007.11(2024.9 重印)
ISBN 978－7－223－02278－1

Ⅰ. 西… Ⅱ. ①许…②达… Ⅲ. 西藏－地方史－史料－
近代 Ⅳ. K297.5

中国版本图书馆 CIP 数据核字(2007)第 135697 号

西藏地方近代史资料选辑

编　　著	许 广 智　达 瓦
责任编辑	西绕拉姆　张慧霞
封面设计	格　　次
出版发行	西藏人民出版社(拉萨市林廓北路 20 号)
印　　刷	西藏山水印务技术有限公司
开　　本	850×1168　1/32
印　　张	18
字　　数	450 千
版　　次	2007 年 11 月第 1 版
印　　次	2024 年 9 月第 2 次印刷
印　　数	2,001－4,000
书　　号	ISBN 978－7－223－02278－1
定　　价	36.00 元

前　言

《西藏地方近代史资料选辑》,是我在编写《西藏地方近代史》这本专著的过程中把收集到的资料,通过整理编排而成。近些年来,西藏地方近代史资料性的图书,通过国家、政府和各位学者的多方努力,已正式出版发行的浩如烟海。当然大部分都分散在不同的书刊中,不便于学者查找,尤其对青年学者更是困难。为方便青年学者的学习和研究,特别是对西藏地方近代史的学习和研究提供一个基础性的资料,我们把原来收集到的资料整理出来,并正式出版以供大家选择。

为了大家查阅,我们还把一些亲身经历过某些事件的人所写的回忆录,也收集在本集之中。同时为便于了解西藏历史的过程,我们还列了个西藏近代史大事记,供学者参考。由于时间仓促,存在问题再所难免,敬请各位学者指教!

编　者

2005 年 7 月 15 日

目　录

清朝政府对西藏地方的管理

鸦片战争前后西藏社会和英国对西藏的侵略活动

英国第一次侵藏战争

英国第二次侵藏战争

沙俄侵略西藏的活动

清朝末年在西藏地区的改革措施

英国策划的所谓“西姆拉会议”

辛亥革命前后西藏地方爱国与亲帝势力的斗争

民国以来西藏与中央之关系

西藏和平解放前帝国主义策划“西藏独立”的阴谋活动

西藏近代史回忆文章

清朝政府对西藏地方的管理

钦定西藏章程[1]

乾隆五十八年(1793 年)

镇 抚

——驻藏大臣督办藏内事务,应与达赖喇嘛[2]、班禅额尔德尼[3]平等,自噶布伦[4]以下番目及管事喇嘛,分系属员,事无大小,均应禀命驻藏大臣办理。至札什伦布[5]诸务,亦俱一体禀知驻藏大臣办理,仍于巡边之便,就近稽查管束。

---

①钦定西藏章程:清代对西藏地方的管理,有一个发展过程。清初,敕封达赖、班禅,赐以册印;1728 年(雍正六年),开始设立驻藏大臣办事衙门,直接派遣代表中央政府的驻藏大臣二人办理前后藏一切事务;乾隆初,设立“郡王”制度;1751 年(乾隆十六年),废“郡王”,设立“噶厦”;1793 年(乾隆五十八年),清朝政府对管理西藏地方的办法作了全面改革,以《钦定西藏章程》的形式,对西藏的各种制度作了详细的规定。直至 1959 年西藏民主改革前,西藏地方的政治制度基本上还是依照这些规定。

②达赖喇嘛:达赖,蒙语大海的意思。1653 年(清顺治十年),清朝中央政府封五世达赖阿旺罗桑嘉措为“西天大善自在佛所领天下释教普通瓦赤喇怛喇达赖喇嘛”,赐以金册金印,正式确定达赖在西藏地方政治和宗教的领袖地位。

③班禅额尔德尼:班禅,梵语,意为学识渊博。额尔德尼,蒙语,意为智慧。1713年(清康熙五十二年),清朝中央政府正式封五世班禅罗桑益西为班禅额尔德尼,赐以册印。在西藏其地位仅次于达赖。

④噶布伦:亦作噶伦,西藏地方政府“噶厦”的负责官员,一般设四名,照例三俗一僧,为三品官。

⑤札什伦布:西藏著名寺庙之一,1447 年建,为藏传佛教班禅系统的主寺。

——达赖喇嘛、班禅额尔德尼之呼毕勒罕①，以及前后藏大小呼图克图②之呼毕勒罕，察木多、乍丫、萨喀、西宁等处呼图克图之呼毕勒罕，一经呈报出世，指出数名，均由驻藏大臣将其姓名生年月日，用清汉唐古忒③三样字缮写牙签，贮于钦颁金本巴瓶内，先期传唤喇嘛齐集大昭诵经七日，届期，驻藏大臣亲往监同抽掣。

——前后藏遇有噶布伦、戴琫④、商卓特巴⑤以下大小番目等缺，统归驻藏大臣会同达赖喇嘛拣选，分别奏补拣放。其达赖喇嘛、班禅额尔德尼之亲族人等，概不准干预公事。

——大寺坐床堪布⑥喇嘛缺出，俱由驻藏大臣会同达赖喇嘛秉公拣选，给与会印执照，派往住持。其余小寺堪布喇嘛，听达赖喇嘛自行拣补。

——达赖喇嘛所管大小庙宇喇嘛名数，开造清册，及噶布伦所管卫藏地方，各呼图克图所管寨落人户，一体造具花名清册，于驻藏大臣衙门及达赖喇嘛处各存一份，以备稽查。

——藏内喇嘛前往各外番朝山礼塔者，由驻藏大臣给与照票，限以往还日期，回藏之日，仍将照票缴销，不得逗留边外。如有潜行私越者，即行究治。

——外番人等来藏布施瞻礼者，由边界营官查明人数，禀明驻

①呼毕勒罕：蒙语，意为转世。喇嘛教寺院集团为解决其首领（活佛）的继承而设立的一种制度。

②呼图克图：蒙语，意为圣者，系清朝中央政府授予西藏和蒙古地区喇嘛教大活佛的封号。

③唐古忒：即西藏。

④戴琫：又译代本，藏军高级军官，相当于团长，为四品俗官。

⑤商卓特巴：掌管大活佛仓库的僧官。

⑥堪布：1. 大寺院的扎仓（僧学院）和中小寺院的最高主持者；2. 西藏地方政府中的僧官。

藏大臣验放进口，事毕后，查点人数，发给照票，再行遣回。

——廓尔喀[1]、布鲁克巴[2]、哲孟雄[3]、宗木[4]等外番部落，如有禀商地方事件，俱由驻藏大臣主持。其与达赖喇嘛、班禅额尔德尼通问布施书信，俱报明驻藏大臣，译出查验，并代为酌定回书，方可发给。至噶布伦等，不得与外番私行发信。

——青海蒙古王公等差人赴藏，延请通习经典喇嘛，赴该游牧地方诵经教经者，俱由西宁等处大臣行文来藏，再由驻藏大臣给与执照，并咨明西宁办事大臣，以资查考。

——驻藏大臣每年五六月间奏明，轮流一人，前往后藏巡视边界，操阅番兵，所用乌拉[5]人夫，俱自行给与价值，不得扰累番民，以示体恤。

——驻藏大臣衙门向例设有唐古忒通事译字二名，今增设廓尔喀通事译字二名，共四名，每名每日给支口粮银六分四厘三丝九毫。另派唐古忒番民三四名，令其学习廓尔喀番语字迹，以备将来充补。

——廓尔喀在藏学习汉字学生四名，每人每月支给口粮银五两，由商上[6]发给。

职　掌

——理藩院[7]司员一员，管理达木蒙古八旗官兵三十九族番民事务，承办驻藏大臣衙门清文稿案，三年更换。

---

①廓尔喀：即尼泊尔。

②布鲁克巴：即不丹。

③哲孟雄：即锡金。

④宗木：即亚东。

⑤乌拉：蒙语，蒙古和西藏地区的一种无偿劳役。

⑥商上：西藏地方政府的财政机关“喇恰勒空”的旧称，后来成为噶厦的代称。

⑦理藩院：清朝中央政府管理全国宗教和蒙藏事务的机构。

——达木蒙古官兵，共五百三十八户，在藏当差官兵八十三员名，每月商上发给钱粮，其余俱在达木地方游牧，听候调遣。

——达木八旗固山达八员，佐领八员，骁骑校八员。

——三十九族总百户一员、百户十三员、百长五十三员。

——三十九族共四千八百八十九户，每户每年征收贡马银八分，共征收银三百九十一两一钱二分，交纳商上。

——理藩院笔帖式[1]一员，专司驻藏大臣衙门文移翻清译汉，三年更换。

——前藏粮务一员，管理仓库粮饷，承办驻藏大臣委审案件，三年更换。

——应支驻藏大臣两衙门每月丰折加增及通译口粮，共银四百四十三两零；又应支司员笔帖式二员每月丰折、通事口粮，共银八十五两九钱零；又应支前藏粮务一员每月折色月费及通译口粮，共银一百三十六两八钱零；又应支副粮务一员每月折色月费及通译口粮，共银七十一两三钱；又应支游击一员每月折色盐菜及通事口粮，共银四十二两一钱零；又应支守备一员每月折色盐菜，共银三十两四钱零；又应支千总二员每月折色盐菜，共银三十六两八钱；又应支把总二员每月折色盐菜，共银三十四两四钱；又应支外委五员每月折色盐菜，共银四十四两五钱；又应支兵丁四百五十五名每月饷银，共二千二百二十九两五钱；又应支仓夫六名每月口粮，共银十七两六钱。以上俱小建扣除。

——应支关帝庙春秋祭祀银十六两，又达赖喇嘛每年承领恩赏银一千两，俱年终造报。

——前藏仓额贮青稞二千七百石，小麦三百石，共三千石。

——后藏江孜、定日分驻官兵二百零八员名，每年共应发月费

---

①笔帖式：官名，满语，意为写字人，清朝时各部院衙门皆置笔帖式，以旗人充任，职掌翻译。

口粮等项,银一万二千两。

——副粮务一员,专司监造银钱,一年更换。

——后藏粮务一员,专司监放番兵口粮,及驻藏大臣委查事务,三年更换。

——拉里粮务一员,管理支放兵饷,承办该处委审案件,三年更换。

——拉里各塘汛弁兵三年共需月费口粮,银三万六千两零。

——拉里仓额贮稞麦一千二百石。

——察木多粮务一员,管理支放兵饷,承办该处委审案件,三年更换。

——察木多暨所属各塘汛官兵三年共需月费口粮,银三万四千七百两零。

——察木多仓额贮稞麦一千二百石。

番　目

——噶布伦四名,每名每年支俸银一百两、大缎四;戴琫六名,每年支俸银五十两、大缎二疋。由驻藏大臣衙门造具名册,咨送理藩院,移咨户部支领。如有升革事故,一并咨报理藩院查核。

——噶布伦、戴琫等例得达赖喇嘛拨给寨落庄田,一经缺出,即查明交代与新任接手之人收管,以资办公,毋得据为己有。

——噶布伦系三品顶带;戴琫、仔琫[①]、商卓特巴系四品顶带;边缺营官、大缺营官、如琫[②]、业尔仓巴[③]、协尔帮[④]、朗仔辖[⑤]、希约

①仔琫:亦作仔本,噶厦的下属机构“仔康”的负责官员,管理账目和俗官的委派、调遣与训练。

②如琫:亦作如本,藏军军官,相当于营长。

③业尔仓巴:噶厦管口粮之官员。

④协尔帮:噶厦管刑事案件之官员。

⑤朗仔辖:即拉萨市政府。

第巴[1]系五品顶带；中缺营官、甲琫[2]、达琫、噶厦大中译[3]、卓尼尔[4]系六品顶带；小缺营官、定琫、噶厦小中译、管门、管草料、管糌粑、管帐房、管柴薪、管牛羊厂之各第巴系七品顶带。

——应赏顶带缺内，有喇嘛缺出，以喇嘛补放。俗人缺出，以俗人补放。每届年终，将升革喇嘛俗人各名数造册，咨报理藩院备查。

——噶布伦缺出，在管番兵之戴琫、商上管账目之仔琫、管事之商卓特巴内拣选。

——戴琫缺出，在新设管番兵之如琫内拣选，如不得人，再于边缺营官内拣选，拟定正陪，请旨补放。不得以并未管兵之人充补。

——四品仔琫、商卓特巴缺出，在五品管口粮之业尔仓巴、五品管刑名之协尔帮、六品噶厦办事之大中译升补，或济仲喇嘛[5]内拣选升补。

——五品业尔仓巴、协尔帮缺出，在外管事五品之希约第巴，管地方五品之朗仔辖、密本[6]调补，管马厂之六品达木升补。如系喇嘛缺出，仍以喇嘛坐补。

——五品希约第巴、密本、达木缺出，在五品之大缺营官、五品之边缺营官内调补，及六品之噶厦卓尼尔内拣选升补。

——五品边缺营官缺出，以五品之大缺营官调补，或以六品之中缺营官，六品之甲琫、六品之噶厦大中译升补。

——五品大缺营官缺出，以七六品小中缺营官、七六品小大中译升补。

---

①希约第巴：布达拉宫之僧官。

②甲琫：亦作甲本、藏军军官，相当于连长。

③中译：即秘书。

④卓尼尔：负责传达命令和接待宾客之官员。

⑤济仲喇嘛：西藏地方政府之属员，系僧官。

⑥密本：拉萨市政府“朗仔辖”的负责官员。

——六品大中译缺出，以六品之噶厦卓尼尔调补，或以七品小中译升补。

——七品小缺营官缺出，准于东科尔[1]及喇嘛内选用。

——六品卓尼尔、七品小中译缺出，选东科尔内心地明白者挑补。

——挑取六品卓尼尔、七品小中译、七品小缺营官，须年至十八岁以上，方准当差，不得以幼小之人应名充数。

——布达拉管门、管糌粑、管草料、管帐房、管牛羊厂之各第巴，听达赖喇嘛自行拣补。

——布达拉[2]喇嘛等，除业尔仓巴、希约第巴向有喇嘛充补数缺，仍照旧例，按次补用外，其余只准在布达拉及大小寺庙充当大小执事。将喇嘛拣选噶布伦之例永行停止。

——边缺营官与外番接壤，约束番民，稽查出入，最关紧要。如果到任三年，办理妥善，驾驭得宜，即行更换，记名以戴琫等缺升用。倘办理不善，立即革退。

——喇嘛补放营官，仍在达赖喇嘛前服役者，由驻藏大臣另派妥员，前往该管地方代理，该喇嘛营官不得私行派人前往。

——札什伦布商卓特巴缺出，以岁本[3]、森本[4]喇嘛升用。岁琫[5]缺出，以济仲喇嘛升用。森本缺出，以传事之卓尼尔升用，俱会同驻藏大臣给与印照。其处营官各缺，仍照定例拣选充补。

——札什伦布管茶叶、管柴草等喇嘛，听班禅自行拣补。

——察木多、乍丫、类乌齐三处呼图克图管事之商卓特巴缺出，由该呼图克图拣选二三名，禀明驻藏大臣，会同达赖喇嘛补放。

---

①东科尔：西藏地方政府之属员，系俗官。

②布达拉：即布达拉宫。

③岁本：管理达赖、班禅的饮食、漱洗事务之僧官。

④森本：管理达赖、班禅的服装及卧室之僧官。

⑤岁琫：即岁本。

——补放各缺，均由驻藏大臣会同达赖喇嘛选定后，会发清汉唐古忒三样字印照，给与该番目收执。

营官缺分

——边缺营官十四缺，共二十三名，黑人（疑为俗官）二十二名，喇嘛一名。江卡与巴塘土司交界堆噶尔本、与纳达交界哈拉乌苏、与三十九族交界错拉、与布鲁克巴交界帕克哩、与布鲁克巴交界定结、与哲孟雄交界聂拉木、与廓尔喀交界济咙、与廓尔喀交界官觉、与三暗巴交界补仁、与宗朗所属奔阿交界博窝、与波密交界工布硕卡、与波密交界绒辖尔、与廓尔喀交界达坝喀尔、与作木朗交界。

——大缺营官十缺，共十九名[黑人十五名，喇嘛四名]，乃东、琼结、贡噶尔、仓孜、桑昂曲宗、工布则岗、江孜、昔孜、胁噶尔、纳仓。

——中缺营官四十二缺，共五十九名[黑人四十名，喇嘛十九名]，洛隆宗、角木宗、打孜、桑萨、巴浪、仁本、仁孜、朗岭、宗喀、撒噶、作岗、达尔宗、江达、古浪、沃卡、冷竹宗、曲水、夺宗、杂仁、茹拖、锁庄、子夺、结登、直谷、硕板多、拉里、朗、沃隆、墨竹工、卡尔孜、文札卡、辖鲁、策堆得、达尔玛、聂母、拉噶孜、岭、纳布、岭喀尔、朗错、羊八井、麻尔江。

——小缺营官二十四缺，共二十四名[黑人十四名，喇嘛十名]，金东、拉载、撒拉、浪荡、颇章、扎溪、色、堆冲、汪垫、甲错、拉康、琼科尔结、蔡里、曲隆、札称、折布岭、札什、洛美、嘉尔布、朗茹、哩乌、降、业党、工布塘。

绿　营

——驻扎前藏游击一员、守备一员、千总二员、把总二员、外委五员，汉兵四百五十五名。后藏都司一员、把总一员、外委一员，汉兵一百四十名。

——驻扎江孜守备一员、外委一员，汉兵二十名。定日守备一员、把总一员、外委一员，汉兵四十名。

——驻扎察木多游击一员、千总一员、把总一员、外委一员；江卡汛守备一员、把总一员；梨树汛外委一员；石板沟汛把总一员、外委一员；昂地汛把总一员；硕板多汛千总一员、外委一员；拉里汛把总一员、外委一员；江达汛外委一员；共兵六百十八名。

——驻藏大臣衙门应差兵丁每处三十名，游击八名，都司六名，守备二员每员四名，驻藏司员四名，笔帖式二名，千总把总每员一名，前藏粮员看库兵丁八名。每遇操演日期操演，毋许藉口应差，致有旷废。

番　营

——戴琫六名，由达赖喇嘛处每名各拨给庄田一分，俾资办公。如琫每名每年酌给银三十两，甲琫每名每年酌给银二十两，定琫每名每年酌给银十四两八钱，俱由商上支给。此项银两，令商上于春秋两季备文送交驻藏大臣衙门，转发该管将备，会同戴琫，传齐番目支领。如有侵渔克扣情弊，一经查出，即行严参治罪。

——额设番兵三千名，每名每年给与青稞二石五斗，分为两季，由该管将备会同戴琫等按名散给。如有侵渔克扣，一经查出，即行严参治罪。遇有征调，再照征兵之例，每名每日由商上支给糌粑一斤。

——如琫十二名，每名管兵二百五十名，甲琫二十四名，每名管兵一百二十五名，定琫一百二十名，每名管兵二十五名。以上大小番目，俱由驻藏大臣会同达赖喇嘛，拣选年力精壮之人充补，发给委牌。倘有废弛军律者，即行革退。

——番兵三千名，内驻扎前藏一千名，驻扎后藏一千名，驻扎定日五百名，驻扎江孜五百名。

——番兵三千名，每一千名，定以五分鸟枪、三分弓箭、二分刀矛，按期操演。

——番兵服色，鸟枪兵穿红褐背心，弓箭兵穿白褐背心，刀矛兵穿红边白褐背心，各书“番兵”二字。

——番民挑定额兵者，俱由达赖喇嘛发给执照，免其一家充当乌拉徭役，以示体恤。如有事故革退，仍将执照缴回。

——番兵三千名俱系定额实数，该管将备及戴琫等不得擅行役占。若例外私令跟随服役，以致操防乏人，一经查出，即行从严治罪。

——东科尔中如有情愿充当番兵，及定琫兵目者，准其充伍，按次升用，不许躐等超拔。番兵中如有才技出众者，不但拔补定琫，仍一体按次升擢至戴琫，不得以非东科尔世家阻其上进之路。

——唐古忒兵丁，责令该管将备，督同番目，常川操演，驻藏大臣亲为校阅。技艺纯熟者，酌加奖赏，并将该管之番目记名升擢。技艺生疏者严加责惩，屡教不悛，即行斥革，该管之番目亦分别责降示惩。

——驻防将备俱以所管番兵优劣为等，由驻藏大臣于伊等年满时，查优等者，咨送本省总督、将军、提督，准予保题，仍照旧例升用。次等者，咨部议叙。劣等者，即行参革。

——前后藏、定日、江孜驻防官员，由四川总督遵旨拣选头等出色员弁，派来分驻。驻藏大臣秉公验看，如系以平庸之员充数，立即驳回，不得稍有徇隐。

——驻防将备弁兵，如有营私舞弊，欺凌唐古忒兵丁等事，许戴琫等禀知驻藏大臣，随时严办。如该戴琫番目等操防怠惰，苦累番民，亦许将备等禀明究办。

——现存火药，俟将次用竣，约敷两年备用之时，照例在藏酌造。核计每年应需火药数目，由驻藏大臣衙门发给印票，交噶布伦差派诚实番目，前赴工布地方制造，运解来藏。倘有私造透漏，及扰累该处番民等弊，一经查出，从严究办。

——铅丸火绳，仍照向例，由川省运解到藏，以备操演。

马　政

——前藏听差营马六十匹，后藏听差营马二十匹。

——自南墩迤西百里之江卡起，至江达底塘止，四十三塘，共塘马二百二十匹。

——前藏迤西底塘起，至后藏定日止，新设番塘二十四处，共番马九十八匹。

贸　易

——在藏居住贸易之巴勒布①、克什米尔等，准其常川兴贩，查明该番回商头等名数若干，造具清册，交驻藏大臣衙门存案备查。

——巴勒布每年准贸易三次，克什米尔每年准贸易一次，于前赴外番营贩货物时，该商头呈明驻藏大臣，由何路行走，发给执照，以便稽查出入。

——凡在藏贸易之外番商民，请领驻藏大臣照票出口、过江孜、定日，由该备弁查验明确，始准放行；其自外番来藏者，亦由该备弁查明人数，报明驻藏大臣，一体按名注册，以备查考。

——唐古忒边界番民，与接壤居住之巴勒布番民，就近易换盐米，饬令各该管地方备弁营官，就近约束稽查，毋许私越。

——济咙、聂拉木两处抽收米石盐斤，及货物到藏后按包纳税，俱照旧例办理，毋得稍有加增。

——在藏商民等，或有争占便宜，不安本分等事，听驻藏大臣随时查办。如驻藏大臣衙门，及各文武员弁衙门书吏通事人等，有藉端需索等弊，一经查出，即行从严参究惩治。

——江孜、定日驻防备弁，如有藉端需索外番，及扰累商民，并或得钱纵容出入等弊，一经查出，立即从严参革治罪。

①巴勒布：即尼泊尔。

钱　法

——铸造银钱，正面用汉字铸“乾隆宝藏”四字，背面用唐古忒字铸“乾隆宝藏”四字。

——银钱以重一钱、重五分两项搭配铸造。每纹银一两，准兑换一钱重新钱九圆、五分重新钱十八圆。其旧钱系一钱五分重者，亦一例兑换九圆，作为定价。

——铸钱银两，由商上支发，该局铸出钱文，易换银两，即将所换之银，改铸银钱。每钱九圆，易银一两，所余一钱，作为炭火倾销之费。

——番寨租赋，有以银钱折交物件者，商上收纳时，即照所定兑换之数，按新铸旧铸分别折收，不得稍有浮多。至采买各物，亦须公平交易，不得苦累商民。

——铸钱局内，专派仔琫二名，济仲喇嘛二名，以专责成。

——监铸局员，如果勤慎出力，由驻藏大臣保奏。倘敢徇私舞弊，即行严参办理。

租　赋

——前后藏所出租赋，悉归达赖喇嘛、班禅额尔德尼收用，至商上一切出纳，应统归驻藏大臣稽查总核，以杜商卓特巴等侵渔之弊。凡驻藏大臣衙门官用，以及换班官兵，皆不得于商上稍有侵挪。

——各寨租赋，应按年征收，清交商上。该商卓特巴立限严催，经征之济仲营官第巴等，年清年款，不得违限拖延，亦不许先一年预征租赋。如各寨有逃亡绝户，实在田亩抛荒者，即将该户租赋豁免，俟有佃种之人，再行照例升科。

差　徭

——藏内凡大族人户及大寺喇嘛、各处免差照票，一概停止。务使阖藏徭役均平，不致穷番苦累。如实有劳绩者，达赖喇嘛告知驻藏大臣，方准给票。至新设番兵，于挑补兵缺时，仍准发给照票免差，出缺缴销。

——喇嘛番目人等私事往来，不得擅用乌拉，亦不得私发信票。如遇因公差遣，有必须乌拉之处，须禀明驻藏大臣及达赖喇嘛，发给用印照票，编定号数，始准应付。

边　防

——济咙、聂拉木、绒辖、喀尔达、萨喀、昆布、定结、帕克哩沿边一带，均已设立鄂博①，驻藏大臣于巡查边界之便，随时派人堆砌石块，不得日久废弛，致有偷越。

——江孜地方与定结、帕克哩、喀尔达相通，为布鲁克巴、哲孟雄等处部落来藏要路，且由江孜至萨迦沟行走，又可绕往聂拉木一带边界，其唐古忒营官，即令该处驻防备弁管束。

——定日地方为聂拉木、济咙、绒辖要路，又可通萨喀等处，其唐古忒营官，即令该处驻防备弁管束。

——定日地方辽阔，通绒辖之小路辖尔多，通宗喀之小路擦木达杏岭，通聂拉木之小路古喇噶木炯，并宗喀，共计五处，每处设定琫一名、番兵二十五名，即于定日现设番兵五百名内，就近派拨安设，一律随时操演。

——喀尔达地方卡隘二处，一名撒甲岭，一名春堆，均与廓尔喀相通。又定结地方卡隘一处，名擢拉山，与廓尔喀、哲孟雄两路相通。又帕克哩地方卡隘三处，一名哲孟山，与布鲁克巴相通，一名哈尔山，与布鲁克巴小路相通，一名宗木山，与宗木相通。以上卡隘六处，均归江孜守备，派拨番兵，分防巡守。

《西藏志·卫藏通志》卷12　第333—346页
西藏人民出版社1982年出版

---

①鄂博：以土石堆成，作界标用。

嘉庆重修大清一统志关于西藏的记载

西藏在四川云南徼外。东西六千四百余里，南北六千五百余里。东至四川界，东南到云南界，西至西域回部大沙海界，北至青海及回部界。其贡道由西宁以达于京师，一万四千余里。

其地有四：曰卫、曰藏、其东境曰喀木、其西境曰阿里，共辖城六十余，一切赋税，俱献之达赖喇嘛等。其进贡二年一次，贡道由西宁入，其互市在四川西徼打箭炉[①]之地。

卫，在四川打箭炉西北三千余里，即乌斯藏也。番字乌加斯字，切音作卫，盖彼时尚有微识西番字者，而不知切音之为卫也。居诸藏之中，故亦名中藏。东自木鲁乌苏西岸西海部落界，西至噶木巴拉岭藏界，一千五百三十三里；南自鄂木拉冈冲岭，北至牙尔佳藏布河，二千二百余里。

藏，在卫西南五百余里。东自噶穆巴拉岭卫界，西至麻尔岳木岭阿里界，一千八百八十二里；南自帕里宗域之毕木拉岭，北至者巴部落之北打鲁克雨木撮池，一千三百余里。

喀木，在卫东南八百三十二里，近云南丽江府之北。东自鸦龙江西岸，西至努卜公拉岭卫界，一千四百里；南自噶克拉冈里山，北至木鲁乌苏南岸，一千七百里；东南自云南塔城关，西北至索克宗城西海部落界，一千八百五十里；东北自西海部落界阿克多穆拉山，西南至塞勒麻冈里山，一千五百里。

阿里，为西藏之极西边境。东自藏界麻尔岳木岭，西至巴第和木布岭，二千一百余里；南自匝木萨喇岭，北至乌巴拉岭，一千三百余里。

卫地诸城：首曰喇萨，在四川打箭炉西北三千四百八十里。本

---

①打箭炉：即康定。

无城，有大庙，土人共传唐文成公主所建，今达赖喇嘛居此，有五千余户。所居多二三层楼，遇有事即保守此地，其余凡有官舍民居之处，于山上造楼居，依山为堑，即谓之城。曰得秦城，在喇萨东南三十八里。奈布东城，在喇萨东南二百二十里。桑里城，在喇萨东南二百五十一里。垂佳普郎城，在喇萨东南二百六十里。野而古城，在喇萨东南三百十里。达克匝城，在喇萨东南三百三十七里。则库城，在喇萨东南三百四十里。满撮纳城，在喇萨东南四百四十里。拉巴随城，在喇萨东南四百四十里。札木达城，在喇萨东南五百四十四里。达喇马宗城，在喇萨东南五百六十里。古鲁纳木吉牙城，在喇萨东南六百二十里。硕噶城，在喇萨东南六百四十里。朱木宗城，在喇萨东南七百五十里。东顺城，在喇萨东南七百七十里。则布拉冈城，在喇萨东南八百七十里。纳城，在喇萨东南九百六十里。吉尼城，在喇萨东南九百八十里。日噶牛城，在喇萨西南三十里。楚舒尔城，在喇萨西南一百十五里。日喀尔公喀尔城，在喇萨西南一百四十里，有番民二万余家，为卫地最大之城。岳吉牙来杂城，在喇萨西南三百三十里。多宗城，在喇萨西南四百二十里。僧格宗城，在喇萨西南四百三十里。董郭尔城，在喇萨西二十五里。第巴达克匝城，在喇萨东北九十二里。伦朱布宗城，在喇萨东北一百二十里。墨鲁恭噶城，在喇萨东北一百五十里。蓬多城，在喇萨东北一百七十里。以上凡三十城，量地大小，人之多寡，各设宗布木一二人，管理民事。凡五户出一兵，每马兵二十五名，步兵二十五名，设一丁布木辖之。其兵多之地，丁布木一城有至数十人者。凡人马糗粮器械，皆按户均派，有用时传集，事毕仍为民。又卫地东北，与青海诸部接界处，哈喇乌苏，设一堪布喇嘛；木鲁乌苏，设一蒙古寨桑，以供应往来使者马匹乡导，及文移邮递之处。

藏地诸城：首曰日喀则城，在喇萨西南五百三十三里，其先藏巴汗居此，今为班禅喇嘛所居，户二万三千余，兵五千三百余。其余曰标奔城，在日喀则城东一百九十一里。纳噶拉则城，在日喀则城东二百五十里。拜的城，在日喀则城东三百三十二里。拜纳木城,在日喀则城东南七十里。季阳则城,在日喀则城东南一百二十里,户三万余,兵七千五余。乌雨克灵喀城,在日喀则城东南三百七十里。丁吉牙城,在日喀则城西南四百十里。罗西噶尔城,在日喀则城西南五百四十里。帕尔宗城,在日喀则城西南六百四十里。盆苏克灵城,在日喀则城西南七百二十三里。济隆城,在日喀则城西南七百四十里。阿里宗城,在日喀则城西南七百六十里。尼牙拉木宗城,在日喀则城西南七百八十里。纳木林城,在日喀则城西北一百十里。拉则城,在日喀则城西北八百十里。阿布林城,在日喀则城西北九百七里。以上凡十七城,惟日喀则、季阳则二城最大,其俗制与卫略同。

喀木诸城:首曰巴塘城,在喇萨东南二千五百里。又节达穆城,在巴塘城东南五百八十里。其地旧名中甸。桑阿充宗城,在巴塘城西南六百里。匝坐里冈城,在巴塘城西北三百五十里,薄宗城,在巴塘城西北六百里。苏尔莽城,在巴塘城西北八百里。罗隆宗城,在巴塘城西北八百五十里。解冻城,在巴塘域西北九百五十里。舒班多城,在巴塘城西北一千一百五十五里。达尔宗城、索克宗城,俱在巴塘城西北一千二百二十里。滚卓克宗城,在巴塘城北二百八十里。里塘城,在巴塘城东北三百里。本朝康熙五十年,以巴塘、里塘隶四川,中甸隶云南,并设官兵驻防。

阿里诸城:布拉木达克喇城,在布拉木之地,距喇萨西南二千五百余里,其所属有喀尔多木日底二城。又古格扎什鲁木布则城,在喇萨西南二千四百九十余里,其所属有冲龙则布龙楚木尔的三城。拉达克城,在喇萨西南三千七百五十余里,其所属有札石刚丁木刚喀式三城。毕底城,在喇萨西南三千八百余里,鲁多克城,在喇萨西北二千九百三十余里。以上诸城,每户出兵一名,但设宗布木,无丁布木官。

转引自《西藏地方历史资料》第138—140页

鸦片战争前后西藏社会和英国对西藏的侵略活动

文蔚等奏博窝（波密）不服查办添兵剿捕折

道光十五年(1835年)十月初一日

奴才文蔚、庆禄跪奏，为博窝不服查办，分扰番寨汉塘，恃强抵拒。据萨玛第巴克什暨查办之噶布伦策垫夺结先后禀请添兵剿捕，酌筹续派，俾资调用，据实具奏，仰祈圣鉴事。

窃此次博夷滋扰，奴才等已于本年八月二十四日将酌派番兵并饬查办之噶布伦等慎重妥办各情节，奏祈圣鉴在案。嗣据策垫夺结等禀称，前占硕卡番寨博夷，现在退屯附近硕卡之洛直地方，据险阻路。其硕卡迤南之觉木宗及东路阿南多塘汛一带，复行突出博夷，或百余名至四五百名不等，抢民占寨，截夺公文。经堵防大窝地方之总管博窝营官比喜、噶布伦策垫夺结等派兵剿捕，该博夷逞凶抵拒，于八月三十日，九月初四、十三等日迭次接仗，前后杀毙博窝头目、番匪四十余名，生擒三十余名，唐古特番目、兵丁亦阵亡十余名，带伤十余名。阿南多番贼虽经打散，其余觉木宗、洛直等处博番现仍兽聚未退。禀由萨玛第巴克什咨请添派番兵前往攻剿。等因前来。

查萨玛第巴克什、策垫夺结等，自八月十日请兵随往查办后，屡以博番桀骜，非剿办不能摄服，迭次咨禀添兵办理。奴才等当查博番出没无常，要隘不一，前派之番兵，似属不敷分拨，复于后藏江孜营汛番兵内调派五百名，饬交策垫夺结差遣防堵，仍迭札该噶布伦总须持重妥办，毋得轻率开仗偾事。兹据禀报前情，是该博番于派员查办之际，不但负固不服，并敢分扰营寨塘汛，一经剿捕，辄复恃众抵敌，互有杀伤，实属目无法纪。奴才等伏思该博番以蕞尔小夷，人稀地瘠，乃自十二年以迄于今，迭次出巢滋事，戕及番官。历经委员查办，大率姑息养奸，旋服旋扰，。彼以未经惩创，肆元忌惮，遂视杀掠唐古特官民为故常，致令工布、江达等处百姓岁遭抢劫，几不聊生。此次若不使知畏法敛迹，匪特不足摄目下之鸱张，纵使一时伪服。仍必逞其我归彼出之技，边境迄难静谧。且查该番出没路径，多当汉塘营汛。现值噶布伦带兵查办，尚敢威胁塘兵，估拆文件，倘将来于折报饷项事件，稍有疏虞，关系匪细。奴才等再四商筹，酌添前后藏番兵三百名，星赴前途，会合归并，拟令策垫夺结、比喜等酌量分带，东西并进，并札饬素与札布不睦投归商上之上博窝头人汪鲁等堵防边界，毋令札布属下博番窜入。该头人先已信致比喜等，亦愿出兵帮剿，犄贼三面，示以兵威，俾知悔罪输诚，庶不至频年骚扰，震惊边鄙。

现查前路情形，惟觉木宗地方博番势较猖獗，已饬策垫夺结带兵前往，督同戴琫工噶丹珍等相机攻剿，夺复打孜番寨，将来即由彼取路前进。至硕卡、竹拉、江达一带，为前兵之后路，关系运道，已饬派千总刘天德、涂古魁会同噶布伦敦珠卜多尔济、密琫札敦等管带番土目兵，分投防守，并堵截洛直番贼。俟觉木宗一路剿办得手，再令硕卡防兵进攻洛直博夷，合并策垫夺结前进。奴才等仍随时体察贼情，详慎督办，以期迅速蒇事，绥靖边圉。

除俟策垫夺结、比喜两路进攻，会合汪鲁等兵，压札布贼境，该博番情形何如，禀报到日，奴才等再行妥筹具奏请旨外，所有博窝不服查办，据禀添兵剿捕各缘由，理合恭折奏闻，伏乞皇上圣鉴训示遵行。谨奏。

朱批：另有旨。

一史馆藏宫中朱批奏折《元以来西藏地方与中央政府关系档案史料汇编》第874—875页

文蔚等代十世达赖喇嘛奏攻破汤堆边境获安谢恩折

道光十六年(1836年)三月二十六日

奴才文蔚、庆禄跪奏，为达赖喇嘛等恭进佛匣，叩谢天恩，据情代奏，仰祈圣鉴事。

窃奴才等接准达赖喇嘛及噶勒丹锡呼图萨玛第巴克什咨称：博窝头人汤堆札布，自嘉庆年间屡次在东台及工布地方抢劫商属百姓，杀毙唐古特番目，种种不法，历经查办，取具遵依甘结，札布等并不遵奉，旋结旋翻，迄今二十余年，总未安静，商属百姓受害已极，难以聊生。上年甫经投诚，又复滋事，夺寨戕官，目无法纪。经二位大人奏明，派委噶布伦策垫夺结等带领番弁番兵前往剿办。该官兵等现在攻破汤堆贼巢，将札布并其子在阵前杀毙，割取首级，解藏呈验。以多年不法之首恶，一旦被官兵歼灭净尽，肃清汤堆全部，从此边境永远靖谧，百姓共享升平，此皆仰赖大皇帝鸿福天威之所致。我达赖喇嘛及噶勒丹锡呼图萨玛第巴克什实深感激，所有藏台僧俗人民，均皆欢欣无尽。今我达赖喇嘛及噶勒丹锡呼图萨玛第巴克什敬备吉祥哈达各一方、释迦古佛各一尊，叩谢天恩，乞代为呈进。等因前来。

奴才等察看达赖喇嘛等因积贼授首，边境获安，其钦佩圣武，感激天恩，实属出于至诚。理台将递到佛匣装贮妥协，恭折代为奏进，伏乞皇上圣鉴。谨奏。

朱批：知道了。

一史馆藏宫中朱批奏折《元以来西藏地方与中央政府关系档案史料汇编》第878—879页

谕内阁著理藩院议奖萨玛第巴克什

道光十六年(1836 年)七月初五日

内阁奉上谕:文蔚等奏,此次剿办博窝,萨玛第巴克什劳绩较著,恳请量予鼓励。等语。著理藩院议奏,钦此。

一史馆藏军机处上谕档《元以来西藏地方与中央政府关系档案史料汇编》第 879 页

代十世达赖喇嘛等为恩赏平定波密出力官员奏请谢恩折

道光十六年(1836 年)十月二十八日

奴才鄂顺安跪奏,为达赖喇嘛等恭进佛匣,叩谢天恩,据情代奏,仰祈圣鉴事。

窃于本年八月初十日钦奉上谕:将文蔚等保奏博窝军务出力之汉番官员,赏给台吉顶戴,并赏戴花翎。奴才跪读之余,无任感激。当即传集各官,宣读恩旨,率领叩谢天恩,一面行知达赖喇嘛等钦遵去后。

兹据达赖喇嘛及噶勒丹锡呼图萨玛第巴克什咨称:小僧等仰蒙大皇帝恩典,振兴黄教,至优极渥,涓埃未报,时刻难安。昨因博窝野番滋扰,蒙二位驻藏大人奏委番官番兵前往剿办,歼毙首恶,全部肃清,皆系仰赖大皇帝鸿福天威之所致,乃蒙逾格恩施,赏给在事出力番官等许多翎顶,此固大皇帝优待外夷有加无已之鸿恩,实唐古特番官旷世难逢之盛典。小僧等无可报答,惟有督饬噶布伦以及番官等益加奋勉,于唐古特一切事宜,实心实力,妥协办理,并时常念诵经典,恭祝大皇帝万福万寿,以期仰报高厚鸿慈于万一。至此案受恩番官居多,除不准谢恩者列外,今我达赖喇嘛及噶勒丹锡呼图萨玛第巴克什敬备吉祥哈达各一方、古佛各一尊,率领二品顶戴噶布伦策垫夺结、敦珠卜多尔济、丹珍策旺,三品顶戴噶布伦索诺木结布等敬备哈达一方、佛一尊,叩谢天恩,咨请一并代进。等因前来。

奴才察看达赖喇嘛及噶勒丹锡呼图萨玛第巴克什,并噶布伦等,感激天恩,实属出于至诚,理合将递到佛匣装贮妥协,分别代为奏进,叩谢天恩,伏乞皇上圣鉴。谨奏。

朱批:知道了。

一史馆藏宫中朱批奏折《元以来西藏地方与中央政府关系档案史料汇编》第879—880页

鄂顺安奏波密肃清定拟善后章程折

道光十六年(1836年)十二月十七日

奴才鄂顺安跪奏,为博窝番贼全部肃清,谨拟善后章程,恭折奏闻,仰祈圣训事。

窃博窝番贼滋事一案,经前任驻藏大臣文蔚、庆禄派委番官番兵前往剿捕完竣,业经恭折具奏在案。其善后事宜,亦经文蔚等委令前次派往剿办之番官策垫夺结等查议,未及办理,先后卸事。奴才抵任后,当将此案原委详细查阅并细讯该番贼等起事原由。据番官等禀称:该处番民素性强悍,从前并不归达赖喇嘛管束,亦未设有专管番官,因漫无约束,是以屡次出巢滋事,伤害商民。等语。

奴才伏思博窝番贼经此次剿办之后，虽各出具手摹甘结，声称永遵王化。若不妥筹抚驭，仍听其自相雄长，窃恐狼子野心，日久仍沿札布旧习，殊非安抚商民永远之计。复札饬策垫夺结等，详细体察该部落内降番烟户共有若干？其境内番寨何处适中？何处扼要？应否添设官兵？以及该番众每年出巢游牧、贸易均在何时？出入由何隘口？一并详查，拟议禀报，以凭核办去后。

旋据策垫夺结、比喜等先后禀称，遵查该处地界，东至汀麻曲未，西抵纳沃顶，南接野人国交界，北连唐古特批批地方。所有降番烟户，除助恶拒敌当被焚剿不计外，现存约有一千四五百户。并称汤堆、曲木多、纳沃顶均系该处险固扼要之地，不可不添设官兵以资镇抚。其官兵口粮等项，除将札布叛产及厦尔岭巴之子所交赎罪田产拨给外，尚不敷青稞、酥油一万八千余克，拟向该处百姓摊派输纳。该番众每年游牧、贸易，东路则由八里郎一带出巢，西路则由工布一带出巢，回巢向无一定月日，出巢人畜亦无确数。禀请核办。等语。

奴才查该番官等亲历博窝境内一年有余，所禀情形自系确实。惟查该处百姓从前在札布属下并未纳粮，今既归达赖喇嘛管下，自应格外体恤，使其心悦诚服，永矢恭顺，今若令其纳粮，是该百姓等投归达赖喇嘛，较之在札布属下有损无益，殊未妥协。否则官兵不敷口粮过多，一时又实难筹划。奴才卷查道光十五年前任驻藏大臣隆文等，曾在宿凹宗等处奏添番官六员。彼时因札布尚未剿灭，是以尽在边界地方安设以资防堵，今已抵札布巢穴，此等地方即系无关紧要之区，若将宿凹宗、宿木宗、普咙寺三处番官裁撤，每年约可节省银钱一千一百余元，庶不敷口粮易于筹划。随与达赖喇嘛及现掌印之萨玛第巴克什等咨商，并札饬番官策垫夺结等，将拟裁三处番官有无格碍之处禀复详查去后。

兹据策结夺结等禀称：此次札布滋事，宿凹宗等三处并未助恶，地方亦非冲要，所有三处番官尽可裁撤。并据达赖喇嘛等咨称：今博窝百姓既归我管束，即系我之子民，自当体恤，所有拟设官兵不敷口粮，断不可令该处百姓摊纳。我达赖喇嘛等查现有每年散放前后藏番官番兵口粮余存青稞一项；又东台、工布各番官每年交纳商上差钱；又续查出上下博窝等处有被官兵歼毙及犯法充往别处之人所遗田地，募人耕种，每年约可得青稞三千余克，合计足敷添设官兵口粮之用。咨请核办前来。

奴才复细心酌核，博窝为极恶之区，今既经平定，约束不可不严，镇捍不可不备。游牧无定期，则盘踞游奕行住皆易为非；贸易无稽查，则凶番游民往来无难勾结，是则设官募兵以及稽查游牧、贸易，实属现在博窝善后切要事宜。谨拟章程四则，附缮清单，恭呈御览，伏乞皇上圣鉴训示遵行。谨奏。

道光十七年正月二十四日奉朱批：该部议奏。单并发。钦此。

附　善后章程条款

谨将酌拟善后章程各条，分款开列清单，恭呈御览。

一、宜酌设营官以申约束也

查博窝番众现俱投诚，核其烟户已在千余户以上，加以番寨畸零，风俗刁野，若不钳束羁縻，则夷性犬羊，或萌故智，将来恐仍滋事端。兹拟除该境迤东曲木多地方为下博窝东路要隘，十五年间曾经奏添四品总管营官一员，应仍其旧，毋庸添设外，其汤堆番寨，前为札布巢穴，适中扼要，酌设五品营官一员，居中镇抚。该营官员缺，即将附近汤堆之批批营官调驻兼管。批批地方，毋庸另添额缺。该境迤西纳沃顶地方，南通工布则冈，西连硕卡，为该博窝西境要地，拟设六品营官一员，协同汤堆营官，犄角钳制，约束降番，毋令生事。其原设之宿凹宗、宿木宗、普咙寺三处番官，既非冲要之区，应即裁撤，以节縻费。所有该处地粮词讼等事，仍由曲木多总管营官汇总复核办理。如此总辖分管，庶不致漫无统属，积久弊生也。

一、宜添募土兵以资弹压也

查下博窝边界，前经添设营官，而有官无兵，殊不足以壮声威，而资控制。兹查曲木多、汤堆、纳沃顶三处营官，分控博窝全境紧要，拟各添设土兵五十名，均令于唐古特百姓内，择其精壮者召募充当，给予口粮、器械，造册申赍噶厦，转禀存案。遇有出缺、辞退等事，仍行补募足额。是则平日借以弹压，既可消降番不逞之心，即或小有抵触，而东、西、中三处并有兵力，声势连络，亦易于防遏扑剪。所有添设番官土兵口粮，即由查抄札布父子田地暨厦尔岭巴之子所交赎罪田产等项内拨给。仍出示晓谕该处百姓，此次办理善后，并未丝毫累及子民，倘有不肖官兵借端滋扰，许尔等立即呈告，以凭从重治罪。

一、贸易宜严加稽核也

查下博窝地寒土瘠，出产无多。该番民衣食，向于唐古特工布、江达、拉里等处地方往来换买。从前出入无时，漫无考察，其中无赖凶番，多随贸易者混出，而唐古特之无业奸民亦往往随同阑入，勾结招引，致多杀掠焚劫之案。兹拟该博番每当出巢贸易，均赴该管营官处请领图记，注明人畜数目及出巢隘口地方，仍咨明前往贸易，地方营官查核。事毕回巢时，将原领图记呈缴，由该管营官查验核对。出入既严，匪徒自不容溷迹。如不请图记私行前往，并回巢时核对人畜数目不符者，即令该营官查究严办，以示惩警。

一、游牧宜明定限期也

查上博窝所属番民，前于嘉庆六年、道光五年先后查办游牧地方，即断令准于八里郎、硕板多、洛咙宗一带游牧，给有断牌，相安日久，碍难改禁。惟出牧回巢，向无定期。该博番游牧人多，良莠不一，往往借牧放为名，或非时出巢，或终年不返，游奕盘踞，时为抢夺、偷窃等事。兹拟每年限以五月二十日出巢游牧，至十月二十日回巢。届时预饬总管博窝营官，就近在八里郎一带驻扎弹压，并令该管博窝营官、头人，将出牧人数并马牛数目开单，呈报总管营官查核。俟该博番游牧事毕回巢后,该总管营官再回曲木多本寨,仍将博番出巢、回巢日期暨人畜数目申报,存案备查。

再,上博窝地方向与下博窝连界,从前累因争地起衅。此次荡平后,该噶布伦等已将札布侵占汪曲饶垫等田地查明给还,应令于交界处所,栽立石桩,勒刻分界地址,以清疆域,并杜争端,而免后衅。

朱批:览。

一史馆藏军机处录副奏忻《元以来西藏地方与中央政府关系档案史料汇编》第880—884页

关圣保等奏波密负固抵拒添兵剿办折

道光十七年(1837年)九月二十八日

奴才关圣保、鄂顺安跪奏,为博窝生番负固不服,逞凶抵拒,据萨玛第巴克什暨查办之噶布伦先后禀请添兵剿捕,恭折奏闻,仰祈圣鉴事。

窃博窝生番,现又滋事,奴才等曾将酌派番兵,并饬噶布伦慎重妥办各缘由,奏祈圣鉴在案。兹据硕板多千总吴长耀禀称,前在东台大路抢劫番民之博窝生番,闻得我兵将至,俱已陆续归巢。现在大路安静,居民亦有回归本处者,惟西台一带,据噶布伦策垫夺结禀称,该番贼等□将曲木多营寨围困十七日,因□打不开,现在退往洽布、噶纳等处,闻大兵已至,不惟不知畏避,且来至鲁郎地方与我兵抗拒,现在各路番兵俱已到齐,不难即时剿捕。但查博窝路通大路,各隘口共有十余处,前调官兵较少,不敷防堵。若此时即行进兵,诚恐该番贼等力穷势蹙,定必窜出隘口,惊扰居民,阻隔大路;且恐一经散漫,将来转难收束。禀请添派兵丁,分拨各隘口,合力夹攻,较为妥速。等因前来。

奴才等伏查博窝生番，自十二年以迄于今，迭次出巢滋事，扰害良民。经上年大兵剿办之后，仍不知畏怯，复敢抢粮夺寨，杀毙官兵，现闻大兵已至，不惟不知畏避，且敢逞凶抵拒，实属目无法纪。若不痛加惩创，匪特不足以慑目下之鸱张，纵使一时伪服，仍必逞其我归彼出之计。奴才等现又添派后藏番兵一百五十名，前藏土兵一百名，并调东台土兵二百名，饬令星夜赶赴前途听候遣用，并札饬噶布伦策垫夺结等，俟续派兵丁到齐，即相度机宜，会合剿捕，固不可轻率进兵，亦不可耽延时日。奴才等仍随时体察贼情，详慎督办，以期迅速蒇事，绥靖边圉。

除俟噶布伦策垫夺结等进兵后情形如何，禀报到日，再行具奏外，谨将博窝生番负固不服，添兵剿办缘由，恭折奏闻，伏乞皇上圣鉴，训示遵行。谨奏。

朱批：现又添调兵四百五十名，想敷应用，务要迅速蒇事，妥慎办理。一得该噶布伦进兵情形如何，即行奏报。

一史馆藏宫中朱批奏折《元以来西藏地方与中央政府关系档案史料汇编》第884—885页

关圣保等奏报进剿波密获胜情形折

道光十七年(1837年)十二月二十九日

奴才关圣保、鄂顺安跪奏，为剿办博窝生番，得获胜仗，并歼毙头人情形，恭折奏闻，仰祈圣鉴事。

窃博窝生番复又滋事，奴才等曾将派委番官番兵前往剿办缘由，恭折具奏。十月初六日，接奉军机大臣字寄：八月二十九日钦奉上谕，令奴才等妥速办理。跪读之下，仰蒙圣虑周详，多方指示，不胜感激钦佩。当即恭录谕旨，札饬噶布伦等钦遵办理在案。嗣因博窝地方□□甚多，前调官兵不敷防堵，复经奴才等□□添兵，于十二月十四日，奉到朱批：现又添调兵四百五十名，想敷应用，务要迅速蒇事，妥慎办理。一得该噶布伦进兵情形如何，即行奏报。钦此。

查博窝界连大路，各隘口共有十余处，内惟西路之工布及东路之硕板多一带，为番贼等出入要隘，必须两路合攻，使番贼等无处窜逸，剿捕方能得力。奴才等前已札饬噶布伦策垫夺结，督率前藏戴琫工噶丹津等，带领番土各兵，由西路进剿。札饬噶布伦索诺木结布，饬令后藏戴琫定青巴等带领番土各兵，由东路进剿。彼此先期知会，互相接应，务须相机妥办，不可轻率偾事。并严谕汉番官兵，将所有各隘口严密把守，毋令番贼窜出。等因。分饬去后。

兹于十二月二十三日，据西路带兵之噶布伦策垫夺结禀称，该噶布伦等带兵进剿，于十一月间行至西拉、咱噶及吉麻、青木等处，有博窝番贼六百余名前来迎敌，经噶布伦率领番官并番土各兵连日接仗，我兵奋勇争先，枪炮齐发，先后歼毙贼匪四十余名，带伤者约有六十余名，并歼毙头目策忍洛布一名。我兵带伤者十八名，阵亡十四名，并阵亡甲琫一名。贼众复盘踞卡房，恃险抗拒。经该噶布伦率领官兵，用大炮轰击，将卡房击毁，轰毙贼人无数，贼众始纷纷逃散。该噶布伦等现带领官兵前往叶贡一带地方追捕。等因。禀报前来。

奴才等伏查噶布伦策垫夺结进兵，甫及月余，即杀伤贼匪一百余名，并轰毙贼人无数，贼众已纷纷逃散。将来东路官兵会合，两路夹攻，自不难即时扑灭。凡此事机顺利，何莫非仰仗天威。奴才等现捐办氆氇、茶叶等项，运交策垫夺结等，奖赏出力官兵，以作士气。并严谕该噶布伦等，现在深入贼境，一切行兵运粮，尤当小心持重，不得因我兵得胜，遂生骄逸，致有意外之虞。

至东路官兵，因距贼巢较远，剿办情形如何，尚未据禀报。现添派前藏游击瑞周带领千总贾献廷，前往催办。俟禀报到日，即行奏闻。奴才等仍不时督饬带兵番官，详慎妥办，迅速蒇事，以仰副圣主绥靖边圉之至意。

所有噶布伦等进兵剿捕，得获胜仗情形，先行恭折具奏，伏乞皇上圣鉴。谨奏。

朱批：另有旨。

一史馆藏官中朱批奏折《元以来西藏地方与中央政府关系档案史料汇编》第885—886页

关圣保奏呈修改善后章程

道光十八年（1838年）八月

谨将历次办理善后章程酌核情形，量为变通，分晰开单，恭呈御览。

一、原设营官宜酌量变通移驻也

道光十五年、十六年奏定章程内，聂沃、纳沃顶、汤堆三处各设营官一员。查该处均在博窝巢穴附近地方，既经添设唐古特营官管理夷务，而日用夫役、牛马、柴草等项，在在皆须各番户支应。该番民前禀内，借词苦累，求减差使，皆由于此。今拟将聂沃、纳沃顶、汤堆三处营官撤出，仍移驻唐古特扼要之地。此三处地方，即令下博窝头人汪曲饶垫管理。札询委员噶布伦，并商之噶勒丹锡哷图萨玛第巴克什，均称妥协。如此一转移间，则以夷治夷，博番等既不能借词滋事，而紧要隘口设有营官，亦可以资障卫。

一、原设土兵宜改设番兵以资弹压也

道光十六年奏定章程，请于曲木多、汤堆、纳沃顶三处营官，各设土兵五十名，均令于唐古特百姓内，择其精壮者召募充当。查此项土兵，系由附近各处番民内召募，平素既未练习技艺，临敌率多畏葸不前，且恐召募博窝番民充当，尤非所宜。今拟于营官属下各改设番兵五十名，即于前藏额设番兵一千名内轮流派往，分驻扼要隘口，每一年更换一次。届期派委番目管带前往，点交该营官收管。该番兵营伍既所素习技艺，亦复常操，庶可以壮声威而资控制。

一、贸易宜严加稽核也

查十六年奏定章程，博番出巢贸易，令赴营官处请领图记，交营官查验人畜数目，及稽核出巢回巢各事宜，均应照旧办理。但恐唐古特营官等视为具文；奉行不力，今拟将博番请领图记贸易出入日期及人畜数目，饬令营官报明各该处汛官，转由察木多游击核禀驻藏大臣，存案备查。如不请图记私行贸易，并出巢回巢日期、人畜数目不符，一经查出，即将该游击及营汛各官严行惩办。

一、游牧宜遵照原定章程明分界限也

查博窝距唐古特地方约有四五百里，该处缺少水草，牧放维艰。自嘉庆六年准令该番在唐古特地方牧放，由此日渐侵越，甚至扰及大路。是以道光十三年曾经奏定，只准在距博窝较近路南地方驻扎，不准在路北大道往来。惟章程虽经奏定，该番等抗违不遵，近年仍复逼近大路，支搭帐房数十座，牧放牲畜千百成群，因而抢掠唐古特百姓牛马、粮食，截夺行人财物，时所不免。若不妥为防范，诚恐为患日深；查唐古特与博窝毗连地方，以冻纳山为界。冻纳山至唐古特雄曲河地方，远则三四百里，近则一二百里，其间水草牧场不一而足，即数万牲畜，已足牧放。今拟以唐古特雄曲河为界，该番出牧时，只准在雄曲河以南择场牧放。如敢渡河，即系越界滋扰，饬令该巡查及驻守营官拿究严办。仍先谕知该处大头人汪曲饶垫，严饬所属番民一体遵照。

一、硕板多一带宜派员会同巡查也

查十五年以前博番出牧时，每多滋扰，曾经派委汉官一员，带兵二十名，在于牧场附近一带弹压在案。嗣因十五年该番投归达赖喇嘛,有唐古特番目管束,奏明将弹压官兵裁撤亦在案。乃该番旋于十六年又复变乱,是其犬羊成性,反复无常,不可不加以防范,以期有备无患。今拟于每年博番出巢时,饬令前藏、察木多二处游击,各拣派千总一员,各带兵丁五十名,前往硕板多,分驻要隘,在于八里郎、洛隆宗河边一带,梭织巡查。如遇博番不遵界限,擅自渡河安放牧场,扰及大路,即行拿究。俟该番等回巢后,再令各回本汛,庶该番等知所警畏,不致仍前肆行滋扰,往来商旅及大路塘汛,可期安堵。

朱批:另有旨。

一史馆藏军机处录副奏折《元以来西藏地方与中央政府关系档案史料汇编》第886—888页

谕内阁被扰地方妥为安抚在事官兵分别抚恤鼓励章程实力奉行

道光十八年(1838年)九月十三日

又谕:关圣保等奏博番捆献贼首解藏讯办一折。此案贼犯朗札起意纠众滋事,戕害官兵,实属渠魁。阿旺盖桑、策忍札喜、彭错策坡均听纠聚众,带兵打仗劫营,杀毙官兵,罪不容诛。所有朗札等五犯著即行正法,传首犯事地方示众,以彰国法而儆凶顽。其在逃之仁侵策旺等各犯,著严饬下博窝头人等查明存亡,另行办理,毋任幸逃显戮,并清查附近博窝被扰地方,妥为安抚,毋令一夫失所。至此次出征汉番官兵,口粮、赏需等项俱系捐办,著免其造册报销。其打仗阵亡之番官、番兵等家属,即著关圣保等会同噶勒丹锡呼图萨玛第巴克什妥为抚恤;并查明打仗出力及捐备赏需之汉番官弁，分别奏请鼓励。所有单开善后章程，该大臣等务当实力奉行，以期边陲永靖，毋得始勤终怠，日久又成具文。

《宣宗实录》卷三一四《元以来西藏地方与中央政府关系档案史料汇编》第888—889页

奏会同查办乍丫两活佛互争事及参处失职噶伦等折

道光二十年(1840年)十一月二十八日

奴才孟保、海朴跪奏，为特参委办乍丫夷务自行转回之噶布伦、达尔罕堪布等，请旨先行摘革顶翎名号，并咨商四川总督派员会同查办各缘由，恭折具奏，仰祈圣鉴事。

窃查乍丫地方，向来不归唐古特所属，一切事务，均系该处大、二两呼图克图掌管，所有应放头目及仓储巴等，均系该呼图克图自行补放。前于道光十五年间，该处两呼图克图因派充头人起见彼此不睦，以致所属人等借端滋闹，抗违大道差使，经历任驻藏大臣迭次委员查办，旋结旋翻。嗣于道光十九年，复据前任察木多游击杨麟转据乍丫守备禀报，乍丫二呼图克图属下之仓储巴白玛奚等调集番众，与大呼图克图人等打仗滋事，抢劫牛马，所有饷银等项往来差使，以致乌拉不齐，不能克期前进，以及附从愚番，借势威胁塘兵，估拆文件，实属目无法纪，复行禀请查办前来。当经前任驻藏大臣奴才关圣保、奴才孟保一面咨商四川督臣，派委巴塘粮务吴文嘉、千总买大伦赶赴乍丫，会同奴才等所派之署察木多粮务刘光第、游击姜熙儒，并噶勒丹锡呼图萨玛第巴克什派委之噶布伦丹珍策旺、达尔罕堪布罗桑称勒朗结等详慎妥办去后。随据该委员等禀以夷性刁悍，即时难于开导，惟有酌量轻重，设法剖断。等情。并经四川督臣及奴才等屡札严催迅办在案。奴才海朴前次道经该处，而谕委员等妥速办理，毋稍观望，有延时日，暨因巴塘、察木多两台地方紧要，尚有应办事件，旋将巴塘粮务吴文嘉、察木多游击姜熙儒撤回本任，酌留粮务刘光第、千总买大伦督同噶布伦丹珍策旺等，勒限在彼迅办，不准任意稽延。兹于本年十月十四日接据该噶布伦来禀内称，乍丫两呼图克图各执己见，不遵劝谕。现在二呼图克图属下之仓储巴白玛奚等，各调番众对敌打仗。小的噶布伦等不敢在彼驻扎，只得转回。等情。

奴才等伏思该呼图克图以派充头人细故，彼此不睦，原属蛮触相争，仅(尽)可置之不问。乃自道光十五年以至于今，互相争闹，虽经委员查办，无如该大呼图克图因有印信号纸，于该处一切事务不肯分势于人；而二呼图克图势众力强，又不受其挟制，兼之仓储巴白玛奚等从中挑唆是非，两相结怨既深，以致日久莫结。惟查乍丫阿足、王卡各塘汛地方，为川省差使往来通衢，设于折报饷项事件稍有疏虞，所关匪细。今该委员等办理复经年余，竟未办有端倪，奴才等现将粮务刘光第、千总买大伦一并撤回本任，并一面札调素悉夷情之备弁，前赴乍丫，并飞咨四川总督拣派里塘粮务王椿源，调赴乍丫，设法驾驭，以期迅速完结，绥靖边圉。

惟查噶布伦丹珍策旺等系二品番目办事之人，何得禀报两呼图克图聚集番众打仗，并不等候批示，胆敢私行转回，实属有乖体制。其达尔罕堪布罗桑称勒朗结一并随同该噶布伦转回，亦属不合，并据噶勒丹锡呼图萨玛第巴克什咨商拟办前来，相应请旨将噶布伦丹珍策旺顶戴花翎先行摘去，并将罗桑称勒朗结之达尔罕堪布名号一并革去，仍令带过前往，会同里塘粮务等迅办完结。如果奋勉，奴才等再行吁恳天恩，给于开复；倘敢仍前疲玩，即行请旨严加治罪。

所有奴才等咨商四川督臣派员会同查办乍丫夷务，及将自行转回之噶布伦、达尔罕堪布等请旨摘去顶翎、革去名号各缘由，理合恭折具奏，伏乞皇上圣鉴训示。谨奏。

朱批：另有旨

一史馆藏官中朱批奏折《元以来西藏地方与中央政府关系档案史料汇编》第892—894页

谕军机大臣乍丫两活佛欲图打仗孟保仅派粮员开导恐不足以弹压著宝兴即派干员前往会同办理

道光二十一年(1841年)九月十三日

又谕：据孟保等奏：乍丫大、二两呼图克图彼此不睦，欲图打仗。今大呼图克图住居打箭炉所属之少悟石地方，藉称患病未回，以致来往差使行抵乍丫，每多阻滞。现委守备谢国泰驰往打箭炉，会同粮务王椿源设法开导，督催该呼图克图速回乍丫，听候剖断，以期大道疏通。等语。该呼图克图等蛮触相争，固可置之不理，惟乍丫、阿足、王卡一带地方，为前藏通衢，未可令其阻梗。孟保等派员前往开导，仅止会同粮员，恐不足以资弹压，著宝兴即委干员驰往，会同妥协办理。将此谕令知之。

《宣宗实录》卷三五七《元以来西藏地方与中央政府关系档案史料汇编》第894页

奏查办乍丫两活佛互争事竣道路疏通折

道光二十三年(1843年)正月十九日

大学士四川总督臣宝兴、驻藏大臣臣孟保、驻藏大臣臣海朴跪奏,为委员查办乍丫夷务完竣,道路疏通,恭折会奏,仰祈圣鉴事。

窃臣孟保、海朴前因乍丫呼图克图互相争竞,会折奏奉谕旨:该呼图克图等蛮触相争,固可置之不理,惟乍丫、阿足、王卡一带地方,为前藏通衢,未可令其阻梗。孟保等派员前往开导,仅止会同粮员,恐不足以资弹压,著宝兴即委干员驰赴妥协办理。等因。钦此。

臣宝兴遵即奏委保宁府知府瑞光驰往,会督前委之定日汛守备谢国泰、里塘粮务王椿源妥善查办;复又节次檄催去后。兹据该委员等驰赴该处,调集两造,详细查讯。该处穷荒野地,顽犷成风,设有呼图克图管理地方事务,并非内地所属。曾于康熙五十八年给有讲习黄法那(诺)门汗印信,乾隆二十四年复奉颁给敕书,自头辈呼图克图转至现在之大呼图克图图布丹济墨吹济加木参,已经六世。其徒洛桑丹臻江错亦转世五辈,与大呼图克图世为师徒,帮办一切事务,该处僧俗人等遂称为二呼图克图,相沿已久。遇有意见不和,时相争竞。因地非内属,历未官为查办。前自五辈呼图克图圆寂后,即系洛桑丹臻江错一人管事。及大呼图克图转世,于道光十三年自藏学经转回接管,见番目骄纵,急图整顿,然亦用人失当,操之太促,以致属番疑惧。旋因争放头人,彼此不睦,良番或被胁打仗,川藏往来差使至彼,间有阻滞,此该呼图克图等争竞之原委也。前经委员节次设法排解,总未贴服。嗣经该委员王椿源、谢国泰深入番寨,剀切开导,复亲赴各寨落,向被胁番民逐为抚驭,遍贴告示,令各照常耕牧,毋得听纠滋事,众遂安静。而该呼图克图等尚争执不已，迨该府瑞光驰抵该处，会督谢国泰等集案查讯。因该处事务，本系大呼图克图专管，令洛桑丹臻江错此后毋庸再行帮同管理。洛桑丹臻江错等亦仍不遵断，复经该委员等连日多方劝导，始各出具愿仍各敦和睦、不敢再行打仗滋事、遇有差使催令属番各出乌拉听候雇用甘结。由该委员等禀送前来。

臣等查该处距川省二千九百余里，一切情形与内地不同。其蛮触相争，事所常有，从未官为过问。此次该呼图克图等争竞，因差使间有阻滞，始行委员查办。如果该处番众等于往来差使照常应付，大道不致梗塞，自可毋庸别事推求。况大呼图克图奉有敕印，办事管番是其专责。而洛桑丹臻江错与大呼图克图世为师徒，帮办事务已非一世，今若为之更张，断令不准其办事，恐致激酿衅端，且已俱出仍敦和睦不复滋事甘结备案。现在该处遇有一切来往差使所需乌拉，均系随到应雇，并无阻梗稽滞，自应即行就案完结，以免别生枝节。

臣等往返咨商，意见相同，除檄饬遵照外，所有委员查办乍丫夷务完竣、道路疏通缘由，谨合词恭折具奏，伏祈皇上圣鉴训示。谨奏。

朱批：依议。

一史馆藏官中朱批奏折《元以来西藏地方与中央政府关系档案史料汇编》第894—896页

奏请旨敕驻藏大臣拣派诺们汗会同川省委员审办乍丫两活佛互争事折

道光二十四年(1844年)十二月二十二日

大学士四川总督臣宝兴跪奏，为乍丫大呼图克图供禀执拗，委员中途折回，现在另委干员前往查办。请旨敕下驻藏大臣，拣派番众悦服之那们罕（《清实录藏族史料》为诺们汗——编者注）一员，前赴乍丫会审，恭折奏祈圣鉴事。

窃臣前准军机大臣字寄，钦奉上谕：前因孟保等奏乍丫地方两呼图克图彼此不睦，欲图打仗，以致往来差使每多阻滞，曾经降旨令宝兴派员前往会同妥办。兹据琦善等奏称，该大呼图克图及该管番目夷民诉称，罗桑丹臻江错抗不遵办，时肆抢劫，现在饷鞘赏需各件复又梗阻。该处接连六站，距藏较远，著宝兴遴派妥员驰往秉公查办，务须折服其心，其过境之文报、饷鞘等项，务当妥为经理，毋得稍有梗阻，是为至要。将此谕令知之。钦此。遵即奏明拣委候补同知姚莹驰往查办在案。

该委员于十一月十二日行抵里塘，该大呼图克图前往禀见，该委员连日开导，令其转回乍丫，执意不肯。译其呈出亲供禀词，历叙并未违误往来差使，及其徒二呼图克图罗桑丹臻江错抢劫杀人种种罪状，惟求将罗桑丹臻江错等革逐重办。如不照办，不能遵依，伊即将印信号纸交给二呼图克图，自往各处闲游，并恳具奏。等语。该委员复与里塘粮务黄慎修谕以二呼图克图尚未讯供，何能据尔一面之词即行革办，反复谕解，该呼图克图与其属番达末等众口一词，必如所请乃已。该委员因该呼图克图等阴狡顽悍，难期折服，即前赴乍丫，亦不能结案，现已起行回省。等情。具禀到臣。

随查此案既奉谕旨委员查办，该大呼图克图等自应即返乍丫听候审断，今乃坚不回归，固执己见，总以革逐二呼图克图并重办白玛奚等始快其意，且复恃有印信号纸任意挟制。无论案情现尚未定，即使二呼图克图等确有应逐应办之罪，亦非该大呼图克图所得预行要挟。即此一端，该大呼图克图平日之乖谬自用，致失人心，已可概见。现在虽据自认于川藏一切往来差事，分照地段承办，不敢迟误。然二呼图克图一比［方］是否不敢阻梗，且如何复行抢劫乍丫番民，未得实情。现又接准驻藏大臣以大呼图克图所属百姓呈诉二呼图克图历年扰害等情，咨请核办前来。自未便以大呼图克图不肯回巢，执拗不驯，悬案不办。

臣查宁远府知府宣瑛，办事素称明干。现复委令该府及试用通判丁淦同赴乍丫，彻底查讯，秉公剖断办理，惟是该处在南墩以西，离省五十余站，较距藏更远，委员到彼，呼应不灵，言语情形，均难通晓。该大呼图克图尚如此不听开导，二呼图克图势强人众，上次委员往办，已悍不遵断，如果劫杀滋扰，事皆属实，其抗审不服，犹在意中。相应仰恳敕下驻藏大臣拣派番众素所敬服、又复能于办事、品秩较崇之那们罕一员，并谙熟番情之现署察木多游击驻防后藏都司谢国泰前往，会同川省委员审办，以资慑服。理合恭折具奏，伏乞皇上圣鉴训示。谨奏。

朱批：另有旨。

一史馆藏宫中朱批奏折《元以来西藏地方与中央政府关系档案史料汇编》第896—897页

谕军机大臣乍丫为西藏进出要路断难听其梗塞著廉敬等设法筹议止其争端

道光二十六年(1846年)十一月初六日

谕军机大臣等：瑞元奏，乍丫地方因控案未结，阻滞官兵，嗣经开导，始行送出本境，并呈恳续办一折。据称：行抵察木多，查悉换防弁兵被阻情形，随将乍丫大呼图克图传至寓所，晓以利害，饬令速催各站预备乌拉。该呼图克图始悟前非，当即饬令各站将官兵速送出境。惟所称此次阻止官兵，实因本年委员查办夷案回川时给有印结为据，内称六七月间定有委员前来查办，若逾期或断路滋事，不与伊等相涉，百姓因此不肯支应乌拉。等语。旋据各头人将委员等所给汉番字印文谕单呈验，文字又复两歧，虚实无从质证等情。乍丫地当孔道，为西藏进出要路，断难听其梗塞，著廉敬会同琦善设法筹议，拣派能事之员晓以大义，止其争端。至委员等发给汉番文字不符之处，尤应随案查明，勿使藉口，总期该呼图克图等甘心帖服，共息忿争，毋再梗阻，以平夷情而通驿站，是为至要。其此次换防官兵阻滞两月有余，所需口粮盘费，已由瑞元饬令察木多粮员每名借给银三两，俟到防后分作三个月扣还之处，并著照所拟办理。将此各谕令知之。

《宣宗实录》卷四三六《元以来西藏地方与中央政府关系档案史料汇编》第898页

奏乍丫喇嘛互争平息地方平静驿路疏通情形折

道光二十七年(1847年)十月初三日

署理四川总督将军臣廉敬、二品顶戴新任四川总督臣琦善跪奏，为乍丫大小喇嘛震慑天威，拜认师徒，退还侵占地土，情愿当差，出具永不翻悔甘结，地方平静，驿路疏通，谨将分别革黜治罪完结缘由，并照译该喇嘛等甘结，恭呈御览事。

窃乍丫大小喇嘛，自道光十六年因争放头人，各受属下挑唆，互相仇杀，历经委员查办，总未遵依，甚至阻滞官兵，道途梗塞。经科布多参赞大臣瑞元路过该处，目击情形，据实具奏，奉旨交臣等会同查办。当将乍丫路当孔道，历经委断，并未遵依。既已扎营聚兵撤站要求，若再空言开导，难期慑服。且内地文武不谙夷俗僧规，应专派番目前往查办；檄调附近土兵，用资驾驭缘由，会同奏明在案。

兹据噶布伦汪曲结布禀称，该番目带同德尔格特土司及察木多呼图克图、各大头人与唐古特番弁，于四月行抵乍丫，按照敕书、经典，向该大小喇嘛及头人、百姓等严行查讯。该喇嘛等感激天恩，咸知省悟，情愿痛改前非，一心恭顺，出具甘结，设誓认罪。当将占据地土退还，各头目分别定罪，给发断牌去后。忽有小喇嘛之商卓特巴彭错达尔结所管夺瓦地方之奸民布厥，刁唆番民，以革退彭错达尔结商卓特巴不具遵依，纠众抗违。该小喇嘛闻之，带同彭错达尔结前来请罪。该噶布伦将彭错达尔结解交巴克硕寺院暂行监禁，一面设法开导查拿，夷民全行归服，将为首纠众抗违之布厥及随同抗拒之人，全数拿获。布厥于审明后身死，枭首示众。其随同滋事之人，分别发往各处永远锁禁。其彭错达尔结之亲戚，亦分发各处管束，永绝祸根。

复有小喇嘛之商卓特巴彭错所管擦南多地方夷民二百一十六家，内头目工布为首，袒护彭错，不准革退充发。经唐古特作岗营官差土兵二名前往开导，被其枪伤毙命。该营官奋力截拿，将为首之头目工布及随同滋事之夷民歼毙八名，余众尽行投顺，各在神前举誓，出具遵依。

查乍丫本系现在诺们罕罗布藏图布丹济墨吹济嘉木参之头辈罗布藏札克巴嘉木磋化导收服地方，小喇嘛伊喜罗布藏丹臻嘉木磋之头辈桑结札喜，只系徒弟，并无寸土。且诺们罕之前辈罗布藏拉木结，于康熙五十八年因供应大兵出力，得受诺们罕之敕封，将乍丫地土人民赏给管理，颁有印信，雍正、乾隆年间均赏有敕书，我皇上于道光二十六年亦赏有敕书。只因小喇嘛之前辈，于乾隆年间乘前辈诺们罕圆寂，夤缘游击，妄禀驻藏大臣奏令代办，遂相沿占据。头人等借两大之名，肆行无忌。今彻底查明，各知前非。小喇嘛已拜认其师，除其私置庄田外，所有地土、百姓俱仍归诺们罕一人管理。计断回山场地土二千六百里,夷民三千七百三十九家。沿途大道乌拉差使,系诺们罕一人承当,出具如有阻滞迟误情愿认罪永不翻悔甘结。除白玛奚业经病故外,所有发遣各犯,均起解离巢,业已完案。等语。

臣琦善路经乍丫八站,该诺们罕率同其徒小喇嘛伊喜罗布藏丹臻嘉木磋及头人百姓等,挨站谒见。臣琦善复将该诺们罕等不遵僧规国法,私相残害,梗塞道途,屡次不法,本应剿灭尽净,我皇上念系黄教愚番,格外从宽,不忍加诛之恩意,逐处按人广为晓谕。该诺们罕及夷民俱伏地碰头,佥称仰蒙复帱深仁,格外矜怜,俱已痛悔前非,断不敢再有犯法,自外生成。查看目下情形,实已畏威怀德,似未必仍前刁狡。该噶布伦汪曲结布所办,甚属妥协,已照所拟完结。惟据禀,当日大小喇嘛师徒一寺焚修,其内外事件只设商卓特巴一人管理,迨后分居寺院,设立商卓特巴五人,以致树私植党,互相仇杀,报复相寻,梗塞道路,现已将刁唆滋事各头目,分别褫革治罪,嗣后应仍令同居一寺,只设商卓特巴一人。等语。臣等查其所禀,系循照旧规杜弊起见,应如所禀办理。惟各呼图克图名下之商卓特巴,乾隆五十七年曾奉谕旨,以后缺出,均呈送驻藏大臣与达赖喇嘛验看,不准私行拣放,五十余年来从未遵照奉行。臣琦善捡出档案,向各呼图克图严札查询,乍丫诺们罕始知错误。第乍丫旧设之人全行革退,地土既属宽广,新收之民又多,若待拣选呈送藏中验放,不惟旷日延时,一切乏人料理。且驻藏大臣俱莅任未久,达赖喇嘛又屑幼小,未谙此间情形,难保必无贻误。臣琦善不敢稍避嫌怨,当传齐诺们罕及喇嘛与头目、夷民,遍加查询,佥称惟格隆喇嘛罗布藏坚参熟悉经典,办事公正,各具保结前来。臣琦善已如禀札令任事,(朱批:甚是。)以重地方。

其乍丫头人因四川委员未能断结阻滞官兵一节,据称系已故夷民改桑策垫所写。现在案已完结,驿路无阻,各委员又已回川,不值守候提质。惟委员宣瑛、姚莹等,于夷人投递大学士宝兴夷禀，辄用汉文札饬，年月又不居中，以致得以借口，殊属疏略，应请旨交部议处。

至各台粮务、游击、都司、守备，只有管理收支兵饷与训练弁兵之责，并无管理喇嘛职份，各呼图克图圆寂后，自有商卓特巴管理寺事，亦毋需奏请代办，应请嗣后各呼图克图遇有事件，径禀驻藏大臣核办，不准文武员弁干预。即呼图克图出缺，亦毋庸另委代办。其头目只准择人，不得互相袭充，以杜结纳，而祛弊端。谨照译该诺们罕师徒所具甘结及收还诺们罕地土、人户与分别褫革治罪各犯，敬缮清单，恭呈御览。

所有乍丫大小喇嘛震慑天威，倾心改悔，地方平静，驿路疏通，将各头目分别黜革治罪缘由，谨会同恭折具奏，伏乞皇上圣鉴。谨奏。

朱批：所办妥协。另有旨。

一史馆藏宫中朱批奏折《元以来西藏地方与中央政府关系档案史料汇编》第899—902页

奏请奖赏开导乍丫两活佛有功噶伦土司等折片

道光二十七年(1847年)十月初三日

再，此案两喇嘛以睚眦微嫌，致头人互相残杀，案悬十二年之久，不惟藏中文武未能断结，即大学士宝兴遵奉谕旨，两次派委明干大员前来查办，该喇嘛等亦未具遵依，转至阻滞官兵，梗塞驿路。该噶布伦汪曲结布，偕同德尔格特二品顶戴土司差来大头人江卡格勒，与察木多商卓特巴噶桑曲敦，及唐古特番目等，设法弹压开导,未经攻剿,该喇嘛等咸已感激天恩,将占据二千六百里地土人民全行退还,不法头人俱行褫革治罪,地方平静,驿路疏通,未劳内地一兵,未糜一帑,各土兵器械马匹口粮,均系该土司等捐备,实属奋勉出力。噶布伦汪曲结布已于森巴等军务蒙恩赏戴花翎,给予二等台吉,拟请再准承袭一次;德尔格特二品顶戴土司达木齐夺尔结策凌拉木结拟请赏戴花翎;其大头人江卡格勒拟请赏给五品顶戴花翎;商卓特巴噶桑曲敦不敢请达喇嘛名号,致有袭替,拟请赏给达尔汉堪布虚衔,荣及其身;唐古特二等台吉坚参欧柱、硕第巴觉尔结、六品江达营官策垫伦珠、六品作岗营官江巴克珠,均拟请以应升之缺尽先升用,以昭激劝之处,出自圣主天恩。谨合词附片陈明,伏乞训示,谨奏。

朱批:另有旨。

一史馆藏宫中朱批奏折《元以来西藏地方与中央政府关系档案史料汇编》第902页

斌良奏乍丫案结道路畅通片

道光二十七年(1847年)十月十二日

再,奴才等于九月二十九日按据委办乍丫之噶布伦汪曲结布禀称,所有办理乍丫诺们罕罗布藏土布丹济墨吹济嘉木磋与小喇嘛伊喜罗布藏丹臻嘉木磋推托乌拉、互争地产一案,该两造彼此愿修和好,乍丫地方均归诺们罕管理,其私产亦俱代为分剖明晰,乌拉照例供给,不敢有误,各具遵依甘结存案。其构端滋事之头目人等,分别充发德尔格特、唐古特各处定地安置。现在乍丫之案完结,道路畅通。琦善已于九月初四日自旺卡起程赴任。

其办理详悉一切情形,由琦善会同廉敬具奏外,所有乍丫办理结案，道路通畅缘由，理合附片陈明。谨奏。

朱批：知道了。

一史馆藏宫中朱批奏折《元以来西藏地方与中央政府关系档案史料汇编》第903页

奏拉达克森巴侵藏派委藏官带兵前往防堵折

道光二十一年(1841年)七月十七日

奴才孟保、海朴跪奏，为拉达克部落头人勾结森巴生番抢占唐古特地方，派委番官带兵前往防堵缘由，恭折奏闻，仰祈圣鉴事。

窃查唐古特西北边界外，有拉达克部落，与西藏所属之堆噶尔本地方相连。本年四月间，据堆噶尔本营官禀报，今探得拉达克头人勾结森巴部落生番，共有马步队四百余人，以朝雪山为名，欲来唐古特境内。惟其人数过多，恐生事端，由噶勒丹锡呼图萨玛第巴克什转咨请派番官前往查办。等情前来。奴才等随派前藏戴琫比喜驰赴堆噶尔本地方，作速设法防范查办去后。

嗣于六月二十九日据该戴琫禀称：查堆噶尔本等处地方辽阔，仅设营官五处，向无扼要隘口。于该戴琫未到堆噶尔本之前，有拉达克夷人并森巴生番三千余人，不旬日间，已将唐古特所属之茹妥、堆噶尔本二处营官寨夺占，声称唐古特所属之茫玉纳山以外，均系拉达克从前所管界址，将来务必占至茫玉纳山乃止。并将掳掠百姓，令其改装部落服色，使之帮同驱进。此时又逼近补仁营官寨地方，其势甚属猖獗。该戴琫比喜，现在调集各处土兵五百名，在于噶尔冻地方驻守，应请速派番兵前往，急行防堵。等情。

奴才等查拉达克、森巴生番恃众夺寨掠民，自应派兵前往，慑其鸱张。遂在后藏江孜各汛拣派弓箭鸟枪番兵一千名。其前藏番兵技艺，惟鸟枪最为纯熟，奴才等专派前藏鸟枪番兵三百名，并拨派土兵一千名，拣派熟悉军务之噶布伦策垫夺结及足美策旺班觉尔二员，于七月十三日起程，带兵兼站前往，发拨堵御，不容再任侵占，督同戴琫比喜详慎妥办，不得颟顸了事，耽延时日，尤不得恃有兵众，轻率偾事。所有番弁兵丁、军火口粮，向由唐古特商上办给，亦飞咨噶勒丹锡呼图萨玛第巴克什筹办接济，无令缺乏。

除俟该噶布伦等到彼办理如何情形，禀复到日，奴才等再行恭折具奏外，所有拉达克头人勾结森巴生番，抢占地方，今派委番官带兵前往防堵，详慎委办缘由，理合恭折奏闻，伏乞皇上圣鉴。谨奏。

道光二十一年八月二十五日奉朱批：钦此。

一史馆藏军机处录副奏折《元以来西藏地方与中央政府关系档案史料汇编》第906—907页

孟保等奏报查访森巴情形并各界址片

道光二十年(1841年)七月十七日

再，奴才等访查得拉达克迤南有然吉森一大部落，其属有二：一曰索热林，一曰谷朗森，皆其所属，而通呼之为森巴。从前拉达克部长物故后，有拉达克本部落头人暗与森巴勾结，将拉达克地方即被森巴侵占。今拉达克头人伏(复)勾结森巴生番来至唐古特地方，占去堆噶尔本、茹妥营官寨二处，并称西藏所属之茫玉纳山以外皆系拉达克从前所管界址，是其意在得此望彼。

惟查茫玉纳山距藏三千余里，茫玉纳山以外，距拉达克部落一千七百余里，其森巴、拉达克两部落，虽与廓尔喀较近，该国近来尚属安静。

谨将查访森巴情形并各界址，谨附片奏闻。谨奏。

道光二十一年八月二十五日奉朱批：钦此。

一史馆藏军机处录副奏折《元以来西藏地方与中央政府关系档案史料汇编》第907页

奏拉达克勾结森巴入侵藏地请缓查阅营伍折

道光二十一年(1841年)七月十七日

奴才孟保、海朴跪奏，为请缓查阅后藏三汛营伍，恭折奏闻，仰祈圣鉴事。

窃查后藏江孜、定日三汛营伍，每年秋季例应驻藏大臣前往查阅一次，本年轮应奴才海朴前往查阅。现因拉达克夷人勾结森巴生番侵占唐古特地方，所有派往查办之番官等时有禀请事件，若奴才孟保等往返札商，恐致迟误，似应奴才等在藏会同筹办，以期周妥。所有本年查边阅伍，应请缓至来年秋季再行前往。至本年应阅后藏三汛营伍，援照道光十七年查办博窝夷务请缓巡阅成案，饬委该管各汛将备就近查阅，于奴才等巡边例领脚价盘费银二千六百五十两内酌拨银三百两，作为该将备往返脚价盘费，并将例赏茶叶、缎匹一并发交三汛，俟秋操时分赏汉番官兵，以示鼓励。其节省银二千三百五十两，仍存粮库，以归支放兵饷。如此办理，既不致有旷操防，奴才等亦可随时筹办夷务。

所有请缓查阅营伍缘由，谨恭折具奏，伏乞皇上圣鉴，训示遵行。谨奏。

道光二十一年八月二十五日奉朱批：钦此。

一史馆藏军机处录副奏折《元以来西藏地方与中央政府关系档案史料汇编》第908页

奏森巴占据藏边添派藏兵筹运军粮以资堵御折

道光二十一年(1841年)八月初六日

奴才孟保、海朴跪奏，为拉达克夷人森巴生番占据唐古特边界，现又添派番兵剿捕，并筹办口粮缘由，恭折奏闻，仰祈圣鉴事。

窃前有拉夷勾结森番，侵占藏境，经奴才等派委番官兵作速防堵，详慎妥办各缘由，于本年七月十七日恭折奏祈圣鉴在案。兹于八月初一日据前委查办之戴琫比喜禀称，拉夷与森番因窥唐古特边界并无扼要隘口，前将茹妥、堆噶尔本二处营官寨夺占，今又逼至补仁营官所属之噶尔冻地方。惟该戴琫比喜到彼，仅有所调土兵千余名分守各营官寨，并在补仁附近紧要处所赶修卡房设法堵御。无如各处土兵，性多畏怯，一遇贼众，即行逃散，而前后藏距补仁地方数千余里，所派之番兵又未到齐，贼众即于七月初六、初七等日，聚有三千余人，连将达坝噶尔及杂仁、补仁三处营官寨均为夺占。当经戴琫比喜与贼众两相接仗，互有伤(亡)。因土兵不能抵敌，该戴琫比喜遂带土兵退往茫玉纳山附近之札拉山根驻守。惟贼势猖獗，必须添派番兵，方足抵御，等情。据禀前来。

奴才等查前次所调土兵，虽有千余名，今既不得力，自应酌添番兵，以资堵御。奴才等除前次派往番兵一千三百名，今复拣派如琫二名、甲琫四名、定琫二十名，前后藏番兵五百名，定于八月十三日起程前往，并飞饬前次派往之噶布伦等督兵，不分星夜兼程前进，相机设法攻剿。奴才等详查茫玉纳山一带地势，内有大山数处，向在九十月间风雪较大，来往行人不易。今所派兵弁，除土兵不计外，现由前后藏派去番官、番兵共计二千余名，应需口粮，必须在大雪封山之前全行运到，若稍有迟误，或被雪阻，运送维艰，所关匪细。奴才等遂面向噶勒丹锡呼图萨玛第巴克什，将现在各营官寨所贮青稞通盘计算，共有八万九千一百余克，每五克一石，合计一万七千八百余石，统为运至军营，足敷派去之番官番兵等九个月口粮之用，可以接至来年春融雪化再为运送，均不为迟。即或此时另有应行添运之处，奴才等再为酌量情形办理。惟此时粮石既多，所有驮运牛只为数不少，若均令商属百姓出牛运送，力有不支，将来运粮必致有误。奴才等因就班禅额尔德尼未回后藏，随即咨商将前项军粮令札什伦布帮同运送。旋准班禅额尔德尼咨复，现系军粮要务，情愿帮同运送。至札什伦布应差之百姓内，间有寒苦处所，奴才亦商之噶勒丹锡呼图萨玛第巴克什，酌给银两资助，以期无误。奴才等即将所备口粮，拣派妥实番目沿途照料，源源督运，计至九月内均可运至军营，已在大雪封山之前。其军粮一项，尚不致有误。

奴才等仍当将一切应行预为筹办之件，妥筹办理外，谨将添派番兵及筹办口料（粮）各缘由，理合恭折奏闻，伏乞皇上圣鉴。谨奏。

道光二十一年九月十三日奉朱批：钦此。

一史馆藏军机处录副奏折《元以来西藏地方与中央政府关系档案史料汇编》第908—910页

谕军机大臣孟保等奏拉达克勾结森巴入侵藏地已派兵堵御等情形均著照所议办理

道光二十一年(1841 年)八月二十五日

谕军机大臣等:孟保等奏夷匪勾结抢占派兵防堵一折,拉达克部落头人勾结森巴生番三千余人,将唐古特所属营寨夺占,经该大臣等派后藏番兵一千名、前藏鸟枪番兵三百名,拨派土兵一千名,派员管带启程,分拨堵御。军火、口粮咨行噶勒丹锡呼图萨玛第巴克什筹办接济,均著照所议妥为办理。又另片奏:"森巴、拉达克部落虽与廓尔喀相近,该国近尚安静"。等语。览奏已悉。另折奏请缓阅后藏三汛营伍,著准其缓至来年秋季再行前往,其派员就近查阅,及酌拨盘费银两、分赏物件,亦均照议办理。将此谕令知之。

《宣宗实录》卷三五六《元以来西藏地方与中央政府关系档案史料汇编》第 910 页

谕军机大臣敌势猖獗著孟保再派藏兵兼程前往

道光二十一年(1841 年)九月十三日

谕军机大臣等:据孟保等奏:"拉达克夷人、森巴生番占据唐古特边界，现在添派番兵剿捕并筹办口粮。”等语。拉夷勾结生番侵占藏境，夺据达坝噶尔及杂仁、补仁三处营寨，经前派查办之戴琫比喜与贼接仗，互有杀伤。贼势猖獗，自应添派番兵，以资堵御。除前次派往番兵一千三百名外，著再行拣派如琫二名、甲琫四名、定琫二十名，前后藏番兵五百名，兼程前往。飞饬前次派往之噶布伦等相机设法攻剿。所需口粮，准其将各营官寨所贮青稞赶于大雪封山之前全行运到军营，毋稍迟误。该大臣等务须妥为筹办，以期迅速完竣。

《宣宗实录》卷三五七《元以来西藏地方
与中央政府关系档案史料汇编》第910—911页

奏闻噶伦策垫夺结禀明森巴入侵原委并严饬相机进剿折

道光二十一年(1841年)十一月初二日

奴才孟保、海朴跪奏，为噶布伦等探明夷贼滋事情形相机攻剿，恭折奏闻，仰祈圣鉴事。

窃奴才等前因拉夷、森番占据唐古特地方，曾将添兵剿捕，并筹办口粮各缘由，于本年八月初六日奏蒙圣鉴在案。兹据噶布伦策垫夺结等禀称，该噶布伦于八月十八日始抵卓许地方，详细探明该夷贼滋事情由。缘拉达克部落从前与唐古特原相和好通商，因拉达克头人等希图唐古特所属之堆噶尔本等处地方出产褐子，并有金厂，随勾结森巴番众，以朝雪山为名，阑入唐古特边界，肆行抢劫，侵占营官寨五处。该夷贼仍恃强前进，经戴琫比喜带领土兵竭力抵敌，两相接仗，杀毙夷贼二十余名，贼目二名，唐古特阵亡番官冲然巴一名，土兵十五名，该贼始行稍退。现在该夷贼带有三千余人，占据补仁地方，其余占去了营官寨四处，均有贼兵据守，各有三五百名不等，防守甚为牢固。该夷贼知噶布伦到彼，即递有夷信，愿与说和，但令唐古特许给银两，方将贼众撤回。等语。噶布伦现在带兵堵御，不致再令侵占。惟此时风雪日甚，渐有大雪封山之处，恐一时进兵致被雪阻，应如何办理，禀请查核。等情前来。

奴才等查该夷贼因希图金厂，侵占地方，现值噶布伦等带兵查办，尚敢聚众备敌，复称令唐古特给与银两方肯退回。番众如此肆无忌惮，实属可恶，若各部落依此效尤，何所底止，自当示以兵威，痛加惩创，方可绝其贪鄙。惟据噶布伦禀称，此时茫玉纳山附近，现在渐有大雪封山之处，兵难轻进，自属实在情形。但恐耽延日久，贼势愈狂，将来剿办，未免费手。奴才等会同噶勒丹锡呼图萨玛第巴克什再四筹商，并详审地势，其茫玉纳山原为进兵正路，既恐雪阻，应一面于要隘处所分兵堵御，设法攻剿；一面由麻参地方绕道径趋茹妥，前后攻击，可挫贼锋。彼时该夷贼如果知畏求和，再为酌量情形禀请办理，断不可许给银两了事，有乖体制。经奴才等以此两次严饬该噶布伦等遵照办理，奴才等仍随时筹酌催办，以期迅速蒇事。

今谨将该噶布伦等所禀夷贼滋事情形，并相机攻剿各缘由，理合恭折先行奏闻，伏乞皇上圣鉴。谨奏。

道光二十一年十一月初二日奉朱批：钦此。

一史馆藏军机处录副奏折《元以来西藏地方与中央政府关系档案史料汇编》第911—912页

谕军机大臣森巴希图给予银两断不可准

道光二十一年(1841 年)十一月初二日

谕军机大臣等:孟保等奏探明夷贼滋事情形相机攻剿一折。览奏均悉。该夷贼因希图唐古特金厂,勾结森巴番众侵占地方,经噶布伦等带兵查办,尚敢聚众据守,复称令唐古特给与银两方肯撤回,实属肆无忌惮。现据该大臣等详审地势,一面于要隘处所分兵堵御,一面由麻参地方绕道径趋茹妥,前后攻击。著照所议办理。并著该大臣饬令噶布伦察看情形,如该夷贼仍负固不服,即行进兵攻剿,痛加惩创,不得任意耽延,致将来办理费手。如果有求和之意,亦断不准令唐古特给予银两,将就了事,致启各部落效尤之渐。该大臣惟当加意防范,相机筹办,以期迅速蒇事,勿致蔓延,是为至要。将此谕令知之。

《宣宗实录》卷三六一《元以来西藏地方
与中央政府关系档案史料汇编》第 912—913 页

奏攻剿森巴获胜克复补仁
添兵进攻及早收复被占藏地等情折

道光二十一年(1841 年)十二月十一日

奴才孟保、海朴跪奏,为攻剿拉夷森番得获胜仗,收复补仁营寨情形,恭折奏闻,仰祈圣鉴事。

窃奴才等于本年八月初六日曾将拉夷森番占据藏境、添兵剿捕缘由具奏在案。嗣准军机大臣字寄,道光二十一年九月十三日奉上谕:务须妥为筹办,以期迅速完竣。等因。钦此。奴才等跪读之下,仰见圣训周详,不胜铭感之至。奴才等当即迭次严饬噶布伦策垫夺结等迅速进剿。

兹于十月二十八日接据该噶布伦来禀内称:夷贼前将补仁营官寨占据,扬言求和,暗为逼进。噶布伦遵谕设法抵拒,该夷贼退至补仁所属之噶尔冻地方坚守,以阻我兵进路。贼寨高踞半山,旁无进路,惟正面大路一条,势极陡险。噶布伦等一面在前攻击,一面暗拨精壮兵丁由山后取路潜进,从上压下,背腹夹攻。于九月二十六日开仗,自寅至未,杀毙森番九十五名,生擒八十六名;又擒获八底部落缠头回子三名,拉夷一名,并将贼寨所存粮草、军械尽行夺获。唐古特番土兵丁阵亡十三名,并阵亡噶布伦属下之卓呢尔策忍达尔结一名,带伤甲琫札喜郎甲一名,带伤番土兵丁十七名。所有噶尔冻险要处所及补仁营官寨已经收复,并捉获森番奸细四名。据称,补仁迤东二百余里几汤地方,夷贼新筑番寨,四面建立碉房,均系三层,上有垛口,下挖水壕,宽深丈余,碉寨四面,每面设有大炮二尊,小炮八九尊不等,内有拉夷、森番及缠头回子五百余名,在彼拒守,极其坚固。并探得所有贼众数千,均聚于挡拉地方,扎有大营,以备应援,与噶尔冻、补仁地方,均各有路可通。噶布伦随派番目带领番兵一千一百名前往堵截,断其接应。惟现在军营之兵,堵御各处,未免兵分势弱,恳请添兵千余名,并请拨运炮位数尊,以资攻击。等情。

奴才等于该噶布伦尚未进兵之前,酌量情形,亦恐兵有不敷,先已咨商噶勒丹锡呼图萨玛第巴克什预备唐古特各世家骑马土兵一千二百五十名,于十月十五日均已调齐来藏。兹据该噶布伦禀请添兵,遂将所调骑马土兵令于十月二十九日分拨前赴军营。至该夷贼新修碉寨,高耸坚固,自非大炮轰击不能攻取。现据噶勒丹锡呼图萨玛第巴克什咨称,布达拉山上所存炮位,年久糟朽,不堪使用。奴才等遂将藏营所存劈山大炮二位,已交此次骑马兵队运往。奴才等查该噶布伦进兵攻剿,即歼毙生擒一百八十余名,收其险要,克复补仁,虽几汤地方贼寨坚固,一时难破,俟前项炮位解到,应不至费手。奴才等现又札谕噶布伦等,虽将补仁营寨收复,但该贼匪占据唐古特地方计已一千七百余里,其余营寨四处,自应就此获胜,一鼓作气,设法进攻,以期及早全行收复,毋使观望耽延。等谕严饬去讫。

奴才等仍当钦遵圣谕,不时督催迅速办理外,所有该噶布伦等 攻剿得获胜仗,收复补仁营寨各缘由,理合恭折具奏皇上圣鉴。谨奏。

道光二十一年十二月十一日奉朱批:钦此。

一史馆藏军机处录副奏折《元以来西藏地方与中央政府关系档案史料汇编》第913—914页

谕军机大臣攻剿森巴获胜
应一鼓作气收复全部失地

道光二十一年(1842年)十二月十一日

谕军机大臣等:孟保等奏攻剿拉夷森番得获胜仗收复补仁营寨情形一折。前因拉夷森番占据藏境,经该大臣等奏请添兵进剿,兹据奏称严饬噶布伦等进兵攻剿,歼毙、生擒贼匪多名,收其险要,克复补仁营寨。惟该匪占据唐古特地方计已一千七百余里,其余营寨尚多，必应趁此获胜之后，一鼓作气设法进攻，以期全行收复。所调唐古特骑马土兵，著即分拨前赴军营，并将藏营所存劈山大炮交该兵队运往，以资攻剿，毋稍迟延。将此谕令知之。

《宣宗实录》卷三六三《元以来西藏地方与中央政府关系档案史料汇编》第915页

奏杀毙森巴大头目拿获拉达克头人等情折

道光二十一年(1841年)十二月十七日

奴才孟保、海朴跪奏，为杀毙首恶，擒获贼目，恭折奏闻，仰祈圣鉴事。

窃奴才等前将攻剿森番得获胜仗情形，于道光二十一年十一月初四日奏蒙圣鉴在案。奴才等伏查贼匪情形，人甚诡诈，善择地势，该贼在几汤地方新筑碉寨，据守甚坚，不但阻拒进兵要路，且为逐渐内侵之计。奴才等相度机宜，应就此时大雪封山之际，贼匪不致分窜，设法剿除。但恐该噶布伦等于缓急未当，若使贼势蔓延，将来剿捕更为费手。经奴才等迭次札催，并拣派妥实员弁前往，谕令该噶布伦等作速进兵，并查访现在实在情形去后。

兹于十二月初八日据噶布伦策垫夺结及足美策旺班觉尔、戴琫比喜等差人报称，噶布伦等遵奉密谕，迭次攻击几汤碉寨，该贼施放大炮，不能前进。于十月十三日该噶布伦探有森巴大头目倭色尔由挡拉地方带领三千余贼，距补仁相近之格登地方扎营。十四日该贼遣贼目勉森等带领贼众阻断我兵取水之路，经该噶布伦拣派硕第巴策垫等带兵杀毙贼目勉森等七人，该贼倭色尔复派贼众前来截杀，经番兵抵拒，杀毙夷贼十六名，余贼退回，未经断绝我兵取水之路。二十一日贼分五队，复来接仗，又杀贼三十六名，阵亡番兵九名。该贼目倭色尔因迭次对敌不能获胜，自带贼众欲往几汤新寨，与贼目他拉漫达尔会合一处，抢占多玉地方，以便阻我军粮。经噶布伦探闻此信，即派官兵于夜间赶往多玉地方，先为抢占，派令戴琫比喜在彼驻守，并探得森巴贼目倭色尔带领贼众，已由格登拔营前进，该贼差派拉达克头人谷朗堪及拉达克之商卓特巴工布前至补仁，诈称说和，以为内应。经噶布伦看破贼情，一俟该贼来至补仁，遂将谷朗堪及商卓特巴工布立时拘拿。讯据该贼等供认，系奉森巴大头目倭色尔差访官兵虚实。贼人谷朗堪即系拉达克头人勾结森巴滋事之人，该贼身大力强，恐其逃走，当即断其胫骨，现在囚禁。具随从余贼，亦皆正法。二十八日森巴贼目倭色尔移至多玉附近之相日米木纳地方，于二十九日来至多玉，两相对敌。经戴琫比喜截杀歼毙夷贼六十二名，夺获大炮一尊，贼匪始退。阵亡前后藏定琫五名，番兵八名，带伤番兵十八名。惟贼势泼猛，仍欲占据多玉。彼时连日大雪，深积数尺。该噶布伦遂就隐僻之地，暗设伏兵，排列枪队，中间故留一路，容贼前进。果于十一月初二日辰刻，有几汤新寨贼众与森巴贼目倭色尔会合一处，分为三队，执旗鸣鼓来至多玉。经戴琫比喜带兵拒敌，暗发号令，我处伏兵骤起，断其后队，四面加(夹)攻，森巴贼目倭色尔身中枪伤，复敢持刀扑上，我兵奋勇上前，于是日午刻将森巴头日倭色尔杀毙，即将该贼首级割取，并杀毙大小贼目四十余名，贼匪二百余名，余贼见头目既诛，纷纷溃散，并夺获连架大炮一尊，大铁炮一尊，大旗六杆，鸟枪、短刀、藤牌等件未计其数。遂有跟从森巴贼目倭色尔打仗之拉达克头人八果噶隆诺诺四郎及八底部落部长阿木尔沙父子等呈献军器，情愿投降，现在均各拘禁补仁营寨，俟查点明确，再行禀请办理。此外尚有森巴贼目、余贼，逃往贼寨，现在设法追拿。今先将森巴头目倭色尔首级，拣派噶布伦策垫夺结之子彭错夺结及噶布伦足美策旺班觉尔、戴琫比喜之业巴，并噶厦通事丹增郭结等押解来藏，赴辕呈验。等情。

奴才等查森巴贼目倭色尔系索热森部落大头人。该贼蚕食侵占，边外大小部落无不受其荼毒。该处总部长，均亦畏其强横。今复聚众抢占唐古特营寨数处，实属渠魁。经奴才等将该贼倭色尔首级验明，号令通衢示众，以彰国法。所有在藏贸易各部落番民观看，无不称快。至勾结森巴滋事之拉达克头人谷朗堪及八果噶隆诺诺四郎、八底部落部长人等，容俟解赴来藏，再为审明办理。

奴才等已札饬噶布伦及戴琫比喜等，此时达坝噶尔等四处营寨夷贼多寡虚实尚未得确，令其进兵，一切尤当较前留心，毋因获胜，稍涉大意，尤不得迁延时日，予贼有修备之暇。等谕去讫。

奴才等惟有钦遵圣谕，仍不时督饬该噶布伦等及早蒇事，以期仰副皇上绥靖边陲之至意。今谨将杀毙首恶、擒获贼目各缘由，恭折奏闻，伏乞皇上圣鉴。谨奏。

道光二十二年正月二十三日奉朱批：所办甚好。另有旨。钦此。

一史馆藏军机处录副奏折《元以来西藏地方与中央政府关系档案史料汇编》第915—917页

谕内阁阿旺降白楚臣被控各款一经审实即将其褫革剥黄并晓示各呼图克图等务令恪守清规

道光二十四年(1844年)十月初七日

谕内阁：理藩院奏遵议诺们汗被控各款，请饬讯取确供定罪一折。此案噶勒丹锡呼图萨玛第巴克什被控需索财物，侵占田庐，私拆房间,擅用轿伞,强据商产,隐匿逃人,奸贪狂妄各款,均经驻藏大臣会同班禅额尔德尼等按款查明,自无枉纵。惟该诺们汗勒取财物盈千累万,改桑拉木结以寻常喇嘛何能出如许巨赀图升扎萨克?并自供曾受罗桑曲批等财物,即难保非伊二人表里为奸,并恐所索赃款不止此数。至达赖喇嘛颈上受伤,流血不止,该诺们汗知而不办,其中情节尤属可疑。仍著该大臣会同班禅额尔德尼等提集全案人证逐一严讯,取具确切供词。一经审实,即将该诺们汗历得职衔、名号全行褫革,仍追敕剥黄;名下徒众全行撤出庙内,赀财先行查封。其达赖喇嘛受伤情由,并著提同随侍之森琫及服侍之堪布等悉心研鞫,务得实情具奏,其商上事务印信,即著该大臣会同班禅尔德尼于呼图克图、诺们汗内选择一人管理。

又谕:前据琦善等奏班禅额尔德尼等呈控前藏噶勒丹锡呼图萨玛第巴克什额尔德蒙额诺们汗阿旺扎木巴勒粗勒齐木种种欺压达赖喇嘛、残害全藏生灵等情一折。当交琦善会同班禅额尔德尼明白查办。兹据琦善、班禅额尔德尼等逐款确切查明,该诺们汗原系微贱喇嘛,因其熟习经咒,是以屡施深恩,乃该喇嘛不知感恩图报,胆敢心存傲慢,藐视达赖喇嘛,动辄贪婪,扰害藏内人民。且达赖喇嘛乃宗喀巴之徒,总领天下黄教,岂可为凶残所陵?该喇嘛如此胆大,可恶已极。兹据琦善会同班禅额尔德尼查出该喇嘛实迹,已有旨著琦善、班禅额尔德尼严审取供,照例定拟。因思黄教清高,岂容稍存残恶之渐,著理藩院将该喇嘛劣迹转行晓谕各呼图克图喇嘛等,务令恪守黄教之清规,诚遵宗喀巴之正教,咸以该喇嘛为戒,俾各知之。

《宣宗实录》卷四一〇《元以来西藏地方
与中央政府关系档案史料汇编》第936—937页

谕军机大臣风闻阿旺降白楚臣差人驮载银两回籍著富呢扬阿沿途密查

道光二十四年(1844 年)十一月二十二日

谕军机大臣等:前据琦善奏查办诺们汗被控各款,已明降谕旨严讯办理矣。该大臣等奏称:“风闻该已革诺们汗差人驮载银两先往青海,向其弟工布商谋觅人设计。”等语。事关外番差人赍货夤缘控案,不可不严行查办。本年年班堪布来京,恐该已革诺们汗所遣之人混入大队私行,著富呢扬阿、德兴各委干员沿途密查。如该堪布尚未过境,即按册核对人名,但有混迹其间者,一经盘获,即著亲提严讯,是否系该诺们汗所遣,其人数若干,查明具奏。至工布一名,亦即于原籍缉拿,确询有无设计及带银使用之处,一并具奏,傥已随堪布过境,查有确据,即一面奏闻,一面飞行前途一体遵办。将此谕令知之。

《宣宗实录》卷四一一《元以来西藏地方与中央政府关系档案史料汇编》第 937 页

谕军机大臣著琦善一面将所参之阿旺降白楚臣逐款取具确供以成信谳一面将该已革诺门汗小心看管

道光二十四年(1844 年)十二月十二日

谕军机大臣等:前据琦善奏查办诺们汗被控各款,已交该大臣严讯办理矣。兹据理藩院奏称："已革诺们汗驻藏掌事有年，与边外及该土司原籍声息相通，藏卫番民杂处，良莠不齐，该已革诺们汗甫经失势，未必无同恶相济之人，应及早妥为羁縻。"等语。已革诺们汗被控各款案情重大，傥日久防疏，难保无乘间潜逃情事。著琦善一面将所参各项逐款研讯，取具确供，务期水落石出，以成信谳，一面体察情形，将已革诺们汗派委妥员小心看管，无任稍有疏虞，是为至要。将此谕令知之。

《宣宗实录》卷四一二《元以来西藏地方
与中央政府关系档案史料汇编》第937—938页

琦善等奏请呼图克图转世成立后撤销札萨克喇嘛等职衔片

道光二十四年(1844年)十二月十二日

再，呼图克图管事札萨克喇嘛、诺们罕管事达喇嘛，道光二年经理藩院议定章程，钦奉上谕：理藩院请定喇嘛章程，其所议赏给诺们罕职衔之达尔汉喇嘛等，未经转世者，不准给与名号印敕，均著照所议办理。惟呼图克图、诺们罕涅槃后，择人给与札萨克喇嘛、达喇嘛职衔，原为督率徒众起见，若该呼图克图、诺们罕转世成立，则督办有人，著即将札萨克喇嘛、达喇嘛各职衔即行撤销，以昭核实。等因。钦此。仰见皇上综名核实，赏不滥逮之至意。

伏查呼图克图、诺们罕涅槃后，择人给与札萨克喇嘛、达喇嘛职衔，原为督率徒众起见。自道光二年钦奉谕旨后，如诺们罕早已掌办商上事务，可谓督办有人，不但未经遵旨撤销，转复托词不能兼顾，遽请赏给札萨克喇嘛，代管本寺私事。乃此次查办被控之案，诺们罕二十余年以来，专务营私，于商上事务并未认真管理。其札萨克喇嘛亦一味聚敛，干预公事。甚至诺们罕出入，洁道清尘，自大无外，与原奏迥不相符。即检查嘉庆年间，济咙、第穆呼图克图掌办商上事务之时，其札萨克喇嘛或建盖寺院，侵占民地，或诸事专擅，俱有前驻藏大臣英善、瑚图礼等旧稿可凭。且察木多、乍丫同系呼图克图，只有商卓特巴，并无札萨克喇嘛、达喇嘛，亦照旧住持，未见不能管理。一事两岐，应否划一，用昭公允。其济咙、第穆呼图克图、呼征诺们罕三人，早已成立，乃二十余年，亦未遵旨查办。究竟呼图克图、诺们罕成立之后，所有管事之札萨克喇嘛、达喇嘛应否遵旨撤销，相应请旨饬下理藩院，一并核议示复。

至我皇上拣派达赖喇嘛正、副师傅，原为教习圣典，俾其成立。而历次但保师傅，乞恩无已，总称其经典深通，教授有方。当其尚未成立，便以见其深通？迨至年届二十，既称经典深通，何以又奏请令其掌事？其中情形，更难逃圣明洞鉴。是以奴才等前拟章程内，声请嗣后仰候恩出自上，不准如前滥行保奏，合并陈明。谨奏。

道光二十四年十二月十二日奉朱批：该部议奏。钦此。

一史馆藏军机录副奏折《元以来西藏地方与中央政府关系档案史料汇编》第938—939页

遵旨讯取阿旺降白楚臣供词褫革名号查封财产折

道光二十四年(1844年)十二月二十六日

奴才琦善跪奏，为遵旨讯取诺们罕确切供词，褫革查封缘由，先行奏祈圣鉴事。

窃奴才于十一月二十二日，接准四川督臣咨到理藩院奏遵议诺们罕被控各款一折，钦奉上谕："理藩院奏遵议诺们罕被控各款，请饬讯取供定罪一折，此案噶勒丹锡呼图萨玛第巴克什被控需索财物，侵占田庐，私拆房间，擅用轿伞，强据商产，隐匿逃人，奸贪狂妄各款，均经驻藏大臣会同班禅额尔德尼按款查明，自无枉纵。惟该诺们罕勒取财物，盈千累万，改桑拉木结以寻常喇嘛，何能出如许巨资图升札萨克，并自供曾受罗布藏曲批等财物，即难保非伊二人表里为奸，并恐所索赃款不止此数，……着该大臣会同班禅额尔德尼等，提集全案人证，逐一严讯，取具确切供词。一经审实，即将该诺们罕历得职衔名号全行褫革，仍追敕剥黄。名下徒众全行撤出，庙内资财先行查封。其达赖喇嘛受伤情由，并著提问随侍之森琫及服侍之堪布等悉心研鞫，务得实情具奏。其商上事务印信，即著该大臣会同班禅额尔德尼于呼图克图、诺们罕内选择一人管理。"余依议。钦此。行知前来。

仰见我皇上明罚敕法，期无枉纵之至意，奴才不胜钦服。当即先将诺们罕被控查明各款，于二十九日讯取亲供，一一承认，是其贪奸妄为、营私舞弊，为自来呼图克图、诺们罕中所未有，大辱宗教，已属确有实据。遂钦遵谕旨，将该犯阿旺甲木巴勒楚勒齐木历得萨玛第巴克什额尔德蒙额诺们罕职衔，衍宗、翊教、靖远、懋功、达尔汉名号，全行褫革剥黄；将祝庆寺内资财严密查封；所得敕印与前革札萨克喇嘛印信俱行追夺，交达赖喇嘛商上暂行存贮，遇有便员赍京销毁。该寺僧俗均各贴服。距[讵]于是日秉烛后，忽有买巴寺喇嘛多人拥至，将阿旺甲木巴勒楚勒齐木用轿抬去。奴才已将缉犯讯办缘由，呈片奏明。

兹复将九辈、十辈达赖喇嘛未享遐龄一节，向该犯究诘。据供：九辈达赖喇嘛因病圆寂，在该犯未经掌事之先。其十辈达赖喇嘛，于道光四年十月二十三日颈上带伤、流血不止一节。原控之觉普策丹札喜，于九年监毙，并无后嗣。同房服侍之森琫罗布藏曲札，亦于十八物故。检查前任驻藏大臣松廷、广庆原讯供情，系由达赖喇嘛起早在木架上提取满达盘，自行失足，磕伤腮下，于二十五日尚赴布达拉各寺朝佛念经，至道光十七年十月初二日方行圆寂。其间相距十四年，自非因伤致误无疑。惟闻十七年，前任驻藏大臣关圣保、鄂顺安有封存汉印房公文一包，询系十辈达赖喇嘛圆寂之事。取出查看，系该犯因达赖喇嘛圆寂后，有仔仲罗布藏楚称，疑系饮食有故，禀请查办，以致僧俗人等同声恳求。经该犯查无别故，取有甘结。仔仲罗布藏楚称自认怀疑妄言，拟以罚服金子三两。禀经关圣保、鄂顺安提讯相同，照拟完案。伏思唐古特僧俗于达赖喇嘛圆寂之时，既有怀疑之词，正可将该犯掌办立于撤退，俾僧俗无可顾虑，虚实不难立辨。此时事阅多年，寂然已久，又在其自行查讯具结之后，若遽然审问，设或实无他故，诚恐难尽释群疑，而毗连外域素崇佛教，以讹传讹，关系非细。因向各番目密加咨饬，佥称系久病圆寂，实无别故。询之济咙呼图克图，据云，伊是年由原寺假满回藏，达赖喇嘛因病总未传见，后即圆寂，彼时虽有讹言，毫无证据。质之班禅额尔德尼、呼征诺们罕，亦未闻其事。因令噶布伦向仔仲罗布藏楚称盘问，诱令直言。自认妄语，实无情弊，结甚结实。是此事毫无罅漏可寻，未便冒昧吹求，致拟罪无据，欲罢不能，冀释群疑，而反滋众惑，有负皇上绥靖边隅，安抚黄教之至意。除将关圣保、鄂顺安判立原稿，与现讯仔仲罗布藏楚称供结，并十七年查讯各供结，封送军机处外，谨将该犯阿旺甲木巴勒楚勒齐木先后两次供词，照录恭呈御览。

惟该犯狙诈百出，其寺内资财大半寄于买巴寺内，现亦查封。因讯缉各犯尚未亲行查点，容再开单奏闻。

至改桑拉木结以寻常番僧，图升札萨克喇嘛，竟出巨万之资，自何而来。据供：先系承受其戚绝产，租田耕种，放债取利。于道光十年充当阿旺甲木巴勒楚勒齐木岁琫,甚见宠信,番目番僧多半给其财物,伊借此生理,大获厚利。于道光二十二年补放札萨克喇嘛时,均送入祝庆寺库内,供情皆已讯定。

惟阿旺甲木巴勒楚勒齐木,于其弟纠约喇嘛滋事,坚供并不知情,尚须研究,是以未敢拟议复奏。

谨将讯取该犯确切供词、褫革查封缘由,会同班禅额尔德尼,先行恭折具奏,伏乞皇上圣鉴。谨奏。

朱批:另有旨。

一史馆藏宫中朱批奏折《元以来西藏地方与中央政府关系档案史料汇编》第939—941页

奏遵旨查封阿旺降白楚臣资产析

道光二十五年(1845年)二月初七日

奴才琦善跪奏,为遵旨查封已革喇嘛阿旺札木巴勒楚勒齐木赀产,谨拟分别办理缘由,敬缮清单,恭请圣训事。

窃奴才钦奉上谕:理藩院奏遵议诺们罕被控各款一折,此案噶勒丹锡呼图萨玛第巴克什被控需索财物,侵占田庐,私拆房间,擅用轿伞,强据商产,隐匿逃人,奸贪狂妄各款,经驻藏大臣会同班禅额尔德尼按款查明,自无枉纵。惟该诺们罕勒取财物,盈千累万,仍着该大臣会同班禅额尔德尼提集人证,讯取确切供词,一经审实,即将该诺们罕历得职衔、名号全行褫革,追敕剥黄,庙内赀财,先行查封。等因。钦此。

奴才遵即会同提讯,业据逐一供认,据实复奏在案。查该犯寄顿之买巴寺,系聚众抢夺滋事之庙宇,赀财未便久贮,且续接理藩院行知，其原籍家产已饬查抄，则该犯寺中之物，诚如部示例在必抄之列。是以奴才于讯定犯供后，即率同噶布伦等，先赴买巴等所属之寿凝寺，将寄顿之物逐一搜出运回，同祝庆寺赀财一并查封。遵照部示，先将恩赏物件、御书匾额查出，差官赍交商上敬谨尊藏，并造册咨部外，计祝庆寺内外楼房群房共三百八十四间，生金麸金并金器八百三十九两，泥金二十四两，元宝及碎银七万七百六十两，银器折实银五千六十九两八钱五分，并借给各番民番商资本银一万七千六百四十九两，妆蟒、绸缎、布匹、珊瑚、茶叶等项为数不少。除祝庆等庙宇房间，经部臣奏明免其拆毁，蒙恩赏给商上管理，其玉佛、玉塔七尊，大小镀金及铜佛二千四百八十尊，泥佛六千七百三十五尊，画佛像六百二十轴，未便估变，可否一并赏给商上供奉之处，恭候谕旨遵行。至抄没财物，经部臣奏明，毋庸送院。原以西藏地处边远，深恐运送维艰，其中又喇嘛番民服物居多，亦属无裨实用。

伏思我皇上之查办喇嘛，正所以惩奸除慝，安全善良，原不屑较计锱铢。而奴才愚昧之见，以为侵占商产民产，均已分别清还复业，其余金银什物牛马羊只，似应分别估变充公。查前后藏兵饷岁需银十万两，历由四川按年解送，转运不易。今查出银两银器七万五千七百余两，金两金器又可估变一万一千余两，同收回借项及什物估变价值，计可敷岁饷年余之用。又驻防弁兵每岁所需米、豆、青稞、麦石，向系扣存兵饷，交商上采买散放，岁需银五千一百余两。今查出米二百八十七石，麦、豆、青稞共六千九百四十九石，除米石仅可支放三个月有余，仍应采买外，其余粮石足敷接济五年兵糈。现拟交商上出陈易新，按月散给官兵，节出采买麦豆青稞价值，归还正项，以资节省。似此稍为变通，在兵饷可暂省解送之烦，沿途乌拉转运亦免苦累，且麦豆等项更无虞卖贱买贵者诸多折耗，于经费、地方似不无裨益。所有侵占商上田房牲畜应清还者，侵占番民产业应复业者，均已逐款列入清单。其应变各物内，有牛羊马匹喂养无资，酥油果品易致霉烂，若俟部复到日再行估计，恐多伤耗，是以奴才不揣冒昧，饬令噶布伦等预为一并核实估计，造册咨部，听候核示外，敬缮清单，声明分别拟办缘由，恭呈御览，伏候训示遵行。

除将查出银七万七百六十两已封贮夷情司员衙门外，其余什物均封寺中，交噶布伦等派人看守，未敢擅动。至鸟枪战箭各械，皆军中利器，地属荒徼，未便估变，可否赏给营中操防，俾各弁兵益加感奋，出自天恩。

所有遵旨查封已革喇嘛阿旺扎木巴勒楚勒齐木寺中赀产，谨拟分别办理缘由，会同班禅额尔德尼，恭折具奏，伏乞皇上圣鉴训示。谨奏。

朱批：军机大臣会同该部议奏。

一史馆藏宫中朱批奏折《元以来西藏地方与中央政府关系档案史料汇编》第942—944页

奏阿旺降白楚臣之徒弟现经盘获折

道光二十五年(1845年)二月二十三日

陕甘总督富呢扬阿奏：已革诺们汗徒弟在外募化逗留，现经盘获。

得旨，洛桑扎喜著解京归案审讯。

《宣宗实录》卷四一四《元以来西藏地方与中央政府关系档案史料汇编》第944页

奏十一世达赖喇嘛为处理阿旺降白楚臣谢恩折

道光二十五年(1845年)三月初二日

奴才琦善跪奏,为达赖喇嘛恭递佛匣,叩谢天恩,据情代奏,仰祈圣鉴事。

窃据达赖喇嘛咨称,伏查已革喇嘛阿旺札木巴勒楚勒齐木,曾经掌办商上事务,应办一切公事,理应秉公详慎,以期仰副大皇帝委任重恩。乃该已革喇嘛阿旺札木巴勒楚勒齐木,专务贪赃,任意妄为,徇私不公,以致商上事务诸多废弛,库项虚空,番民困苦。仰蒙大皇帝格外施恩严行查办,饬复旧规,嗣后阖藏僧俗番民均得安居乐业。又将祝庆寺院赏给小僧管理,借为补苴亏累,如此恩施优渥,小僧毫无报答,惟有朝夕虔心念诵经典,恭祝大皇帝万福万寿,以期稍图报效。今备叩谢天恩吉祥哈达一方、镀金释迦古佛一尊,装贮佛匣,祈请代为奏进。等因前来。

奴才等查其欢感情词,出于至诚。谨将递到佛匣,妥固粘签,恭折代为奏进,伏乞皇上圣鉴。谨奏。

朱批:知道了。

一史馆藏宫中朱批奏折《元以来西藏地方与中央政府关系档案史料汇编》第944—945页

谕内阁著将查封阿旺降白楚臣之资产分别赏给前后藏寺庙官兵

道光二十五年(1845 年)四月十二日

谕内阁:穆彰阿等奏“遵旨会议查封已革诺们汗赀产,请援照前案分别赏给各寺庙喇嘛。”等语。西藏地处边陲,该喇嘛等素蒙赏赉,此次查封已革诺们汗阿旺扎木巴勒粗勒齐木金银估变等项共银十四万四千余两。著该大臣勘明西藏各寺庙应行修理者,即于此项内动用兴修,所余银两分别赏给前后藏各寺庙喇嘛,以示优恤。至所称抄出米二百八十七石,麦、豆、青稞共六千九百四十九石,并著赏给前后藏番官兵丁,俾得均沾惠泽。所有前项分别给赏名数,仍著该大臣查明开单具奏。

《宣宗实录》卷四一六《元以来西藏地方与中央政府关系档案史料汇编》第 945 页

英人首次晤见班禅

荣赫鹏[①]

彼(波格尔[②])于一七七四年十一月八日行抵日喀则,即当时

①荣赫鹏:英国帝国主义分子,曾任东印度公司头等政务司,极力倡导对我国西藏地方进行武力征服的政策,策划和领导了 1904 年的侵藏战争,先后屠杀了四五千藏族人民。

②波格尔:英国东印度公司秘书。

班禅驻锡之所。次日即谒班禅喇嘛，呈递哈斯汀士[①]所奉书函并一珠，是为英国官吏与藏人间首次正式之晤见，殊值记述者也。

……

班禅在此后晤见时，谈及贝哈事件[②]，直言彼邦人士多劝彼拒纳英人入境，并云："关于英人之武力余亦颇有所闻，谓东印公司俨若王者，日以战争与克服为能事。余与余之臣民既纯以祈祷上苍为职志，殊不敢容许英人莅止。"

……

波格尔又暗示班禅可否劝藏人与英方成立某种形式之联盟，俾能藉其力以阻遏尼泊尔之廓尔喀人侵犯西藏及其藩属。此种议论似使班禅为之感动，当问彼应否将此事函告拉萨摄政，波格尔谓彼可函告之，并谓哈斯汀士必可运用其居间调停之力使廓尔喀法王终止觊觎藏属领地之企图，彼无须置疑。且彼有理由可信其必效，因廓尔喀人深惧英国也。班禅谓拉萨摄政之疑惧英人，非仅其本身问题，亦因臣属中国，不敢开罪中国当局。故彼须候北京政府之回示。

……

彼格尔语（拉萨）代表愿闻拉萨摄政怀疑英人之根据，但彼等答言："谈话太多为敝国习惯所不许"。遂径向波氏道别，视（祝）彼平安回抵孟加拉。波氏尚欲努力使彼等听取数言，期引起通商问题之讨论，然率无结果。

荣赫鹏《英国侵略西藏史》
孙煦初译本第19、11、14、15页
西藏社科院内部资料1983年编印

---

①哈斯汀士：时为英印政府总督。

②贝哈事件：指1773年东印度公司吞并原属不丹管辖的库赤·贝哈尔事件。

英人要求通商划界折(节录)二件

(一)

道光二十六年十二月(1847 年 2 月 5 日)辛未,协办大学士两广总督耆英、广东巡抚黄恩彤奏:窃臣等接据英酋德庇时[①]来文,以该夷与西刻[②]夷人构兵,据有加治弥耳[③]山地,交夷酋珴拉升管理。其地及该夷所属之地,均与后藏交界,业经兵头哈丁,备文派遣夷目,前往拉萨城,请中国办事大臣,明定界址。加治弥耳夷人,向与后藏贸易获利,兹该夷亦请与后藏通商等情,并将兵头哈丁,照会驻藏大臣译汉文稿及地图各一纸,递送前来。伏查西藏与加治弥耳等处,是否毗连,臣等虽无凭遥揣,但既有相沿界址可循,自应各守旧疆,无庸再行勘定。至所请通商一节,查原定条约,止(只)准该夷在于广州、福州、厦门、宁波、上海五口贸易。而善后章程内,并载明英商不准赴他处港口通商,是五口之外,断不容增添别口。今该酋妄有所请,殊与成约不符。臣等已备文照复,将所请定界通商之处,概行驳斥。

《筹办夷务始末》卷七七 转引自《西藏地方历史资料选辑》第 144—155 页 1973 年版

---

①德庇时:时为英国驻华公使。

②西刻:又称赛哥,即克什米尔。

③加治弥耳:克什米尔的又一称谓。

（二）

道光二十七年正月庚寅（1847年2月24日），协办大学士两广总督耆英、广东巡抚黄恩彤奏：臣等前据英酋德庇时来文，以该夷已得加治弥耳山地，与西藏交界，请明定界址，并与后藏通商等语。当经臣等援据条约，正言驳斥。续据德庇时复称定界一事，只欲指明旧界，并非另定新界，亦无需委员往勘。其通商一节，系因加治弥耳夷人，本与西藏贸易，现拟仍照旧章，亦不另议新条，与来五口通商之英商无涉等情。臣等详加阅核，似该夷为正论所屈，妄念已息。

《筹办夷务始末》卷七七 转引自《西藏地方历史资料选辑》第144—155页 1973年版

中英天津条约（节录）

一八五八年六月二十六日（咸丰八年五月十六日）天津

第八款：——耶稣圣教暨天主教原系为善之道，待人如己。自后凡有传授习学者，一体保护，其安分无过，中国官毫不得刻待禁阻。

第九款：——英国民人准听持照前往内地各处游历、通商，执照由领事官发给，由地方官盖印。经过地方，如饬交出执照，应可随时呈验，无讹放行，雇船、雇人，装运行李、货物，不得拦阻。……

《咸丰条约》卷五 转引自《中外旧约章汇编》第一册 第97页

藏人不愿洋人入藏游历传教折

咸丰十一年七月二十七日(1861年9月1日)

奴才满庆[1]、恩庆[2]跪奏:……窃自去年(咸丰十年,1860年)十一月,准兵部咨,恭亲王等奉旨,颁发英、法两国和约条款一本,告示二张,及本年六月准湖广督臣咨会英国都司萨尔、守备伯纳已孙、医生巴顿,持照三张,由川赴藏,直至天竺游历。又准总理各国事务王大臣[3]咨,法国送到传教谕单,盖用总理衙门关防,并粘名单一纸,内有罗肋、肖法白二名,系赴西藏传教各等因,经四川督臣转咨前来。奴才等遂将告示张贴,照文通行藏台汉番文武一体知照在案。前据掌办商上事务慧能呼征阿齐图呼图克图阿旺伊喜楚称嘉木参禀,据三大寺及商上札什伦布所属大小办事头目,并各世家各寺院僧俗人众,公同禀称:西藏原系佛教地方,除廓尔喀常通来往外,从无别国之人入境游行。即道光二十五年(1845年)突有英咭利民人二名来藏,当经前大臣琦善将该民等由内地送回原处,遂致西藏护法诸神不悦,连年人民多病,牛马害瘟,复遭蝗虫,秋稼欠收,屡与地方不利。今奉先后札文内开,英法两国之人,奉旨驰赴西藏游历传教等因,自应遵奉照办。但西藏地方,素称瘠苦,且来游之人,及所传之教,皆与地土不宜,佛教不合,是以僧俗大众闻之,不胜震惊。惟有恳请据情转奏大皇帝,俯念西藏只知遵守佛

---

①满庆:时任驻藏办事大臣。

②恩庆:时任驻藏帮办大臣。

③王大臣:指当时主持总理各国事务衙门的恭亲王奕䜣。

教，由来已久，更兼地面褊小，又与内地不同，即饬令英国、法国、美国并天主教，不必来藏游历传教，即或借道，亦不必由藏经过。如伊等心中不愿，仍要前来，小的人等，只得会合同教部落，帮同竭力阻止，非势穷力尽，万不致弃佛教之宗源，失众生之素志。复称：毗连西藏，并无天竺国名色，只有甲噶尔，若英国来游之人，要由藏到甲噶尔，沿途不惟山高路险，且上年已将要路挖塞，再难开通。或由廓尔喀绕到披楞[①]，我唐古特与廓尔喀和好未久，不能因借路之事，再启两家衅端。况小的大众，非敢不遵条约，实因地苦民贫，俗少僧多，势难仿照内地。又另禀：传教之罗肋，自上年潜到江卡附近扪空绷额地方，租地盖房，原未张扬传教之事，因被三艾红教喇嘛所属番子劫去银物，控经大宪札饬汉番会办，始知伊系传教之人。况此案前已断赔银两结案，今伊等又借势刁难，不得速结，统祈并案转奏，并咨明各大臣督抚查照，实深沾感各等情。据此奴才等查唐古特所称之披楞，即是英国。去冬商上接到哲孟雄部长夷信，披楞拟从该处至藏通商，藏属僧俗心已疑惧，随派人前往理阻，迄今犹未寝息。兹又闻英国都守医生，由川来藏游历，加以传教之人，现在江卡，因案刁难，其僧俗骇惧，人心惊疑，实出情不得已。虽经奴才等将条约面向慧能呼征阿齐图呼图克图及噶布论等，明白宣讲，再三开导，转谕大众，毋生猜疑，乃该呼图克图等竭力晓谕驾驭，佥云尊信佛教，矢死无悔。况前后藏并四乡寺院，约计喇嘛不下十余万众，莫不桀骜成性，而且在俗番民，均推喇嘛之言是听，其不愿别国官民入境，已属牢不可破。惟既立和约在先，未便失信于后，英法官民，均持有印照为凭，欲来即不容阻。第念入境以后，沿途迎送照料，按内地周旋酬应，在汉官犹能奉行，在番民必难从命。若番民一有违抗，则彼国官民，定按条约责成汉官；迨汉官督

---

①披楞：即英国

率不行，彼国官民，不念番民愚顽，只责汉官疏纵。其时番生觖望，官获咎谴，其失犹小，倘英、法之官，以此借口，即因此启衅，番心变于外，和约不能全，其失更大。合无吁恳天恩，敕下总理各国事务王大臣，转商各国领事官，凡所派官民并传教之人，不拘曾否领有印照，先行善言劝阻，均毋庸来藏游历传教，不但唐古特僧俗可免惊疑，即各国人等，亦免跋涉，庶于两国和约，藏境人心，两有裨益。除札巴塘粮务江卡守备，会同营官，上紧将罗肋竟被劫之案，刻期办结，并将传教人等，妥为照料护送，及咨明总理各国事务衙门、理藩院、青海大臣，云贵、四川、陕甘总督，陕西巡抚查照，仍面谕慧能呼征阿齐图呼图克图，设法安慰藏属僧俗，毋令惊惶，照常念经，候旨遵行外；所有接据西藏僧俗邀免各国官民来藏游历传教各情，出于至诚，奴才等实不敢壅于上闻，致失蛮望，理合恭折代奏，伏乞皇上圣鉴，训示。谨奏。

转引自《西藏地方历史资料选辑》
第146—148页 三联书店1973年版

披楞人欲来藏通商设法禁阻折

光绪二年四月十二日（1876年5月5日）

驻藏大臣松溎奏，为披楞租地修路意欲来藏通商，派员驰往会同设法禁阻事。窃据布鲁克巴部长禀称：“去年秋间，披楞头人纳尔萨海寄来夷信内云，带领从人在噶勒噶达（也即就是噶里各答——编者注）、夺结岭（也即大吉岭——编者注）地方，约会小部长到巴桑卡尔面商事件，小部长因披、布（指今不丹——编者注）两家向无面晤之条，若不照来信前往，恐披楞人众，行至我境，难以接应,且乘间窜入藏地,为害不浅。小部长夫无奈于去年十月内,前往巴桑卡尔晤面,据披楞头人云:噶尔萨岭一带地方离藏尚近,就便欲往西藏通商贸易,你们若能开修道路,纵要若干工价赏需并应用器具,概能付给;除前议每年例给地租钱五十文外,今再加增银钱三十千文,务要依允,修路通商,不得推诿等语。小部长当即回复:布属地方窄狭,人民稀少,素无胆量,兼之各处寺院,时有水火灾异,你处纵能发给工费赏需器具等项,我们实不敢认承修路。披楞头人云:尔属若果不便开修,我们自有人修理。小部长说:布属地僻山险,路径丛杂,夏末涨水,冬间出火,各路岩桥,随修随塌,且百姓愚蠢刁恶,往往出头生事,难以往来通商。披楞头人又云:披布两家和睦,嗣后遇有此等百姓即须速为惩办;我尚有要事往别处会议,明年二月内来此定妥。小部长在彼驻站十余日,多方开导,披楞头人再三不允,起程去讫。现查披楞人等已将器械鸟枪等物预备齐全,并将夺结岭各处河道添设浮桥,以便行走。所有哲孟雄价值赏需,现在修路交拜来往暗中引进。披楞因达赖喇嘛圆寂,商上乏人,是以借道通商,不识是何居心,实难阻回,恳乞奏明。小部长人等系天朝百姓,又与唐古忒同教,自应尽心帮助,无奈地方褊小,不能抵敌披楞,务求迅速派人前来指示办理”等语。臣当即译行代办商上事务济咙呼图克图传集噶布伦等妥为筹议。旋据复称:披楞向不同教,亦无来藏交易之章,今租地修路通商,居心叵测,与佛教大有关碍,恳乞作主等情前来。奴才查布鲁克巴为唐古忒西南门户,与哲孟雄、披楞毗连。现据该部长禀称,哲孟雄要布鲁克巴认租修路,难免不暗中勾结引进,该布鲁克巴弹丸小地,力弱势孤,未能阻止。而披楞必欲借道通商,若严加遏禁,恐披楞恃强激成他故;倘任期修路来往,日后必致衅端迭起。奴才再四(三)思维,一面现饬布鲁克巴部长迅速届期前往与披楞头人会晤,申明旧章,各守疆界,谕以唐古忒地方山川险阻,乏产珍货,且习教不同，徒劳跋涉，妥为解释，不必修路来藏交易。并拣派熟悉边务精明谙练之西藏粮员通判周臻［溱］，督同戴琫札喜达结等，随带理［通］事番弁兵丁，驰往布属，会同相机弹压，剀切开导，设法禁阻，并顺至哲孟雄一体办理。总期各守界限，彼此相安，可消患未萌，以冀仰副圣主慎重边陲之至意。谨奏。

王彦威编《清季外交史料》卷五

阻回英人边界安堵折

光绪二年闰五月九日（1876年6月30日）

奴才松溎跪奏，为委员阻回披楞，边界一律安堵，恭折驰奏，仰祈圣鉴事。窃奴才前于二月间，因布鲁克巴部长欧柱汪曲禀称，披楞屡欲租地修路，入藏通商，当即派委前藏粮员周溱，督同戴琫札喜达结等，随带通事、弁兵，驰往布、哲一带，会同该部长，相机弹压，设法阻止，业经奏明在案。于五月二十九日（6月20日），接奉谕旨，饬令奴才妥慎筹办，毋得泄漏等语。仰见圣明在上，洞烛万里，当即遵旨飞饬周溱，令其悉心妥筹，剀切劝谕，申明旧章，各守疆界，务将该夷阻回，以安边境，亦不可施之太猛，激成事端。旋据禀称：自藏起程后，沿途层峦迭障，山路崎岖，加以瘴气风寒，头晕作痛，力疾驰至布鲁克巴，接见该部长欧柱汪曲，会商二十余日，面令通事，详细传谕，见该部长诸事明悉，颇知大义。据称：惟因布属弹丸，披楞强悍，势不得不与彼善处，而该夷时欲入藏通商，虽经连年具禀驻藏大臣，以及商上，均蒙温谕劝勉，从未委员来办，亦未示以定章。是以该夷日形骄纵，欲肆饕餮，竟有不可遏之势，幸蒙委员来办，借有主持，人心大定，实感再生之德无既矣。当经周溱重加赏赉，善言劝勉，令与披楞头人纳尔萨海会见，百般开导，告以各奉一教，实难共处，而唐古忒之地，向不出产奇珍，无足易货，今经奏派委员到此，申明旧章，各安边界，勿得再举，此意诸多不便，力劝数日，该夷始犹未信。既而得悉，乃云既系向无是例，又有委员来阻，只可依允，率众而回。周溱令将边界鄂博石堆，逐一添补，以清界限。并谕该部长等，好好固守，候礼遵行。遂转移至哲孟雄，接见该部长吐多朗结，见其人亦明白，而是地比较布属穷瘠尤甚，势不得不与披楞立约认租，沥请作主，方可固守。而另股披楞到哲，亦经该委员等，善言阻回，并劝谕该部长，令其固守，优加赏赉等因。奴才立即严札该部长等，令其固守边界，彼此相安，不得私行出入，往来勾结，亦不可借有所恃，寻复滋事。如能始终如一，必将尔等格外鼓励。奴才伏查商上情形，惟知奉佛念经，于一切事务，诸多畏难，观望退缩，以致外夷深悉日骄，竟置布、哲之门户而不问，若非此次查办，几起边衅。该委员周溱，精明练达，办理详慎，与戴琫等均能耐受烟瘴，辛苦备尝，尤能不动声色，消患未萌，实属著有微劳。该弁兵等，亦能当差用命，险途跋涉，其所用赏需，以及汉番官兵口粮，均准于藏饷内，作正开销，以示体恤。除该弁兵等，由奴才酌量鼓励外，谨将委员周溱等另缮清单，恭呈御览，伏候恩施，以昭激劝，而策将来。并请将布鲁克巴部长欧杜汪曲、哲孟雄部长吐多朗结，一并赏给虚衔，以结其心，而广皇仁。可否之处，出自逾格鸿慈。所有奴才委员阻回披楞，边界一律安堵，并拟保出力人员缘由，恭折驰奏，伏乞皇太后、皇上圣鉴。

《西藏地方历史资料选辑》

第150—151页 三联书店1973年版

中英烟台条约另议专条

光绪二年七月二十六日(1876 年 9 月 13 日)

现因英国酌议，约在明年，派员由中国京师启行前往，遍历甘肃、青海一带地方，或由内地四川等处入藏，以抵印度，为探访路程之意。所有应发护照，并知会各处地方大吏及驻藏大臣公文，届时当由总理衙门察酌情形妥为办给。倘若所派之员，不由此路行走，另由印度与西藏交界地方派员前往，俟中国接准英国大臣知会后，即行文驻藏大臣查度情形，派员妥为照料，并由总理衙门交给护照，以免阻碍。光绪二年七月二十六日，西历一千八百七十六年九月十三日，在山东烟台，缮就华英文各四分，盖印画押。

大清钦差便宜行事大臣李押。

大英钦差驻华便宜行事大臣威押。

《光绪条约》卷一 第 17 页《西藏地方
历史资料选辑》三联书店 1973 年版

英人入藏探路用意狡谲
请饬驻藏大臣修好于布鲁克巴以固藩篱片

光绪三年十月十一日(1877 年 11 月 15 日)丁宝桢[1]

英人前有西藏探路之请，其用意狡谲，臣心窃虑之，到川以后

---

①丁宝桢：字稚璜，贵州平远人，光绪二年至十一年任四川总督。

恒切切防维，思欲暗中设法补救，以为得尺则尺之计。此次贝得禄、吉为哩二员，明为查看通商事宜，乃遍地游历，或则欲会凉山猓夷，或则欲由藏赴国，沿途详绘地图，其几已见。臣窃揣英人之意，从前专注意海疆，今则二十余年，船炮即极坚利，而沿海之地势人情，亦经熟悉，自以为经营就绪。惟不通海疆之四川、云南、贵州、湖南、广西、甘肃、陕西、山西、河南数省，未能水路相通，彼就目前视之，实觉毫无可恃。故又欲以向之致力于海疆者，转而用之于西南各省。然必择其与该国最近之省，先为入手，徐图推广。而与该国最近者，莫近于蜀，滇次之。而蜀又为数省中菁华聚集之所，故英人此时用意在蜀。蜀得，而滇、黔归其囊括矣。此实英人目前肺腑之谋也。且查川省门户在前后藏，而后藏外接披楞，即英孟加拉之属部。披楞又名噶里噶达，孟加拉又名第里巴，……英既占东、南、中三印度之半，窥伺后藏久矣。从前为布鲁克巴、廓尔喀之中界哲孟雄部大山所阻，山极险峻，中通一线。道光年间，哲孟雄属于英，此山已为英所据。前二十余年，海道未甚通，印洋烟入川，即由此路。彼若此时将山开凿，即可长驱入藏。幸尚有布鲁克巴、廓尔喀界连前后藏，足为我藩篱。查布鲁克巴全境，不丹、印度、廓尔喀兵力颇强，前此英人并吞印度，未能侵其寸土，至今惮之。现在英人通藏，必由此道，此二国足与为难。若将该两国极力羁縻，绝英人近交之计，则西藏不失要隘，我得自固其藩篱。且查英人从前于北印度取赛哥①属部加治弥尔，即有欲赴藏通市之意，是其蓄谋已久。今若不将布、廓两国极力笼络，英人必设法相与连合，则西藏一无屏蔽，而川省门户遂失，必恃西北毗近番猓夷地数千里，以为界限。而番猓各夷，贪而无亲，诚恐英人啖以金钱，则川省事势破裂，所关非浅。臣日夜筹计，所以前奏欲在宁越附近夷地一带试办开矿，非为牟利，实欲藉此联络番猓夷人，为先发制人之举。但恐量力不能远及，寝食难安。窃查洋人入川情势，实为中国陆路一

---

①赛哥：即克什米尔。

大关键,未可视为末务。臣愚以为欲图内地之安,则境外之藩篱必先自固。蜀之门户在西藏,而西藏之藩篱在布鲁克巴、廓尔喀。今廓尔喀本遵例入贡,臣服维虔,惟布鲁克巴久未贡献。此时若将廓尔喀厚为羁縻,而密饬驻藏大臣设法修好于布鲁克巴,阴为外助,则自可以伐英人入藏之谋,此必然之势。况布鲁克巴本于雍正年间,准其内附,今若殊恩远沛,准令联旧日之情,该国必将感激效顺。夫此举因利乘便,在我第行所固然,非同创局,他人即不能藉生异议。细审前后形势,似应早为酌办,勿令彼族得以播弄,暗中撤我藩篱也。至将来洋人如有请于蜀、滇两省开厂,及由川赴藏通商各事,似须设词婉拒,令彼水陆不能相通,庶知有忌惮,不敢遽行思逞,其关系全局,实与海防相为表里。臣愚昧之见是否有当,仅附片密陈,伏乞圣鉴训示,并密饬总理衙门妥慎议行。再廓尔喀本属遵例入贡,臣因山、陕遍地饥荒,道路不能畅行,已据情奏恳恩施,准予暂免一次。如以臣说可采,可否于此次暂免外,特沛鸿施,厚加赏赉,用示怀柔之处,恭候圣裁。谨奏。

吴丰培辑《清季筹藏奏牍》第一册
《丁宝桢奏牍》第2—4页

英人窥伺后藏豫为筹备片

光绪十一年四月初三日(1885年5月16日)丁宝桢

臣现接西藏委员候补通判赵咸中密禀:大吉岭一路,夷人蛮子等往来日众,汉人亦复不少。闻洋人深为得计,广行要买,接待蛮子尤其殷勤,汉人次之。有放债与蛮子者,有赊货与蛮子者,现在蛮子皆乐于前往。又探闻该处铁路已修过大吉岭,欲直达帕克里而止。帕克里即界后藏地距前藏仅十二站,赶行八九日可到。窃查洋人用意，大非良善，不得不密为禀陈等语。查英人之窥视藏地已非朝夕，可虑自在意中，况该夷久踞五印度地方，与藏地相去不远，现在巴勒布、哲孟雄等处亦多归附该夷，中仅隔廓尔喀一隅，然亦在依违两可之閒(间)。上次该国遣人入贡，臣曾经密奏：请厚加赏赉该国使臣及其国王，以示联属。又于上年法夷与越南构兵时，复奏明该国此时从旁观望，应妨(防)其乘隙而动。今该夷铁路已修过大吉岭，且接待来往番汉人等甚殷，是其意怀叵测，端倪已露。昔年法夷构兵越南，其蓄谋早在二十年以前，待至一旦蠢动，骎骎不可复制，是其殷鉴。况法夷欲谋踞越南，尚未即遂所欲，而其国又远在数万里之外，彼越国鄙远，中国几为所疲。今英夷久踞印度，印度全境归附日久，其根蒂深固几与该夷内地无异，稍有不测，印度至藏瞬息可到。而西藏一经有事，势万不敌，必将求援于蜀，蜀中亦万不能坐视。且该国如不幸滋事，则与川境固属毗连，即以各省而论，彼由印度行驰轮船已至南洋之内，与粤东、江苏、闽、浙、豫、皖、楚等省，处处顺便，如履户庭，固不若法夷之有事，定须向该国往返商办，缓不济急也。臣谓英夷之祸，幸而不发则已，不幸妄动，其害更甚于法夷，而滇蜀必首当其冲。今既接有此禀，是该委员就近在藏探明，决非虚语，亟应于无形中早为之备，免致临事仓卒(促)。臣向来作事，最忌张皇，此事近在切肤，曲突徙薪，正在今日。臣惟有暗将川省所有防营，分起调练，勤习枪炮阵法，并精练打靶等事，一面密饬机器局，将洋药笔码铜帽及快利之洋枪洋炮加工添造，以备应用，不敢稍涉怠玩，或期思患豫(御)防，庶免贻悔将来。臣愚昧之见，为此谨附片密奏。

吴丰培辑《清季筹藏奏牍》第一册

《丁宝桢奏牍》第45—46页

英人因俄官赴藏游历欲与西藏先行通商片

光绪十一年十一月二十六日(1885年12月2日)丁宝桢

……前数年间,俄国曾遣俄官尼[①]赴藏游历,初本拟从新疆哈密一带由四川前进,嗣因川中道路难行,迟迟不前者将及五年。上年总理衙门得有函来,谓其仍欲进川往藏,令妥为护送前进。臣屡派人远探,尚无来川消息。顷闻藏中来信,并打箭炉同知石光熙来禀,俱云:俄官现拟改道由新疆赴和田一带前行,可以直抵后藏。并探闻俄人欲觅缠头回民,为之引导等语。如俄人果由和田赴藏,诚为便捷,第恐缠头回人向其引导,则一路可抵后藏,殊为隐忧。无怪英人之畏彼通其后路,是以欲与藏先行通商,正为此也。然臣谓俄人若果有是举,则以西藏一隅而两大并争其间,办理洵属不易,且此事亦恐我驻藏大臣一人不能了结,愈急愈深,刻尚未据驻藏大臣等来函,其虚实尚在未定。但愿俄人不从此用意,则事尚有可为耳。臣得信之后,以事关外洋大局,不得不先事密陈,可否请旨继饬驻藏大臣,迅将实情具奏,以便早为防备,庶不至临时仓皇也。谨奏。

《丁文诚公奏稿》卷二六《西藏历史资料选辑》第153—154页 三联书店1973年版

---

①俄官尼:指俄国军官尼古拉·米哈依诺维奇·普尔热瓦尔斯基(1839–1888)。此人在沙俄总参谋部支持下,多次纠集所谓"考察团"侵入中国,在蒙古、新疆、青海及西藏地区搜集情报。在1879–1880年的第三次考察中,一直深入到距拉萨不远的那曲,才被当地官员阻回。

英国印度部陈说西藏通商(节略)

光绪十一年(1885年)

印度西藏两处,宜于往来贸易通商,此乃中英两国国家之益也。西藏为中国属部,若令其地兴旺,其民殷富,于中国既得声望,亦实获利益。西金[①]及布丹之北一带地方,牛羊极众,有能致富之资,而无致富之法,甚为可惜。该处山羊绵羊之绒毛,所出甚多,而且为天下第一极美之货,乃无市面销路,卒使极美之货,亦等于废物而无用。今就此等货物价值及载运之费约计之,而知此货贸易为甚巨,不惟生植(值)之货,销场甚广,既由此制造之货,销场亦将甚广。如铿巴[②]之绒毡,检兹[③]之毛毡,向来出售之数无多,兹可运往欧、美两洲大市而售之,其换回之货,非仅欧洲及印度两处所出所制之货而已,彼处亦能多购中国丝绸及磁(瓷)器也。诚使货由海道载至印度嘎尔格达,由嘎尔格达用轮车运至达吉零(即大吉岭),再由达吉零大路至西藏边界,则其贸易必大兴旺,较之向由广东行一千四百英里而至拉萨者,其易多矣。故有此嘎尔格达达吉零一路,则有广东运货至拉萨之所有一切阻碍,皆无虑矣。其第一件应办之事,系由印度总督,派一使臣至拉萨,其使臣须奉中国大皇帝俞允,并与中国驻扎西藏大臣交好,恳其代通友谊于达赖喇嘛处,并协同中国驻扎西藏大臣与拉萨大员,讲明使臣此来专为通商起见,欲使贸易兴旺,地方丰盛,去其一切疑惑之心。办理此事,并

---

①西金:即锡金。

②铿巴:即岗巴。

③检兹:即江孜。

非近来新创之意，溯查一千七百八十年间，班禅·额尔德尼禄山波达，又称大希喇嘛，赴北京朝见乾隆皇上时，早曾提及西藏与印度往来之事。比蒙皇上允致文函于印度总督瓦楞黑师丁（即瓦伦·哈斯丁士）处，探问印度地方及人民详细情形。班禅之意，欲令其友博尔格[1]来北京，待事说妥，拟偕博尔格由旱道同回拉萨，讵料班禅抵北京未久，即不幸而患天花症毙命，此事遂废矣。现今英国国家所欲行者，较之百年前西藏喇嘛在中国大皇帝前所陈说欲办之事，为更易耳。

转引自《西藏地方历史资料选辑》
第154—155页　三联书店　1973年版

务当劝止英人暂缓前进谕

光绪十二年四月二十七日（1886年5月30日）

谕军机大臣等：前据色楞额[2]等咨行总理各国事务衙门文称："英人欲由印度入藏，再三开导，藏中番众执意力阻"等情，当经该衙门照会英使矣。本日据李鸿章电奏："英领事言马高蕾[3]，不日由印度入藏游历。路多山僻无人，须带帐房行李，以备沿途食宿。拟分起行走，押送帐房食物夫役五十八人，护送英弁兵十六名。事非得已，毫无他意，请预为知照川藏"等语。英人入藏游历，事在必行，而藏中疑虑，至今未释，若不先事图维，必致别生枝节。仍著丁

---

①博尔格：即波格尔，东印度公司秘书。

②色楞额：时任驻藏办事大臣。

③马高蕾：即英印政府秘书马科蕾。

宝桢等，审度番情，妥筹办法。并著色楞额、崇纲[1]迅即派委妥员，前往切实开导，谕以英人此来系为游历起见，并无他意，该处兵民，毋得拦阻。一面派员于印藏交界处，察看情形。设其时藏番坚执如故，务当劝止英人，暂缓前进，免致仓猝生变，是为至要。将此由五百里各谕令知之。

《清德宗实录》卷二二七 三联书店 1973 年版

英人游历西藏派员开导藏番折

光绪十二年六月六日(1886 年 7 月 7 日)

驻藏大臣色楞额、崇纲奏：为藏地密迩强邻，时局阽危可虑，驰陈现在情形事。窃英人拟由印度入藏游历通商一事，钦奉谕旨饬令奴才等会商四川督臣丁宝桢遴选委员，开导藏番，必使觉悟而后已。如不遽许通商，必先允其游历等因，钦此。奴才当即遵旨派员开导，并将现办情形分别奏咨在案。旋准总理衙门咨称英使马科蕾已在京请领护照由印度来藏游历，咨令照约派员保护，并准函称：亦知藏俗人众，岂能一经开导，即尔回心。惟游历载在条约，英员既经请照，难以违约不给，现已切嘱马科蕾在印度稍待，俟开导藏番明白之后，给与信音，再行入藏。奴才等当将开导情形及委员会禀、番众合词咨呈总理衙门，请照会英使万勿贸然遽行入藏，须俟开导有效，番情转移，奴才等奏咨到日，方可起程，并咨会四川总督知照。一面札饬后藏粮员刘韩文等就近探明英人入藏消息，迅

---

[1]崇纲：时任驻藏帮办事大臣。

速飞禀去后。适据该商上回称:先后接据帕克里番官及哲孟雄部长禀称,探闻马科蕾执持护照,业已行至独脊岭(大吉岭),随行十余人,并有汉员主仆三人,随带驯象十只,各色礼物百余驮,拟于三月中旬起程来藏。如藏番仍前拦阻,彼即带兵三千自行保护前进,该商上拟派僧俗妥员前赴边界好言劝阻等语。奴才等正核办间,旋据后藏粮员刘韩文禀报情形,大略相同。惟称英使现复改期入藏,并有汉字信函托哲孟雄部长代为转递,尚未接到各等情,具禀前来,当即批令探明确音,克日飞禀,如有信函速为投递来藏,勿稍延缓,并委西藏粮员费绍勋,拉墨粮员王葆恒,星夜驰往帕克里边界,照约迎护。倘藏番仍复阻止,英员锐意前行,务须相机妥筹,力为排解,勿令致肇衅端。奴才等仍督饬藏中开导委员,设法切实谕导,冀令番众遵从,允其游历。此现在办理之情形也。惟是番众愚昧不移,恐难省悟,彼族侵凌已兆,实堪忧虞,谨将目前时事为我皇太后皇上陈之。伏查西藏地处极边,幅员辽阔,内与川滇接壤,外与廓尔喀、哲孟雄、布鲁克巴各部落辅车相依。迩来廓尔喀国仅足自存,而哲、布两部落向称富强,英人始则诱其人民,继则夺其土地,或建铁路以达火车,或修桥梁以便行旅,易远为近,化险为夷,藩篱已撤,与西藏疆界相距仅数日程途矣。唇亡齿寒,隐忧方大;积薪厝火,边患垂成。藏番即降心相从,允其游历通商,疆事尚不堪问,而况不思悔祸,恃强相距乎。何则?以藏境与各部落较物产之饶则不及,土地之广则有余。游历通商之议既行,彼族又将以蚕食各部落之法行之,或引诱边氓,或侵夺地利,及其根深蒂固,必兴吞并之谋。越南之事,昭昭可鉴也,又藏中食茶一物仰给于川,销路既广,厘税颇饶。近闻印度亦产有茶,一经与议通商,岂能禁其运贩出售。运费省则价值廉,必使川省之茶无处行销,彼得独专厚利,我乃坐失重资,是皆事有必至,理有固然,乃后患之不可言者也。且西藏距川最远,道途极险,自打箭炉出口以迄定日,悉界强邻，袤延万里，分驻塘汛汉兵统计仅一千数百余名，前后藏、江、定等处只额设番兵三千人，既无蓄积之粮，更鲜精利之械。今强邻实逼处此，论势力则悬绝高卑，言战守则兵单饷缺，加之沿边要隘分歧，无险可据，防不胜防。即使依仗强邻，用固吾圉，而师徒有跋涉之劳，资粮有转输之费，鞭长莫及，策应难期。当此之时，将欲因势利导，纾难目前，其如番众冥顽不知感省；将欲就地筹兵，姑以自卫，则恐无补时局，反致长藏番之骄志，而生彼族之戒心。午夜思维，罔知所措。奴才等素乏应变之才，肩此艰难之任，惟有秉承圣训，督饬藏中开导委员等不遗余力，切实晓谕，并随时咨商督臣丁宝桢妥筹办理。第藏番心坚志固，果否遵允，难以预期。开导之效不敢计日而待，仍请饬下总理衙门迅速照会英使万勿贸然遽行，须俟开导稍有成效，奴才等奏报到日，方可前来。至英使带兵来藏自行保护一节，是否虚词恫喝(吓)，抑或蓄意侵凌，亦应由总理衙门设法诘责，以遏戎机。明知英人入藏之谋匪一朝夕，如令缓期势必哓舌，然事势之危急如此，番情之固执如彼，舍此则别鲜良图。奴才等不胜悚惶待命之至。抑奴才更有请者，岛夷觊觎中土盖亦有年，故伊犁之界务甫毕，越南之战事即兴，中法款议初成，缅甸之藩封遂失。今藏事又兆其端矣。履霜坚冰，可为深戒，补牢求艾，是所急图。况卫藏为川滇门户，藏疆有警则川滇震惊，关系实非浅鲜。应否并饬四川、云南各督抚臣慎固封疆，严备战守，以为声援之处，出自圣裁。现值边事方殷，变幻难测，遇有缓急情形及筹办一切事宜，若不随时驰陈，恐滋贻误。川藏相距太远，未及与督臣丁宝桢咨商会奏，相应陈明。谨奏。

《清季外交史料》卷六七《西藏地方历史资料选辑》第155—158页 三联书店出版

前后藏等地各属寺院僧俗头目人等公禀

光绪十三年(1887 年)

小的色拉、布赍绷①、噶勒丹②三大寺、札什伦布上下温都逊寺院、拉木结札仓寺院、箭头寺并各处岭寺木隆昔迭等各寺院掌教领袖、洛琫众僧,以及商属供职公爵札隆克达喇嘛台吉、僧俗文武四品以至七品番官,并凡食口粮番目百姓等,共同合词具禀各位委员、夷情、粮务大老爷台前:为公同具禀事,情因曾准各位大老爷与噶布伦、总堪布等赏会印照内开,本年七月二十四日(9 月 11 日),案准军机大臣密寄内开,字寄驻藏办事大臣色、前驻藏帮办大臣崇,传谕暂护四川总督按察使游,光绪十二年六月初六日(1886 年 7 月 7 日)奉上谕:色楞额等奏,沥陈藏地现在情形一折,览奏均悉。英人入藏游历一事,现经总理各国事务衙门与该国驻京署公使欧格纳反复辩论,设法抵制,该使已允电告马科蕾从缓入藏。惟据称:"当时定议入藏探路本为通商而设,并无他意。现在印藏交界之大吉岭地方,藏番早有与英人互相贸易之事,如果准令在印藏边界通商,即可永不入藏"等语。洋人惟利是图,所称专主通商,尚属可信。然并此拒绝,则入藏一节,目前万难阻止,究竟藏番与英人在边界处所私相贸易,有无其事,著色楞额、崇纲设法密查,据实具奏,仍当督饬委员随时晓谕番官,约束番众,不得滋生事端,是为至要。将此由六百里谕色楞额、崇纲,并传谕游智开知之,钦此。遵旨寄信前来,本部院等遵示传谕噶布伦、总堪布等钦遵办理,刻

---

①布赍绷:即哲蚌寺。

②噶勒丹:即甘丹寺。

即呈报，以凭转禀复奏，等因。准此，相应照会噶布伦、总堪布等，即行遵旨宣示僧俗大众，钦遵办理，刻日禀复，等因。准此，当经小的合藏僧俗大众赞[？]集公所，宣示钦遵，严饬会商等谕前来。惟此案小的僧俗大众再四思维，外番英人欲入西藏佛地，违例开端通商游历等因，先后不但烦渎天朝圣聪，连年致使小的唐古特所属人等致受烦劳，实属毫无定止。况该外国人等，实与小的藏番情性教道全不相同，实为冰炭。故于咸丰年间以来至今，赏准游历，屡奉大皇帝降旨，发给路照牌票等项，无例开端，此等之人，无论藏属上下南北，远近何方，到来之时，情愿以善言温语斟酌会商，妥为开导，若能听从转回则可，倘若不听，小的僧俗人等男丁死尽，即剩女流，情愿复仇抵御，别无所思，系属实情。大众屡立誓词甘结，前后递具哀怜禀词，汉番上下，均各有案可稽。但小的西藏地方虽小，乃为佛门重地，且系达赖佛爷以及掌教各佛安身之地，即自历代圣祖以来，素常眷宠优隆，深受无边之恩，此次复因外国英人欲入藏境，每每琐渎妄陈，是经总理各国事务衙门该国驻京署公使反复辩论，已允从缓入藏。惟据称当时定议入藏探路，本为通商而设，并无他意。现在印藏交界之大吉岭地方，如果准令通商，即可永不入藏等语。揆思此案，仰蒙大皇帝顾惜小的西方地土人民共获清平，更免外国英人致受跋涉之劳，彼此一举两益，原系圣朝重大天恩，曷敢不遵。惟现在据伊所云：印藏交界之大吉岭地方，藏番早有与英人互相贸易之事，如果准令在印藏边界通商，即可永不入藏等语。惟大吉岭地方，从前实属哲孟雄部长所管地境，近被外国借势，即与哲孟雄之人，虽稍拨地租，似乎侵夺一般，恣意新设行市。以致藏属边界百姓及甲喀、康巴[①]并穷番僧俗数人，敢自暗中潜赴该处，私相贸易，并未领有前藏商上及后藏拉章等资本，专派前往，

---

①甲喀、康巴：甲喀指印度，康巴即西康人。甲喀康巴凡指往来西藏、印度之间做买卖的小商贩。

亦非小的色拉、布赉绷、噶勒丹三大寺以及各处寺院发给常熟公本，派往营生。此时外国人等致启无厌之贪，擅越大吉岭地方，屡次设行开路修桥，种种意图霸占。现又商属擅走大吉岭一带营做买卖之商贩，甲喀、康巴人等，势不得不力为禁止，不准擅自越境。并曾奉各位委员、夷情、粮务吩谕，既不令外藩入藏，西藏地出产羊毛、牛尾、麝香，已过界交商等谕，遵奉之下，亦即回明。自此以往，藏番等断不愿与该藩不同性情之人开端交涉买卖，均系实情，众甘情愿认真禁断，处心已定。去年及于各处险要路径，新建卡房，安设官兵严防，并派各营官头目百姓等总管其看守。此次天朝大皇帝现与两下从善降旨，饬令开导，即应遵行。无如该外藩人等利欲熏心，即如暗食货物之蚁虫无异，实属包藏祸心，尽用奸计谋害。现在甲喀尔一带各国地方，致遭何等之害，人所共知。无论如何，现在大吉岭地方小的番民与该昧良狂妄之徒往来交涉买卖一事，实难放心。若果不信，出自神天鉴察，并非小视不遵大皇帝旨意，亦属实情。此次潜越大吉岭地方贸易之大小番商，自应永远常川严行禁止，毫无三思更改。在该外国不同性情人等，无论藏属边界上下南北，远近何路到来之日，即用善言设法温语劝导，若能听从转回，即毋庸议，若果逞兵恶占之时，小的西藏僧俗群众番民人等，待至男绝女尽，情愿复仇力阻。众心已定，万不敢舍弃佛教正体，从复(彼)外教，遗害存殁，固系实在情形。此项缘由，惟望各位委员、夷情、粮务大老爷仍将始末一切苦况据实禀明钦宪二位大人，恳恩缕晰，妥为具奏，明达天朝圣聪，深沾恩典，为此具禀。前后两藏上下南北康藏各属寺院地方僧俗大众头目人等，公同出具图记，公禀是实。

《清季筹藏奏牍》第一册

《文硕奏牍》卷二 第15—17页

中英会议缅甸条款

光绪十二年六月二十三日(1886 年 7 月 24 日)

第四款:烟台条约另议专条派员入藏一事,现因中国察看情形,诸多窒碍,英国允即停止。至英国欲在藏印边界议办通商,应由中国体察情形,设法劝导。振兴商务,如果可行,再行妥议章程;倘多窒碍难行,英国亦不催问。

《光绪条约》卷二四 第 6 页

英国第一次侵藏战争

总署[1]来函藏人建立炮台请谕禁

光绪十二年十二月初三日(1886 年 12 月 27 日)发

光绪十三年十四日到喇嘛垭

俶南[2]阁下:密启者,英人蓄志入藏游历,本年六月间,本衙门与英署公使欧格纳议订条约,允即停止。业经具奏,奉旨:“依议。钦此”。钦遵在案。今年十一月二十九日(12 月 24 日),英公使华尔身来署。据云,现在藏番因闻英人停止入藏,边界外距大吉岭相距百里地方,建立炮台,意在阻止通商。在英国不难将其炮台毁去,但本国亦不愿多事,请行知驻藏大臣,转饬藏番,不可妄为,等语。距大吉岭百里,似哲孟雄地方,英使指为印度属地。所云建立炮台,有无其事,是否藏番所为?均难悬揣。现在英人停止入藏,番界藉获必安,正宜亟筹边界通商,以冀彼此渐除疑忌。岂可造衅生端,使彼族诘问有词,波平复起?惟是远道讹传,比比而有。无故界外筑台,于现在情事不协,不能信其必有。应请阁下详细确查,如果有影响,希即剀切谕禁。一面将办理情形,从速复知本衙门,以便转报可也。

《清季筹藏奏牍》第一册《文硕奏牍》卷二第 1 页

---

①总署:即总理各国事务衙门。

②俶南:即文硕,满洲正蓝旗人,光绪十二年至十四年(1886~1888 年)任驻藏办事大臣,因支持西藏人民抗英斗争被清政府撤职。

三大寺[1]等公禀大吉岭新修炮台显系诬赖

光绪十三年(1887年)

……

惟此案该英人等开端生事。欲入西藏佛地游历通商,不但先后烦渎大皇帝圣聪,复敢屡屡扰及小的西藏番人。况该外洋与小的番人情性不同,教道不合,实为冰炭。前于咸丰年间起至今,每欲进藏游历,迭次钦奉大皇帝谕旨,并屡次赏给牌票护照,饬令准其畅行无阻等因。小的等因其向无是例,若果外国之人开端入藏,无论由藏属上下南北何路而来,即用善言温谕,斟酌劝导。若能听从转回则可,不然小的合藏僧俗大众,纵有男绝女尽之忧,惟当复仇抵御,永远力阻,别无所思。况大众屡立誓结,及一切苦衷,迭次据情呈明,汉、番均各有案。且西藏地方,乃修习黄教正宗重地。自达赖佛爷为始,以及掌教呼图克图并喇嘛人众,自昔至今,屡蒙大皇帝眷宠优深。不但受此无边重恩,兼之去岁复有外国英人入藏,屡次藉故惹事,当经总理各国事务衙门与该国驻京署公使反复办(辩)论,设法抵制,已允从缓入藏,若果准令在印、藏交界之大吉岭地方通商,即可永不入藏等语。惟此案仰蒙大皇帝抚恤顾全,小的西藏民土均得相安,更免外国英人亦不致跋涉之劳,两有裨益。似此重大天恩,万难图报。

查大吉岭实系哲孟雄所辖地境,不但均被英人侵占,复敢越界屡次开设市面,新建铺房,修路造桥,种种恃强恶霸,横肆异常。去

①三大寺:即甘丹寺、哲蚌寺、色拉寺,为黄教著名寺院。

岁又复多方寻衅。以致大众志切同心，议定永远力阻，遂于险要关口，新建防堵人等住歇房屋，安设官兵，责成各该处大小营官头目百姓等经管。所有此项一切苦情，已于光绪十二年(1886年)二月间，小的合藏僧俗大众，即与夷情、粮、府等三位委员大老爷处，早递图记公禀。恳请援案仍将始末一切备细情形，禀请二位大人施恩，妥为明达大皇帝圣聪。惟小的藏番等，在于边界起盖防堵人等栖住房屋等项，及查明所管地土等各事宜，若要据实禀明此项建修房屋缘由，情因去岁屡据哲孟雄部长以及头目人等，由帕克里营官二人禀报，外国英人拟定限期进藏礼佛，务准畅行，无得阻拦，如能照办，即无庸议，不然定即带兵进藏等因，节次来禀，甚为紧急。惟查相距大吉岭二百余里藏属之热纳地方，从前系商上赏归哲孟雄经管。岂料热纳境内原有格押群地方，系商属卓木六村所管地土。此处平地山谷，英人早于其间屡修道路，复于去年(光绪十二年，1886年)四月间，距热纳百余里果普地方，英人又派令匠艺人等来此修建房屋。该处头目人等即用善言妥为开导，虽经转回，而英人屡欲侵占藏属地面，蓄志已久，可想而知。今小的藏番即在于藏属热纳地方以内之隆吐山岩上，新建防堵人等住居房屋以及围墙，并稍设官兵就近防堵，以期各保疆土。不但非印度所属地境，且距大吉岭甚远。其大吉岭之附近百余里地方，并无修房筑墙之事，更无借势越境惹事生端之故。此次据该英人等禀称，大吉岭相近百余里地方新修炮台一事，显系诬赖小的藏番，冒昧妄禀，刁唆煽惑，已可概见。况该英人曾于甲喀尔一带地方，每每侵占各部落民土，复于道光咸丰年间起，又在哲孟雄及布鲁克巴所管地方多方设法侵占民土，即如巨虫侵食小蚁一般。现在哲孟雄所属大吉岭地方，英人修设铺面，安设英兵，据为己有。况哲孟雄、布鲁克巴两部落，原归汉番版图，本系嫡亲子民，英人岂有不知。该英人当初并未恳求大皇帝赏给，亦未通知唐古特商上，竟敢擅自夺霸民土，反自以为有礼。今我唐古特在于本境建修房屋，自保土疆，动辄借故冒昧妄禀大皇帝圣聪，擅弄是非。所有先后一切情形，仰求钦差二位大人姑念佛教大体，维持达赖佛爷商上政务，绥恤合藏群众生灵清平，关系重局，宜如何据情奏达大皇帝天聪，咨明总理各国事务衙门施恩办理，以期大皇帝洞烛小的藏番一片苦衷。为此于光绪十三年月日合藏僧俗大众公同出具图记公禀是实。

《清季筹藏奏牍》第一册《文硕奏牍》卷二 第7—9页

英国驻华公使照会

光绪十三年八月二十六日(1887年10月12日)

为照会事：本年五月初十日(1887年6月30日)，晋署与贵王大臣①并论西藏兵丁越界至西金(即锡金)地方之事。又年余以前，本国差委赴藏之员，重以贵国之命，中道停止。嗣后西藏情形颇似与本国抵牾，是皆关系匪轻之端，复经重述。前有以五印度节度大臣所以未曾设法将越境兵丁退入藏界者，因系贵国属境，用昭敦睦之怀耳云云。当承答以贵大臣所述“西藏兵丁如此狂为，其中或有别情，未敢径信。现在新任驻藏大臣业已首途，出都时已有旨令其将此事并通商各端，逐一查明咨报。其咨报未到以前，中国难以核办”等语。本大臣复云“实不相瞒，若西藏兵丁不肯受屡次谏劝之语，仍在界外据守地方，则五印度节度大臣势不得已，惟有自行设法，迫令退出”。兹准五印度节度大臣电咨内称：藏兵据守西

①王大臣：指当时主持总理各国事务衙门的庆亲王奕劻。

金地方，中国朝廷似有漠然之势，惟有刻即调兵驱逐出境等因。查本月十一日(1887 年 9 月 27 日)，晤贵王大臣时，承以“此事立即咨行驻藏大臣查实撤退”之语相告，当即据情转电五印度节度大臣矣。惟五印度节度大臣敦睦为怀，容让日久，目下能否再缓查办之期，实难臆断。若贵王大臣未经确以西藏兵丁决不准滞留界外踞守之地等语，明以相示，则本大臣亦未便擅行再请其延缓也。为此照会，须至照会者。

《清季筹藏奏牍》第一册《文硕奏牍》卷三 第 4—5 页

总署来函请亟谕藏番迅即撤回界外藏兵

光绪十三年九月初一日(1887 年 10 月 17 日)

俶南、竹珊阁下：密启者，西藏筑建炮台一事，自去岁至今，英使屡来饶舌，迭经本处电达仲良转咨阁下，确切查明，严行禁止在案。乃本月二十六日(10 月 12 日)，英使照称：准五印度节度电称，藏兵距守西金地方，惟有刻即调兵驱逐出境等语。当经本处以西金是否西藏属地，必须查明确实，方足为应否驻兵之据。若五印度节度遽行调兵前往，实于睦谊有碍，应电咨从容商办等语，照复去讫。惟查英人入藏游历及藏边通商各事，蓄意已久。去夏本处与英署使议订条约时，多方抵制，舌敝唇焦，始得停止入藏。而其觊觎入藏，每思藉端寻衅之心，甚为叵测。今藏番若于藏边界外筑台踞守，则彼族即有可乘之隙，势必恃强肇衅，不独入藏一事不能缓办，且恐侵占藏地，增朝廷西顾之忧，启边疆无穷之祸。事机甚迫，殊为可虑。

正缮函间，接川督电称：藏番设卡隆吐山，距藏边百余里，自是哲孟雄境等语。则藏兵确系驻守界外无疑。亟应剀切晓谕藏众僧俗，申明利害，饬将界外踞守藏兵，迅即一律撤回，切无任其滞留。边衅一开，不可收入。除函致四川总督外，务希迅速查明，妥善筹办。……

《清季筹藏奏牍》第一册《文硕奏牍》卷三 第4页

致总署函隆吐山卡实未越界请据图与英使理论

文 硕

……而设卡一事，更有难于威行者。盖其是非关键，要以果否越界为断。溯自九月下旬，文硕屡饬商上及诸番官，令其平心据实详核卡位所在，究竟有无越界情事。有则应即撤回，切勿迴护前非，既往亦可不咎；无则必须详明确据，以凭转复。伊等总称实无越界情事，确据可以绘图。惟此间绘工甚乏，请略宽时日，俟调到竹节堪布，当绘地图呈验。十月十四日(1887年11月28日)，文硕接到仲良[①]九月初一日(10月17日)来信，有色石友[②]在省面谈藏番越界防守是实，前曾据实咨明总署等语。当即据以诘问第穆胡图克图，面复去岁建卡之初，曾经关白委员，转禀钦宪立案。岂色将军置若罔闻，漫无可否。其时边警频传，事不可缓，本不过禀

①仲良：即刘秉璋，时为四川总督。

②色石友：即色楞额，为前任驻藏办事大臣。

明立案而已，故不及候饬遵。迨至本年春间接到总署来文，色将军又复饬查，若前此并不知有其事者，商上随又据实申复。此以前实情也。查隆吐山虽在帕克里迤南，实仍中国辖境。譬之四川制军，统辖全省，驻扎则在成都。其西南门户，则是打箭炉；其口外辖境，则至宁静山；而康、巴喇嘛各路土司之地，无不包括在内。今谓宁静山东非四川所属得乎？隆吐山之于西藏，亦犹是耳。不料色将军端居高拱，在此坐镇八年，竟以朝廷所俾封疆辖境，片言之际，拱手奉人，固已出诸意表；第不知所奉者是藏属之哲孟雄乎，抑外洋之英吉利乎？幸而言之省中制宪，无关出入。假使外洋闻之，岂不予人以口实话柄？我喇嘛实在糊涂，不解不解。该胡图克图去后，检查案卷，本年二月商上申复前事，即言设卡之隆吐山是在藏属热纳地方以内。石友咨复，亦即据此而言，并无加按有藏番在哲孟雄设卡之语，当已函致仲良。此十月十九日(12月3日)事也。今电示英使言日纳岭为西藏边界，英人决不犯此藏界云。复以诘问诸番官，据称日纳岭即是帕克里外藏治东路隆吐山隘口迤南之热纳地方。缘“日”、“热”两音相近，汉人于此往往两呼，由来已久，汉、番共知。英吉利既知藏界在此，尤不应以越境藉词云。查番官所谓“日”、“热”音近，汉人于此往往两呼之说，文硕到任以来，闻之熟矣。昨偶翻昔宗伯和泰菴先生《西藏赋》注，亦有帕克里俗名帕哩，自帕克里至支木山一带藏猛谷、日纳宗官寨，此内为唐古特境，此外为哲孟雄境，其东为布鲁克巴境。俗名竹巴云一段，是日、热音近两呼，即此又可概见。而热纳下之宗字，尤为形容确切。盖唐古特语，凡山水分歧合会三角处皆谓之宗。今考地图，热纳实在隆吐山南正与哲孟雄、布鲁克巴三角接址交界处。据此则唐古特未曾越界，更为可信。此而欲以英人前次潜修道路之捻纳山凭空牵混，藏番安能心服？令其以疆域门户让人，藏番又安肯从事？抑且无理可说，此令撤卡之说所以尤难威迫也。盖思英人虽云狡诈，而说门面话不能不讲和局。现在藏番递到舆图,执此与之理论辨晰,或可挽回,亦未可定。……

《清季筹藏奏牍》第一册《文硕奏牍》卷四 第3—4页

三大寺等公禀隆吐山撤卡断不可行

光绪十三年十一月二十八日(1888年1月11日)

……小的僧俗大众传集公商,窃查小的藏番,不得不修巡卡于隆吐山,先后具文陈明在案。此地实是藏治本境门户,并非甲噶尔与廓尔喀等互相往来大路。我守我境,自保疆土,既无越界惹事之曲,我理甚直。英吉利理不应非分干预,任意砌词拦阻其事,乃因欲由此路进藏,经我藏番自守门户,其心不如愿,竟在总理各门事务衙门,虚捏妄告,诬赖我藏番越界生事,播弄是非,天良丧尽。我等藏番安分自守,与彼何干?该英吉利有何不雪之冤,辄言兴兵生事?倘再不知自返,因我不满其愿,无论何时敢来寻衅滋事,小的合藏僧俗大众,惟有同心协力,复仇抵御,决不放行。小的等早经出立誓结,决心已定。纵然有何胜败,惟有尽人事听天命而已。至隆吐山所设巡卡房寨以及兵役人等,假使遵示裁撤,则门户要区,不自保守,必不能安居无扰。不但我唐古特人众断不甘心,且于朝廷边防至计,亦必贻误不浅。所有隆吐山撤去卡房兵役一事,无论如何,实多碍难,断不可行。小的番民人等,纵有男绝女尽之忧,惟有实力禁阻复仇抵御,决不容忍,毫无三思翻改,亦无一语变更。此项缘由应如何咨明总理各国事务衙门,泞望施恩办理。……

《清季筹藏奏牍》第一册《文硕奏牍》卷四 第6页

隆吐山设卡一案缕叙前后情形据实奏闻折

文　硕

……先是九月二十一、十月十一、十九、十一月十九日(1887年11月6日、25日、12月3日、1888年1月2日)等,四接四川转行总理各国事务衙门李鸿章电信暨往来公函、照抄往来照会,皆为英使数言藏番越界戍守,务须速令裁撤事理。节经奴才译行代办商上事务第穆胡图克图阿旺洛桑称勒拉普结,并屡次传见噶布伦、总堪布等僧谷番官,当面晓谕,反复驳诘,随时译其声复大指,陆续咨达总理各国事务衙门,间抒蠡测,附便咨商。又因藏番屡次指天誓曰,力辩只在藏治东路隆吐山隘口设卡自守,委无越界情事,言之凿凿,矢口不移。于是向索详明确据,以凭登复英使。十一月二十七日(1888年1月10日)译据商上备文申送藏南舆图,暨附总叙一纸,合藏僧俗公禀一件,当于二十八日(1月11日)由六百里咨送总理衙门查核酌办,一面将此次电音译行商上去后。兹据胡图克图阿旺洛桑称勒拉普结援据众情申复内称:"遵查原文内述英使言藏界日纳岭一带,即是藏南帕克里外东南边境,与所绘之哲孟雄、布鲁克巴东北三面互相接界之热纳地方,缘热、日两音相近,故汉人有说本音热纳者,亦有说转音日纳者,由来已久,汉、番人所共知。英吉利既已明知藏治疆界是此热纳地方,且言决不犯此藏界,然则我唐古特在治界热纳迤北之隆吐山隘口设卡自守,与彼何干?而自去年冬季屡变其说,砌词声(耸)听,借以阻挠者何也?前后印证,矛盾显然可见,上天重鉴,终不藏奸,使其自言败露。至其所称自日纳至隆吐山彼曾修路数十里一节,是捻纳山亦非日纳岭。捻纳更在隆吐山北,缘前数年英吉利曾招顾游民作为乡导,私逾隆吐山隘口，潜来窥探路径形势。其时东路隘口一带地方，居民较少，空旷地多，是以初未另设专官兵役。洋人探路，是由该处本地村目人等觉悟其奸，查照向规，报明兼管之帕克里营官，由该营官层次转报噶厦商上，于是始知其事，赶紧派人前往婉言劝阻，该洋人经劝之后，亦即退出境外，并无口角争竞。惟自该处村目查报，至噶厦派人劝阻，往返之间，为日不少，以是该洋人有暇，得将隆吐山至捻纳山一段道路崎岖险仄处，平垫开宽，此其所谓修路也。我唐古特初无防彼行同狗盗之心，自此始知戒饬。适去年春夏之交，麻克雷有带兵强自进藏之说，我唐古特是以拨兵设防，继而英吉利又有欲往郭布盖房之意，我唐古特是以添建东路巡卡。皆因英吉利叵测居心，以致不得不为多方设备。然亦只图自守疆界，谨饬将来而已。至其以前私入隘口，潜修山路等事，伊等既已因劝折回，已往之事，可以不必深究。是以此节未经禀明驻藏大臣。不意英吉利转以容让之心，援为口实。试问念、日两音相去何远，安能牵混？此其险诈无良，昭然若揭。况其偷修之路，专是藏治东边门户，不惟无碍印度、廓尔喀相通之路，且与哲孟雄、布鲁克巴路径无涉。英吉利既言不犯藏界，而于东路隘口门户要区，又复数数争执者何也？试思疆域门户，谁肯让人？此其蚕食地土，意更显然。溯查英吉利自占印度地方，即已垂涎藏境，以便东窥四川、云南，北窃西宁、青海，水陆交冲，蚕食我大清边境，蓄志虽久，愿总未偿。光绪二年(1876年)，适云南有杀马嘉哩[①]一案，烟台议和，乘机窜入来藏通商一款。其时钦差大臣李[②]，既未身经藏地，又未先查有无窒碍情形，仓猝允许。奏明之后，节奉历任驻藏大臣札饬，以钦奉谕旨饬令与彼通商，卑唐古特大众僧俗，以英吉利人性阴鸷，教道不

---

①马嘉哩：英国驻华使馆翻译，1875年由于非法进入我国云南境内，被当地群众杀死。

②李：即李鸿章。

同,且见其与他处部落,并闻其与缅甸诸国,皆是先以甘言利诱到手,蹂躏不堪。屡鉴前车,恐蹈复辙,至妨佛门黄教,并误大皇帝屏翰边疆,是以缕述下情,屡请转奏大皇帝圣鉴,暨咨总理各国事务衙门查核。惟我唐古特语言直质,其委曲苦衷,能否备达天听,则不可知。但后数年,事情似缓,迨十一年(1885 年),钦差大臣侯爵曾驻英之际,该国复理前说,于是边情复紧,复奉札谕,并派委员开导。我唐古特复以前情照前恳请奏咨,历经办理在案。今英吉利自觉通商伎俩不行,又诬我唐古特越界戍守,屡向总理各国事务衙门砌词耸听。其实屡变其说,前后不符,揣其处心积虑,无非欲凭中国之威,挟我唐古特以不得不从之势耳。窃思卑唐古特自前明末世,因其国政日非,遥望东方有太圣人出,其时不约而同,内外蒙古招徕书至,于是远道输诚,投归我曼殊师利菩萨太宗文皇帝。自崇德七年(1642 年)以后,历蒙列圣隆恩稠迭,御灾捍患,乃得乐业安居。三百年来,合藏僧俗大众,莫不顶戴鸿慈,有同天高地厚,凡有敕谕罔敢不遵。独此英吉利所请通商、撤卡二事,委实后患良深,不得不为斟酌详慎。仰维大皇帝所以饬令通商之故,原为兵凶战危,恐致有伤生灵,不如姑示俯从,消弭祸患之意。无如英吉利阴鸷性成,志在地土,断非边外通商遂能相安无事,其垂涎藏境,于其砌词耸听妄请撤卡一事,证据益明。此而若不坚持力拒,必致贻患将来,转非所以仰体三百年来列圣暨今大皇帝抚育番民振兴黄教之至意。且卑唐古特受恩深重,明知必误边疆,隐忍不言,更是天良澌泯。是故不得不将英吉利所请通商、撤卡两事断难允许情形,再行缕晰陈明,伏祈转奏大皇帝圣明兹鉴,暨咨总理各国事务衙门查核办理,边疆幸甚,黄教幸甚!”等情前来,奴才查英人之窥我西藏,盖意匪一朝夕,积久未发,至光绪二年(1876 年)乘机于议马嘉哩被杀善后条约,始得列入游历通商一款。当时奏蒙俯允,亦急则治标,势有不得已也。而十余年来,藏番始终坚拒,英人愿仍未遂,兹复借口藏番越界戍守,数以请饬裁撤为言。此则边境门户攸关，更非边外通商可比。藏番不允其所求，尤为情理所必致。议者或谓事机万紧，总理衙门来电既有逐回藏界一言，竟已显露，似不妨示以威严，庶期就范。殊不知自我国初以来，唐古特虽隶屏藩已久，而历蒙列圣鸿慈，俯念内外蒙古皆崇黄教，一切制治，大率从俗，以是颁朔之典，初未推行，控驭之方，于兹可溯。而去年五月为饬边外通商，钦奉寄谕内亦及。虽此事在边界办理，将来有无窒碍，未能悬定一节，并免噶布伦等应得处分。更足仰见绥柔抚育，先后同揆。现在英使请饬藏番抽撤卡伦之处，较之边外通商，尤为紧要。商上绘图呈验，盖为质明疆界，俾以登复英人。奴才详查所绘界址，证以往昔书籍，所谓未曾越界之说，殊觉可信，况西藏之与印度，中隔哲孟雄、布鲁克巴两部落，初非土壤相接。而该两部落向为西藏附庸，同一风俗文字。今核唐古特建卡之隆吐山，更在该两部落以内，有为藏境东路门户。而英使数数阻扰建卡，殊属无理渎陈。夫以英使无理之托词，而欲威胁藏番以撤卡，藏番安肯心服就范，甚或铤而走险，岂非敌情未洽，边患先滋，徒失三百年藩服之心，转伤朝廷政体而益烦西顾之勤乎。……

《清季筹藏奏牍》第一册《文硕奏牍》卷四 第12—16页

合藏大众公禀请将不能听从英人要挟苦衷乞代转奏

光绪十三年十二月十九日(1888年1月31日)

小的色拉、布赉绷、噶勒丹三大寺、上下温都逊寺、拉木结札仓寺、箭头寺、各处岭寺、木隆寺、昔迭等寺掌教大喇嘛，呼毕勒罕领袖洛瑑众僧，商属供职公爵札萨克，大喇嘛台吉等僧俗文武四品以至七品大小番官、闲散仔仲东科尔众多番目，前后藏番营凡食口粮头目百姓等，公同叩禀钦差总理西藏事务大人台前：

昨由钦差大人与掌办荣增第穆胡图克图佛爷赏来恭录严切谕旨译行。援案当由噶布伦、总堪布等传齐小的僧俗大众宣示，并奉严谕：卑唐古特不知恭顺朝廷，自达赖喇嘛以次，敬聆之下，莫不惶恐无地，继之以伤感悲悽。伏思卑唐古特自前明天启、崇祯之际，因其纲纪凌夷，断难托付，是以远道输诚，投归我曼殊师利菩萨太宗文皇帝①。自是三百年来，渥荷列圣厚恩，御灾捍患，乃得乐业安居。更蒙高宗纯皇帝恩准，请来圣容佛像，供奉布达拉、札什伦布，俾合藏叩拜瞻依，永叨天庥。如此福祉鸿慈，有同天地，何敢不恭顺，何忍不恭顺。惟是英吉利性既阴鸷，心尤叵测。去年声言带兵进藏，且复潜来窥探路道，偷窃开宽。以是合藏公商，不得不于隆吐山巡防门户，然亦自守疆域，初非越界设卡。隆吐山实是藏治本境，在与哲孟雄、布鲁克巴两部落里西北三面交界之日纳即热纳宗营官寨以内。此乾隆五十九年（1794 年）前藏帅和琳和大臣派游击张志林与噶布伦丹津拉木结等，与各该部长立定之界，曾经奏明有案，不能虚捏。又嘉庆初年，第八辈达赖喇嘛因彼时哲孟雄部长人亟恭顺，尊重黄教，赏准将热纳宗草场一段，拨给该部民通融住牧，并令该部长代办热纳宗营官事，该部长领有商上印照为执。地虽赏准通融住牧，仍是藏中之地。而隆吐山更在此地迤北，是为藏地确切不移凭据。乃自今春以来，英吉利砌词耸听，屡变其说，任情捏造。先说设卡之地距大吉岭甚近，意在阻止通商；继而变说越守西金之内；又说横截廓尔喀东通印度之路。查通商事，须两相情愿，不能一面强为。况大吉岭是哲孟雄之南境，隆吐山是藏地东路隘口，相去何远？至西金名目，从来未闻，显系捏造，欺蒙总理衙门王大臣，以为砌词狡赖地步。若夫横截大路之说，更是奇谈。廓尔喀在哲孟雄之西，印度在廓尔喀暨哲孟雄之南，彼自有路可通，

①曼殊师利菩萨太宗文皇帝即皇太极。

何关藏治东路隘口？即此种种看来，孰有确据，孰为虚饰，是非曲直，无难断矣。至于英人通情退让一节，不过永不进藏一言耳。查英吉利原与西藏远隔重邻，不相闻问。道光末年以后，彼欲窥窃四川、西宁等处，故以西藏为进步阶梯，蓄志多年，托名互市通商，以为潜移渐占之计。比（皆）见伎俩不行，故又别图狡诈，而明作人情，不复进藏。彼即永不进藏，与彼原自无损，此情固然易作。若隆吐山为藏中门户，倘一退让，势如开门揖盗。自古及今，可有以疆域门户让人之理乎？此情自然难作。况英吉利之作情，亦空言耳。其实仍是舞智弄愚，漫使阴毒之计。不然既曰永不进藏，又决不犯藏界，而明知藏界是在热纳宗，乃又影射其词，欲越此地隐侵隆吐山门户要路，为何居乎？且其计亦巧矣！影射其词，危言耸听，盖欲凭大皇帝之威，挟卑唐古特以不得不从之势耳。夫大皇帝之谕，曷敢不遵！然明知彼英奸计，不惟有损于西藏，亦且无益于边疆，亦复何敢隐忍不言。若以此为负恩违背，则逢迎欺隐者为效忠，直言不讳者为不敬乎？而今竟至多年恭顺之诚，无由上达，以是卑唐古特实在难以为情，可悲可泣。惟有大众恭诣圣容佛像前，表白此心，叩求灵贶耳。抑思大皇帝圣德虚衷，遇事自必延访执政大臣。而京外办理洋务大臣，外因远隔万里，不悉下情，且迩来洋人强悍，动辄要挟。无论隆吐山一隅之地，无足重轻，即以全藏而论，亦较畿辅悬殊。但是四肢受病，天君终恐不能泰然；大概割地求全之谋，终恐不能久恃。或执政大臣未暇思耳。总之通商本多后患，而让地尤属无此情理。所有卑唐古特万万不敢违背朝廷，然亦断断不敢任从英吉利之苦衷下情，叩求转奏。若蒙备达天听，固所深幸。倘有窒碍，亦祈明示，以便我等另自为计。专人赍呈达赖表文，径投理藩院或都察院代进，仰邀天恩赐鉴。为此于光绪十三年十二月十九日（1888 年 1 月 31 日）前后藏僧俗番官公同出具图记。

《清季筹藏奏牍》第一册《文硕奏牍》卷四 第 25—27 页

西藏与英兵开仗情形折

光绪十年二月十七日(1888 年 3 月 29 日)文硕

奏为奏闻事:窃奴才前因饬令藏番撤去隆吐山卡,节据商上绘图申辩,奴才敬稽《钦定廓尔喀纪略》,有乾隆五十九年(1794 年)奏案可凭,则其所称隆吐山实在藏界日纳宗内之言,不为无据。业经缕细驰陈,并请饬交廷议。其藏番因英人有拟于今春来扰藏界之说,请示是否准其抵御,奴才谕以边防固宜预备,然而切勿肇衅招尤一节,亦于去年十二月初五日(1888 年 1 月 17 日)附片声明各在案。本年正月初间,商上选派四品仔琫多尔济仁增前往隆吐山料理边防,来辕禀辞,奴才复面谕该番官,要以固守为主,不可轻率见长去后。正月二十六、二月初九(1888 年 3 月 8 日、21 日)等日迭据噶布伦等抄呈该仔琫来禀,谓正月下旬起,英兵陆续自哲孟雄部大吉岭暨布鲁克巴部噶伦绷、波栋等处会集隆吐山附近之绒岭,即绒多桥地方扎营。营帐约五十余顶,人数约四五百名。二十三日(3 月 5 日),大吉岭英官所谓纳尔萨海者,尚复亲来指授布置,旋转去讫。该仔琫现在督率兵民,密修防具,以期自固等因。(二月)十四日(3 月 26 日)酉刻,又据噶布伦等抄呈该仔琫初八日(20 日)封发来禀,谓该仔琫正在督修防具,英人于二月初七日(3 月 19 日)午刻由隆吐山下札鲁隘口突来攻寨,该仔琫当即率众抵御,枪炮互施。相持之际,藏兵枪毙黄衣英人一名,其兵随即退下。看其情形,似是英官。是役也,幸叨文殊菩萨大皇帝洪福,藏兵无一伤损。初八日(20 日)清晨,英人由旧路又复来攻。该仔琫激励兵民,誓死抵御,鏖战许久,伤毙英兵约有一百余名。收队查点,有甲琫一员,兵民二十余名身无下落。该仔琫仍当加意严防。惟恐兵势尚单，禀请商上，再为添拨，以资分布等情，转报前来。十五日（27 日）午刻，复据江孜汛署守备萧占先密禀探报，核与噶厦抄禀情形大略相同。奴才因译行第穆胡图克图阿旺洛桑称勒拉普结略谓接仗之初，竟尔小胜，因为事机畅顺之征；然而胜负无常，英人向来谲诈，此番安知非其尝试分量，以不甚爱惜之印度、哲孟雄人，故予小胜以骄之。后若再来，恐其不复如是。该胡图克图，其传谕仔琫多尔济仁增，后此更宜倍加谨慎，切勿小胜而骄。并予该仔琫略加奖励，以示绥柔。此近日西藏边情也。……

《清季筹藏奏牍》第一册《文硕奏牍》卷四 第 26—27 页

续接边报驰陈藏地实在情形折

光绪十四年二月二十三日（1888 年 4 月 4 日）文硕

奏为续接边报驰陈藏地实在情形，仰祈圣鉴事：

窃奴才前接噶布伦等抄呈隆吐山驻卡仔琫多尔济仁增二月初八日（3 月 20 日）初报英兵攻卡，唐古特接仗幸获小胜等因，当即译行商上，转饬该仔琫谨饬勿骄一切情形，已于二月十七日（3 月 29 日）由五百里驰陈在案。奴才拜发折后，旋据商上具文转呈驻卡仔琫十二日（24 日）来报，谓自初七、八日（19、20 日）开仗之后，英兵频来滋扰，人数日渐加多。唐古特后路兵未到齐，势实单弱，以致众寡不敌，十二日（24 日）退守卓玛依村等语。藏众僧俗共同会议，惟有厚集兵力，拼死复仇，别无他策等情。奴才复谕商上：隆吐山既已不守，目下惟当先顾近边帕克里等处门户，随势相机，权宜计画；切勿急图雪耻，自作聪明，冒昧进攻，又致误事去后。十九日（31 日）申刻，复据噶厦抄呈该仔琫十四日（26 日）来报，谓英人自占隆吐山，兵未前进，兹转送哲孟雄部长暨颇当喇嘛之弟康萨卓尼尔各原信，请示商上、噶厦酌定遵行等语。颇当喇嘛者，本哲孟雄人，近年依附英人者也。奴才当将康萨卓尼尔来信译听，大指是谓该喇嘛弟兄原是黄教之人，后因不得已始依英国为生计。此番英兵压境，是为前次屡议通商，伊弟兄迭次具禀，而噶厦从未回复一语，且于隆吐山添设卡寨。今势已至此，伊弟兄仍愿从中说和，噶厦毕竟是何主见，务望切实回音等情。奴才以为事有转机，面谕噶布伦等妥议回复，以为乘势收帆之计。该噶布伦等始而尚称颇当喇嘛是通英人汉奸，此信正可置之不答。奴才复谕以他有来言，我右应去语，若竟置之不复，转示尔等理屈词穷者，于是始称遵办。二十日(4月1日)呈阅所拟信稿，译其大指，只言事关重大，非帕克里营官所敢主持，现已转禀商上，噶厦各上司候示再复；此外竟无力吃力之言。奴才以其无济于事，乃为代拟一通，交随印司员格钢、前藏粮员黄绍勋亲往噶厦公所，晓谕大众。该僧俗番官因末后叙有"界外通商一事，如果英人仅为扩充商情，别无他意，应先罢兵讲信；一面由纳尔萨海函致驻京公使，仍请总理各国事务衙门饬知前来，以便酌拟章程，公平商办"一节。仍皆不以为然，推延时日，意图展缓。奴才以机不可退，饬请噶布伦等到署，而谕申饬开导，反复再三，伊等惟作惶悚之状，叩头酬酢而去。时二十日(4月1日)戌亥之交也。二十一日(2日)奴才复将前事译行商上，令其妥酌。并因近年以来于指示交涉事件，动多掣肘，徒贴英人以西藏为中国属地一语口实，其实驻藏大臣有同赘庞，今第穆胡图克图阿旺洛桑称勒拉普结同噶布伦等，一并自行度量，以后公事，是否仍须藉重钦差大臣指示机宜，抑商上，噶厦可以径行治理之处，不妨直爽明言，以便奏请大皇帝圣鉴，庶免阳奉阴违，两歧误事等因去后。二十二日(3日)丑初，委员裕钢、黄绍勋来辕禀凡，转据噶布伦等声称，大人交下回复康萨卓尼尔信稿，词意本甚周译，但于我等僧俗大众本怀，容有未洽。今将酌拟删改之处，逐一加签，转求请示等语。奴才译阅加签删改之处甚多，而于噶布伦转饬之语改为仔琫多尔济仁增口气；又于末后通商一事，将“同驻京公使仍请总理各国事务衙门饬知商办”之处，改为“应由纳尔萨海转禀英君主麻哈热里女王酌复，若与黄教藏地无妨，可酌中商办”云。奴才以该藏番既将此节如是改，不便固与争执，因命该委员等传谕云：此事昨已译行商上，今尔等既和删改，亦听尔等好自为之。此近日西藏边务实在情形也。……

《清季筹藏奏牍》第一册《文硕奏牍》卷七 第4—5页

第穆胡图克图函请饬拉里等处支应兵差夫马并请发给罗布藏顿垫等护照

光绪十四年二月二十四日(1888年4月5日)到

掌办商上事务广衍黄法荣增师傅第穆胡图克图具信字在钦差总理西藏事务大人台前：

窃查披楞、英吉利与西藏佛地兴师进兵，自行派兵攻剿。所有东路一带土兵以及康、巴土兵进藏经过拉里等处需用马、牛、人夫三项，此系写情重件。经前于咸丰五年(1855年)廓尔喀军务时，炉关以下调派土兵，均由中北路一带路程所需乌拉马、牛、人夫等项，均系三十九族应酬在案。嗣经同治二年(1863年)剿办瞻对时，派令官兵陆续起程，当经仿照四起大差，饬令三六村朋帮乌拉马、牛、人夫，妥为应付，勿得掣肘等因。曾蒙驻藏二位大人发给札谕，饬交拉里总管支应兵差，马、牛之商上卓尼尔等转饬纳克书、三六村族民等，催备前进各在案。此次暂由察木多、乍丫、类伍齐、硕板多、边白、洛隆宗等处稍调土兵，即应赶紧前往。刻下，康、巴所属兵，尚未全调，其兵数亦无从前两起军务之多。所有康巴之兵，究由三十九族何路起身，除随自便。至应需乌拉马、牛、人夫三项，应归沿途三十九族等人随到随即应付。事关军务要件，毋得迟延违误。尚望大人赏发切实札谕一道，并请迅速札饬西藏夷情外，所有察乍、类伍齐等处，就近饬派大堪布罗布藏顿垫，前藏如琫四朗汪青等前往催调土兵，并派六品岭营边觉夺吉会同管理经卷，仔仲洛布藏札喜等在于硕、边、洛三处催调土兵即饬赶紧前赴各地方办理外，速请大人赏发执照一张，以便该番官等就近饬催三十九族人等遵办外；康巴一带地方，应调目兵前往助援。随时再行具文陈明，烦为在心。为此具信字。

《清季筹藏奏牍》第一册《文硕奏牍》卷七 第8—9页

文硕被革职查办

光绪十四年三月二十八日(1888年5月8日)

……光绪十四年三月二十八日(1888年5月8日)准兵部咨开，二月初八日(3月20日)奉上谕："文硕自抵藏后，于开导藏番事宜，并不懔遵谕旨，切实委办。识见乖谬，不顾大局，已降旨撤令来京。兹复擅将未奉明旨之奏稿、密电等件，竟行移咨都察院，殊属胆大妄为，此风断不可长。文硕著即行革职。该部知道等因。钦此。"

《清季筹藏奏牍》第一册《文硕奏牍》卷七 第25—26页

藏兵溃败、委弁力阻印兵、收回失地折

光绪十四年九月初十日(1888 年 10 月 14 日)升泰[1]

……窃奴才前于八月十八日(9 月 23 日)将开导藏番具禀停战,亲赴边境各情形驰奏在案。奴才正在筹画起程,忽迭接边报云:印兵于八月初八日(9 月 13 日)出队二百余人,前赴捻都纳等山放炮挑战。藏番又遣人于夜间绕过敌营,偷取电线;印营游哨之兵,复将藏番取柴番卒捉去数人,矛伤一人,于是两营均有争战之心。奴才前委署江孜守备驰往劝导,恐其以一武员难于经束番官,复委后藏粮务知县秀荫赶紧驰赴前敌,会同力谕藏番。讵八月十七日(9 月 22 日)印兵出队,将哲孟雄地土全行收取。十八日(23 日)藏番以捻都纳印兵时来山顶,施放枪炮,实距番营太近,即于夜间分队赴捻都纳两山扎营,连夜修筑战墙,为防守计。十九日(24 日)天明,洋兵见藏番扼扎两山,亦不便于己,遂出队直冲。藏兵力不能支,败回姑布冻曲原营。洋人跟踪来扑,两营不守,狂追逐北,藏番连夜奔逃,以致咱利、亚东、朗热等隘,同日失去。印兵复分股包抄,所有藏营番兵一万数千,全行败溃,枪刀器械锅帐什物,弃置满道。印英追逐,统带噶布伦公爵伊喜洛布汪曲于二十日(25 日)败回仁进岗。适遇奴才委弁署江孜守备、花翎都司、尽先守备萧占先奉饬阻战到彼,正遇该噶布伦狼狈奔逃。伊喜洛布汪曲仓皇面告萧占先云:"洋兵火炮甚利,万难抵敌,赶紧迅速同走逃命为是。"言语之间,枪声不断,旋踵而至。萧占先回告云:"我奉驻藏大臣札饬阻战而来,不料尔等又复多事,以致败北。如果英人力追,势必

---

①升泰:字竹珊,蒙古正黄旗人,1888 年接替文硕任驻藏办事大臣。

全军俱没,帕隘不保。我系汉官,究与汝等有闻,惟有在此力阻。如洋人顾念和约,或可旋师;倘不能听,亦尽人事。”伊喜洛布汪曲见洋兵已近,飞窜逃去。萧占先旋即竖立江孜讯营旗一杆,上书有汉字,英兵远处望见,旋即止枪。萧占先遣人往告奉委前来阻战之故。印洋统带兵官名巴了色优又称萨海者当云:“既有汉官,应即停战。”即约相见,萧占先告以原委,并阻其追杀。英官允诺,始未穷追,面许静候办理。惟云天气已寒,不能久待,务请奴才速办等语。该洋官当拟将掠得藏番积存火药轰烧仁进岗所有民舍,当经萧占先以此乃我大清地土良番,因藏番违旨用兵,固已受累非浅,小民何辜,受此惨毒。该洋官当云:“既系如此,我们体仰大清国皇帝恩德,断不焚烧妄杀。”仍退原处扎营,只将藏番所存火药尽弃河中。于二十二日(9 月 27 日)撤退,印兵仍扎对邦原营。并云尚有信函致与驻藏大臣,嘱萧占先派一通事随往取信。萧占先见印兵业已扎还旧处,藏兵一败涂地,骤无战事,当将逃窜山谷之民招回安抚。然较之平时,已十少七八。该民人等无不感泣,其称我等全赖大皇帝恩德,如唐古特仍欲用兵,吾等唯有逃走一法。萧占先安抚既毕,旋即折回,以免藏番生疑。行至帕克哩得与粮务秀荫相遇。此藏番战败溃散,委弁阻回印兵,收回失地流民之实在情形也。……

《清季筹藏奏牍》第二册《升泰奏牍》卷一 第 9—10 页

藏军退守仁进岗

朱　绣[1]

十四年四月(1888 年 5 月),英人进击藏军于龙洞。藏军大

[1]朱绣:字锦屏,青海湟源人,1919 年奉甘督张广建之命入藏谒见达赖。

败,被逐出境,英兵毁其卡。总署与英使议边界通商,戒英军母(毋)进藏;而藏人据新图,以龙洞、日纳宗为藏地,坚持不让。

六月,英军复攻藏营。方开战,天大雨,昏雾四塞,因收队。藏人乃集兵祷于佛寺,誓众曰:凡我藏众男女,誓不与英人共天地。有渝此誓者,众共殛之!乃大集兵于帕克哩,将击英军。斯时驻藏大臣升泰方受命抵藏,检查乾隆五十三年(1788年)旧档云:“哲孟雄受逼于廓尔喀,达赖以日纳宗地给之,以雅拉、支本两山为界。”遂以此案示藏人,不许出战,藏人不从。于是英军攻热勒巴拉山,藏兵伤亡甚众,英军追入春丕谷。

时英外部告驻英使臣刘瑞芬和平解决。藏人谓英若据有哲地,则誓不共立。八月,英军据哲孟雄其境,并俘其部长土木郎思,拘禁于噶伦绷,置政务官一员,以监督哲孟雄之内政、外交。遂乘胜转攻藏军于捻都纳,藏兵败北,咱利、亚东、朗热诸要隘均陷。英军长驱直进,追噶布伦等于仁进岗,与升泰所遣之守备萧占先相会,占先竖汉字旗阻英军,劝令停战议和。英军诺之,以天寒不能再缓,促升泰至边界议约。

朱绣《西藏六十年大事记》第3—4页

奏陈边事紧急折(节录)

升　泰

……迩来自八月二十日(9月25日)战败之后,该番初次闻信,颇有著急之心,及闻萧占先阻回印兵,仍扎原处,其狡玩之態,依旧复萌。连日以来,拣派三大寺喇嘛僧众前往帕隘防堵,委员等百计开导。第穆呼图克图竟无法阻止。又接边报,谓前月战事被枪炮死者约五六百人,被驱逐落水者亦数百人。藏番各路土兵共一万四千有零，兹闻收集败残，仅五六千人，其余概行逃散，番官派人往追，即有变乱之势。奴才复接洋官来信，谓天寒不能再候，而该番等仍然四路调兵；又以噶布伦中一二人意在主和，有坏黄教，群议欲抛之藏江；又迭恳奴才务必为之向印索取哲、布全土。种种要挟，出乎情理之外。奴才前据阖藏僧俗各出图记具禀停战，统兵公爵噶布伦亦具有遵谕之结。不料变生意外，两营彼此寻衅，藏番一败涂地，犹幸印兵阻回，否则帕隘江孜均属不保。该番等宜如何猛省悔罪，以不负朝廷覆庇深恩。乃有权党十余人，阻挠其间，藉三大寺人众为名以抗官，藉吹忠降神为名以抗旨。在使驻藏大臣竭力婉说，以遂其索取哲、布全境之谋，并敢言此番战败，系因遵旨所误。昧良丧心，莫此为甚。……

《清季筹藏奏牍》第二册《升泰奏牍》卷一 第14页

奏陈藏番阻议折回开导折

光绪十四年十二月二十八日(1889年1月29日)升泰

……惟查印藏边务，迭商英官，总以先行撤兵为主，无为英人必得如愿而偿，乃肯议撤。藏番自十月以来，虽属不免狡展，然已业将成军之三寺僧兵全行阻回。到边之后，又将仁进岗驻扎之番兵万人撤退两站，近日复以数千撤入帕隘，亦觉渐就范围。乃因洋官鸠兰德必欲将哲孟雄事不照旧章，多方挑剔，弗依奴才所议。以致保尔[①]开来七款，行知商上，该藏番逐款顶复，竟鲜遵从。又言藏中已遵谕旨退兵，洋人营中，惟闻添兵运炮，不见退扎一步。哓

①保尔：英军谈判代表。

哓凛渎不休。奴才日夜焦急,再四与英官熟商,而洋营语多反复,忽允忽翻。据英翻译云:“前议照旧,事亦非难,但英官不肯明明写出列入条约,则是彼族如何居心。且公事亦无此办法。”又据马翻译官云:“欲求将哲事照旧,本无不可,然必得在帕克哩一带通商,事乃可行。”奴才既未敢深信马翻译之言,又虑贸然而允许,而藏番固执不遵,反遗笑柄。其藏中番官,随奴才到边者,噶布伦三员,随带四五品番官不下数十员,又三大寺派来领袖僧官十余员。因不便扎近洋营,均屯于仁进岗地方。且对邦正在隆吐之顶,每一积雪,动辄数尺。咱利封山后路即行阻隔,运粮无处可来。是以奴才移营暂回仁进岗,将一切事宜督饬委员等与藏番逐件议妥,始可斟酌损益,应许洋人,否则徒托空言,于事无补。正拟于十七日(1 月 18 日)移营,十六日夜(17 日)亥刻项官伊履士亲来行营,云总理各国事务衙门有电到营,须暂缓折回,次日午后复来,据称总理各国事务衙门已派有翻译折莫士赫德[1]由粤航海至印来营,先行转电奴才不可回藏等语,当即仍托英官电复并非回藏,只赴仁进岗开导藏番。适委员已由洋营后路查勘藏界折回,奴才仍于十二月十八日(1 月 19 日)移营仁进岗。藏番官来见,据称驻藏大臣及各委员驰驱风雪,屡与洋人力争哲事,我等亦有所闻。我藏番受害强邻,惟有仰赖大皇帝恩德覆庇,此外别无他望,察看语言词色,似于驻藏官兵怀疑顿释,只以洋人勒兵要挟,积忿难平。……

《清季筹藏奏牍》第二册《升泰奏牍》卷一 第 24—25 页

---

①赫德:英人,清政府雇用的中国海英总税务司。清政府派往西藏的实为赫政,当时误为赫德。

通商定界已办有端倪专候印使约期定议折

光绪十五年三月初一(1889 年 3 月 31 日)升泰

奏为边界春雪稍融,赫政①先赴印营,奴才饬令藏番办理定界通商亦有端倪,专候印使约期定议,恭折具陈,仰祈圣鉴事:

窃奴才于光绪十五年三月初一日(1889 年 3 月 31 日)曾将赫政到边日期并边界情形由五百里驰奏。兹于三月初旬前委赴藏之噶布伦伊喜批冲等已由藏折回到边,达赖喇嘛与奴才致函,极道知感。又第穆呼图克图率领三大寺及阖藏番官呈递印禀,佥称西藏佛土,自咸丰年间即阖藏公议,实因彼此教道不同,早经共立誓词,不与洋人交接。刻因大皇帝简派大臣赴边查办,饬令委员迭谕饬办撤兵、定界、通商三事,我藏番等不敢违旨,业终遵谕撤兵。至于定界,上年本有旧界,嗣因将日纳宗赏与哲孟雄,其隆吐山之格压倾仓地方,实有我藏番百姓游牧草场,均系藏、哲旧界。至于咱利山本无鄂博,不过上年屡次在此阻挡洋人是实。若通商一事,我藏番实属万难。但刻蒙驻藏大臣及各委员奔走冰天雪海,又与洋人据理辩论,所说一切言词,秉公正直,我阖藏僧俗,实所共闻。我等既受重恩,何敢固执违命,兹我阖藏人等因伊喜批冲回藏之行,大众再四会商,不敢有负大皇帝天恩,万不得已,遵谕通商。惟咱利以内,洋人断不可来,总求施恩,能在咱利以外,实沾恩典。奴才察看来禀所陈言词,尚非乖谬。且通商一事,从前历任大臣百计开

①赫政:英人,清政府雇用的税务司,此时被清政府派往西藏“协助”升泰与英印政府谈判,英帝便通过赫政操纵升泰。

导,该番一味固执,矢口不移,兹幸迭蒙圣训,该藏番已知感悟,渐就范围,将来即可藉通商为善后计。此皆仰赖皇上指授机宜,庙谟硕画,得使冥顽不灵之辈,一旦翻然知悔,全藏叨幸实深。惟印使接奴才照会,藏兵已撤之文,业经一月,至今印兵未见退回。刻闻咱利山顶之积雪渐消,稍可行走,奴才即促赫政速赴印营,约期定议。并将一切情形详细告知,云藏番已遵旨罢兵,又允定界通商。驻藏大臣于藏番已无可再办之事,若印兵再不撤回,以为藏番无能,可以任意要求,致另出事端,则其理屈不在藏番。曾与赫政切嘱再三,并将应议之事,除赫政所开十条,逐款明白告知,又由奴才酌议数条,一并开折,分晰详告。该税务司面云:“业已领会。”赫政即于三月二十一日(4 月 20 日)由仁进岗启行,前赴印营。一俟接到赫政来信约期,即星驰前往定议,弗敢稍涉稽延。……

《清季筹藏奏牍》第二册《升泰奏牍》卷二 第 7—8 页

藏番在亚东通商现经具结遵办折

光绪十五年四月二十一日(1889 年 5 月 20 日)升泰

……窃奴才于三月二十四日(4 月 23 日)恭奉二月十一日(3 月 12 日)谕旨,以边事责成奴才一手经理,万不可稍存退缩推诿之意;并蒙训示一切。跪聆之下,益切悚惶。窃查前于三月二十一日(4 月 20 日)陈奏办理情形,藏番已允定界、通商。惟通商一层,三寺僧众,必求在日纳宗地方,奴才窃料英官万不允以。当即饬令委员再行切实开导,谕以通商之地,与界址不同,并非咱利以内洋人所到之地,即为他人所有,尔等尽可无虞。且通商必须设关,所定亚东地方，两山相对，中有平畴，正可在此修建关卡。若咱利以外，系属绝巘荒山，瘴雾终年，虽六月盛夏，犹有积雪，经理商务者，何能在彼驻扎？来往各商，亦势必裹足。该藏番等又复聚议多日，委员等百计开导，夜以继日，费尽无限唇舌，始据在边僧俗噶布伦等递具遵结前来。而赫政由独脊岭来函，谓前此折开各款，印督尚未逐件回复，会议尚需稍候。印使故意拖延，殊不解其居心。奴才窃思藏番既允在藏界之内通商，则已与前准游历及改为饬令西藏通商之旨相符。英人虽强，似乎再无可以要挟妄求。至哲孟雄狡狯居心，不敢必其无受洋人指使之事，照旧二字，奴才虽与英人力争，然亦必相机而行。昨已婉谕藏番，如英官能即照办，固属甚善，倘英人藉此不允，因之藏案遽难完结，亦惟有斩断葛藤，建立妥约，免致后来因他事又生枝节。该藏番似无固执。奴才亦未敢求效太速，自当恪遵前旨，徐与磋磨，总期藏案可结，以冀上纾宸廑勤。至通商事宜，应俟定议之后，再当奏陈。……

《清季筹藏奏牍》第二册《升泰奏牍》卷二 第9—10页

赫政致赫德电(二件)

(一)

1889年3月30日(光绪十五年二月二十九日)

仁进岗来电第十号

一、升大臣说，英国驻北京公使曾屡向总理衙门表示如恢复“照旧”状态，一切可“无事”。

二、去年旧历十一月二十五日(12月27日)上谕亦作同样表示。

三、升大臣因此要求“照旧”。如印度政府肯放弃虚名而取实利，即不阻止哲孟雄酋长每年照旧来函，并向西藏当局馈送礼物，则对哲孟雄的保护权和商务，均易解决。

四、谈判的症结就在来函和礼物问题，印度谈判代表坚持此种办法必须停止，而升大臣说，这点如能“照旧”，其余可让步。

五、印度外交大臣3月21日（旧历二月二十日）自加尔各答来函说，中国驻藏大臣对藏人似毫无约束能力，直至上次谈判破裂为止，中国的干预并未产生有利的效果，在此种情形下，印度政府或有必要与藏人直接谈判……

（二）

1889年7月10日（光绪十五年六月十三日）

续前电。我已将第二十二号电第八节译文交给升大臣。升电中所说咱利山，就是我所说分水岭最高峰，兹将原译文附电如下：

“锡金与西藏交界仍照旧，即是西藏莫竹河与锡金梯斯塔河中间最高之一带峰岭，岭北之水向入莫竹等河，岭南之水向入梯斯塔河，自分水一带高岭之中歧分处起始界限之。锡金边界内归英国全辖，所有锡金内事件，中国与西藏不得干预，彼此言明后，英国保印兵不过界入西藏地。再者，中国和西藏如果不讨要锡金进表进贡，英国可以准锡金王送禀——即礼貌信，送礼与驻藏两钦差及藏内达赖喇嘛等，禀内不得照表式样，送礼不得称贡。”①

《帝国主义与中国海关》第五编

《中国海关与缅藏问题》第88—107页

---

①原编者注：原电只将汉字用英文拼音拍发，翻译时按音揣度，某些文字或与原文有出入。

英官会议稽延察看番情未可久待密折

光绪十五年九月二十六日(1889 年 10 月 20 日)升泰

窃奴才曾将赫政复至印营情形附片陈明在案,计自该税司往独脊岭又将两月,奴才迭次专函催促,近接该税司函称:英人近日已将纳荡、日纳等处之兵陆续撤退,惟于会议尚多推宕,须俟总理衙门回文照办等语。又据各路探报回称,英兵于七月二十五六等日(8 月 21、22 日)所有纳荡、日纳之兵连日撤退,惟纳荡尚留一营,人数不多,又西金部长所住扛多地方亦留有印兵数百,余则均已纳出哲境等情。又哲孟雄部长连日遣其弟来营禀知,谓英官于本年七月二十三日(8 月 19 日)向该部长称,如今西金之地全归披楞尔王,必须将约据与我收执,否则必有大祸临身。该部长称,我之图记在春丕,我无处收存,此等大事,我亦不能冒昧出结。讵料哲逆康萨卓尼尔颇当喇嘛等私出约记,由伊等盖用图记呈递英官,异日会议印督若以此结为词,将我部长历次呈递禀件所用图记查对即知真伪,我哲孟雄部长并未出结等情。查哲夷若存若亡,首鼠两端,固久已如是,然此番藏印构兵,本由该部而起,英人即恃强占胜藏兵,又蒙皇上饬派奴才为之妥办,去年会议,该印官开来七款,自哲回仁进岗竭力办理,藏番于遵旨罢兵之后,既允在咱利分水岭划界,又允在藏地通商,我朝之于彼国可谓仁至义尽。今藏兵既撤,英兵亦已渐退,若不早为定约,窃恐藏番候之过久,见英人故意迁延,又起疑虑,于前议或有反复,或被哲夷唆弄,枝节另生,现在虽绝无是事,然不能不格外思患豫防。拟请饬下总理衙门会商驻京英使,电知印督从速定议立约,不得任意羁延。一面饬知税务司赫政妥速办理,庶边事早期定局,免使藏番疑虑,别生枝节。缘风闻藏中僧众有云：我等原不欲与洋人交接，因驻藏大臣奉旨办理边务，故不敢不遵。如英人久不立约，必系心存反复，为将来生事地步，若刻下早为了息则已，倘再刁难，我等与其同有仇之英国议和，莫若与无仇之俄人通好。俄人前次来藏，我等备礼劝阻，俄人立即退去，颇讲情理。今英人谋夺我地，偶尔战胜，遂如此欺凌，众情实有不甘等语。查去年俄人有由和阗至藏之请，奴才奉文后早已行知商上。如英人再行刁难，近来藏中喇嘛败类甚多，本年蒙古人由蒙地来礼佛者络绎不绝，随来人类颇杂，俄人由北道前来，设藏番私与通款，是非奴才远在边界所能稽察。保尔现驻独脊岭，奴才泰在纳荡，又不能面向催促。边事久不定局，藏俄或私行援引，英、俄必互相猜忌，即恐西藏后来有事之日更多，午夜思维，亟宜先事筹虑，合无拟恳天恩，饬令驻京英使，早为电催印督定约，则藏人知前案已结，必不多事，可弭将来无限衅端，实于藏印均大有裨益。除一面设法妥为驾驭藏番，安静守候，并催促赫政迅速办理外，谨具折密陈。

《清季外交史料》卷八一 第20—22页

中英会议藏印条约

光绪十六年七月十二日（1890年8月27日）在伦敦互换

兹因大清国大皇帝、大英国大君主五印度大后帝，实愿固敦两国睦谊，永远弗替；又因近来事故，两国情谊有所不协之处；彼此欲将哲孟雄、西藏边界事宜，明定界限，用昭久远。是以大清国大皇帝、大英国大君主，拟将此事订立条款，特派全权大臣议办。由大清国特派驻藏帮办大臣副都统衔升，由大英国特派总理五印度执政大臣第一等三式各宝星上议院侯爵兰，各将所奉全权便宜行事之上谕文凭公同校阅，俱属妥善。现经议定条约八款，胪列于后：

第一款：藏、哲之界，以自布坦交界之支莫挚山起，至廓尔喀边界止；分哲属梯斯塔及近山南流诸小河，藏属莫竹及近山北流诸小河分水流之一带山顶为界。

第二款：哲孟雄由英国一国保护督理，即为依认其内政外交均应专由英国一国径办。该部长及官员等，除由英国经理准行之事外，概不得与无论何国交涉来往。

第三款：中、英两国互允以第一款所定之界限为准，由两国遵守，并使两边各无犯越之事。

第四款：藏、哲通商，应如何增益便利一事，容后再议，务期彼此均受其益。

第五款：哲孟雄界内游牧一事，彼此言明，俟查明情形后，再为议订。

第六款：印、藏官员因公交涉，如何文移往来一切，彼此言明，俟后再商另订。

第七款：自此条款批准互换之日为始，限以六个月，由中国驻藏大臣、英国印度执政大臣各派委员一人，将第四、第五、第六三款言明随后议订各节，兼同会商，以期妥协。

第八款：以上条款既定后，应送呈两国批准，随将条款原本在伦敦互换，彼此各执，以照信守。

光绪十六年二月二十七日，即西历一千八百九十年三月十七日，在孟腊城缮就华文、英文各四份，盖印画押。

《光绪条约》卷二九 第8—10页

藏番阻议后三款折

光绪十七年七月初八日(1891 年 8 月 12 日)升泰

窃奴才前将议复印度意见十四条暨藏番不遵开导,请仍照前议亚东立市办理情形具奏,并另备公函,将印度意见及奴才议复各条录呈总理衙门各在案。兹于六月十四日(7 月 19 日)由边务委员黄绍勋、张昉转据赫政递来译出保尔分晰明陈印度完结后三款意见各条,奴才详加查核,内以改关为主,而以游历错综其间,积虑处心,期以得入藏境为准。当经译行商上,连日派员开导。兹由商上转据三大寺及僧俗大众递具联名图记公禀,佥称通商游历所在,将来即为英国之地,大吉岭、西金已有明证,无论如何,誓不遵依等情前来。言内并指斥奴才以为失信藏番,见好英国,令人无词以对。仅据藏番禀复情形,逐条议复,敢将不得已之苦衷缕晰为我皇上陈之。窃查西藏自光绪二三年(1876、1877 年)即奉饬办理通商游历,又于十二年(1886 年)钦奉谕旨饬办英国通商游历,历经藏臣开导,迄未遵依。十四年(1888 年)奴才到任赴边解战,仰承庙谟开导番众,饬令通商,舌敝唇焦,藏番稍有觉悟。良由隆吐失利,番情震恐,始有此一线办法,奴才亦不敢以口舌为功。始而只允边界外通商,再四开导,方允边界左右通商,缓定亚东立市之议。此奴才于十四年冬间十五年春间,曾与保尔、赫政前后反复议论,取具夷结,奏明定案之实在情形也。今春印度复派保尔会议后三款,忽更前议,欲在法利立市,法利即今兹之所谓帕克哩也。奴才开导商上并游历各条,不肯遵依,前经议复在案。此次递来分晰各条,立意甚坚,虚声恫喝,直指藏人并无生疑之事,亦似奴才主持不愿者。不知亚东立市，番情已觉勉强，取结定案，前已费尽心力。奴才回藏后，藏番会同三大寺僧众，攀辕递禀，咸谓奴才有心见好，办理不公。当经竭诚开导，始无异议。今印度欲更前议，适启猜疑。窥其狡焉思逞之谋，尚不止注意帕克哩、江孜。其分陈第三条内，或在迤北各地方一词，以为将来通商游历张本；系指纳金纳穹而言。即奴才前奏所称纳金距札什伦布仅三日程，请增兵驻守之一带地方也。隆吐为藏南门户，一经失去，罅漏中开，尚赖亚东一段有险可据。若改关帕克哩等处，险要全失，便可长驱西藏，阻滞毫无，殊非藉固吾圉之计，姑且不论，而目下藏番以失信责奴才，以众议拒改关。开导万端，迄无转意；而英人不顾时势，虚声恫喝，奴才智尽能索，调停无术，再四思维，惟有恳祈饬下总理衙门妥商驻京英使转电印督，告以改关游历为目前万做不到之事，藏番愚顽，毋庸动引约章，仍照前议在亚东立市，抵关贸易，以免藏人疑贰，碍难办理。一俟立市，定在亚东，所有商务事宜，应如何派员办理之处，统候总理衙门饬知核办。……

《清季筹藏奏牍》第二册《升泰奏牍》卷四 第5—7页

总理衙门致升泰密函

光绪十八年三月初四日（1892年3月31日）

密启者，藏约一事印度所请改关、游历两端，势不能行。驻京英使于此事不能作主，虽与辩论，亦属无益，是以本署商令赫德电嘱赫政转告印督，以中国未便失信于藏众办理为难情形，并告以俄国闻印藏立约通商，颇有忌心，利于其事不成，彼得暗中勾结，于中英皆有不便。劝其勿执成见,强以所难,但使通商之局早定,可绝他人觊覦之心,实与大局有益云云。近得赫政来电有保尔亲赴亚东察看商务之说,但委员商议必不能因应随宜,将机立断。本月十四、十八两次,由赫德电达台端,亲赴亚东与尔定议,未知定于何日起程。盖英人惟恐俄人窥伺印度,忌之甚深。而印藏构兵时,俄人私入藏境,实有勾结藏番之意。现与开谈,似可告以藏人性情愚执,现在商议通商,不无怀疑扞格,必须俯顺舆情,方可渐就浃洽。若强以所难,情必不甘,终难了局。况为印度计,总以早定通商之局为妥,盖藏地出产无多,商利本属有限,目前吃紧关键,惟在印藏联好之名,播于各国,隐杜外人之窥伺,即永固印度之藩篱。其地方远近,贸易多寡皆暂可不计。至游历一节,亦宜从缓。缘俄、法之人时思入藏游历,若英不开端,谢绝别国,更觉有辞。在印度弥为得计,此中英睦谊相关,故将实情详告云云。阁下可将此意,缮就节略,试与保尔密谈,令赫政详细代述,嘱其转告印督,倘彼能领悟,则不难就绪矣。专此密布,顺颂勋绥①。

选录亚东关《藏印事宜往来信件稿簿》

转引自《中国海关与缅藏问题》第156—157页

总理衙门致四川总督电

光绪十八年八月十二日(1892年10月2日)

赫政电升大臣患喉症,八月初四日(9月24日)病故。本日奉

①此信最后有许庚身等八人同时署名。

旨派奎大臣接办藏约,另电知照。查藏约各条议有端倪,惟禁印茶入藏以保川茶引地,甚为磋磨。七月十七日(9月7日)接赫政电,拟于第三款盐字下酒字上添一茶字,列于禁物之内;十九日(9日)电嘱升帅照办。八月初四接升电,藏商请于约内注入"英商抵关贸易,不得擅入关内",其意盖以续款第二条上年藏已遵具结,而英复议改关,因此怀疑,必欲声明不得藉口改关。据赫政电,商上欲将日后复议不得改关等语,载入续款,印度必不允行。初六日(9月26日)进呈升电,奉旨:"此事仍责成升泰切实开导番众,毋任固执。取结一层,拟不可少,但可允其英欲改关,中朝必当出与理论,载入约内,势有难行。来电称藏请注入英商抵关贸易不得擅入关内,似与改关为两事,殊不明晰,并着筹复。钦此。"是电交赫总税司转发,已在升帅故后。刻下统筹全局,禁遏印茶似可有成,应责成赫政与印度妥商。惟藏番能否开悟尚无把握,全赖接办大臣相机劝导。升帅随员皆系熟手,本日电旨又派稽志文赴藏,已不患无臂助,即盼赶速前往,详查历办情形,竟此余绪。藏帅一缺,俟简放后再知照。希飞咨奎大臣。真。

《中国海关与缅藏问题》第167—168页

印藏条约缓议三款现已拟结折

光绪十九年(1893年)五月奕劻等①

窃藏、印定约立界一事,臣衙门于光绪十六年(1890年)正月

①奕劻等:指以庆亲王奕劻为首的派在总理各国事务衙门办理外交的五大臣。

间奏呈条约八款，请旨派员画押在案。原约内通商、交涉、游牧三款，声明自条款批准互换之日为始，限六个月，由两国大臣派员随后议订各节，公同会商，以期妥协等语。溯自是年七月在伦敦互约，至十七年(1891年)正月为限满日期，前驻藏大臣升泰即派妥员黄绍勋、张昉及税务司赫政与英国印度总督兰士丹所派之保尔，在大吉岭会同开议，彼此各拟办法。保尔之意，欲在仁进岗入藏一百余里之咱利城即帕克哩设关通商，并俟十年后再定入口货税。升泰以藏番多疑性执，入藏设关，断难开导，执定十二年条款，藏印边界通商，由中国体察情形之语，再三辩驳。至十八年(1892年)六月间，复与保尔商立办法九款，续议二条，定于交界之咱利山下亚东地方，为英商贸易处所。商上等复怀疑虑，坚请于第二款注明不得开入关内字样。又请禁止印茶入藏销售。经臣衙门电询川督刘秉璋，查明印茶入藏于川茶引岸有无妨碍。据复称川茶销藏，岁约征银十数万两，印茶入藏，恐商民失业，饷项短绌等语。臣衙门一再与英使华尔身辩论，并饬总税务司赫德，转饬赫政与印督商议，相持日久，现始据赫德函称，印度已将办法九款更改，商订其最关紧要之第二款内，注明英商在亚东贸易，自交界至亚东而止。第四款内，注明进出口税俟五年限满酌定税则，至印茶一项，现议开办时，不即运藏，俟五年限满，方可入藏销售。应纳之税，不得过华茶入英纳税之数。此外各款，均照升泰所拟办理等语。臣等查中英通商税则，每百斤征税银二两五钱，而洋商运华茶至英，每百斤征银十两，现在先与议定，如印茶运藏，应照华茶入英每百斤征银十两之数征收。盖禁止印茶入藏，究于通商条约有碍，惟有援彼国之例，重征其税，则印茶无利可图，不至碍川茶销路。磋磨终年，始克就范。窃思藏、印来结三端，自十七年开议至今，已届三年之久。经升泰及接任大臣奎焕先后晓谕藏番，并饬赫政与印督兰士丹及保尔往返商榷，悉心酌定，始得印藏两情翕然允协。臣等核其所拟款内，设关处所及印茶关税限期，在在以全力相争，尚能不失操纵。其余各款，亦臻妥协，即可就此完结。谨将办法九款、续款三条，缮呈御览。如蒙俞允，请饬下奎焕派原议委员黄绍勋等偕同赫政与保尔会同画押，以昭信守。谨奏。

光绪十九年五月初九日（1893年6月22日）奉朱批，依议。

《清季外交史料》卷八七

中英会议藏印条款[①]

光绪十九年十月二十八日（1893年12月5日）在大吉岭互换

光绪十六年二月二十七日即西历一千八百九十年三月十七日，藏印立约未结通商、交涉、游牧三款，现已议定章程，接附前约。

通　商

第一款：藏内亚东订于光绪二十年三月二十六日（1894年5月1日）开关通商，任听英国诸色商民前往贸易；由印度国家随意派员驻寓亚东，查看此处英商贸易事宜。

第二款：英商在亚东贸易，自交界至亚东而止，听凭随意来往，不须阻拦，并可在亚东地方租赁住房栈所。中国应允许所建住房、栈所，均属合用。此外另设公所一处，以备如第一款内所开印度国家随意派员驻寓。其英国商民赴亚东通商，无论与何人交易，或卖其货，或购藏货，或以钱易货，或以货换货，以及雇用各项役马夫

---

①本条款又称"藏印续约"；英文本称为"1890年哲藏条约附属通商、交涉、游牧章程。"

脚,皆准循照该处常规,公平交易,不得格外刁难。所有该商民等之身家货物,皆须保护无害。自交界至亚东,其间朗热、打均等处,已由商上建造房舍,凭商人赁作尖宿之所,按日收租。

第三款:各项军火、器械暨盐、酒、各项迷醉药,或禁止进出,或特定专章,两国各随其便。

第四款:除第三款所开应禁货物外,其余各货,由印度进藏,或由藏进印度,经过藏、哲边界者,无论何处出产,自开关之日起,皆准以五年为限,概行免纳进出口税。俟五年限满,查看情形,或可由两国国家酌定税则,照章纳进出口税。至印茶一项,现议开办时,不即运藏贸易;俟百货免税五年限满,方可入藏销售。应纳之税不得过华茶入英纳税之数。

第五款:各项货物到亚东关时,无论印度货物、藏内货物,立当赴关呈报请查,开单注明何项货物多少,及分量若干,置价若干。

第六款:凡英国商民在藏界内与中藏商民有争辩之事,应由中国边界官与哲孟雄办事大员面商酌办者,固为查明两造情形,彼此秉公办理。如两边官员意见有不合处,须照被告所供,按伊本国律例办理。

交　涉

第七款:印度文件递送西藏办事大臣处,由印度驻扎哲孟雄之员,交付中国边务委员,由驿火速呈递。西藏文件递送印度,亦由中国边务委员交付印度驻扎哲孟雄之员,照章火速呈递。

第八款:中、印两官所有往来文移,自应谨慎呈递,及来往送信之人,亦应令两边委员照料。

游　牧

第九款:从亚东开关之日起,一年后凡藏人仍在哲孟雄游牧者,应照英国在哲孟雄随时立定游牧章程办理。凡该章程内一切,须先晓谕通知。

续　款

第一款：中、印各驻扎委员，如有议事意见不合之处，应由各委员呈报该官上司议办。倘该上司意见仍属不合，应由各上司请示本国国家议办。

第二款：自此次条约议定之日起，于五年后，如查其中有应行变通更改之处，必须于六个月之前声明，以便两国各派员议办。

第三款：藏印条约第七款内载，由中、英各派员将第四、五、六三款言明，随后议订各节，公同会商等语。现经两国派员公同将以上通商、交涉、游牧三款议订九条，并续款三条。言明应与原约视同一律，其实力奉行之处，亦与逐字载入原约无异彼此会同画押为凭。

光绪十九年十月二十八日即西历一千八百九十三年十二月初五日，在大吉岭缮就中、英文各四分，画押。

大清国二品顶戴奏准会同画押四川越嶲，营参将何长荣

大英国特派政务司保尔

大清国赏戴花翎头品顶戴双龙二等宝星奏准会同画押税务司赫政

《光绪条约》卷三三　第5—7页

英国第二次侵藏战争

印度政府外务部致英国印度事务大臣汉弥尔顿函

一九〇一年七月二十五日

(一九〇一年八月十二日收到)(摘要)

阁下在一八九九年十二月八日公文中,批准了我们所采取的目的在和西藏人建立直接交往的措施。兹送呈有关文件,说明尔后进行的活动,与我们写一八九九年十月二十六日公文时,我们正在等待不丹代表乌金噶箕从西藏返回,以及他交给达赖喇嘛书信的结果。由于该书信得到了不顺遂的反应,我们就决定延搁从锡金方面接近达赖喇嘛的尝试,另行寻找新的交往途径。于是进行调查,探讨是否有可能通过云南,或通过尼泊尔,或从拉达克等方面派遣合适的专使至西藏首都。我们驻尼泊尔长官在他被口头咨询时建议,不要企图经过尼泊尔到达拉萨,除非先通知尼泊尔王并得到他的同意。但我们认为不便和他相商。我们向缅甸政府推荐的可能充当通过云南赴西藏的专使的人选,据接到的报告,也不适合。但是,通过拉达克方面交往的建议,似乎有成功的希望。

我们驻克什米尔长官的计划是,由每年到拉达克列城巡查的副长官和后藏的联合管理官,即噶大克噶本进行商议,希望通过噶本们的代表和拉萨主管当局建立交往。据此建议,我们授权克尼恩副长官在一九〇〇年秋天赴噶大克。我们委托他带一封由印度总督写给达赖喇嘛的信,指示他说,如果有相当的希望能够把信送达目的地,就把它送给噶本,由噶本转递给达赖喇嘛。耽搁了六个月之后,噶本把信退还给克尼恩上尉,并通知他说,因为有条例禁止外国人闯入西藏，噶本不敢把信送去拉萨。

这个计划失败之后，我们决定再作一次努力，图谋由乌金噶箕送给达赖喇嘛。由于近来他被派去为达赖喇嘛购买两只象，从而能够前往拉萨而不引起嫌疑，这样就给我们造成良好的机会。于是我们委托乌金噶箕带总督致达赖喇嘛的第二封信，信中强调申明英国政府在对西藏关系中所表现的容忍，指出，如果他们依然漠视我们关于建立友好关系的提议，则我们保留权利采取必要和正当的措施，以执行一八九〇年条约的内容，并以保证商务章程的遵守。

如果这封信遭到和前一封信同样的命运，我们就企图在得到英王政府许可时，采取更现实的步骤，以获取我们的友好要求所未获取的商务上和政治上的便利。至于我们变更政策应采取何种形式，如果必要，待日后再行呈报。但我们可以说，在不久之后，可能需要采取措施，以充分保卫英国在一部分边疆的利益，这利益在那边是受驳斥的。相信我们所进行的，如随本公文附上的书信所说明的各项，会得到英王政府的认可。

《英国蓝皮书》帙 1920　第 118—119 页

印度总督致英国印度事务大臣

一九〇一年十一月三日（电报）

参照我十月二十九日电报。我的信已由乌金噶箕带回，封印原封未动，乌金噶箕报称，达赖喇嘛不肯接收，申明他不接收的理由说，他受条例约束，没有和驻藏大臣及噶厦商议，他就不能和任何外国政府通信。

《英国蓝皮书》帙 1920 第 125 页

印度政府外务部致英国印度事务大臣汉弥尔顿函

一九〇三年一月八日(一九〇三年一月二十日收到)(摘要)

……在我们看来,在以往,企图通过中国和西藏达成协议的偿试无例外地都失败了。原因在于这个第三者插手于我们和西藏之间。我们认为所谓中国在西藏的宗主权,乃是宪法上的虚构,一种政治上的矫饰——这种政治的矫揉造作,只是为了双方的方便而维持的。一面是,中国一定准备破除无知和阻挠的障碍,开放西藏于商务的文明影响之下。但是中国的诚恳愿望为喇嘛们的浅见和愚蠢所击败。一面又是,西藏渴望接受英国的提议,但由于宗主国的否决而无从实行。这庄严的滑稽戏经常扮演,而似乎并不失去它的吸引力或它的强加于他人的能力。其实呢,在拉萨的两个中国驻藏大臣,并不是在西藏当总督,而是当大使;而那中国宗主权的虚构所赖以维持的中国军队,总共只有不到五百个武装简陋的人。

我们的看法,如英王政府所知,已有相当时期是赞成和西藏单独来往的。循着这方向,我们进行了尝试,企图打通和达赖喇嘛直接交往的途径,并得到了英王政府的同意。……

我们希望派一个英国代表团赴拉萨而不必征求中国的许可或请领中国护照;并且,如果这计划成为定议,就必须执行,无论是遇到什么样的抗议。我们还希望,计划一经定议之后,就不要像一八八六年那样的由于外来的压力而把它放弃。最后,如果缔结新条约，就不仅是由英国和中国签字，而且还要有西藏政府直接派代表签字，这是绝对必要的。否则又将产生最近我们所面临的那种荒谬的局面，即西藏人告诉我们说，他们并不知道他们破坏了一八九〇年条约，因为驻藏大臣从未将条约告示他们，而且条约也未经西藏任何代表签字或认可。

还应指出，在目前西藏情况下，有特别理由坚持西藏本身必须成为任何新订协定的突出的缔约之一方。近百年来，西藏第一次受一个达赖喇嘛统治着，这达赖既不是婴儿，又不是傀儡，而是一个年约二十八岁的青年，他成功地从童年的生活浮沉脱险出来，据说他比任何的前辈（达赖）都掌握更大的个人权柄，他是西藏的事实的及合法的国主。换句话说，在现代历史中，西藏第一次有一个打交道的统治者，而不是一个有中国驻藏大臣掩蔽着的莫明其妙的议会［指西藏噶厦］。

因此，假定英王政府对北京外务部的提议是赞成的，我们建议通知中国政府，谈判只能在拉萨一地举行，英国商务代表团于来春的合适日子起程赴拉萨与驻藏大臣及西藏政府正式委任的高级官员会晤。我们建议，谈判不应仅涉及锡金边界的小问题，而应包括我们将来和西藏在商务上和其他方面的关系的全部问题；而且，我们认为，谈判所要达到的顶点，应是英国派领事或外交代表常驻拉萨。

在我们看来，任何国家、政府或帝国都有权利保护自己的利益。倘遇该利益受到严重的危害，如同我们利益在西藏那样，由于通过中国致使条约的安排完全瓦解，由于西藏人自己的妨碍事情的懒惰性，更重要的是由于新近和另一强国①进行了危害我们的安全，我们坚持说，国家生存的第一法规，即自谋保存的法规，迫使我们采取步骤，以避免这些祸害，而把我们的安全置于有保障的和不能动摇的基础上。

---

①指沙皇俄国。

为应付意外的反抗,我们认为,如果决定派代表团,就应配备以武装护送队,足以吓退旅途中可能遇到的任何反抗,并以保证代表团在拉萨的安全,西藏人的军事力量是微不足道的,不必想象有严重的抵抗。但是,冒险也是不明智的,因为我们接到报告,拉萨部队要举行操练,而且该首都事实上已秘密运进后膛枪和其他军火。同时,我们应向中国和西藏政府作最明确的保证,代表团是纯粹商业性的,我们对西藏不抱任何政治性企图,也无意宣布成立被保护国或永远占领西藏的任何部分;我们的目的仅限于撤去现时存在的对西藏、印度间一切贸易的封锁,而建立友好邻国之间所应有的和好关系及交往途径。

还应提出一项重要意见。我们的行动始终应与尼泊尔宫廷一致合作,如果认为合适的话,甚且邀请他们参加我们的代表团。我们相信,和尼泊尔宫廷坦白商量及合作的政策,会使我们的计划得到他们最诚恳的帮助。我们近来在锡金边界所采取的前进动作,并未引起甚至是最轻微的不安。我们认为,采用审慎的做法,就可以满怀信心期待尼泊尔给我们以有用的帮助。我们关于这点的期望,已由最近印度总督阁下和尼泊尔首相钱达拉·妙姆舍·藏格大君在德里的会见所确定。尼泊尔政府对西藏方面密约的谣传感到极大的惊慌,认为此事直接牵涉尼泊尔国家的前途。大君表示准备和印度政府进行任何合作,只要是相宜的,在边境之内或边外均可,以便制止他认为是和他的国家安全相违背的企图。

兹将我们的意见呈报,希望得到阁下和英王政府裁可。我们坚信,倘不实施我们所主张的步聚,西藏就将发展一种危险,它在不久的将来,有一天可能会达到威胁的程度。

《英国蓝皮书》帙 1920 第 154—156 页

英国印度事务大臣汉弥尔顿致印度总督函

一九〇三年二月二十七日(摘要)

……如果争点只是印度和西藏之间的事情,则阁下所主张派遣武装代表团赴拉萨,于必要时使用武力,并在当地设立常驻官员的办法,无疑地是应该极力主张的。西藏政府退回了你三次写给他们的信,违背了一八九〇年中英条约,并在我们的政治专员巡查条约规定的边界时派藏官向他声明条约无效。用阁下的主张来回答他们的行动是合法的,对于这样的行动完全应采用强硬措施。这个意见我已在一九〇一年八月十六日公文中表示过。然而,英王政府不能把问题看成只是关系印度和西藏,近年来,在中国和欧洲各国之间的关系上,中国的地位已大有改变。因此,在决定对于仍必须承认是中国的一个省份的地方采取行动时,不能不考虑那些已经变更的情况。

诚如阁下信中所指出,我们无意宣告成立被保护国或永久占领该地方的任何部分。但是,一旦我们约定对西藏施行武装干涉,这一类的措施就可能成为不可避免的。几乎可以肯定。如果英国代表团遇到什么反抗,一些问题就会产生,这些问题,不能当作仅是关连印度和西藏的地方问题,而必须从国际的角度,作为关连中华帝国一部分的地位的问题来加以考虑。

基于这些理由,英王政府认为,在批准一项有可能被看成是对中华帝国完整的进攻的措施之前,必须肯定这样的行动是可以从西藏以往的行为加以辩护的。因此,英王政府的结论是,施行阁下所主张的那些非常容易在西藏事务中导致危局的步骤,时机尚未成熟。英王政府认为,明智的做法是,引用二月二日俄国备忘录,乘机催俄国政府就其政策作出明确的声明，并警告他们说，对于他们的任何行动，我们准备采取比平衡还要加强的措施。在接到俄国政府的说明之后，英王政府才能更适当地决定和中国谈判的范围，以及有关保护印度抗拒外国影响在西藏所造成的危险的步骤。

《英国蓝皮书》帙拢 1920　第 185 页

奏报英员到边强争藏界委员驰办情形折

光绪二十八年五月十九日（1902 年 6 月 24 日）裕钢[1]

奏为英员到边，拟争藏界，委员驰往办理情形，恭折驰陈，仰祈圣鉴事。窃奴才等于五月十八日（6 月 23 日）据靖西同知罗香豫，靖西游击赵钰会衔禀称：准亚东新税务司巴尔函称：英国驻扎哲孟雄大员惠德带兵百余名驰赴甲岗，意将西藏守界官兵驱逐，自守边界，请速具禀藏中并移会番属知照，英国印度总督另有文件随后递来等语，请示遵办等情。据此，奴才等查藏、哲界务屡经办理，迄未定约。前任大臣文海任内虽经勘明界址，议有办法，嗣因英员欲改关帕克里通商，始允划界，藏番坚持不允，仍未定案。此次英员惠德即从前会同勘界之人，所至甲岗地方，即藏界之干霸（坝）纳金等处，既带有兵械拟逐藏界番兵，其为有意争界，借以挟制商务无疑。虽印督照复尚未接到，惟事机关系边衅，办理原期迅速。奴才等现已一面檄委文案委员代理西藏粮务三品衔特用知府何光燮，酌带弁兵，驰赴亚东甲岗一带，开导英员，遏其兵衅；一面译咨达赖，拣

①裕钢：字子维，蒙古镶黄旗人，光绪二十六年（1900 年）任驻藏办事大臣。

派噶布伦一员随同委员前往商办界务事宜，以期消患未萌。除俟接到印督来文有无别项情形，并俟委员到边具禀至日再行陆续陈奏外，所有英员到边拟争藏界，委员驰办情形，理合恭折驰陈，伏乞皇太后皇上圣鉴。谨奏。

《西藏地方历史资料选辑》第186—187页
三联书店出版1973年版

总署致英萨使[1]照会

光绪二十八年(1902年)

为照会事，顷准驻藏大臣文称：五月十八日(6月23日)，据靖西同知等禀称，英国驻扎哲孟雄大员惠德带兵百余名，驰赴甲岗地方。五月二十六日(7月1日)，复据干坝外委禀报，五月二十一日(6月26日)，惠大员等五人，带兵拆毁纳金隘卡，插帐为营各等语。向来两国有应办之事，俱由印度执政大臣先行照会本大臣，此次未接到来文，不识惠大员到边之意，恐藏番顽梗，或致误会，特派文案委员知府何光燮前往干坝，与惠德大员晤商，并咨达赖，迅即派员会同前往妥议。除照会印度执政大臣外，应请贵部照请英国驻京大臣，从速电达印度总督，此次惠大臣到界拟商何事，务即知会本大臣，以便彼此和商，切勿派兵前往，免番众惊疑，致生他变等因，前来。本部查中国与贵国久敦睦谊，从前印、藏凡有应办事件，均由印度总督预先知照驻藏大臣，和平商办。此次贵国官员，带兵径抵藏界，并未先期知照，具有拆毁隘卡情事，诚恐藏番误会，致滋事端，相应照会贵

---

①指当时英国驻北京公使萨道义。

大臣查照，速电印度总督，转饬该兵官，将拟办何事，俟驻藏大臣委员到彼，和衷晤商，切勿令兵队前进，以免藏众惊疑，期于边事有裨，并希速复，以便转达驻藏大臣可也。须至照会者。

《清代西藏史料丛刊》第一集 藏印往来照会 第20页

裕钢安成[①]等为奏闻亚东税务司巴尔[②]来函并开单抄录片

光绪二十八年六月四日（1902年7月8日）

再正缮折间，接准亚东税务司巴尔来函，并开单一纸，奴才等查单开各节，关系过重。从前界务一事，藏臣升泰虽定立约章，以支莫挚山南北流分水为界，藏番并未允从，所以迄未勘划。文海任内奏明汉番英三面会勘，因藏番坚执鄂博为界之说，再三开导，英官始允照藏人界址，但须改关通商，藏番又不允而止。唐古忒之地面，不能由藏使主持，并不遵开导，本为英国见惯，探知此次巴尔来单，印政府欲与西藏订约一层，必非臆度，乘机入藏一语，最为关系。驻藏兵力数百人，本不足为唐古忒捍卫，而唐古忒兵力亦不足较胜负于最强之邻。奴才等处此艰患猝临，筹思竟无良策，惟有先行婉复巴尔，并催令委员速往靖西，商同巴尔，先筹遏其兵机，此其最主要者也。但此事奴才等前以达赖不肯派令噶布伦会同汉员赴边办事，深以为忧。今接税务司巴尔来单，首列印度政府因见华官

①安成字仁山，满州人，光绪二十六年——二十九年（1900—1903年）任驻藏帮办大臣。

②英人，清政府雇任为亚东税务司。

无权，不能整治西藏，拟与有权之藏官重订约章，以后华官无治理西藏之权等语。是英人有意结纳藏番，而不愿藏使干预其事，已可概见。又三条内有强令西藏为自主与高丽同等一节，关系甚重。奴才等若将此次巴尔意见，密告达赖，倘达赖年幼无知，听彼恭维自主，果派有权之番官自与英官立约，不使汉员与闻，则我之藩服，从此去矣。奴才等筹思至再，此次巴尔来单，虽事事皆关利害，然一时未便宣泄，亦不便再催派员赴边，且俟委员何光燮到边，是何情形，再由奴才等相机办理。但藏人冥顽不灵，已非一日矣，倘嗣后仍不听从奴才等开导指示，恐变故百出，而藏事有不堪设想者。奴才等愚昧之见，惟有仰祈圣明指示，并请谕知外务部，可否饬总税务司转委巴办理此事之外，先行电示，由打箭炉限行寄藏，藏中既无密码，未便由亚东电奏。因事关边衅，情形危险，谨抄录原函清单，限六百里驰陈，伏乞皇太后皇上圣鉴训示。谨奏。

谨将税务司巴尔来函开单抄录恭呈御览。

裕安大人阁下：敬肃者，顷奉照会，聆悉，奏派何守来靖，与本税务司商办一切，欣感之至。已将宪意转达惠大员查照，并请其来亚通融商议，以辑邦交，未卜允否。窃探印政府此次进兵之由，因前藏宪升所订约章，藏人不能谨守，华政府置诸不顾，彼此推诿，殊非所宜，故有不愿与华员办理之意。本税司既属华员，又奉总税务司之命，帮办洋务及边务，不得不干预其事。奈印政府并不与本税司通信，实在情由，无从得悉。不过度其情形，显见不与华员办理，若果是办法，后患无穷。况中朝国权一旦休之，请贵大臣及早踌躇，思患预防。何守来靖，与本税司商议，果属妥善，印政府恐难接见。探得此次进兵，其势甚猛，非比昔时，若不及早妥筹办法，贻患无底。本税司眠食不安，思之再四，难获善果，除非贵大臣电达外务部转商总税务司，遴委税务司有办理之权，并有外务部字样，以便办理。尚有愚见数则，另单开呈，是否有当，尚冀酌夺赐复。肃此密达，恭请崇安。名正肃，五月二十六日(7 月 1 日)。

一、印政府因见华官无权，不能整治西藏，拟与有权之藏官重订约章，以后华官无治理西藏之权。

一、西藏政府倘不派员与之商议，彼竟乘机入藏代为治理。

一、恐俄国亦由北方进兵，南印北俄，两国夹攻，强令西藏为自主，与高丽同等。

一、贵大臣须速与达赖喇嘛商议，简派干员，给予全权，随同华官办理，勿使藏官联络洋人，私订密约。

一、印政府最忌税务司从中帮办，因税务司系属华员，熟悉外情。

一、前赫政税务司办理边务约章各节，印政府大不悦意，本税司或与印政府接见，彼必以无权却之。

一、贵大臣或能电达外务部，转商总税务司，遴委税务司给予办理之权，并外务部照会印政府会同办理，最为妥善。

一、事甚逼迫，需才孔亟，不得延迟片刻，有误大局。

《清季筹藏奏牍》第二册《安成奏牍》第15—17页

荣赫鹏致驻藏大臣照会

光绪二十九年闰五月（1903年6月）

大英国钦差总办西藏边务大臣头等宝星副将荣为照会事：照得英六月三号即华五月初八日，曾经印督照会贵大臣，严催西藏政府预备应商事宜，并请饬派极品全权西藏番员，随同办理等因，谅贵大臣早经洞悉印督之意，甚愿与西藏权重番员随同贵大臣所派总办委员会商商界诸务，冀有进益，使西藏将来不致借口不知，如昔年所议者，本大臣尚未见有贵大臣派定极品番员在干坝营官寨地方与本大臣会晤之公文。本大臣已令会办惠德及护卫人等先赴该处，本大臣不日即须前来。本大臣近闻传言，达赖有往西方之行，尚冀贵大臣设法联络，使本大臣缘机一睹佛容，不胜荣幸。本大臣深明其理，并不与之商议界、商各事。但本大臣之意，倘贵大臣能派一员引见藏王，庶本大臣能将印督和睦办理之意面陈，则我等会议一节，受益匪浅，界、商诸务，自应与贵总办会议。如本大臣欲与达赖商议，断非正办，尚望贵大臣鉴察。贵国官员常与敝国官员谈及藏人愚顽，本大臣应设法随机开化，使其改化愚顽之风，将前十二年与我阻隔之邦交，豁然贯通。本大臣阅历既深，各种人类皆经见过，人虽愚顽，一经精明才干之大员为之开导，无有不顺服者。本大臣已得悉贵大臣实愿我两大国将西藏各事和平了结，务望贵大臣将谒见达赖一层，设法联络，则幸甚焉。为此照会贵大臣，请烦查照，须至照会者。

《清代西藏史料丛刊》第一集《藏印往来照会》第27—28页

何光燮致荣赫鹏等函

光绪二十九年(1903年)

荣、惠大员台览：查此次贵大员等来次此干坝，藏官总以越界带兵非和睦办事之道，虽经本大员百般开导，以贵大员等断无坏意，藏官总疑而不信。前经数次面言，藏官总请贵大员撤退护兵，退回界口，始能听从会议，至今藏官仍执此说，决无改移。据本大员设想，既系贵国讲求和睦，改地会议，似可曲从藏官所请，免致耽延会议，于界、商诸事，毫无补益。如荣大员所云，前次条约系在印界立订，藏人诿为不知，此次必须在藏界议成立约，庶免仍蹈前辙。此言甚近情理，但本大员设想，亚东地方亦是藏境，贵大员等不妨即改亚东会议，彼此均属方便。如云印界可听藏人来往，藏界何以不许贵国人到，此言亦近情理。但西藏佛教地方，自来与外国不通往来，与敝国通商口岸不同，贵大员等当从原谅。至界务一层，藏官执定甲冈地方，现在自不能遽定，且俟彼此开议之日，如贵国可以让还甲冈之地，自可与藏官言及商务，两事自可合办，不必分结。总之，贵大员肯允改地亚东会议，本大员自当开导藏官，显见贵大员等和睦之意，藏官疑心可去，以后商务，或者易于商办。

《清代西藏史料从刊》第一集《藏印往来照会》第39—40页

英员复何委员函不允许改地会议

总办边务何大员台鉴：敬复者，英七月三十号，接奉手字，敬悉。查六月三日印督照会驻藏大臣，及六月二十二号惠德由扛多函致贵大员，又在此与贵大员及番员等面晤，将择定干坝寨会议之缘由，屡经声明。但番员等愚而少练，不识文明之邦之例，尚冀贵大员详细开导番员等，接万国文明之例，两国若有界、商诸务、会议之处，在此在彼，毫无歧异。印督现已择定附近边界之干坝寨地方为最妥便会议之处，尊意以亚东妥便会议，但此处边界须定实在，而亚东离此边界遥远，不如干坝寨只去十四英里之遥，即条约所订之一带山顶，及分水流诸小河南流至哲境梯斯达，北流至藏境莫竹等河，藏哲分界之处，便可望见。本大员之意，若不将边界议定所在，徒以改地，断非智策，贵大员百般开导番员等本大员并无坏意一节，足见贵大员办事有方，钦感之至！尚冀开示番员等，若仍是阻挠会议，毁废条约，恐无益而有损，彼既绝无通融，当预料将来议办之事，亦不望我通融矣。退回界口一层，本大员深知其意，界口即甲冈之谓也。然番员等即到过甲冈，明知该处之水流入哲境梯斯达河，即依条约所订，断不能再申甲冈之说。彼等若仍是情形，则我惟有严守条约之言。至于边境草场，藏人当不再顾问。肃严，即请台安。

《清代西藏史料丛刊》第一集《藏印往来照会》第40页

边务委员何光燮禀藏臣在干坝会议情形

光绪二十九年六月（1903年7月）

敬禀者，窃卑府于闰月二十二日（7月16日），曾将阻止惠德游览各情，具禀宪鉴在案。维时荣赫鹏已有来干坝之信，卑府当切实致语惠德，请其转致荣赫鹏，毋再多带洋兵来此，致令番众惊疑。至二十四日（18日）酉刻，荣赫鹏由汤古驶至英营，相随幸止数骑，并无兵械。二十五日（19日），卑府遣人致送绸料羊酒等物。二十六日（20日），荣偕惠德来帐篷拜晤，番官称勒亦同在座，略与谈及此处水土不宜会议，总须改地，荣赫鹏亦以候印督文为答，其词气之间甚较惠德和平。二十八日（22日）卑府复率同番官二人往洋营答拜，因是日汉、番、英员在座十余人，遂与畅言越境带兵一层，番属怀疑，与前接外务部电及印督文不符，总以折回界口会议，始足顾全和好，明辨而晰告之，番官等亦从而争论之。荣赫鹏始言从前边务在英境立约，藏人诿为不知，此次欲在藏境成立约，庶免前言。至洋兵二百名，本是护从，并非用以战斗，亦并非越境即背和好。继言退回界口，本非难事，但条约之界，系思补布纳；藏官现争之界系甲冈，究以何处为界口，如我等允退思补布纳，即请汉蕃同往，立将南北流界地止勘定等语。卑府当告以退扎之处，只须在甲冈附近，将来会议事定，则界址自有一定，此时先不必争定甲冈与思补布纳也。番官等所言亦同，荣赫鹏似略有转圜之意，经惠德之隐语挠之，荣乃答云，此事且误按到印督来文，知悉藏派权重番官，是否现来之二员，再行商议，随令其洋营字识，取出说帖二张，一条英文，交翻译委员沈晋熙，请存备查；一系藏文，由字识照诵与番官，大致对番官言此次会议由来，责备西藏违约之非，其藏字原文面交番官不接，卑府乃令沈委员一并带回，饬译字房，照抄送给番官，此荣赫鹏到干坝卑府率同番官先后晤面辩论之情形也。二十九日（23 日）奉到谕函，因卑府前禀请电印督，已蒙札饬靖西译电，卑府适接靖文，巴税司已于二十四日（18 日）由清西启行，仍拟自哲界来干坝，计算宪扎至靖，时日业已错过，罗丞又将转递干坝，辗转必延时日，卑府随将前禀电稿，另抄一纸，令沈委员持赴洋营，请荣赫鹏代电印度，电资由卑府付给，并劝荣仍照卑府等面言，可以退回。嗣委员回复，电语荣已照译递发扛多转电，退界一层，荣意恐现派之番官，印督不能满意，须俟其文函至日，始能听从商议等语。卑府随将宪台电意，并催劝荣赫鹏之语，告之番官。此卑府奉到谕函，计算电札相左，矫命改由洋营转致之情形也。至荣赫鹏说帖，虽系对藏官之言，然其中会议之端，重商务不重界务，已毕具于言表，兹特译呈宪览。其英藏文原件，均存卑府处备查。所有荣赫鹏到干先后辩论言词暨电信改由洋营转致，理合具禀宪台，府赐察核示遵。为此具禀，须至禀者。计呈译文一件。

照译英政番员说帖：

西藏办事大员等公鉴：今将本大员等来意声明，英政府已与华政府彼此行文订明，须将界、商诸务，定有实在。本大员等因是奉派前来，现虽事未开议之先，当将应议情由，通知贵大员等，免致临时掣肘，一俟印督扎文到来，得悉华藏政府系派何员，即便开议。

溯忆十七年前，即西历一千八百八十六年，印督拟派员进藏兴开商务，即依到十年(1876年)中英条约办理。盖大清国一统，直省皆有英人通商，到处华民，断无阻止碍难情事，惟西藏亦为大清统属，永阻商民来往。于西历一千八百八十六年，华政府已允印督派员进藏察探商情，与西藏政府和平商议，以冀开通商路。正在催饬委员起程之间，又接华政府来文，据云藏民抗拒英员入境，请所派之员展缓前进。印督念及邦交，准如所请，收回前命，即于是年中英立有条约，中国应开导藏民，将来商务，终可进步。自华政府允许，至今已逾十七年之久，英政府连年催询，而尔西藏永远抗拒，以致华政府竟无能办理。以上所言，印督已念及邦交，将派员进藏之命收回，但印督现以优礼待人，而西藏反以恶意回待，侵我保守之地，击我守土之兵。印督念西藏系服中国，故忍受虐待二年之久。但西藏不知自爱，仍在哲境攻犯我兵，不得已兴问罪之师，将藏民逐出哲境，追赶至春丕地方。彼时若不念我中英藏三国之邦交，再须在春丕地方，问尔藏民无礼之罪。印督竟顾全邦交，即与驻藏大臣会议一切，数年后给得条约告成，订明藏、哲界限，准商民至亚东地方随意贸易，运销西藏土货，雇用骡马，绝无碍难情事；倘五年后或有应改之事，彼此再可集议，为订新款。此约系由清国钦差驻藏全权办事大臣，及英国印度全权执政大臣，会同签押，于立约五年后，英国政务处咨询印督前定之约何情形，即由印督行文孟加腊巡抚，转行大吉岭办事大臣，移行哲孟雄办事大员惠德查复。据称中英订立界口，已由西藏毁改，并占我甲冈土地，在亚东建筑城墙，不准商民入关贸易，竟将条约废弃，因此约系驻藏大臣与印督合订签字，非经西藏签押，不足为凭。英国政务处及印督闻得西藏不顾条约一层，激怒之至，印督即令惠大员前往甲冈，将越界藏民一并逐出境外。惠大员曾于去年奉饬前往甲冈，逐藏民于境外，并将藏兵守界房屋拆去。驻藏大臣一闻此事，即行照会公文询请印督，或有应商边务事件,本大臣当派汉番委员前来会议等语。印督已照复声明派一品尊大员会同惠德前往干坝寨地方,会议界商诸务。因西藏毁废前约,借口不知印督行文亦经声明在案。此次会议,须得一极品全权番员,能主裁西藏政事,言而无改者方妥。本大员等奉派前来会议各事,现已到此,须俟印督札文,请派之番员是否合适,本大员当即定开议之期。本大员当据实声明,印督之意,并不占收寸土,倘此次会议新约,西藏能有交好之意,使通商一节,得有实在裨益,即甲冈附近土地,亦当以礼相让,共敦和好。以上最要宗旨,本大员当切实告知,并须戒尔西藏废弃战后藏使订约之咎,现当在议新约之际,尚冀西藏极力促成,切勿仍蹈故辙,藏民前来印度各处贸易、游历、居住,听从其便,并须保护。谅贵中译[①]亦谓我真例为善。假如印商某人欲住西藏贸易,至界口即被阻止,不准前往,然某人曾贸易于俄、德、法及其余诸大国,并在清国各行省,除西藏而外,如满州、蒙古、新疆等处均堪贸易,惟西藏独不然,欲往不能,于心何忍。试问贵中译亲处其境,当何设想!本大员已声明印督决无占尔西藏土地之意,但愿西藏顾全邦交,将多年印藏闭塞之商路,即行开通。印督当报以甲冈附近土地让还,本大员已告明我等之来意于右,尚冀贵大员等将本大臣所言各节,明晰转达贵政府。但望精明练达之贵商上,帮同驻藏大臣商议办法赐复,从此我邻邦两国,共敦和好、永世弗替矣。

《清代西藏史料丛刊》第一集《藏印往来照会》第28—32页

①中译即仲译,是指噶厦大秘书。

雪列空[①]关于兵役应服之岗差布告

光绪二十九年(公元1903年)

癸卯年五月二十三日(6月18日),指令:"关于西藏的边界问题,先由英吉利与钦差[②]商议,由汉、藏、英三方人员,于五月十三日(6月8日),会聚于冈、哲边界地方,举行合理的商谈。其情况如钦差大臣报称,藏方遂派仲、代[③]充当代表,协同并携照前去参加。最近仲、代及冈宗同来呈报称:萨赫[④]六人,领兵三百,携炮二尊,全副武装,于十一日(6日)早上到达该处驻营,禁止随便入其居住区。在彼等住区范围内,依次放行藏方代表,至甲邦迦打脱波地方边界,方得与萨赫会晤,现应遵照大国习例在和平情况下进行谈判。但彼固执其所持原则,不听我方所叙,随之经过枪矛布满之地,才达到格入地方等情况。悉国家彼此之间的和好很重要,现在该边界上,由中英会聚,虽正在进行商谈,双方是否能和睦倾诉,是很困难的。倘仍无理要求,吾等必献身于世间安乐底基础——佛教,只缩手等待,是决不可能的。应遵照西藏共同签订的协同[⑤]所规定的,起来回击其无理的举动。为此,除在土鼠年所颁布的布告所减轻的贵族差、兵役差、贫民差,及铁兔年考察后颁布的减差条例之外,凡属贵族寺庄、滚拉,属政府征收差之牧区,凡上六岗[⑥]者

---

①雪列空:拉萨市附近各宗的总管,设在布达拉山下。

②钦差:指驻藏大臣。

③仲、代:仲即仲译,指噶厦大秘书;代即代本。

④萨赫:意为先生,指英方。

⑤指三大寺和僧俗官员共同具订的反英人入藏的甘结。

⑥岗:西藏土地的计算单位。

等上述各部分,应各担任一兵役。此外,各地区之人名年龄等,均须写成新的名册,遵照以往向国家支应兵差的办法或规例,把已列入新名册中的人,必须是各家的人,送来此处。但属该家之人,如确系衰老、幼弱,可另请人代替者,则应选精神饱满、真能胜任者才可以,不准以施予交差观点,随便敷衍塞责。关于武器、火药、子弹、药线、一日粮晌等军需品,则遵照江孜雪巴[①]在土鼠年颁布之规例”。

魏克《一九〇四年西藏人民抗英斗争调查记》
见《近代史资料》1957 年 第一期 第 26 页

公禀藏臣英人带兵越界业已派兵前往请汉属助兵捐军资

光绪二十九年六月初三日(1903 年 7 月 26 日)三大寺等

为具禀事:昨于五月十七日(6 月 12 日),与达赖佛爷赏来译文,当由噶布伦总堪布等,与小的大众公所传宣前来,情开案据边务委员何守禀称,五月十一日(6 月 6 日),英国惠德等带兵二百,越界前来,经该干坝外委并番员中戴等,先已到边,虽以理阻并不听从,特至干坝商议,是夜驻扎思补布纳界南之海子地方。随于夜中派委员沈晋熙持卑府名刺前往通知,复信到干再议。卑府再往相阻,恐激他变,惟有暂留在此等因。又先后接据办理中译戴琫递来夷禀内称,小的等于五月初八日(6 月 3 日)行抵干坝格倾地方,

①雪巴:即雪列空的负责官员。

听闻英国萨海带兵由哲境行抵汤葛,欲图越界,业经干坝营官外委等,先已前往劝阻。小的等带同随员人等,于初九日(4日)前往纳青边界甲沃邦地方,初十日(5日)晨早,仍令营官外委通事前往,行至纳青属斯绒晤面,虽再三商劝,并不理会。十一日(6日)惠德等萨海六人,带领身佩军械齐备之洋兵二百余人,大炮二尊,驮载药铅食物甚多,已至甲沃邦。与小的中戴二人会面,遂将不能听其越入鄂博石堆情形,分别利害,无论如何开导,毫不听从,只得手拉萨海马嚼环拦阻。伊等即用棍子挥逐戍守番兵,且以枪头矛子,向小的等举势恐赫,任意恃强,越至海子住宿,所有何知府委派沈师爷前往情形,犹如该知府禀词。十二日(7日),萨海官兵驻扎格茹汉房。以下业经知府将照抄谕旨并钦宪札文,令其阅看商议。据萨海等言云,俟荣赫鹏及亚东巴萨海到此,汉番晤面,再为会议等语。十三日(8日),来至干坝营塞硕里侧近草场地方,撑帐驻扎。是日知府向小的二人言云:如萨海会议未毕之前,由干坝住处难望退回,此间已言不得越界前进,我等汉番公众,期其敦睦,不得不馈送土物等语。十四日(9日),汉边沈师爷并小的等,派令随员僧俗前往酌量送给牛羊,及各食物去后,回给洋蚨一百五十元,当已坚辞未收。十七日(12日),知府言及可与萨海晤面,并须酌备礼物面送方妥等语。当往见面问好后,言及不应越入界内,讵伊等并不理会。该哲部长之子及噶丹萨海忽约出侧近,再再言云:明时惠德同我要到小的等住所干坝寨内晤面。随将利害情形,再三详告。转回后,于十九日(14日)寨子以下柳林之地,惠德等到来,见面送给微物。二十日(15日)早晨,听闻帐篷、食物,牛只先已驮载起身,该惠德等主仆,轻骑带兵十余人,要往定结。闻言小的二人即行往见知府,详细言明,同往拦阻,得见噶丹萨海及哲部之子。据云须照牟陆纳耳之谕,要到夺扎等语。当即再三详告,夺扎系租给哲部进藏亲人,以作衣食之资,其实商上所管,现在守法应差。况牟陆纳耳之言,番边不能遵照,委属不应前往。回言须小的二人将不应前往若写一字帖给伊,即可从缓等语。当又回言:此事不应给字,设或定要,须由汉官转给。并将不能与伊等传递信字再再转告之后,伊始言若不给与汉番合璧注名押记之字,坚言定由前往夺扎。且知府亦言,不关紧要者故作要事,怒色恐喝,起身而去。俄頃由总爷萨海劝回,后汉英两边一味强勒,汉番文系沈师爷及哲部之子二人所写。其间注汉番办案人等,请其萨海不必前往夺扎。在所注小的二人名上盖上图记。交给之后,其寄回复信内开,刻下接到二位寄字事理,卑到夺扎,未接国家复用示之间,已经从缓,送交知府讫。虽暂允不往夺扎,惟是殊难信服。第先后逞强情形,且哲属大吉岭等处,第次备有多兵,揆其光景,殊有可疑,各等因前来。

此案前于光绪二十八年(1902年),节经小的僧俗大众递具公禀在案。上年惠德等带兵来至干、哲边界,越过乾隆鄂博石堆,拆毁卡房战墙。伊等以原告一边之人,任意恃强越界,竖立旗帜,藐辱汉番委员,抢劫干坝百姓牛只酥油,仅给微价。一切肆行无法情形,祈请转奏大皇帝,传谕印督,惩禁萨海等。所有边界旧有乾隆鄂博石堆,不应稍有争论,应请汉边系铃解铃办理施行等情,递具公禀在案。兹于番四月二十一暨二十四等日,按奉钦宪大人译文,并面谕各噶布伦。查文开:准外务部电咨,顷与英署使会议已定,并惠德由何知府、亚东巴税务司递来公文,英国现派办理干、哲边界大员荣赫鹏、惠德为会办,不特界事应行分定,商务亦和衷办理。定于汉闰五月十三日(7月7日)在干坝边界草场地方会议,请派品秩较尊明干番员,给发议事文凭,令其前往干坝边界会集,和平商议。又番边若果备兵之时,诚恐外藩生疑。至汉英国家往来和约,虽一边有越界逞强之事,注明不能允从,是以不致贻误,总宜善为和衷办理,各等谕前来。小的僧俗大众以为诚然,以是番边按理派员前往。乃伊等随带兵械炮火,越界逞强,且此次准具英人驻扎干坝草场，系由外务部借住等语。查此情景，英人越界而来，想钦宪大人已知其情。日前英人到边，知府未至边地，观此迟迟在后，似汉边早知英人带兵逞强，概可想见。谕令番边和衷商办，不准备兵一节，深属骇异。况何知府初未会同中戴齐到干坝，迨十一日(7月5日)行抵该处，亦未晤面阻拦，又与越界逞强之人，混令中戴二人同给礼物。番边自来不通书信之际，阻拦前赴夺扎。而知府动怒起身，总之设法听随英人之意，附同勒令中戴书名记押。交给合璧字帖一节，深违西藏前辈所立公结事理之中戴二人，业已札饬惩禁。此案汉番一体大局，派令知府前往办理，不特不能认真推持，且内外两歧，内则一味勒措番人，外间惟知顺从外藩，一切任随英人之意，实属伤心之至！应请严为惩儆。以后外藩与藏蕃谓有通信之例，致生争论之时，请饬知府承担。查该英人先后违法逞强，备带兵械等事，实未居心和衷商办。而今小的番边若果仍以善办为事，深失大皇帝及达赖佛爷声威。而应办一切，该英人窥悉其情，愈加骄纵，致有贻害。以后凡外藩之人，无论从何路而来，惟恐因此不能阻止，始终均有大害，心中实难承担，固系其情。现在万无善办之处，谅在洞鉴。祈请钦宪大人，札饬边务委员何知府，并照会印督，总得英人饬令将兵照例退回边界以外。若再照此，实难会商。惟有撤回中译戴琫等，万难束手弃置佛门教务，现今无论有何利害，亟照公立甘结照依报复，力为从事，实已处心难定。兹将旧有番兵之上，派调各处营官属下士兵，至后藏江孜番营官兵，即有卓木、干坝各紧要地方，分起前往，业已分别札饬。惟后、江、靖等处汉边兵丁，特为防守而设，务须竭力防御，祈请严札饬遵。所有西藏自管旧地，节次无端前来争论，仍系轻立和约所致。请将缘由迅为奏明大皇帝圣聪，并请照会印度总督。此后倘兵交吃紧，祈请按照光绪二十年迭经小的合藏僧俗大众递具出具图记公禀，恳请钦宪大人，援案准其自炉关以下各汉属，派助兵丁或捐助军资各情，谨当陆续叩恳，代邀天恩。务请俯念钦差总理全藏，始终维持佛教，妥为善办，是所恳祷。为此于光绪二十九年六月初三日(1903年7月26日)，僧俗大众公同出具图记公禀是实。

《清代西藏史料丛刊》第一集《藏印往来照会》第32—35页

请饬外务部再商英使转电印督毋再进兵片

光绪二十九年十月(1903年11月)裕钢

再，正缮折间，接准印督照会，大致言藏番不遵旧约，在边番员不肯会商边事，该英营不能久住干坝，必须迁地再议等词。其语气间似有决意前进之势。奴才当将原文译咨达赖，请饬番员迅速开议，并照复印督，仍理阻英营万毋迁进。但揆察番属情形，实无和议之心，近因商上多事，置边事于不理。奴才亲拟赴边之行，既为番属所阻，屡次咨催，均无回复；欲面晤达赖，又推病不能见。似此仅派汉员办理，断难了息。且深恐英兵由干坝再进，藏番捍御，争战之形。明知藏力万不敌英，徒滋偾事，然番情执迷，势非兵衅已成，相形见绌，不肯悔悟。奴才百计筹维，实无术启发其愚。惟有仰恳天恩，敕下外务部再商英使，转电印督，毋令移兵再进，静候委员李福林到边，催令番员开议。抑或俟有泰到位，另筹办法，庶不致祸成眉睫，地方幸甚，奴才幸甚。所有印督照会各情，理合附片驰陈，伏乞望皇太后皇上圣鉴训示。谨奏。

《清代西藏史料丛刊》第一集《藏印往来照会》第54页

曲眉仙郭惨案

……当英国侵略军自亚东向帕里前进时,当时藏政府便派代表[有说是吉普代本]出面交涉,结果无效。之后,英国侵略军到了帕里,驻在郊外帐篷里,西藏的部队住在宗政府之内。这时三大寺和扎什伦布也派来代表同英国进行谈判,并命令藏军对其暂作忍让,不要进行武装冲突。谁知英国侵略军借口外面冷,就强要往宗政府搬,当晚藏军撤出,而英军便乘势扣留了三大寺和后藏的代表。当时帕里的人民要求释放西藏的代表,没有结果。当晚帕里的老百姓便拿着大刀、镰刀、斧头、木棒闯入宗政府内,拯救出代表来。虽然当时英国侵略军向这些老百姓开炮、抓的抓、杀的杀,有的还用铁块烧红了烫人们的脸。但是,英雄的藏族人民并没有一个向敌人屈服的。以后敌人又住到了干都霸。

……据日喀则达朗一位参加抗英的七十岁的顿加老人说:"当时西藏调动了六个代本三千多人,到达多吉进行抵抗。指挥官兼第一代本是莱丁赛,副指挥官是囊姆赛林代本。兵源是每岗出一人,供给由全岗负责。代本的组成是:拉萨兵营抽两个代本,一千人。代本是叫查不皆马嘎;日喀则抽两个代本,一千人。代本是米吉和然巴;江孜和丁日各抽一个代本,皆五百人,代本是吉普[丁日无代本,归日喀则兵营指挥]。在装备上,除排长以上的军官使用英国、尼泊尔的老式步枪外,其余全是土枪和大刀,无骑兵也无炮兵。服装全是白毪子夜服,有的戴礼帽,有的用红布 缠头,各代本的旗子是红旗中间靠上一点有龙、虎、日、月之标记,大小不定。当时联络指挥是号角,住白色羊毛帐篷,每班一个。这些部队开到喜玛拉雅山第三峰脚下，拉莫湖之旁边曲眉仙郭地带阻止了英国侵略军的前进，当时英国侵略军遇到了阻挡，同时还因为刚到海拔四千六七百公尺的高原，又是寒冷季节而受不了，到江孜为止光冷死病死之士兵及从人即达八十余人，所以不得不停止其前进的企图，并提出同西藏当局进行议和，以等待时机再行前进”。

……据许多老人说：“在一九〇四年[即新竹年]藏历二月二十五日(3月21日)，英国人提出：即然议和，双方必须停火。当时西藏便忠于协议，将枪火停息。因为西藏部队多使火药枪，用火绳来点火药，这样便给了敌人以背信弃义突然袭击西藏军队的机会”。据奔巴测仁谈：“敌人一面将堆纳仲萨的房子布置得非常华丽，楼梯上全辅上地毯，屋内放有一大锅卢比，要来收买莱丁赛等和谈代表，而西藏的代表则怒骂荣赫鹏，并坚决提出：‘英国侵略军不准有任何强盗行为’和‘限期退出西藏’。这时敌人看到收买不成，而西藏军队已将火绳熄灭，遂乘机派了骑兵和步兵一齐向西藏部队进行突然袭击。当时西藏军队虽然也进行了极惨烈的抵抗，就是负了伤也用刀子同敌人拼。但是终因武器太差而未展开，结果在曲眉仙郭被敌人杀死一千五百人左右，吉普代本右臂受伤。西藏部队虽受到了英国侵略军的阴谋杀害，但是西藏人民仍然继续坚决顽强地同敌人进行抵抗，因而使敌人亦受到了很大伤亡。比如当时连参与荣赫鹏指挥部一位著名的‘每日邮报’战事通讯员爱德满堪德尔都被藏族人民砍去了一只臂膀，即是证明。敌人向西藏部队进行突然袭击，并将莱丁赛、囊姆赛林和日喀则一位喇嘛代表全部杀死”。

……据江孜八十三岁的奔巴测仁说：“当时英帝国主义的军队经过几次战斗的胜利，便骄傲大意起来，每到一地远远的打上几炮，见无动静就大摇大摆地前进。到乃宁寺也是打了几炮和几枪后，见无人还击，骑兵便大背着枪向寺附近走来。打炮的时候，民兵本来想动,这时阿沛的一位老火夫[名不详,一说是阿达,一说是尼马测仁]正在做饭,他对大家说:'不要慌,现在只管休息,等吃饱了饭再同敌人拼不迟。'所以大家都沉着不动,等大家吃完了饭,敌人已经快到门口,这位火夫挑着一挑子汤,提出一把刀对大家说:'你们跟我来。'大家随着他一齐冲出去,他第一个就砍死了一个骑着马的英国军官,又杀了几个敌人,就英勇地牺牲了。这时民兵已经同敌人绕在了一起,刀和梭枪的作用发挥上了,特别是工布民兵的刀非常锋利,一刀将敌人连枪带子弹一块劈成两段。一会的时间,敌人被杀死很多。民兵亦伤亡很大,走路都可以踏得血声响。这次给了敌人一个惨痛的教训。"

魏克《一九〇四年西藏人民抗英斗争调查记》
见《近代史资料》1957 年第一期 第 27—32 页

西藏人民在骨鲁等地方英勇抵抗[①]

康特莱[②]

……我们的计策完全成功。当山上的西藏人发现自己被廓尔喀兵包围着之后,他们随即跑下山来,依靠主营的围墙为防御。这样,他们全体都被我军围困起来了。

……我们通知西藏人说,如果他们放下武器,他们就可以离去。但他们不愿放下武器。于是锡克人[指印兵]和蒙古人[指藏兵]互相推挤,争夺刀剑和火绳枪,情形是可笑的。

---

①此标题由编者拟加。

②康特莱:英国侵略军军官。

……[西藏人]突然向东南角进攻。我还来不及拔出手枪,就有一个人朝向我攻击而来,双手高高举起一把利刀,他足足跑了十码。倘若不是因为我急行闪避,并捉住他的两膝,他一定会把我的脑袋劈开了。我把他扑倒,他也把我推倒在地上。我试图站起来,但又有第二个人用刀砍伤了我的额角,刀口在我的脑部斜飞。其余的创伤,除了一二处之外,全部落在我的手上,因为我的脸俯在地上,两手掩护着头部的缘故。过了一段时间,攻击停止了,进攻的人都已经中弹倒下去,或者是逃跑了。……

从亲历经验清醒地回顾这事件的经过,事情的发生是极其自然的。无疑地[西藏人的抵抗]是不聪明的和等于自杀的,但这是人情之常,没有经过战斗,他们是决不罢休的。我佩服他们的勇气和豪放。希望人们不要因此而认为我是亲西藏的。

当最后一批撤退的西藏人从骨鲁道路上拐弯的地方撤走之后,廓尔喀第八队就从阵地右侧的小山丘上走下来,以散开的形式越过骨鲁平原,在他们的右边隔着稍远的是骑兵第二队。指挥官罗乌少校接到命令,率队攻占位于平原远处山脚下两幢房屋右边的地方,骑兵也参加战斗。进攻队伍得到了在洛克上尉指挥下的廓尔喀七磅重炮队的掩护。……

在进攻过程中,一些西藏人企图骑着骡和马逃跑,但多数人被我军赶上,被杀死了。至少有七百个西藏人丧了命。

英国的胜利战争,从未有一次像这个温泉战役的不受公众欢迎。军官们彻底地完成了任务,但是肯定地,他们的心情是一点儿也不愉快的。西藏人在开始时试图逃跑不成之后,就不能再进行抵抗了。这已不再是打仗,只是屠杀无力的人而已。

康特莱《拉萨真面目》第104—111页

荣赫鹏致有泰[1]照会

光绪三十年二月十九日(1904 年 4 月 4 日)

为照复事:照得本大臣于光绪三十年二月十八日(1904 年 4 月 3 日),准贵大臣十一日(3 月 27 日)照会,各情均已备悉。至请可否退回亚东之举,贵大臣亦知难以立言,本大臣等万难从命。前此照会贵大臣,即申明开赴江孜,恭候台端,并请严饬藏番,不事妄动起衅,孰知番属仍然愚昧恃强。昨于十五日(31 日),本大臣前往骨鲁地方,骨鲁系去江孜大道,行离该地不远,见番营驻兵扎墙于当路。本大臣即令该戴本等,毋得阻挡去路,本营须住骨鲁,并非与尔等争战而来,如或不听,本大臣所保护之兵,应分开道前行。于是本营兵陆续前进,山上番兵数百准令退去,本营兵并未开放一枪。其时前藏戴本督兵悉据营垒,本营环绕于外,番兵仍不肯退让。本大臣遂吩咐将番属刀枪执回。前藏代本等,当即督令开战,番兵持刀刃伤本营勇丁,本营兵仍未放一枪。番人等胆敢向本大臣刀枪齐发,惟时势不容止,彼此争战良久,将彼代本等并八百有余番兵,一并伤亡,本大臣甚为不忍。奈平日不啻三令五申,嘱彼番属,不可妄动起衅,彼等置若罔闻,致遭此厄。凡活捉番兵,尽数释去,其受伤未毙者,概令医生医治。本大臣现定于十九日(4 日)前往江孜,大约七日可以抵江。深愿与贵大臣并主权番官,在江孜晤商一切妥办事宜,以免无故生灵涂炭,幸切盼切。为此照会贵大

---

①有泰:字梦琴,蒙古正黄旗人,光绪二十八年(1902 年)任驻藏大臣,次年终,始抵拉萨,光绪三十二年(1906)年因昏庸误国被革职。

臣，请烦查照。须至照会者。

《清代西藏史料丛刊》第一集
《藏印往来照会》第57—58页

有泰致外务部陈藏印开衅情形电

光绪三十年二月二十四日(1904年4月9日)

外务部王爷中堂大人钧鉴：咸电敬悉，内称抵任已久，何以与英员尚未接洽等因，查此番边事相持多年，泰到任数日，即晤商达赖，剀切开导，奈始终执迷，不肯交应夫马，察其言语，且处处疑忌汉官，未便力争，只好缓图办法。旋准英员荣赫鹏照会内称，定日开赴江孜，请随带主权番官，面商一切，并请严饬藏番不得妄动等因。当经照复该英员，请勿再进，倘能退回亚东地面，则此事易于转圜，否则恐其桀骜不驯，出乎情理之外，将来通商立约，事事为难各等语。并据请(情)译咨达赖，兼两次详缄，示以圣旨，晓以利害。嗣据其复文内称，已在骨鲁地方，与英人交战而败，伤毙番官四员，番兵数百名。并称保守藏疆，应由番边作主，已饬前藏一带土兵起程，请大皇帝谕调汉兵资助军饷各等情。披阅之余，令人发指。此事既经开衅，决裂已成，而又似非决裂者，盖英人战胜之后，颇具不忍之心，即其照会前来，仍是虑周藻密，以邦交为重。惟藏番执拗无理，胆大妄为，即仪秦复生，即(亦)无所施其辩。昔年隆吐之战，大致相同，今欲折服其心，非任其战任其败终不能了局。目前不独不支夫马，难以进言，且屡次圣训煌煌，并不遵守，虽未敢形诸公牍，而言语之际，违悖颇多，惟有镇定处之，俟有隙再图善策。好在英人深知底蕴，不致有碍邦交，不过将来多费唇舌。倘番众果再大败，则此事即有转机，譬之釜底抽薪，不能不从吾号令也。此系实情，祈为转奏。至税司巴尔前经委以会办边务，此人颇着劣声，甚不可靠，英人来信，谓此事伊不得与闻，伊犹是张大其词，不过为异器邀功地步。泰致荣英员信，亦请其勿听该税司之言，盖恐其颠倒是非，则此更多棘手，应如何知照总税司赫宫保之处，尚乞尊裁。泰叩，敬印。

《清季筹藏奏牍》第三册
《有泰奏牍》卷一 第9—10页

有泰致荣赫鹏照会

光绪三十年三月初三日（1904年4月18日）

为照会事：照得光绪三十年二月二十三日（1904年4月8日），准贵大臣照会，内称各情，均已备悉。查前藏戴本，不遵约束，竟在骨鲁地面，始祸称戈，大国之威，败其徒众，厥咎虽由自取，实以本大臣开导之无方，三复来文，悲惭交集。所幸贵大臣悯其愚顽，宽其既往，生擒者尽数释放，受伤者饬人医调，仁者用心，恩威并著，造福西藏，有涯量哉。本大臣自愧鲜能，惟是率领番民，瓣香遥谢而已。昨据边务委员马都司全骥来禀，据称贵大臣已驻江孜，限礼拜之期，约本大臣来江会议，否则直进前藏等情。除禀批即回外，当即据情译咨达赖喇嘛，并亲往晤商，百词开导，畏君之威，颇知警戒。本大臣拟十五以内启节赴边，趋谒台从，妥筹一切。乃因其从前番官，诸被拘禁，目下实鲜办事之人，边务重情，殊难草率。细思通商立约，必须汉番合商，番官中若无有胆有识之人，将来往返函商，更多周折，似不若稍缓数日，或可一举而成。业已向该达赖详细告知，并令其迅速遴派明干番员，随同前往，一面督促夫马，约计月内必到江孜，断不似前任大臣，出言不信。如贵大臣鉴我心曲,则请展缓限期,在江静候,决不敢饰词相渎,望乞照复施行,以便遵办。再以后如有应商各节,应请用公牍往还,无庸令委员转达,恐有舛错,想贵大臣谊笃邦交,均必俯如所请也。须至照会者。

《清代西藏史料丛刊》第一集
《藏印往来照会》第51页

荣赫鹏致有泰复照

光绪三十年三月初九日(1904年4月24日)

为照复事:……查本大臣叠次开导番属,毋得起衅,置若罔闻,竟敢先行挥戈,不得不令弁兵加威以御。虽属咎由自取,而本大臣甚为不忍,百姓无辜,自应释放医调,乃蒙齿芬颂及,感谢不已。该番民等若无战斗之事,本大臣何能加害,自当善为看待。本大臣未到江孜,意以为贵大臣驾必先临,及至江孜,大失所望,今奉来文,始有月内必到一说,本大臣又须候一月之久。前本国驻京钦差奉贵外务部函称,此番贵大臣来藏,定能迅速办理。此接来函,迄今年半,本大臣出边,奔驰十月,无人会议,如是耽延,一切所费不赀,现在本国家意在必办之事,万难稍从末减。昨贵大臣面晤达赖,百词开导,该达赖现在虽是畏威警戒,要知无礼在前,本大国委员来藏会商,自当恭而且敬,以礼相待,恐该达赖仍昧于此。至从前番官一体拘禁,实鲜办事之人,贵大臣已令迅派明干番员随同前来,固属要紧。然总非有全权之番官不可,才能主持一切,事可妥办,更为要紧之至。为此照复贵大臣,请烦查照。须至照复者。

《清代西藏史料丛刊》第一集
《藏印往来照会》第61页

西藏人民在江孜的抗英斗争

……据江孜八十三岁的沣堆旺雄、奔巴测仁两位老人谈:“英国侵略军在江洛村,藏军经常从宗政府袭击和包围敌人的兵营。当荣赫鹏从亚东回来后,敌人便开始从东北和东南向宗政府进行攻击,首先用炮火轰击山顶,然后再掩护步兵向山上冲锋。藏军守住山,敌人不攻就不开枪,等敌人攻的时候就用火药枪、抛子(抛子是藏民放羊用的一种工具,用绳子把鸡蛋大小的石头裹起来打出去,打得又远又准)和石头一起向敌人打。这样,敌人围攻了几天仍然打不上去。藏军在山上不但毫不动摇地进行防守,而且还有时下山来摸敌人的营房。在这里守了一个多月。山上的水喝干了,他们就在晚上将人用绳子吊下来取山下的一坑污水喝,最后污水也喝干了,渴了就喝自己的尿。虽然这样,但始终没有一个动摇。不料一天一个藏兵装药不慎,使山上的火药库爆炸了。敌人见藏军到了弹尽粮绝的境地,便日夜加紧攻击。此时藏军仍然坚持战斗,虽然用石头,仍然打退了敌人的数次进攻,这样连续三天三夜,最后无奈便一路从北面冲出来;一面从西南方向的悬崖上用绳子把人放下来。他们突出敌人的重围后,又继续守住八角曲登。后来敌人又围攻该寺,他们一直战斗到守无可守的时候,者林代本和士兵便脱了衣服摸出了敌人的防线。藏军及民兵坚守宗政府英勇顽强的精神,不但当时鼓舞了西藏人民踏着这些英雄们的血迹继续同敌人进行斗争,直到今天赞扬这些英雄们的歌子还流传在人民中间:‘者林在城头,顽强的抵抗。’敌人占领了全部江孜以后,便到处杀人放火抢劫,奸淫妇女和破坏寺庙,曾将八角曲登里面最大的一尊神砍了几刀,翟金寺更是破坏得破烂不堪。”这是敌人在曲眉仙郭之后又一次对西藏人民的大屠杀,西藏人民将永远记住这笔仇恨。有一首歌这样写道："年楚河的波浪滚滚，流不尽江孜人民的心头恨，雅鲁藏布江的江水哟，也洗不尽西藏人民的满肚子冤。"

魏克《一九〇四年西藏人民抗英斗争调查记》
见《近代史资料》1957 年第 1 期 第 33—34 页

英国侵略军军官华达尔的记载

（英军第一次占领江孜宗政府之后）荣赫鹏在他的印发的公文中说，"在四月十五日，在这部分西藏地区（指江孜）的一切抵抗完全终止了"，又说，"无论是代本，或是士兵，或是人民都不愿意打仗了。"

我们很快地从这种自信中猛醒过来。迄今为止，喇嘛们只是反抗我们的前进；现在，他们却是决计以众敌寡，向我们采取进攻了。……

喇嘛们的情报组一定是非常精细的。我们一分兵去攻打噶惹拉，他们的骑马专差立即把我们力量薄弱的情况飞报日喀则，这是在山谷下面五十英里之外。同一天晚上，就从日喀则调派一千六百名战士来向我们进攻。他们日夜兼程前进。……

果然，我在当夜（五月五日），更确切些是在黎明，我们被袭击了。……我们突然被西藏人的奇怪的战斗喊声所惊醒，几百个西藏人的粗暴而尖锐的声音，"基、呼、呼、呜、呜！基、呼、呼、呜、呜"，这样的喊叫，就在几码的距离，在我们的矮墙外面，接着就是几百支短枪的爆裂声，子弹从四面八方呼呼飞来，他们的枪炮喷出长条的火舌。

我们是如此之完全出乎意料，几乎是过了几分钟之后，我们的哨兵才上阵还击。……当我走到外边的过道时，我遇到一群没有武器的仆人，惊慌失措地拥挤上来，互相碰撞，挤到一个角隅，说西藏人已经越墙进来，正在跟着他们上来。就在这时，跑来一个印度兵，后面跟着莱德尔上尉，赤着双脚，也没有穿上外套。其实我们全是这种光景。……

天亮了，我们看见几百个西藏人从墙外、树后和附近的地方向我们放枪，有几个人顽强地抢着我们的士兵从墙孔穿出去的枪口，企图把枪支拔走。我们的阻击队从"卫城"的屋顶还击，把他们大多数人打死了。……穆莱少校带着廓尔喀兵出去追赶逃跑的敌人，追了半英里路，在不大的风雪中又打死他们很多人。但我军遇到了自[江孜宗政府]炮台的强烈炮火，被迫转回来。宗政府被敌人占领去了。

……中国人[指在藏汉民]的态度是敌视我们的。应当注意，马将军[清政府派驻江孜专员]故意地瞒着我们，不让我们知道西藏人准备袭击我们的计策。

五月二十六日黎明之前，我们进攻[宗政府]，经过了十一小时的决死战，我们才把敌人逐出，……西藏人所表现的坚决、机智和英勇，对我们这些曾经亲眼看见他们袭击我们营地的人们来说，完全不足为怪。那种认为西藏人不能战斗的荒谬想法，应当清除净尽。他们的勇敢是超等的。虽然他们一般的只有古老的武装，他们也有一点儿现代武器，而且熟悉如何使用。关于如何在防御线上进行战斗，如何利用掩护，如何进行冲锋，他们没有什么可以学习的。不能想象还有什么可以比得上他们的个人的勇敢，例如，十五个骑黑骡子的战士和四十名步兵，冒着我们的暴风雨般的火力，从江孜宗政府猛冲而出，想去救援他们认为是遭遇到强烈压迫的在帕拉的战友们，结果这支援军全部中弹死亡，无一生还。

麦克唐纳将军尽快地派来了一连串的援军。六月二十六日，他亲自来到，带来了大批增援，足以攻打(江孜宗)。……我们对江孜的占领，仅是更加刺激藏民的反抗。……他们从全西藏各地征募军队……据最可靠的计算，他们(在江孜)的军力增加到一万六千人，……我们的前线援军有二千名以上的战斗员，加上已经在江孜的驻军，共有三千支步枪。

六月二十八日清晨，将军准备夺取(江孜)宗……首先驱除附近十二个村庄的敌人，包括翟金寺……这座寺院形势险要，有一千二百人武装把守。他们拼命抵抗，疯狂地向我们放排枪，抛下大批的石块，经过一整天的战斗，西藏人被驱逐出去了。……敌人伤亡惨重，包括几个武装的喇嘛。……

最后的结局是，麦克唐纳将军在江孜的三面放出哨兵线，在通达拉萨和日喀则的道路上进行把守，并将江孜宗政府和江孜城的水源完全切断。……

七月五日……麦克唐纳将军从帕拉村荒废房屋的屋顶上指挥攻击。冲锋队向……宗炮台匍匐前进，利用黎明前的黑暗掩护，试图把围墙炸裂，开辟一个入口。敌人在房屋上和炮台上，全是警醒的。他们立即从建筑物的每个罅隙发出强烈的火力，炮台的枪炮朝向黑暗各处射出炮弹，喷出一条条的火光。……我们的炮弹则是不冒烟的，因而敌人无从发现我们的阵地，我们把西藏人从一幢房屋赶到另一幢房屋。……下午，我们的十磅火炮击中了敌人的火药库，炸开一个缺口，于是我军汹涌而入。……里面覆满了敌人的死尸。……

西藏人的英勇是无可争辩的。当我们的榴霰弹在他们头顶上爆炸时，他们勇敢地守住阵地，沉着地向我们的大炮一枪又一枪地进行还击，一点钟又一点钟地坚持下去，尽管他们的子弹是射击不远的，而我们的炮弹却使他们蒙受惨重伤亡。

……即使到现在，在我们攻占了江孜宗之后，西藏人仍然没有派代表来求和，也没有作出任何的表示，说明他们认识到继续抵抗是徒劳的。

华达尔《拉萨和它的神秘》
第 245—249 页、265—276 页

康特莱记载西藏人民在康马地方的英勇抵抗

和西藏人打交道，就必须意料到意料之外的事情。他们是会试图完成不可能完成的任务，闭着眼睛不顾现实的。……几十个人会奋起猛攻比他们强大得使他们的斗争成为绝望的敌人，拼死命地战斗到最后一个人倒下去。一小撮被强征的农民，就会为保卫一个村庄全体战死，像古罗马爱国者那样。

……有人说他们是愚昧之勇。然而在帕拉、乃尼、江孜宗等地战斗的事实面前，这样来估计西藏人的精神显然是不公平的。这些在江孜适当攻击之中的人们，在榴霰弹、机关枪和步枪像地狱一般的火力射击之下，竟然视死如归，向我们爬墙的廓尔喀兵打石头。现代战斗的科学丝毫吓不了他们。……至于袭击康马驻地的人们，在历史上我们还能找到比得上他们的例子吗？他们在黑夜里来到，静静地通过了深山峡谷的长途远征，抱着坚决的目的，权衡着敌我众寡的情况。……

他们在黎明前来到，先藏匿在我们营地附近的沟壑里。到五点钟，起床喇叭响后，哨兵离开了棱堡，他们就奋起直冲，手里拿着

刀，背上背着枪，向围墙前进。他们从东南面袭击，那是一道无法攀登的石砌坚固围墙，四边角隅都筑起棱堡，厚四尺高一丈。他们向着棱堡进攻，这是在那一边唯一可以爬上的地方。……他们没有炮，没有棉花火药，也没有任何其他可以进行围攻的材料。而他们却希望爬墙进来消灭里面的驻军。他们是从拉萨来占领康马的，断无回返之理。他们丝毫没有沮丧之感，而是红光满面，像是打胜仗的人的样子。印度士兵们说，他们不是饮醉，便是被麻醉剂麻醉了的。他们冲到墙脚，把石块打碎，向印度兵抛掷。他们跳上来抢夺我们的枪口，爬过来占住一个据点，又跳上来夺取胸墙。他们被子弹打穿而倒下去，但有些仍野蛮地站起来，再度爬墙。我们前锋第二十三队的机械化火力冷静地向他们扫射，完全能够击中他们每一个人，只是时间问题，几分钟的问题。他们在墙脚留下来一百〇六具尸体。在追赶他们时，又再打死六十人。从来没有过这样绝望的、毫无支援的斗争，这样的拼命的、徒劳无益的英勇。

康特莱《拉萨真面目》第146—149页

达 赖 出 走

朱 绣

（光绪二十九年）十一月（1903年12月），有泰到藏接任。英军由干坝绕道至帕克里，日盼藏臣议和，有泰畏缩，仅派都司李福林往议，请英军退出亚东。李福林至江孜，不敢前往。英官屡经函催，有泰始照会达赖，请派噶布伦随议。然达赖依赖俄国，不愿与英交涉，遂寝其事。三十年五月，英军由帕克里进捣江孜，藏军死伤千余人，英军遂占据江孜，仍函催有泰，限两礼拜至江孜开正式谈判。商上颇有悔志，合词恳有泰赴江孜开议。有泰以英军至此，必进拉萨，往议无益，故不愿往。英军以有泰无覆书，遂乘胜至曲水(原注:距拉萨一百五十里)，达赖惶急，亲请有泰同赴曲水议阻。有泰不允。达赖即于六月十九日(7 月 31 日)以印授噶勒丹寺之大喇嘛，托以后事，是夜由色拉寺逾盘包果拉，北走青海。有泰以达赖事前不遵约束，临时复宵夜潜逃，遂纠参多款，奉旨暂行革去名号，以示惩儆，并谕班禅暂行兼管前藏。

二十二日英军入拉萨，兵数四千人，大炮十二门。英人径与藏官开议，在布达拉山定约十条，交有泰画押。有泰不敢抗议，径欲画押。文案何光燮以未奉外部之命，劝阻弗画。英官言:“外务部如果不允，此约亦可作废。”有泰游移欲画，何曰:“与其日后废约，莫若俟外部覆电，万一画押后，外部不照准，英又不肯废，将如之何?”有泰始以约稿电外部，旋奉外部诘责，何以任令英藏官擅行议约，禁勿画押。有泰复饰词覆外部，言此约并非英藏擅议，乃有泰督饬藏官先行画押，因英官有此约如不画押，每日须偿兵费卢比五万，应由中国担负云云。有泰又照会荣赫鹏，允许江孜英官可随时到拉萨议商务事。藏官反对。英政府随饬印督，将此照会撤销。

朱绣《西藏六十年大事记》第 11—12 页

拉萨失陷后西藏人民的继续反抗[①](四则)

(一)

(1904 年 7 月 19 日)

军营，离热拉二英里，十七日自拉龙开赴噶惹拉，在大冰河脚

①此为侵藏英军副总指挥麦克唐纳致印度英军副将的五份电报。

山底一万六千六百尺高地驻营。发现敌人坚强据点,在距离东处以北三英里峡谷中,侧面以雪山为防卫,无法通过。侦察完毕,准备于十八日进攻。但在十七日为数约一千五百人的敌人,已在十七、十八夜退往浪噶子,仅留下约七百名康人驻守据点。他们盘据在雪山高地上。我军将敌人逐出……。骑兵队至浪噶子二英里以内侦察,发现城内有驻军。……据说今日将有康人援军一千三百名到浪噶子。

(二)

(1904 年 8 月 19 日)

拉萨,八月十五日。十二日移营至新地点。驻兵队进行侦察,沿上游向班巴宗拉前进。离营地约八英里,发现武装康人一百人左右,出其不意进击,捕获六十四人,缴火绳枪及大刀一百。再北进,又发现更大敌营。十三日进攻。敌已越班巴宗拉逃脱。十三日,沿奇楚河侦察十一英里,已无敌迹。

(三)

(1904 年 8 月 25 日)

拉萨,八月二十一日,上午五点。十八日,有一喇嘛持刀至营门刺伤两位没有武装的军医官,克利上尉和库克・扬格上尉。前者手部轻伤,后者头部重伤。凶手已经捕获,并于昨日被绞死。他供认自已来自西藏西部庵顿地方,与本地寺院无关,特因行刺而来。他拿着刀和匕首,内着铠甲,外复红色僧袍。荣赫鹏上校召集西藏官员,要求三大寺和西藏政府送来人质四名,保证今后不再发生不法行动,另外科以罚金五千卢比。……本月十九日,我至别南甘拉侦察,未发现敌人集合。……二十日,军队西进五英里。西藏人报称,有部队通译员一名受刀刺伤势严重,他是违背命令,未经请假,独自至拉萨的。

（四）

（1904 年 9 月 27 日）

拉萨，九月二十三日，上午五点。我军自江孜雇用西藏私人四名、马五匹，为代表团运送包裹。十五日，在噶惹拉南口发现该四人被杀害，凶手可能是土匪或散兵。在附近沟壑里，截获两个人和马匹在一起，疑与此案有关。

《英国蓝皮书》帙 2370
第 192—193 页、220 页、231 页、266 页

英军在拉萨

……

方丈们不守信，没有送来粮食。有必要采取有力措施。[上级]派了一名军官和三名卫兵到[哲蚌寺]大门口送信，说，限一小时内交出粮食，否则我们就将闯入寺内，必要时使用武力夺取。使者遇到一群激动的喇嘛。他们拒绝接收信件，挥手令使者离去，声势汹汹地向他们投石块，表示准备战斗。使者在归途中听见他们撞起警钟，警告聚集在寺院外面做买卖的村人和妇孺们离去。

麦克唐纳将军率领着强大的英军和殖民地土军，来到靠近寺院一千三百码的地点，把大炮架向哲蚌寺，把步兵团展开，然后等待着信中所提出的宽放期限的终了。一小时过去了，看来军事措施像是不可避免的。但一群喇嘛走出来了，拿着白旗，几篮鸡蛋，和一条哈达。即使在这样的军事阵列面前，他们仍然进行拖延。他们鞠躬、说话，而且提出抗议，做出寻常的徒劳无益的样子。他们让步到这种程度，对我们说，如果我们立即撤退，他们即将进行

商议，倘若他们满意地达成决定，就在第二天把粮食送到我们营地。……我们重申那简短的最后通牒，然后由两名态度冷淡的印度兵缓慢地把他们的代表团押送出去。

……

我们坐着等待，一面抽烟，不晓得是否又发生第二次骨鲁事件。看来要拯救这些可怜的蠢人，使他们免食自己的冥顽愚昧所造成的恶果，乃是世界上最困难的事情。期限快到终了时，两个炮兵队又向前推进三百码，炮手们再度瞄准，把他们的十磅炮对准寺院的中心。

只剩下五分钟了，我们激动起来，……最后，一行人数稀疏的着红袍的喇嘛从大门走出来，走向山下，每人背着一包粮食。

康特莱《拉萨真面目》第282—283页

英人入藏阻战开议暨筹办情形折

有　泰

光绪三十年七月二十日（1904年8月30日）

奏为英人入藏，阻战开议，暨筹办情形，恭折具陈，仰祈圣鉴事。窃维本年三月内，英员荣赫鹏由堆浪开赴江孜，奴才当拟亲往会商，饬传夫马。乃该番僧们俗众各异常狡展，抗不供支，且在谷鲁江孜等处地方，与英人接战，并疑我汉官有私于英，种种情形，均先后电请外务部奏明在案。四五月间，藏番则各部调兵，英人则（在）江孜坐守。藏中总办军务之署噶布伦喇嘛降巴丹增等，身典重兵，数逾二万，并不设法抵御，专以败退为能。以故六月二十二日（8月3日），英员荣赫鹏直进前招，未始非该署噶布伦有以引之也。奴才屡闻边警,寝馈难安,该番众明知事不可为,犹欲聚僧俗大众为困兽之斗,奴才一闻此语,焦灼更深。乃一面译行商上番官,不准再开兵衅;一面严饬委员四川候补同知恩禧、已革四川试用直隶州州判范启荣、候选县丞余钊、成都驻防尽先骑校江潮、都司衔刘文通等,苦口开导,激以大义,数昼夜中,该番众稍知醒悟,遵照撤兵,此开导藏番之实在情形也。荣赫鹏抵藏,奴才当即往拜,并以牛羊面犒其士卒,及以礼物酬应办事诸员。该英员等深念邦交,与奴才颇称融洽,凡藏中大小召寺院以及民房市面均一切照常,并无损坏,布达拉山上供奉我高宗纯皇帝圣容,尤敬谨保护妥善;此皆仰赖威福,非奴才之愚,所能预料也。现在英员送来草约八条,业已电知外务部,计蒙宸览,除第二条哲孟雄商民二人,业经该藏番送交英营查收,应无庸议外,其余各条,有可驳者亦据理以驳之,总期两边无亏,并于我中国大局无损,方能照议。至于拟由藏番应赔兵费,开设码头各节,该藏番仍属碍难,且达赖喇嘛于英兵去入之时,业已逃无踪影,所有商上事务,均令噶勒丹池巴喇嘛代为执掌。除再饬委员等,与噶勒丹池巴妥为开导,另行恭折奏参达赖喇嘛外,所有阻战开议各缘由,谨恭折具陈,伏乞皇太后皇上圣鉴训示。谨奏。

《清季筹藏奏牍》第三册《有泰奏牍》卷一 第17—18页

致外务部抄陈英送修约十章电

有　泰

光绪三十年七月二十三日(1904年9月2日)由部发

外务部王爷大人钧鉴:冬电计已入览,顷间荣英员送来条约十章，内开：所有光绪十六年（1890年）在噶里噶达中英商订条约，并十九年所订条约内，有疑惑为难之处，番人不听中国开导，并未悉遵办理，本英国理应自行办理，特派大英国边务大臣荣与大清国钦差驻藏大臣有会商，协办一切未协事宜。刻将光绪十六年（1890年）约内疑惑为难之事，本英国与番众商订十条，大清国钦差驻藏大臣有查阅无异，理合签押盖印。此次，中国与英国妥商立约之后，番属不得有违背等情。此案因光绪十六、十九两年（1890、1893年），英国与中国订立条约章程内开，多有为难不妥之处，番边悉未遵办。本英国特派边务全权大臣荣来边会议，不意又动兵衅，致失和好，此次议和，妥立十条，以期与干殿池巴、噶布伦、三大寺僧俗大众人等，与本英国边务大臣荣会商立约盖印，从此修好。

一、现经番众允遵，按光绪十六年（1890年）条约所有哲孟雄之边界，须照十六年订立之第一款办理，再行重立界石。

二、现经番从应允，除亚东而外，尚有江孜、噶大克地方，设立码头，英国与西藏商民听便往来买卖。所有光绪十九年订立通商章程中有不妥之处，英国须与番众会商妥改，一俟改定之后，亚东、江孜、噶大克悉遵改定章程办理，番众允订亚东、江孜、噶大克设立码头，凡商民至印度采办货物往返，仍可照现在行走之道转运，如另有商务兴旺之地再行商办，开设码头。

三、所有光绪十九年（1893年）订立条约之内，有不妥之处，须商改一节，再行另案办理，西藏须派主权番官，与本英国官会商妥改。

四、往来货物英国与番众商订税则，妥定之后，不得再加税项。

五、自印度边界至亚东、江孜、噶大克边界，沿途不设关卡等项，如道路险艰，须西藏修理，以便商便民往返，以期无有阻滞。亚东、江孜、噶大克西藏设番官，英国所派驻扎之官，凡有致驻藏大臣各汉官并番官公文信件，概归该番官接收遣递，即将来另有商务兴旺之地，议开码头，亦应设官仿此办理。

六、为因西藏不遵条约，并羞辱边务大臣等，妄动兵衅，须偿英国金元五十万元，金卢比银七百五十万元，按三年分三期清缴，每一期二百五十万元，第一期系英一千九百零六年正月初一日，至期应于何地收兑，由本英国预先知照番众，或在西藏、大吉岭照派个利收兑。

七、第二、三、四、五款之内开立码头，第六款偿费各事，番众取具必办之保，本英国兵仍驻守春丕之山谷，俟三年码头设立停妥，费缴告竣，若偿费至时缴未完数，本英国则仍驻守春丕之山谷。

八、自印度边界至江孜前藏商人道经之处，凡有山寨等项，须一并拆毁。

九、西藏地土，本英国如不应允，无论是何外国，一概不准有典卖租给等情；西藏之政事及一切应办事宜，无论是何外国，概行不得与闻；西藏无论何等事业，各外国不得遣发官民人等来藏协番办理；西藏地方，各外国不得前来修理道路，并筑铁路，安置电线，开矿等事。假如本英国愿诺别国修路、筑铁路、开矿、设电线等事，本英国亦一体自行检点，举办西藏各项恒产，一切银业，不得以之与各外国抵押、对换、租卖等情。

十、边务大臣荣须与干殿池巴罗布藏坚参、噶布伦、三大寺僧俗大众人等，于英历一千九百零四年九月初七日，即光绪三十年七月二十八日[藏历本年七月二十二日]在西招布达拉山签押盖印，所用英番文两则，以英文为准。并据该英员面称，系英主谕旨，不能更改。乞代奏，可否速复。有泰叩漾印。

《清季筹藏奏牍》第三册《有泰奏牍》卷一 第15—16页

外务部嘱有泰勿画押电

光绪三十年八月二十一日(1904 年 9 月 30 日)由亚东寄来

艳电悉。英约十条,有损主权。本部前发艳冬歌各电,以此事应由中国督同藏番,与英立约,不应径由英与藏番立约,嘱尊处切勿画押。兹接来电,英员已逼令藏番画押,仍希坚持勿画,并将一切情形,详速电复。外务部,庚。

《清季筹藏奏牍》第三册《有泰奏牍》卷一 第 26 页

荣赫鹏自述胁迫西藏地方当局签约的经过

吾人果欲有所行动,此其时矣。只要余及时前进一步,以武力相胁迫,自克早奏肤功而不使藏人获得逃避之机会。倘再事迁延,则军事上之顾虑将使余空手离藏,功亏一篑。……今事势恰到重要关头,余须当机立断也。余遂通知中国驻藏大臣,云将于九月一日携草约前去拜会,盼能代约藏方诸噶伦及西藏大众公所代表届时共谋晤谈。余意益欲于驻藏大臣之前,亲告藏方僧俗政教诸领袖,促其签定条约,否则以重起战祸相恫吓。

届期余率同全部扈从人员,全副戎装,经拉萨以至中国驻藏大臣衙门。……

余遂起立以最后修正之草约[其内容与政府所颁布者恰相符合],交与驻藏大臣,该约包括英、中、藏三种文字之写本。驻藏大臣即将藏文本交与诸协摆,此时诸人各已就坐,余请驻藏大臣许余与藏人略谈条约事，驻藏大臣首肯后，余遂起而发言，余今与西藏大众公所代表作首次晤谈，余愿乘机略进数言；如果藏人能于吾人到达甘坝宗时，抑或能于余初抵江孜时，即与余进行谈判，则我方所提条件当不致为此苛刻。吾人将仅要求商务界务之解决，而无复赔款之要求。如彼等确能遵从驻藏大臣之劝告，则目前一切困难悉可避免。乃计不及此，而欲诉诸战争，战争又一再败北，自须偿付战争之代价。然即至于是，吾人亦未要求全部之战费，不过全部战费之半数耳。其他一半仍须由印方负担。吾人今所要求之赔款，系自江孜受攻之日起至条约签定后一个月止，每日以五万卢比计算，如果明日可以签定条约，则总数为七百五十万卢比；如果延至九月三日签约，则为七百五十五万卢比；如再延至九月四日，则为七百六十万卢比，以下如此类推。此最后之草约，彼等如有疑问，余愿予以解释，然更不愿加以讨论。此项草约已经一再让步，且系依据英政府命令，故藏人必须接受之。余将再与藏人以一星期之犹豫时间，俾得从事考虑并请求解释，然不能再与以更长之时间，盖长此迁延，日复一日，不仅藏方须逐日负担赔款，即印方亦将受其拖累而须负担其余之半数也。

藏人请求准其袖回草约加以考虑，余答言只要彼等不吝偿付每日五万卢比之赔偿，尽可从长考虑，如欲请求解释，亦尽可随时诣余或走访余之秘书也。……

签约于布达拉宫，今已一切布置就绪，毫无怀疑之余地矣，然是夕余心中仍自忐忑不宁，深恐失足于最后之瞬间。溯自狂人曼宁［吾人一提及拉萨，应不忘曼宁之姓字］首次入藏以来，布达拉宫从未发现欧人之足迹。盘据于拉萨市内及其周围之两万喇嘛暴徒，大可于最后之瞬间，突尔发难，或当吾人困处深宫为其所制时，突施暴行。昔在印度，我政治代表即曾遭遇同样之事变也。转念布达拉宫并非一普通寺院，而达赖喇嘛本人虽有活佛之称，究系一政治领袖人物，余坚持签约于此宫，以其为藏方政治领袖之府第，非以其为活佛之寺院也。

今欲慑伏藏人，并慑伏英印士兵暨各地民众，如尼泊尔人、不丹人、锡金人以及更远之克什米尔人及回人，吾人必须有所作为以树立威望，使知藏人多年以来一再轻侮吾人，结果终不能不受惩罚也。

此自一般浅见之士衡量之，自又不免滑稽而笨拙，以为吾人尽可即就余住处或驻藏大臣衙门内安然签订条约而毫无纷扰，更不必于最后之瞬间再冒一次危险也。然自熟悉亚洲情形者视之，则在布达拉宫签订条约之意义，事实上与条约本身同一重要。条约之内容惟少数人知之，惟英国签订条约于布达拉宫之事实，则可视为藏人被迫屈服之明确表现也。……

举行仪式时一切军事上之部署，悉由麦克唐纳将军一手主持，其小心谨慎，实非余人所可企及也。一切布置详尽周密，既堪自卫，复可耀威。至布达拉宫之途中皆密布军队，不仅陈兵壮声威，同时又足资防备万一，另有步队，或用以鸣枪致敬礼，或于必要时轰击布达拉宫，皆于最适当之地位，妥为配备。……

签字典礼举行前半小时，我军已列队直抵布达拉宫并分布宫内各要道。三时后，余与麦克唐纳率同出使之全体职员及军部人员同抵布达拉宫。……

余先命人用藏语宣读条约全文，并询藏方官吏对于签字一层有无异议，答云无有。于是出示条约稿本，英中藏三种文字同时缮写一纸，盖依照藏人之习惯也。余请藏方先签，藏人遂依次履行手续。当噶伦、三大寺及人民会议代表先后用印完毕时，余即起立，与摄政同趋案前，驻藏大臣及全场官员也同时起立，摄政遂代盖达赖喇嘛之印章，余最后乃签字盖印。手续既毕，余将约章递交摄政，并言今既媾和，望能永守弗渝。

荣赫鹏《印度与西藏》第 290 页—304 页

孙煦初译本《英国侵略西藏史》第 238—249 页

英国印度事务大臣波罗德里克致印度政府公函

（一九〇四年十二月二日）（摘要）

我在十一月七日的电报中，已通知阁下，英王政府决定修改荣赫鹏上校于九月七日在拉萨所签订的条约中有关赔款的规定，同时也不能批准他于同日缔结的另一协议，即允许江孜的英国商务专员在某些意外情况下有权进入拉萨的协议。你对于条约的批准在某种形式下使得该项决定有效，这就给与我一个审查所达成的协定的机会。批准的条约充分实现了我于七月二十六日电报和八月五日公函中所提出的政策。英王政府热烈地庆贺阁下政府的使团得到了成功的结果。

当一九〇三年一月八日寇松勋爵发出公函建议派遣使团赴拉萨时，在我们边界之外的西藏实际上还是一个很少为人所知道的国度，而它的统治者们甚至在最必需的事务上也坚决拒绝与英国政府发生关系，而西藏政府若是卷入与其他列强的政治关系之中，对于印度帝国的边境来说就可能会构成一种危险的情势。现在，由于拉萨条约的签订，这种危险已得到了解除，因此英王政府完全承认这种结果是由于荣赫鹏上校的努力，是由于他在由一九〇三年春派遣使团赴干坝起，至一九〇四年九月七日拉萨条约签订为止的这一漫长而艰苦的时期，所表现的忍耐和坚定的结果。英王政府同时也完全承认随同荣赫鹏上校赴藏使团的其他官员的劳绩，以及在麦克唐纳将军领导下的军队的可敬佩的行为。鉴于西藏人以往的固执成性，因此荣赫鹏上校除了签订一项条约外，还有理由相信他与拉萨所建立的关系一般说来是很友好的，这使人特别感到满意。这点使我们有根据希望西藏人今后将会以善意的精神来遵守他们自己所同意的条件。至于赴藏军队和使团成员的行为，我已通知过你，英王对他们的恩典，为了嘉许他们所作的服务，命令赐给他们一种特殊的奖章。

至于赔款问题，我在八月六日和七月二十六日的电报中已经提出赔款数目不得超过西藏人所能在三年之内付出的数目，同时在赔款偿清以前把春丕谷留作担保。荣赫鹏上校在他的八月二十二日、二十八日和九月一日的报告中，曾说及因为西藏人向他请愿，说他们不可能在三年之内付清荣赫鹏所要求的数目，他因此向他们建议可以把赔款的偿付期延到很长的一段时间。可是这些报告是由驿站邮送的，因此直到十月我才收到。而在你的电报中对于荣赫鹏所采用的赔款方式也毫未提及，因此当英王政府由你九月十二日的电报得知荣赫鹏上校曾在条约中插入一款，规定赔款应分七十五年摊付，而同时又毫未修改地保留了原来的附带条件，即英军占领春丕谷为质，直到赔款全数付清为止，这一规定使英王政府感到完全出乎意外。因为这一规定的作用，就等于我们好像至少存心占领春丕谷七十五年，而我们在一八九三年的“中英会议藏印条约八款”和一八九三年的商务章程中却是已经承认过春丕谷是西藏领土的。这一规定与英王政府历次所作的使团不应陷入领土占领，以及一当赔款得到保证就应从西藏撤军的宣言是矛盾的。因此，我在祝贺阁下及荣赫鹏上校缔成条约以后，委托你应减低赔款的数额，并修正占领春丕谷为质的规定。英王政府本来希望在荣赫鹏上校离开拉萨以前就可以做到这一点。同时，虽然荣赫鹏在刚签订条约后不久所送回的报告中就说，他希望能允许他延长在拉萨的停留期，但在现有情势之下，若把他的行期推迟显然是不适宜的。因为现在没有机会就地解决这一问题，因此，我命令你在批准条约时,应就英王政府的训令对条约加以修正。

至于有关要求江孜的商务专员有权进入拉萨的另一协定,正如你所知道的,英王政府在决定条约中不应附入这一条件时是经过周密考虑的,同时我在八月三日的电报中也拒不同意你以后所作的对这决定稍加修改的请求。以后就没有再向我提及这一问题了,因此直到接获你十月六日的信件,我才知道荣赫鹏上校已经自己负责与西藏缔订了一项协议,给予江孜的商务专员以再访拉萨与中国和西藏官员谈判的权利,以便解决那些不能在江孜解决的商务问题。在这种情况下,英王政府没有其他选择,只有拒不批准这项协议,因为它与英王政府订下的政策有着矛盾。乔治·汉弥尔顿勋爵在他一九〇三年二月二十七日公文中已经阐明了这一政策的目标是,英国在拉萨的努力应在这种方式下得到承认,即应当排除其他列强,同时西藏应当保持孤立的状态——直到最近它也没有表示愿意脱离的那种孤立状态,以及使它虽处于我们的边界之外但我们可以不必因而操心的那种孤立状态。我们希望达成这一结果,不是借着在拉萨设立外交代表,而是借着使西藏政府同意缔订一个条约,在这条约中,它应承诺在没有事先征得英国政府的同意以前,无论何外国皆不许派员或派代理人进入西藏,同时西藏也不得作出特权让与或将西藏各进款给予任何外国臣民。

除了对过去所受的损害应得到补偿以外,我们为自己所要求的全部,不过是把依据一八九〇年的英中条约和一八九三年的商务章程的原则所让与我们的商业便利,放置在一个令人满意的基础上,同时按照我们所有权要求的予以扩展。鉴于沿通商道路上现有的贸易,以及印度的除了一部分与中华帝国国境相连以外还与西藏毗邻的地域,我们是有理由这样要求的。如果西藏人今后仍不能遵守条约的条款,英王政府即将重新考虑局势。但是目前英王政府认为西藏所选择的道路在现在局势下是达到他们心目中的目标的最好道路，同时也是与他们所决意施行的从大英帝国整体利益出发的政策最为相合的。

《英国蓝皮书》帙5240　第6—7页

一九〇五年中英谈判

唐侍郎[1]以(于)光绪三十一年(一九〇五年)正月到戛尔古达，率参赞张荫棠、梁士诒、税司韩德森、翻译陈銮赴印外部议约。英派议约专使费利夏、参赞路罗士、韦礼敦克士。第一次会议互换全权证据。费将上年荣赫鹏致有大臣条约总纲交阅，唯促定期画押。唐驳以奉命议约，约尚未议，何能画押。费谓萨使来函，中国本无改约之意，又谓中国权力不能及藏，藏番屡次失信，致英以兵力自保利权，今遽欲废约，无可再议。唐言：贵国既接待议约，则我有商议之权，中英所以会议者，以西藏主权在中国也。藏约有干犯主权之语，自当解剖明白。唐以费讳言废约，故易以申明二字，费始允唐拟搞商订，二月初二日(3月7日)会议。费言：藏约经英政府批准，万不能更改；英虑他国占据藏地，而防俄之心尤亟。唐言：英欲据为己有，中国岂肯罢手，且适以启他国之干预，今新约窒碍难行，即贵国亦多数反对，刊有成书，何如改订切实可行之约，使中国可对付他国。二月初二日(3月7日)，唐拟就约稿交费，将第九款全行改易，提明英本无侵占藏地之意，且自行禁止英人到拉萨贸易，倘日后中国或批准英人在藏经理路矿电政，则他国亦可仿照办理，其余各款，易其七八。费极不谓然。初六日(11日)，三次会议。

[1]唐侍郎：即唐绍仪。

费云:萨使默窥贵政府之意不过欲于总纲上声明藏为华属一语,其余不须更改,今束稿与废约无异。并谓中国所订十六、十九年(1890、1893 年)两约,藏人不遵,不如藏人甘心画押之约可以遵守。唐谓:如萨使之说,则北京政府照会萨使声明藏为中国属地,萨照复允认便了,何必派使议约。且在拉萨时,荣赫鹏何必延有大臣画押。初十日(15 日),费将约稿驳复。第一款、印藏新约附入此约作为附章,两国允认遵守。第二款、缮约以英文为准。第三款、订期互换印藏约。只字未改,又未声明藏为中国属地。唐见其反复坚诈,因故示从容,十五始往会议。唐以费照复约稿总纲及第一段内有印藏约经寇督批准及寇督体恤藏番之语,默窥费使遇事慑于寇督,即乘其示弱处以折之。谓:我奉命议约,君亦奉英君主命议约,两回敕谕并未提及寇督,我不知寇督为何人,君虽名全权,似乎无权办事,有人牵制不得自由者。费语塞,随允先商订第九款。费云:英本无据藏之意,只虑中国不能抵御俄国,恐贻后患,即通商设关,亦虑用俄人为税司耳。

十七日会议(22 日),费只认中国为藏上国,查上国二字,英文系"苏索伦梯",译言所管为属国,而属国自有治民之权,若自认为上国,即西藏等于韩、越、球、缅。主国二字,英文系"骚付伦梯",译言臣民推为极尊,归其管辖,而各事可定者也。前数次会议,费愿认藏为华属,惟英文于属国与属地本同一字,嗣彼声出"上国"二字,不能不竭力剖辩。费言中国所施行于西藏,向不尽主国义务,倘中国能尽主国义务,则英不至称兵入藏,辩论甚力,固执不移。"上国"二字恐难更易。盖英若认我为主国,则藏约全无效力,不废自废,犹英与我各省督抚立约,我政府可以不认也。

嗣寇、费拟二十六日(31 日)往森罗(西姆拉)避暑,盖夏秋驻森罗,冬春驻戛尔古达,此常例也。二十三日(28 日)请费、韦午餐。费云:"会议多次,迄未就绪,殊为惋惜,贵大臣何时往森罗。"

唐云:“约稿久未照复,倘照复稿所拟办法仍前固执,与我政府训条宗旨全不合,我唯归请示政府而已。”费闻此颇骇愕,始定三月中旬照复。三月初七日(4 月 11 日),韦自森罗来,探询森罗行期。唐云:“英国来文系在戛尔古达会议,并非约我随同费使到处迁移,我自为避暑往森罗则可,若茫无头绪始终延宕,则我可议之地步甚多。”坐谈移时,语中微露西藏主权在我,荣赫鹏与我国番僧数人私立约章,我自有权不认,此行并非哀求议约,倘在印不能妥商,我国固自有办法,即本大臣奉命使英,亦自有办法等语。又虑彼因此电萨使,以我为不肯赴森会议,横生枝节,先将情形电达外部。十六日(20 日),费遣韦送回约稿七款。韦言:“英费数年心力,耗兵费八十余万镑,冻毙士卒百余人,始成拉萨约。今将约内已得利益全行让出,无此办法,谨直告贵大臣,此稿断不能更改。”唐云:“英国与番僧立约只有一面,并非两平等国,不能视为约内已得利益,若照此稿,我手上断不能画押。”韦云:“我虽无权与君辩论,可将君宗旨转告费使而解释之。”唐以达赖、班禅签制册封;番缺请旨简放、番兵由驻藏大臣岁操各凭据告之。并摘出第五条亦侵我国用人主权。韦云:“君言虽如此,费断不肯改,我信此稿系末次之稿。”唐云:“我甚愿听末次二字。”韦云:“可惜费时如许而议不成。”唐云:“我到印度游历如许湖山,结交如许佳客,亦是乐趣。”四月十二日(6 月 15 日),费使函复,意甚坚持。计前后会议十次,深窥寇、费用心,遂定呈请撤使之策,于十三日(16 日)寄呈外务部元电。十六日(19 日)校奉谏电,深喜大部定识宏谋,恰符鄙见。主权既不稍让,而空谈又类于哀求,谨循见机不俟之义,于号电自请遣撤回国,以避一时之锋,而收他日之效。

何藻翔《藏语》第 18 页—21 页

外部奏中英议订藏约条款请简派大臣画押折

总理外务部庆亲王奕劻等奏,为谨将中英两国议订藏约条款缮单恭呈钦定,并请简派全权大臣画押事。窃臣等于光绪三十二年三月初一日(1906 年 3 月 25 日)具奏商议藏约情形,缮呈所拟约稿请旨办理一折,奉告批:著外务部妥为商订,钦此,钦遵。当经臣等以英国使臣萨道义交来拟稿与臣等末次拟稿详加酌核,其中改易之处语意轻重颇有关系。复由臣绍仪与该使臣萨道义磋商改订。旋经该使臣电达英国政府复允,拟即照此定议。臣等谨将中英两国议订藏约条款并附入此约之光绪三十年七月二十八日(1904 年 9 月 7 日)英藏所立条约,及印度更订批准之款,又声明照会各一件,分缮清单,恭呈御览,伏候钦定。并请简派全权大臣画押。发蒙俞允,即由臣等谨拟全权敕谕,请用御宝,知照该大臣钦遵办理。谨恭折具陈,伏乞圣鉴。谨奏。

光绪三十二年四月初一日(1906 年 4 月 24 日)奉朱批:著派唐绍仪为全权大臣,即行画押。

《清季外交史料》卷一九六

中英续订藏印条约

一九〇六年四月二十七日(光绪三十二年四月初四日)北京

正　约

案查光绪十六年二月二十七日(1890年3月17日)及十九年十月二十八日(1893年12月5日),中国与英国所订两次藏印条约,其所载各款,西藏并未认为确实,亦未允切实遵办,英国政府惟有设法保卫该两约所享利权。旋于光绪三十年七月二十八日,在拉萨定立英藏条约十款。嗣于光绪三十年十月初五日,由印度总督代英国政府将该约批准,并将当日所声明之条款更订之文据附入。

兹大清国大皇帝,大英国全境大皇帝兼五印度大皇帝,因欲固存两国友睦,历久不渝;大清国大皇帝特派钦差全权大臣外务部右侍郎唐绍仪,大英国大皇帝特派钦差驻扎中华便宜行事全权大臣功赐佩带头等迈吉利宝星萨道义,各将所奉全权大臣便宜行事之敕谕,互相校阅,俱属妥善,现议定各款,开列于后:

第一款　光绪三十年七月二十八日(1904年9月7日),英藏所立之约,暨其英文、汉文约本,附入现定之约,作为附约;彼此允认,切实遵守。并将更订批准之文据,亦附入此约。如遇有应行设法之时,彼此随时设法将该约内各节切实办理。

第二款　英国国家允不占并藏境及不干涉西藏一切政治。中国国家亦应允不准他外国干涉藏境及其一切内治。

第三款　光绪三十年七月二十八日(1907年9月7日),英藏所立之约第九款内之第四节所声明各项权利,除中国独能享受外,不许他国国家及他国人民享受。惟经与中国商定,在该约第二款指明之各商埠，英国应得设电线，通报印度境内之利益。

第四款　所有光绪十六、十九年，中国与英国所定两次藏印条约，其所载各款，如与本约及附约无违背者，概应切实施行。

第五款　此约分缮英文、中文，业已细校相符，惟辩解之时，仍以英文为准。

第六款　此约须由两国大皇帝批准画押。自两国全权大臣画押之日起，限三个月在伦敦互换。此约中文、英文各缮四份，共八份，两国全权大臣画押盖印为凭。

大清国钦差全权大臣外务部右侍郎唐绍仪。

大英国钦差驻扎中华便宜行事全权大臣功赐佩带头等迈吉利宝星萨道义。

光绪三十二年四月初四日，西历一千九百零六年四月二十七日立于北京。

附　约

案查光绪十六、十九年(1890、93 年)，中国与英国所定两次英藏条约，因其意义并切实施行均有疑难之处；又查英藏历年和好，近因事故，情意未洽；今欲重修旧好，将所有疑难之事，全行解定。兹大英国政府特派边务全权大臣荣赫鹏与噶尔丹寺长罗生戛尔曾暨噶布伦并色拉、折蚌、噶尔丹三大寺之呼图克图，兼与西藏民教诸首领，代表西藏，议定条款，开列于后：

第一款　西藏应允遵照光绪十六年(1890 年)中英所立之约而行，亦允认该约第一款所定哲孟雄与西藏之边界，并允按此款建立界石。

第二款　西藏允定于江孜、噶大克及亚东即行开作通商之埠，以便英藏商民任便往来贸易。所有光绪十九年(1893 年)中国与英国订立条约内，凡关涉亚东各款，亦应在江孜、噶大克一律施行。惟嗣后如英藏彼此允改，则该三处应从改定章程办理。除在该处设立商埠外，西藏应允所有现行通道之贸易，一概不准有所阻滞，将来如商务兴旺，并允斟酌另设通商之埠，亦按以上所述之章，一律办理。

第三款　光绪十九年（1893年）中英条约所有更改之处，应另行酌办。西藏允派掌权之员与英国政府所派之员会议，详细酌改。

第四款　西藏允定，除将来立定税则内之税课外，无论何项征收，概不得抽取。

第五款　西藏应允所有自印度边界至江孜、噶大克各通道，不得稍有阻碍，且应随时修理，以副贸易之用；并于亚东、江孜、噶大克及日后续设之商埠，各派藏员居住，英国亦派员监管各该处英国商务。如欲赍送公文信函于藏官，或驻藏各华官，均责成商埠居住之各该藏员接收转送。复文回信，亦一律责成此员妥送。

第六款　因西藏违约，英国派兵前往拉萨责问；又因英国边务大臣暨其随员、护兵等被侮、被攻，是以西藏允兑给英国政府英金五十万镑，合卢比银七百五十万元，以赔补兵费及无礼侮攻各情。此赔款应在英国政府随时所定之处或于藏境内，或于英境大吉岭、扎拉白古里等地面内清交。每年西历正月初一日兑银十万卢比，七十五年交清。应于何处收兑，英国政府预先知照。第一期应在西历一千九百零六年正月初一日照数兑交。

第七款　俟以上所述之赔款照数交清后，并第二、三、四、五等款内所称商埠切实开办三年后，英国政府于未办之先，仍于春丕驻兵暂守作质，至赔款清交或商埠妥立三年后最晚之日为止。

第八款　西藏允将所有自印度边界至江孜、拉萨之炮台、山寨等一律削平，并将所有滞碍通道之武备全行撤去。

第九款　西藏允定以下五端，非英国政府先行照允，不得举办：

一、西藏土地，无论何外国，皆不准有让卖、租典或别样出脱情事。

二、西藏一切事宜，无论何外国，皆不准干涉。

三、无论何外国，皆不许派员或派代理人进入藏境。

四、无论何项铁路、道路、电线、矿产或别项利权，均不许各外国或隶各外国籍之民人享受；若允此项利权，则应将相抵之利权或相同之利权，一律给与英国政府享受。

五、西藏各进款，或货物或金银钱币等类，皆不许给与各外国或籍隶各外国之民抵押拨兑。

第十款　此约共缮五份，由商定之员在拉萨于光绪甲辰年七月二十八日，即西历一千九百零四年九月七日，画押、盖印为凭。

大英国边务大臣荣赫鹏印

达赖喇嘛印（此印乃噶尔丹寺长所钤）

噶布伦印

折蚌寺印

色拉寺印

噶尔丹寺印

西藏首领印

英藏各员现行声明，今日所立之约，以英文为凭。

大英国边务大臣荣赫鹏印

达赖喇嘛印（此印乃噶尔丹寺长所钤）

噶布伦印

折蚌寺印

色拉寺印

噶尔丹寺印

西藏首领印

印度总督唵士尔签押

以约西历一千九百零四年十一月十一日在印度新辣，由印度总督当堂批准。

印度政府外部大臣费礼夏签押。

印度总督所声明之附款，附于已经批准之光绪三十年七月二十八日，即西历一千九百零四年九月七日所立英藏条约之内。

光绪三十年七月二十八日，即西历一千九百零四年九月初七日，英国所派边务大臣荣赫鹏代英国政府与噶尔丹寺长罗生戛尔曾暨噶布伦并色拉、折蚌、噶尔丹三大寺之呼图克图，兼与西藏民教诸首领，代表西藏所立之约，现经印度总督批准；并惠允饬将该约第六款，西藏应赔补英国入藏兵费，由原定七百五十万卢比，减为二百五十万卢比。又复声明：该约所定之赔款，初交三年三期之后，英国所派占守春丕之兵可以撤退。惟该约第二款所立之商埠，西藏须按照第七款开妥三年；并须按照该约内各节，一一认真遵办。

印度总督唵士尔签押。

此款于西历一千九百零四年十一月十一日由印度总督当堂签押。

印度政府外部大臣费礼夏签押。

《海关中外条约》卷一 第652—660页

沙俄侵略西藏的活动

沙俄派遣间谍德尔智至西藏的活动

（日）河口慧海[①]

俄国的外交政策，俄国想把西藏搞到手，不是开始于今天，老早从三十年以前已经一点一点地在搞了，也许还要早就在搞了，但是，形迹显著的是从三十年前开始的，一步一步地得到成功，究竟靠谁来干的呢？在西藏以北，在西伯利亚，有蒙古人住的地方，就是在青海湖的东北，有本来属于中国的蒙古的布里雅特部落，俄国把它征服后，就成为俄国的领土，俄国政府有称为希腊正教的国教，在本国实行巩固正教的原则，压制得几乎不允许宗教的自由，但是，对这个地方的佛教徒却采取极宽大的主义，不但使他们充分信仰佛教，并且对于寺庙给予保护，采取振兴佛教的方针，可以认为，俄国政府并不一定相信佛教，所以装出振兴佛教的样子，是为了使僧徒心悦诚服。从这个部落有很多喇嘛到西藏的大学校来修行。……现在确实有多少人虽然不清楚，大概有一百五十人到二百人，亦未可知，俄领蒙古的僧徒来得这么多，近来出现了很精干的人。

俄国的秘密侦探，这个豪杰，就是在西藏取得了蔡恩尼·开恩鲍的名位，成为现在法王[②]问答的宗师的德尔智。[所谓蔡恩尼，就是问答"定义"的意义，所谓开恩鲍，就是"教师"的意思。]这个蔡恩尼·开恩鲍和现在的法王非常密切，在距今十八九年前，就已经

---

①河口慧海：日本僧人，曾在拉萨从事间谍活动。

②法王：指达赖喇嘛。

成为蔡恩尼·开恩鲍了。就是说,从法王的儿童时代起就教他问答的方法,搞得使法王非常中意,用尽方法使他信任。这个人真是个才子,又有度量,因此,现在锐敏的法王比起富于常识的法王的时期,已经成为非常神气的宗师。为什么呢?因为虽然还有其他三个问答的教师,而最得到信用的就是这个人。然而,随着法王长大起来,已经不必再学习了,于是,这个蔡恩尼·开恩鲍就回到自己的国家[蒙古的布里雅特]。有种种证据物件可以证明,他是预先受到了俄国政府的委托,所以有这样的成功。俄国政府给他很多的机密费,蔡恩尼·开恩鲍没有作为自己的用途,带到西藏来,用很好的方法使用。不但是使用了大量的机密费,并且从俄国首都带来很多西洋的杂物之类,其间有表和步枪等种种珍奇的东西,这些不但送给法王,当时最有势力的名叫夏达的年轻的摄政也受得相当多。钱花了多少,那是秘密,搞不清楚,可是,从对其他大臣给得很多的事实看来,对夏达一定给得多的,为什么呢?因为以后夏达和蔡恩尼·开恩鲍的关系比兄弟还要亲密。不但如此,法王对蔡恩尼·开恩鲍更入了迷,简直是言听计从。沙皇的赠品,大概是距今四年以前的事情……俄国皇帝通过蔡恩尼·开恩鲍之手对西藏的法王送了主教的法衣。可是,西藏的法王很高兴,据说接受了这件漂亮的金色的衣服。这不但是接受了衣服,接受了衣服也就是接受了主教的位置。真是奇怪的现象。以希腊正教为国教的国家的皇帝,把希腊正教僧侣最高级——主教的位置给予佛教徒的西藏法王,这实在是奇怪现象。接受这个位置的法王以为俄国当然也通行佛教,最高级的僧侣接受的这种东西,所以接受了,当然因为不知道世界的情形,所以受了骗。如果知道这是希腊正教的主教的法衣,不要说本身去穿了,看也不会看的。但是,因为不知道,所以犯了错误。这总之是给蔡恩尼·开恩鲍的花言妙语所迷惑。对此发生有力的作用的,是摄政夏达。

秘密条约，这时候，在俄国缔结的秘密条约是怎么样的条约，我是不知道的，可是，兹尼哀尔侍从长[①]在明治34年(1901年)12月或者明年的1月左右……回到了西藏。自此经过两个月后，我出了拉萨府，骑马到东北方二十里左右的地方去运动。运动只是名目，实际上是去看看那里的民间情况。这时候，有两百匹骆驼从东北方向下来。骆驼所带的东西都是装箱的，上面覆着皮，因此，不知道装着什么。但是，我看到，作为大骆驼装的东西，就大小来说，是很小的，而重却非常重，就引起这种想法，是不是蒙古人拿了银块来了吧。对牵骆驼的人问一下，很重，装着什么呢？回答语："不知道什么，大概是银块吧。"又问："是从什么地方来的呢？"回答说："我们是从途中托运的，不清楚，大概是从北方蒙古来的，的确不是从中国来的。"其间有没有从俄国一起来的人也不清楚。于是，我在那里转了一下，就回到财政大臣的住家来了。我刚回来，现任财政大臣也回来了，对前任财政大臣说："今天从俄国来了许多东西。""是什么呢？"说："稍微有些顾忌。"就是说，怕我听见，因此，我就避开了。那时候，不知道装的东西是什么。可是，政府方面的人中有一个很不能保守秘密的高官。乘谈话的方便，我似乎无心地说起："我看到的，来了两百匹。"他说："来了两百匹，是最近的事情，以前来过三百匹，实在是秘密，但是……""究竟装的是什么呢？是银块么？""银块，来那么多吗？那是兹尼哀尔侍从长作为法王的使节派到了俄国去讲好了给我们的。""是什么东西呢？""枪弹，此外拿来了很多西洋的珍品。我国有了这些，英国来进攻时，就不足以害怕什么了。说和英国交战，就立刻应战。因为得到了极锐利的好的枪，就可以充分的打败他们。"他得意洋洋地说。以后，我在某一个地方看到了一支步枪。不用说，是新式的东西，但

---

①兹尼哀尔侍从长：即德尔智。

是,不太能够达到远距离,在交战时也不一定起作用。可是,西藏人实在把它作为好东西。可是,西藏人一向不认识罗马字,因此,不知道什么地方造的。也相信,是俄国的道都所制造的,可是,看一下枪上的字,那是美国制造的。来了几千支,虽然不清楚,但是,五百匹骆驼的一半以上似乎是装的枪支。就是到了这样的程度,中国政府对西藏政府的所作所为是这样的放任,然而,也很焦虑不安,想着种种办法。现在,蔡恩尼·开恩鲍来的时候,中国的驻西藏大臣想尽力捉住蔡恩尼·开恩鲍,想运用什么方法,可是,西藏政府加以保护,因此,不能把他捉住,在发生纠纷的时候,蔡恩尼·开恩鲍突然向大吉岭方向逃走,或者向尼泊尔逃走。这个人,英国政府方面也充分地加以注意,尼泊尔政府也充分加以注意,注意着他的一举一动。

河口慧海《西藏旅行记》下册 1904 年东京版
第 168、169、176、180—182 页
转引自《中国近代对外关系史资料选辑》
上卷 第二分册 第 233—237 页

西藏与俄国

(日)山县初男

俄所谓奉先帝遗训经营东方,着着实行蒙古怀柔之策者也。至其染指西藏,由来虽远,然其运动得手,逐次进步,证诸历史实去今三十年前之事。

当时俄国建蒙古怀柔之策于其所侵略之布哩呀次托人[布哩呀次托人者,一种之人种而居于蒙古之库伦恰克图及西比利亚拜

加尔地方,信奉佛教之人民也],许以宗教之自由。原来俄国政府以希腊为国教,于本国内固严禁宗教自由,实行顽强压制主义者也。惟对于布哩呀次托人极用宽大之处置,不惟不妨彼等信教于彼寺院,反大加保护,奖励佛教之发达。是讵俄之诚意哉?盖俄政府非能崇信佛教者,不过借此使彼僧侣心悦诚服,为收略上手腕之作用耳。又派布哩呀次托人多数喇嘛至西藏留学。如噶尔丹、别蚌、色拉及扎什伦布各寺,常见二百余名之入学者,此政策果收何效,本当于次说之。

俄国又笼络蒙古库伦所居住之大喇嘛傑孛宗坦巴胡图克图,以为药笼中物。盖库尔大喇嘛如前篇宗教章所述达赖纳次喇嘛,世世转生,其信仰,其威势,足以凌驾蒙古诸王,隐然有蒙古皇帝之观。而傑孛宗坦氏睹清国观势之衰微,正欲利用信仰之强大,脱离清国之羁绊,作袭成吉思汗伟业之梦想,适遇俄国多方尽力购彼欢心,遂相结合,至于肝胆相照。

于是俄国先使傑孛宗坦巴往说达赖喇嘛焉,而直接当此交涉之任者,系在西藏得次安尼堪布位阶之德尔姐也。德尔姐者,又系露领布哩呀次托人。

俄国政府欲利用喇嘛之事,既如上述。其善用手段之俄国,又将布哩呀次托青年渗入本国,施以文明教育,卒业后再归蒙古地方,各就适当之职业。德尔姐者亦在其中之一人也。彼颖敏有奇,略于青年群中崭然独露头角。彼在此学俄国语,知欧洲之大势,而又通蒙古之文字。彼之归蒙古也,为俄国之东方经营大为尽力。俄国政府甚宠爱之,即彼在俄所娶之妇人,亦由俄皇颁赐勋章,以示优待。然不幸所娶俄妇未几死去,彼甚消魂。俄政府勉彼对于西藏之密策,给多数资金,使为喇嘛留学西藏。彼在拉萨研究西藏语十有余年。曾受文明教育,以明晰之头脑研究西藏文学,其学识远超庸众,未几遂选为达赖喇嘛之侍讲矣(按:次安尼者,问答定义之意也,即为达赖问答之教师)。彼既被选为达赖侍讲也,彼乃以得意之才略,论世界之大势,谓清政府不足依赖,谓英国北侵,藏事危迫,其喇嘛教之命运,势不至被外教蹂躏殆尽不止,因就地图指示俄国幅员,剀切说明谓其国力之膨胀,版图之扩张,大有兼欧并亚之势,默察将来,定可认为世界之统一者,确足倚为喇嘛教之保护者。复援黄教派经书中引证未来纪[按:未来纪者,昔某喇嘛所作也,谓西藏当佛教紊乱将近灭亡之时,北方之国有一有力之佛法大王,起而统一此世界云云,西藏一般人民方信此说疑为将来籤语]。谓其中所谓佛法大王者,孰欤?即俄国皇帝是也。促达赖暗为注意,谌脱清国之束缚,依俄国之援助,以防英人之北侵,保自国之独立。原来敏锐如达赖,为彼说所浸渍,其志意似怦怦欲动。适值达赖成人,侍讲之职稍得暇余,次安尼堪布因归蒙古故乡,提供种种之证据物件,将一切状况报告俄国政府。俄国政府复给以莫大之机密费,其后彼数数往来俄国与西藏间,常携金银及他珍奇杂物小统筹,赠之法王,又于西藏诸大寺院捐助多金。达赖炫于文明之利器,喇嘛醉于闪灼之黄金,而次安尼堪布之声,遂啧啧宣传于西藏中点。

当次次安尼堪布之策略着着成功,俄国西藏之关系遂益益近于亲密。而复于一方逞其惯用之手段,恩威并用,巧向清国政府肆其要挟于一千九百零二年六月(光绪二十八年)遂得缔结清俄密约,其内容之主要者如左:

——清国若国家濒于危急,则以西藏之权利让于俄国,俄国应以其代偿尽力于清国之保全。

——清国当内乱,若以自力一能戡定之时,俄国应派兵代清国戡定之。

——俄国应置官府于西藏,代清国管理西藏事务。

——清国应自己设立领事馆于西藏。

——铁道矿山之权,一概归俄国管理,但清国有时得同享权利。

据右之条约观之，西藏已半脱清国之藩篱，半成俄国之保护国矣。而此密约果能着着实行否耶？

达赖见英之对藏政策，既渐次逼迫以来，而北京政府对于此事，又未见有何等之设施，于是益信交俄为上策，遂以次安尼堪布之劝，拟亲往俄都与俄皇会见。然达赖之巡游国外，援例须奉北京皇帝之诏敕，此事必难望北京皇帝之许可，而欲自行出奔拉萨，又恐别生何等障碍，难达其目的。正踌躇难决之间，蓦然报导日俄之交战也。俄应致其全力于东三省，于清俄密约之实行，竟生一大顿挫。于是，英见此机千载一时，万不可失，一九〇三年使大佐扬库哈士榜夺率远征队侵入西藏（事详英藏关系章内）。英兵入藏尚隔拉萨三日行程，达赖深处布达拉宫中，昏然不知，及闻警始星夜仓皇出奔拉萨。临行时，召噶尔丹之大喇嘛授以达赖印，以后事相托，伴七名侍从急行矣。时在光绪三十年五月十七日（1904 年）也，而彼次安尼堪布者，亦引率布哩呀次托人七十名护卫达赖。

推达赖之意，殆欲利用此机赴俄都谒见俄皇也。当达赖由西藏入青海至甘肃省，沿途教士正欢迎大佛，群集礼拜，春来满州，日俄开战矣，并传闻俄军连败者不乏。达赖闻彼等风说，窃有所虑，乃声言曰：余之此行也，盖将往蒙古库伦见大喇嘛傑孛宗坦巴胡图克图也。彼于是果由嘉峪关入蒙古至库伦矣。闻达赖现在尚未还藏，淹留于西宁之塔尔寺（即宗喀巴发祥之地）。

悲哉，俄国其对于西藏，不知经几年筹画，费几许运动，始将藏人诱入钩饵，竟因日俄一战，化为云散烟消，其衔恨于日本，当何如耶。然试反此而观英与西藏，果成若何关系，其大势或益明憭焉。

山县初男《西藏通览》四川西藏研究会编译并发行

宣统元年二月版 第二编 第四章

沙俄军官朴尔热瓦尔斯基等多次潜入青海、西藏(三则)

(一)

“正式会员朴尔热瓦尔斯基去青海、西藏的探险”

1872 年(同治十一年)

“探险队所遇到的最主要的困难之一是中国居民的极端敌视态度。不知道有多少次,由于路指错了,探险队只得走回头路;或者去找那些中国人说有而实际上却根本没有的井。”

见《俄国地理学会一八七二年度总结》
第 10 页 1873 年 彼得堡版

(二)

“朴尔热瓦尔斯基上校致总参谋部军事学术委员会的电报”

1884 年 9 月 23 日(光绪十年八月五日)

“……这里,我们两次受到骑匪的袭击,每次各有三百人左右,我的伙伴们的英勇和快速贝尔当枪挽救了我们的远征队。第一次袭击是在 7 月 13 日(公历 7 月 25 日)凌晨,很快被我们打退;然后我们自己开始进攻唐古特人的宿营地并把他们赶跑。过了一星期,又一次向我们进攻,这一次是在大白天。这是另一个唐古特部落,黄河上最抢劫成性的部落的一支新的强盗队伍。接连两个小时,我们或用快速贝尔当枪的密集火力击退强盗们的骑兵袭击,或自己转入进攻,当时唐古特人匆匆从丘陵处跑出来向我们射击。幸运的是,我们都幸存下来,只有我们的两匹马受伤,在两次交锋中被我们打死、打伤的强盗达四十人。”

见《俄国皇家地理学会通讯》第20卷 第5期 第572页

(三)

科兹洛夫:《勘查过程中的来信:科兹洛夫给学会秘书的信》
1900年(光绪二十六年)12月

[1900年11月10日在藏族的一个村庄附近]这里,在我们去察木多的最后一个站头上,我对好像一座墙似地突然出现在自己面前的唐古特人队伍真是惊讶不胜。这支队伍的首领南达——龚秋克,高举起大刀,并且喊道:“站住,不准再前进一步! 把翻译官派过来!”在谈判进行的时候,唐古特人表现得非常猖狂,不时把自己的火枪放在枪架上,朝我们这方面瞄准。把翻译员放回后,龚秋克就打扮了一番,在自己从属人员前面走来走去,并且不时给他们打气。

从翻译员那里,我们才知道,唐古特人准备立即用火力把我们像狗似地赶跑,至于翻译员所列举的我们是哪些人,我们有着怎末样的护照,我们要到哪里去等等理由,龚秋克毫不理会,傲慢地拒绝任何中介人。就在这个时候,我们的商队集中在一地,护送第一批商队的掷弹员告诉我说,沿路都有唐古特人向他们扔石头,我们究竟和谁在打交道,现在是变得比以前更清楚了,对付我们这一小群处在西藏内地的俄国人的是被许多喇嘛和官员所挑动起来的当地居民。

……快速射击要比任何一张护照更好地保障这次事件的有利

结局。唐古特人开始逃跑，一部分人跑进村庄，另一部分人跑到有峻峭河岸作掩蔽的河边；还有一部分人跑到一座不坚固的房屋中去，继续朝着我们这支已转入进攻的很小的队伍进行射击。为了更好地教训这批强盗，我们把他们所占领的那间房子也烧掉了，于是他们就成群地或单个地从房子中逃出去。在一个半小时的战斗内，我们打掉了三百发子弹。

我们选择河口的阔广部分作为自己的宿营地，于是就只得直至很深的黄昏前还在继续前进，最后我们和牲畜终于能够休息一会了。但是我们又怎能够休息呢？因为我们的精神状态已大受震动。没有一个人能预测，前面究竟是什么东西在等待着我们，所以第一夜所有的人都处于激动的状态。

《俄国皇家地理学会通讯》第 37 卷 第 4 期 第 313 页

瞻对收复请撤回蕃官并陈英俄窥藏情形疏

光绪二十二年十一月(1896 年 12 月)鹿传霖

……查藏番通俄一节，事在印藏构兵之时，俄人乘间藉游历为名，取道后藏而来，甘言后币，以诱藏番，又因语言文字不能相通，特予密函三件，约令遇有急难，将函驰送俄境，即可电达，助兵援应。藏番欣然信从，结好而去，秘之未敢宣露。乃后藏班禅素与达赖不睦，而附于英，因泄其事，前驻藏大臣升泰闻知查究，追出原函存案。惜未及时销毁，迨升泰出缺，藏番贿通司文案者，仍将三函盗去。

《清季筹藏奏牍》第二册《鹿传霖奏牍》卷三 第 1 页

达赖遣德尔智赴俄

朱　绣

（光绪）二十六年（1900年），达赖受俄僧次安尼堪布[①]（原注：布鲁牙特人，通晓俄蒙藏三种文字，俄皇赐以勋章，驻藏十余年，充达赖之侍讲，俄与藏之关系皆此人为之也）之蛊惑，私遣外部长官大喇嘛赴俄，上俄皇以护法皇帝之号，并贡方物，由此俄人势力深植于西藏。

朱绣《西藏六十年大事记》第9页

俄皇接见达赖之特使

荣赫鹏

俄历一九〇〇年十月二日（西历十五日），圣彼得堡日报政府公布栏宣布俄皇接见一外宾，名德尔智，其人即通常称道为西藏达赖喇嘛第一玄学宗师也。此项公告即经圣彼得堡英大使检寄外部。数月后，驻奥得沙英总领事亦有情报陈送外部，系摘自一九〇一年七月十二日（西历二十五日）之奥得沙时报，据云奥得沙将于是日欢迎西藏达赖喇嘛之特使，该特使一行顷正驰赴圣彼得堡，携有外交之重要训令。领袖使臣为德尔智氏，其主要目的，为谋与俄

①次安尼堪布：即俄国间谍德尔智

国亲善,并增进友好关系。据云此一使节系由达赖喇嘛拼挡部置,并备亲笔书函及各色方物,呈献俄皇,又关于讨论在俄京圣彼得堡设立西藏永久使馆,期与俄国保持良好关系,闻亦此行任务之一云。……新时代报评论谓:“西藏使节之再度出现于俄境,足证德尔智氏前此奉使来俄,满载良好之印象而归,使达赖喇嘛决意与俄国缔结最好之关系……自彼(达赖喇嘛)视之,与俄亲善必为最合理之步骤,盖俄国为唯一强国之能破英国阴谋者。”

荣赫鹏《英国侵略西藏史》孙煦初译本 第56—57页

俄皇尼古拉二世并吞中国西藏的野心

……

我告诉维特,我们皇上的脑袋中有宏大的计划:为俄国夺取满洲,把朝鲜并入俄国。还想把西藏并入本国。要夺取波斯;不仅要占博斯布罗斯,还要占达达尼尔……

《库罗巴特金日记》(一九〇三年三月一日)
张蓉初译《红档杂志有关中国交涉史料选译》
三联书店1957年版 第271页

预防俄人入藏勾结的奏折

1890年12月18日(光绪十六年十一月七日)升泰

驻藏大臣升泰奏:为俄人勾结藏番私相馈赠似宜先事预防事。

窃奴才前在印洋，即闻游历法人在达木地方驻扎两月有余，旋即改道由三十九族取道观觉，径赴巴塘，并亦呈验执照。又闻藏番有馈赠男女穿带衣物首饰等事，奴才即深疑该藏番等何以忽有此举，曾经在印在边附片陈明，拟回藏后尚须详查奏报在案。迨奴才巡阅后藏，即闻游历之人赠送番官礼物不少，旋藏以后，即饬委员详细访查。复查游历法人之内，亦有俄人，屡向藏番云：我等此来非欲不利于西藏，实为尔等保护疆土而来，缘我国与英世仇，我们久思攻取印度，未得其便，今印度无故欺负尔国，我等闻之，甚为不平，是以不辞数万里远来，实欲替唐古忒出力复仇，不料反被阻拦，实属辜负我国好意。闻藏番答以藏印之案，现蒙大皇帝特派驻藏大臣为我等解和，现已无事。该游历人云，英国人最无信义，不久定有反复，我等去后，你们尽可与之决裂，我留信在此，如以后你们再行打仗，即将此信送至阿朗同庆地方，我们即有兵来相助，你们缺乏军火我必能接济。于是派去番官颇觉相信，专人回藏请示，即不知如何回复，随即送去男妇穿戴各物不少。该游历之人又送藏番商上并派去番官洋枪、钟表、像片各物，又留有信二件及洋人所用信纸、信封等物，云如若藏、印有事，即用此信纸、信封写信与我国，即当发兵相助等语。于是藏番及游历之人深相欢悦，游历之人又用银两偿还前次用枪打毙牛马之价，始由三十九族改道前去。当由委员密禀前来，经奴才仍饬委员督饬噶厦将访闻俄人情形详细禀复。据噶布伦等公同会议，回称所有此事，由于我等不知外国情形，又兼彼时知大臣均未在藏，不得不如此，使该国之人可以早回；至于留信两封，一系交撇武撮伏，一系交谷绒异麻利，是劝告他两人到藏后不必极力拒绝，只可婉劝折回之意。至像片并信纸、信封，则言语支离，均未呈出，并据委员将洋信两封呈验前来。奴才查看两信盖有红胶图记，信面洋字，微有分别。此地既无识认洋字之人，又未便交赫政翻译，且据称两信系婉劝撇武撮伏及谷绒异麻利折回之函，该商上敢于呈验，必无他语，是以仍行掷还，只谕以后凡遇游历人等必须禀明而行，不准私有结交，免启番人意外之疑。该番等领回原信，似有喜色。查藏、印之案，费尽气力始就范围，此次俄人夹入游历法人之内，巧词挑逗，设藏番受彼愚弄，一旦堕其术中，所关非小。况俄人曾云：我们不久即发兵取印度之阿朗地方，英人如问我因何兴兵，我当云尔英国既无故取西藏之西金，我何不可以取尔之土耳其。巧言播弄，乃至如是。察看该噶布伦等言及于此，词色甚为欣幸，奴才因之抱虑转深。查西藏定制，凡达赖喇嘛以及掌办并噶布伦等，如有外番往来，信字必须先呈驻藏大臣阅看，语句如无违碍，始准缮发。今俄人非番部可比，而居心叵测又如是，派去番官明知边案已了，敢与传递此等言词，而商上又竟敢与之交结。前经派员访查，奴才回藏已久，并未据商上回明，直至饬令禀复，始将洋函呈验，其私与俄人交结，已情见乎词。查藏之西北，直抵和阗、叶尔羌，皆平原戈壁，荒漠无人，而和阗以外之疆域，近日皆为俄有。俄人如相与藏番往来，驻藏大臣难于查悉。即使查知，而驻藏官兵寥寥，亦难设法箝制，事关重大。奴才忝任藏事，责无旁贷，既经查悉，未敢壅于上闻，应请饬下总理衙门，并连上次奴才查看纳金隘口思患预防之折，一并迅速妥议筹办，以期防患未萌，谨奏。

光绪十六年十一月初七日(1890 年 12 月 18 日)奉朱批：该衙门议奏。

《清季外交史料》第八十三卷 第 30—32 页

英国外交大臣兰斯顿侯爵致英国驻俄大使斯高特爵士(节录)

1903年4月8日(光绪二十九年三月十二日)

俄国大使今日告我,他已接到兰斯多夫伯爵[俄国外交大臣]给他的答复。……俄使正式向我保证,俄国政府并没有和中国或西藏或任何其他方面订立过关于西藏的条约,也没有派任何代表至西藏,而且也无意派代表或代表团至该地方。兰斯多夫伯爵甚且对大使没有对这些传说立即予以否认表示惊奇。使他感到实在惊讶的是,英国政府竟然对这些传说如此轻信。俄使接着说,俄国政府对西藏虽然没有任何企图,但是,如果该地方现状发生重大扰乱,则俄国政府不能置之不问。这种扰乱可能使俄国有必要保卫它在亚洲的利益,然而,即使是在这种情况之下,俄国仍不愿干涉西藏的事务,因为俄国的政策是,"无论如何也不干涉西藏";但俄国有可能被迫在其他地方采取措施。俄国视西藏为中华帝国的一部分,并注意于中国的完整。俄使又说,希望不要由于英国对于西藏的行动而引起这样的问题。我答俄使说,英国没有兼并西藏的意思;但如他所知,西藏与我边疆毗连,英国与藏人订有约章,享有商务便利的权利。倘若有人否认我们这些权利,或藏人不履行条约义务,我们就要坚持权利,那是绝对必要的。俄使对此表示同意。我又说,凡遇有这种情况,即非文明国与文明国属地毗连,则文明国应得行使若干当地的优越权,这是不可避免的。像我以前已对俄使解释过的那样,我们在西藏正是享有这种优越权。但也不能由此认为英国对于西藏的独立怀有任何企图。

《英国蓝皮书》帙1920 第187页

兰斯顿侯爵致斯普灵莱斯[1](节录)

1903年11月17日(光绪二十九年九月二十九日)

俄国大使今天来访,立即用恳切的辞句述说了关于荣赫鹏中校的部队即将进入西藏的宣言在俄国所产生的影响。他奉命提醒我,在四月八日他曾就俄国政府对待西藏问题的态度向我作过声明。俄国政府不能不感到,英国军队入侵西藏领土,势将引起中央亚细亚局势的严重扰乱。最不幸的是,如我所知,正当俄国政府倾向于就英、俄两国利益相关联的各个方面举行和协的商谈之际,竟然发生了这样的一件足以引起俄国猜疑的事件。……

我答复称,宣言所似已引起的激昂,使我大为惊讶。我曾经向俄使阁下指出过,西藏一方面在地理上和印度密切联系着,而另一方面和俄国的亚洲属地则距离很远。因此,我们对西藏事务的利益和俄国对西藏所可能有的利益毫无共同之处。我提醒俄使,我曾经同他作过解释,我们遭受到西藏人的最激烈的挑衅。他们不但不履行条约义务,而且简直拒绝和我们谈判。他们甚至于退还了我们写给拉萨当局的信。近来他们又逮捕了两名英国居民,并且,据我们相信,野蛮地将他们处死。他们还夺去了英国代表团使用的运输牲口。我们向来是不愿意纠缠于和西藏人争吵的。但恐怕我们的容忍已使他们认为,可以虐待我们而不受到惩罚。我坚定地相信,俄国政府是不会像我们这样的忍耐的。如果是他们遭到这样的事情,他们现在就已经到达拉萨了。我认为还必须指出,使我惊异不止的是,这种抗议居然来自一个强国的政府,它在全世

---

①斯普灵莱斯:英国驻俄大使馆一等秘书。

界各地,在情况要求他的时候,从不犹豫而对其邻国进行侵犯。如果由于我们进入西藏领土,向藏人要求赔偿,而俄国政府就有权利对我们作不平之鸣的话,那么,关于俄国对满洲、新疆、波斯各地的侵犯,难道还有哪些言语是我们所无权使用的吗?

班根多夫伯爵[俄国驻英大使]问我,我是否反对他这样说,即:我们对西藏领土入侵的认可,是勉强的,是情况使其不可避免的,而且,我们唯一的目的,是为遭受西藏人的侮辱求赔偿。我答称,我不反对他作这样的声明。

《英国蓝皮书》帙 1920　第 298—299 页

英俄专约①

1907 年 8 月 31 日(光绪三十三年七月二十三日)
在圣彼得堡签字

大不列颠、爱尔兰及海外不列颠诸自治领联合王国君主兼印度皇帝陛下,诚心愿望彼此协商解决亚洲大陆上两国利益有关的各种问题,决定缔结协定,以防止大不列颠与俄罗斯之间关于上述问题的一切误会原因。因此之故,特各任命全权代表如下:

大不列颠、爱尔兰及海外不列颠诸自治领联合王国君主兼印度皇帝陛下特派驻俄罗斯全权大使尼高逊爵士;

全俄罗斯皇帝陛下特派外交大臣伊斯福士基宫廷长官;

各将全权文凭交阅,俱属妥善,彼此协定如下:

关于西藏的协定:

①本约于 1907 年 9 月 23 日在俄国圣彼得堡互换批准书。

大不列颠政府及俄罗斯政府以承认中国在西藏宗主权之故，大不列颠又以其地理地位之原因，对于保持西藏对外关系现状有特别利益，兹订立协定如下：

第一款　两缔约国约定尊重西藏领土完整，并不干涉西藏内部行政。

第二款　按照所承认的中国对西藏宗主权的原则，大不列颠及俄罗斯约定，除通过中国政府外，不与西藏直接交涉。此项约定并不排斥按照一九〇四年九月七日（光绪三十年七月二十八日）《英藏条约》第五款所规定，并经一九〇七年四月二十七日（光绪三十三年三月十五日）《中英续订藏印条约》所确认的英国商务代表与西藏当局间的直接关系，也不变更一九〇六年中英续订藏印条约第一款的承担。

兹经明确了解，大不列颠和俄罗斯的佛教徒属民得与达赖喇嘛以及西藏其他佛教代表发生纯属宗教事务上的直接关系。大不列颠政府和俄罗斯政府方面相约，不得令该项关系损及本协定的各项规定。

第三款　大不列颠政府和俄罗斯政府各约定不派代表至拉萨。

第四款　两缔约国规定，不为自己或其臣民在西藏谋求或取得铁路、道路、电报，及矿山的让与权或其他权利。

第五款　两国政府议定，西藏岁入的任何部分，无论为实物或现金，均不得抵押或让与大不列颠或俄罗斯国家或两国的任何臣民。

英俄关于西藏协定的附件：

大不列颠重申印度执政大臣兼总督阁下所签押的宣言，该宣言附载于一九〇四年九月七日专约的批准书；宣言内开：一俟二百五十万卢比赔款缴付三年三期之后，驻守春丕的不列颠军队应实行撤退，但该约第二款内所言通商市场必须已实行开放三年，而且西藏当局对于上述一九〇四年约内均已同时一一认真实行方可。

兹特明确了解，倘有任何原因，使占领春丕的不列颠军队未能按上述宣言所定期限撤退，则不列颠政府与俄罗斯政府将对于此事友谊地交换意见。

本专约应经批准，并从速在圣彼得堡互换批准书。

为昭信守，双方全权代表各于本专约上签名盖印。

此约于一九〇七年八月三十一日在圣彼得堡制成两份。

尼　高　逊　画押

伊斯福士基　画押

《英国议会文件》第5240卷 第128—130页

英国驻华公使朱尔典爵士
致英国外交大臣格雷爵士公文(节录)

1907年10月14日(光绪三十三年九月初八日)发，

1907年11月30日(光绪三十三年十月二十五日)收到

在我上月二十八日的公文中，我已经报告了我和我的俄国同事[指俄国驻华公使]已经把八月三十一日英俄两国关于西藏缔定的条约知会了外务部，并且我们可采取的这一步骤会使得我们的关于禁止科学调查团的训令成为有效。我们向梁敦彦大臣递交了照会，请求中国政府在厉行禁止科学调查团方面与我们合作，并请求中国政府对西藏的范围和界限加以确定。梁敦彦于本月四日就与此有关的其他问题来再访我。他走了以后又派人送给我这份随信附上的备忘录，还附有一张短简，解释说他在我们会谈时忘记就手把这个备忘录交给我。次日，外务部又把同样的备忘录送了一份给我的俄国同事，并没有附上其他的说明。外务部是用这份备忘录来回答我们的照会的，备忘录中说明中国以往从未允许过外人旅行西藏，它今后也将坚守这一方针。备忘录又说，西藏的范围和界限并无变动，仍应遵从旧的西藏的界限。外务部既然认为没有必要对它重新划定，因此对此问题也就无庸正式回答了。我的俄国同僚和我都一致同意，再和外务部交涉这一问题也不会有什么结果。由于他们对最近的法、日协定的反应可以看出来，目前中国政府对这类问题是非常敏感的，同时我们也没有理由怀疑他们会改变过去所一直遵循的拒绝外人进入西藏的政策，虽然他们对于这一漫长而又很少为人所知的边界统治权的薄弱，使得他们想厉行这一政策，在实施时会有极其巨大的困难。

《英国蓝皮书》帙 5240　第 134—135 页

俄、英策划之“蒙藏协定”

朱　绣

（民国）二年（1913 年）一月上旬，英俄关于蒙藏之密约成。俄煽惑哲布宗丹巴，英怂恿达赖，使双方委员会于库伦，密秘议定蒙藏协约，达赖提出条件四，哲布宗丹巴提出条件五。

达赖之条件：

（1）由哲布宗丹巴要求俄国同时承认蒙藏独立。

（2）请求俄国派兵保护藏地。

（3）与中国断绝关系。

（4）禁止华人入境。

哲布宗丹巴之条件：

(1)由西藏遣派大员常驻库伦，以便会议要政。

(2)声明西藏独立之原因。

(3)由达赖与英协商对抗中国之方法。

(4)协力保卫库伦。

(5)缔结蒙藏同盟。

嗣后双方屡次协议，而“蒙藏协约”果成，遂于库伦签印，协约之原文为左：

(1)达赖喇嘛承认蒙古之实权，并承认辛亥(1911 年)十一月九日宣言，为黄教主活佛之独立国。

(2)蒙古政府承认西藏为自治国，达赖喇嘛为宗教主。

(3)两国为互图黄教昌明起见，当执行一切之处治。

(4)两国政府危急存亡之秋，宜永久互相援助。

(5)两国对于彼此领土内奉公之旅行者，及关于宗教之旅行者，宜互相保护。

(6)各种物产及家畜，照旧自由贸易，并互设商业机关。

(7)商业上之债权，凡经政府及商业机关之承认者，得生效力。若在本约缔结以前所行交易至本约结果，当生莫大之损害者，不在此限。

(8)本约如有未备之处，应由两政府各派代表随时随地为相当之协商。

(9)本约自签印之日施行。

再约于西藏壬子年十二月四日，蒙古帝国二年十二月四日，两代表会于库伦签印。

朱绣《西藏六十年大事记》第 38—41 页

清朝末年在西藏地区的改革措施

致外部电请速整顿藏政收回治权

光绪三十一年十二月十三日(1905 年 1 月 7 日)张荫棠①

电诉称英人私议,及印度政府阴谋,彼已实行与藏直接政策,决无疑义,英深知达赖与班禅不睦,怂令班禅回藏,滋生事端,英藉保护进兵,则全藏危矣。若待变象已见,即百计补救,亦属无济。我国整顿藏事,迟早皆应举办,今事机迫切,尤为刻不容缓。拟请奏简贵胄总制全藏,一面遴派知兵大员,统精兵两万,迅速由川入藏,分驻要隘。所有一切内政外交,均由我国派员经理,并次第举行现办新政,收回治权。其达赖、班禅等,使为藏中主教,不令干预政治。俟布置既定,逐年递减兵额,以节糜费。棠为藏事危险,有关大局起见,伏候钧裁。棠覃。

《清季筹藏奏牍》第三册《张荫棠奏牍》卷一 第 11—12 页

致外部丞参函详陈英谋藏阴谋及治藏政策

光绪三十二年三月二十三日(1906 年 2 月 16 日)张荫棠

……班禅自回藏后,虽未探有私商事件的证,惟闻英与班禅已订私约,以哲孟雄及布丹两王作证等语。又闻哲孟雄有当沙巴拉

---

①张荫棠:字憩伯,广东南海人。光绪二十八年(1902)随唐绍仪与英议订藏约。光绪三十二年(1906)受命入藏查办等事。

系哲孟雄最有权势官员，熟悉藏情，前年随同英兵入藏探听藏中虚实，随时报告英军，是以直达拉萨，及事定后，英人封以王号，以旌其功。又班禅处有信任藏官一人名小忠，先为藏人驱逐，乃英人载至伦敦，并往印度，令学英、印两处语言文字，英复令其回藏渐为班禅倚任。英军入藏时，或谓小忠有私通消息情事。现在班禅回藏，受英恩遇，以当沙巴拉蛊惑于外，以小忠煽惑于内，班禅或有异志，在所不免。以上各节，是否确实，虽难凭信，惟既有所闻，自当琐达请听。第上年(光绪三十年，1905 年)腊月迭上大部歌覃祃三电，备述英人与班禅阴谋等事，早邀洞鉴，外人于我国藩属，纯用阴险手段，使我不觉；及事机暴发，在彼则谋画夙定，在我则猝不及防。又其于所属之国，则决不听其自领政权，反令主国权力犹有所不及，而予外人以可乘之隙者。现在藏中情形，驻藏大臣虽拥尊号，而举办一事，藏番外示诚朴，阴实抗违。近年藏中内政外交，驻藏大臣不得不以开导为词，诚实情也。英人经营西藏已非一日，耗费不下千万，阴谋百出，令人有不可思议者。前年乘日、俄开战，知俄势力东西不能相顾，又乘我国多事，于是有侵藏之举。此次又诱班禅来印，待以王礼，印报谓英人深知班禅与达赖不睦，劝令班禅请英保护，拒绝达赖，以图独立。惟班禅年少质愚，虽无远志，难保不为所动。然班禅岂足以自立图存者，是即日本扶助高丽之故智耳。且西藏仰托我国庇下，深仁厚泽二百余年，其仇英之念极深，岂甘反面事英，降心以相从哉？盖深怵英之势力，足以胁制全藏，而主国实有不能与抗之势，则藏一无可恃，恐不得不反颜以相向耳。窃思藏地东西七千余里，南北五千余里，为川、滇、秦、陇四省屏蔽，没有疏虞，不独四省防无虚日，其关系大局实有不堪设想者。且各省办理边防，均有重兵镇守，西藏密通印度，边患交涉，与行省不同，其危险情形，尤与上年不同，诚如当轴所谓整顿西藏，有刻不容缓之势矣。惟整顿西藏，非收政权不可，欲收政权，非用兵力不可。

查驻藏汉兵除护粮台官兵外,只有六百二十一员名,半供塘递巡卡之役;番兵不过三千名,又星散数百里外,非调遣新练劲卒,不足示威。盖兵威不壮。则兴革各事,既有多方掣肘之虑,尤有变生意外之险。明知经费浩大,国帑支绌,诚属为难,但外患方殷,内变自亟,一旦有事,英人乘机入藏。我则鞭长莫及,将来再图补救,亦复无济,得失相权不待智者而后知矣。拟请奏简贵胄,总制全藏,并派知兵大员,统精兵二万人,迅速由川入藏,分驻要隘,以救目前之急。俟大局稍定,陆续添练番兵,再行逐年递减汉兵额数,此后常年驻藏汉兵约需五千,即足以资弹压。一面将达赖、班禅优加封号,尊为藏中教主,所有内政外交以及一切新政,由国家简员经理。恩威并用,使藏人实信国家权力深有可恃,则倚仗之心益坚,又何敢再萌异志?况英人亦视我在藏兵力强弱,能否治藏地以为因应,我能自治,外人无隙可乘,自泯其觊觎之心。第为藏事目前危险起见,谨披沥上陈,伏希代回堂宪,以备采择,不胜幸甚。敬请勋绥。

《清季筹藏奏牍》第三册《张荫棠奏牍》卷一 第13—15页

旨著张荫棠以五品京堂候补往藏查办事件电

光绪三十二年四月初六日(1906年4月29日)

奉旨:张荫棠著以五品京堂候补前往西藏查办事件。钦此。枢鱼。

《清季筹藏奏牍》第三册《张荫棠奏牍》卷二 第1页

旨张荫棠著赏给副都统衔电

光绪三十二年四月十四日(1906年5月7日)

奉旨:候补五品京堂张荫棠著赏给副都统衔。钦此。枢寒。

《清季筹藏奏牍》第三册《张荫棠奏牍》卷二 第1页

旨著悉心经画藏务

光绪三十二年四月二十二日(1906年5月15日)

奉皇帝敕谕:朕惟西藏地方,关系至为重要,现在中英两国新定约章,特命尔[①]前往藏地,查办事件。所有按约开埠事宜,及应切实筹办。至藏中应行布置一切,并即悉心经画,随时详晰具奏。其随行员弁及番众人等,听尔节制调遣。尔其敬谨将事,毋负委任。特谕。

《清季筹藏奏牍》第三册《张荫棠奏牍》卷二 第2页

①指张荫棠。

致外部电告到藏日期及藏民欢迎情形

光绪三十二年十月十五日(1906 年 11 月 30 日)张荫棠

藏密。初三日(11 月 18 日)自江孜起程,十二日(27 日)行抵拉萨,跻磨盘山,恭诣万岁牌位。达赖代理人暨四噶布伦均亲郊迎,廓尔噶酋长排队来接,藏民万余,夹道焚香顶礼欢呼。查藏众素称愚梗,自二十年(1984 年)亚东开埠,三大寺禁民贸易,弗遵开导,今如此恭逊,良非始念所及。此皆仰仗朝廷威德覃敷及军机处外务部随时指授机宜,故臣得黾勉从事。将来江孜、噶大克开埠,想不致棘手。所有到拉萨日期,合光电陈,乞代奏。棠删。

《清季筹藏奏牍》第三册《张荫棠奏牍》卷二 第 14—15 页

致外部电请代奏参藏中吏治积弊请旨革除惩办

光绪三十二年十一月十八日(1907 年 1 月 2 日)张荫棠

藏密。奏为沥陈积弊,请旨革除惩办,以维边围人心事。窃维安边之要,首在察吏,必大吏廉洁,率属办事,乃能刚正而服远人。今藏中吏治之污,弊孔百出,无怪为藏众轻视,而敌国生心。查驻藏大臣历任所带员弁,率皆被议降革之员,钻营开复幸得差委,身名既不足惜,益肆无忌惮,鱼肉藏民,侵蚀库款。驻藏大臣利其节寿,一切暧昧供亿,反为讳饰,转求高上垫借亏挪,又暗许其藉差浮冒报销,以为抵偿。藏中文武大小官,无不以边防报销为唯一之目的。此藏中员弁积弊也。又驻藏大臣照章会同达赖奏补噶布伦缺，陋规一万二千两，额外需索，犹不止此。挑补戴琫、甲琫各官，陋规二三千至数百不等。藏官皆摊派于民间，民之何辜，罹此荼毒。至签掣达赖之年，则尤视为利薮，故达赖丑诋为熬茶大臣。日形骄蹇，一切政权，得贿而自甘废弃。十五年(1889 年)查抄藏王第穆家产一案，商民至今冤之，又靖西、前藏粮台节寿酬应，岁需三千两，比驻藏大臣积弊也。有泰二十九年(1903 年)十一月到任，英军犹驻堆朗，约赴帕克里议和，照十六年(1890 年)条约切实办理，愿即休兵，初无直捣拉萨之意。乃裕钢一误于前，有泰再误于后，藉口商上不肯支应乌拉，不能起程，仅派李福林前往，半途逗遛，迨英兵至江孜，又日请有泰往议，仍不敢去，仅派马全骥、刘文通赴孜，不得要领而还，卒酿成六月之变。有泰始往见荣赫鹏，自言无权受制商上，不肯支应夫马等情，以告无罪，媚外而乞怜。荣赫鹏笑颔之，载入蓝皮书，即以为中国在藏无主权确证，庸懦无能，辱国已甚。查藏人虽疲玩，现无顽梗抗命之势，非国初第巴桑结时可比。有泰到任半年，毫无经画，坐误事机。其三月十七日致外部电云："番众再大败，即有转机。"谬诩为釜底抽薪，冀幸英军进拉萨为我压服藏众，诚不知是何肺肠！坐视藏僧与英军在布达拉山议约十条，无一语匡救，约成哄令画押，仓皇失措。幸经外务部电阻诘责，又讳饰非英、番经行画押，英官与泰筹商再四，复为荣赫鹏不画押日偿卢比五万元之语所恫喝，自以督率番众，先行画押，又格外允许江孜英员，听便入拉萨会商商务，并见于八月初十日有泰致外部电。颟顸误国之弊，臣所不能为有泰讳也。英军驻拉萨两月，伙食均自备，其犒赏牛羊薪草等项，约费千五六百两，藉端报销至四万，八月外部汇款未到，先电称经费甚不能敷，预留浮冒地步。向章系由粮台报销，李梦弼初销三千两，被有泰驳斥，改由洋务局骁骑校江潮县丞余钊报销。又闻乍雅兵变围署，及噶布伦因赔款赴印京，所费也不过六七百两，报销至二万。洋务局员皆驻藏大臣文案兼差，岁提边防项下经费一万两，委任私人，朋比分肥。此报销浮冒之弊,臣所不能为有泰讳也。有泰信任门丁刘文通,自称系外委功牌,以之署理前藏游击,领带两院卫队,又总办全藏营务处。凭权纳贿,卖缺鬻差,其门如市,各台汛员弁纷纷藉端更调,下至挑补兵丁台粮,需索藏银四五百不等。请西游击周占彪,亲言被刘索到任礼一千百六十两,又都司李福林获咎撤任,贿刘五千两转升游击,虽不自认,而人言藉藉,谅非无因。藏印军务倥偬之际,警报屡至,催赴敌前开议,有泰置若罔闻。刘文通购进藏姬五六人,献媚固宠,白昼挈随员等赴柳林子,招妓贿酒,跳唱纳凉,该大臣醉生梦死,一唯所愚弄。又于巴塘案为之滥保千总。帮办大臣联豫抵任,以刘出身微贱,劣迹昭著,呵斥弗见,两大臣遂成仇僚,两月未尝会商公事,地方官出而再三和解。此纵容门丁需索之弊,臣所不能为有泰讳也。查前藏粮台川省岁拨六万两,自光绪二十三年(1897年)纳钦岁提一万归洋务局,又市价九折汇兑,实得四万五千两。自十三年年(1887年)起,前粮台黄绍勋、王延龄、郭镜清、胡用霖、杨兆龙,历任亏挪银五万两,至二十八年(1902年)有泰到任,粮台知县李梦弼、同知恩禧亏空骤增至十一万两。寅支卯粮,现将三十四年(1908年)份川饷均预支用讫,粮员余钟麟不肯接任,有泰嘱李福林设法指三十五年(1909年)份川饷,向商上垫借,商上不肯给。现有泰将去任,粮台例办夫马等项约需五千两,有泰婉求商上借五千,以利遄行。适廓尔喀贡使过拉萨,粮台又须供给夫马等项三千金,无法垫发。查兵饷关系紧要,似此无米为炊,不特饥溃堪虞,而东挪西借,亦为藏官所轻视。推原其弊,前藏粮台向系优缺,故两院大臣事事责之供应,而边防项下,又宽以报销之路,近年汇兑价跌,又提去洋务局经费,川省于边防项下核销较严,旧例供应,则有增无减,而不肖粮台,因得藉口亏空,腾挪预支,浮冒报销。虽明知建昌道核销必驳,然已饱飏而去,参革弗恤矣。及今不彻底查究,应追应免,斩尽藤葛,将愈积愈深,愈借愈远,猝有边衅,闹饷师溃,藏事有不堪设想者,又已革县丞范启荣,前充文案委员,招摇撞骗,现委署后藏粮台,兼署都司,物议沸腾。卸任靖西同知知县松寿欠发兵饷六个月,侵吞入己,计共亏空银八千余两,交待未清,谄求英官甘波洛营救保护,潜回拉萨,令其子善佑拜甘波洛门,认作师生,借敌国势力以图挟制;又私托洋官,求臣派差,实小人无耻之尤。以上各员,声名狼藉,无可宽容,可否请旨将现在西藏之刘文通、松寿、李梦弼、恩禧、江潮、余钊、范启荣七员先行革职,归案审办,分别监追,以警贪黩。松寿之子善佑随任把持公事,贪横最著,应请革职,永不叙用,递解回籍,交该旗严加管束。署靖西游击周占彪、前署后藏都司马全骥营务废弛,均请勒令休致。游击李福林,在藏年久,熟悉藏情,应请革职留任,暂准交臣差遣,以功赎罪。倘仍前玩愒,即从严参办。有泰系二品大臣,应如何示惩之处,呈明自有权衡,非臣所敢擅拟。再查噶伦彭错汪垫贪黩顽梗,勒索百姓,赏差银两,任意苛派,浪子轩[①]番官阳买,贪酷素著,民怨沸腾,均请先行革职查办。臣为整顿吏治,以安边圉起见,是否有当,伏候圣裁。请代奏。棠巧。

《清季筹藏奏牍》第三册《张荫棠奏牍》卷二 第17—20页

旨有泰等著革职查办电

光绪三十二年十一月二十九日(1907年1月13日)

奉旨:张荫棠电奏悉。据陈藏中吏治之污,鱼肉藏民,侵蚀饱饷,种种弊端,深堪痛恨。刘文通、松寿、李梦弼、恩禧、江潮、余钊、范启荣等均著革职,归案审办,分别监追;善佑著革职,永不叙用,

---

①浪子轩:即朗子厦,系拉萨市政府。

递解回旗，严加管束；周占彪、马全骥均著勒令休致；李福林著革职留任，带罪效力，倘仍前玩愒，即行从严参办；有泰庸懦昏愦，贻误事机，并有浮冒报销情弊，著先行革职，不准回京，听候归案查办，仍著张荫棠严切彻查，据实复奏。至噶布伦彭错汪垫番官，均著革职究办，该衙门知道，钦此。枢有。

《清季筹藏奏牍》第三册《张荫棠奏牍》卷二 第22页

旨著张荫棠将藏务妥慎通筹毋涉操切电

光绪三十三年正月初七日(1907年2月19日)发

奉旨：有人奏风闻张荫棠有令喇嘛尽数还俗，改换洋装之事等语，藏番崇信宗教，如果操之过蹙，深恐激成事变。著张荫棠将藏务妥慎通筹，毋涉操切。钦此，枢阳。

《清季筹藏奏牍》第三册《张荫棠奏牍》卷二 第30页

致军机处外务部电请代奏辩未强令喇嘛改装

光绪三十三年正月十一日(1907年2月23日)张荫棠

奉初九日电旨，恪遵。仰见皇太后皇上，明见万里，训诲周详。臣自抵藏，屡与喇嘛演说佛理，即借宗教以联络藏众，因所明以通所蔽，曾发西藏善后问题二十四条，交商上、三大寺会议，并无令喇嘛尽数还俗，改换洋装之事。如朝下此令，夕即激变，臣愚亦不至此。臣办事切直，致招蜚语，十二月中拉萨即宣传微臣被言官参劾之谣，臣自问无他，上可对朝廷，下可对藏众，毁誉一听公论。今感激圣明，益当恪遵训谕妥慎从事，不敢稍涉操切，除将善后问题二十四条，并商上禀复，咨军机处外务部备查外，现在阖藏喇嘛悦服安谧。谨据实复陈，堪以上纾宸廑，伏乞圣鉴，请代奏。棠真。

《清季筹藏奏牍》第三册《张荫棠奏牍》卷二 第30页

致外部电陈治藏刍议

光绪三十三年正月十三日（1907年2月25日）张荫棠

印政府主侵略开埠，只表面名词，应亟筹收回政权，练兵兴学，以图抵制而杜藉口。欲收政权，必趁达赖未回，得陆军毕业生百十人，密为布置，事半功倍。现藏众悔祸输诚愿变法听指挥，唯棠智小谋大，咯血日剧，本欲埠事妥后，回京调理，再上善后条陈，但以大局攸关，机不可失，苟能为国家办一事，躯命亦何足惜？倘敷衍塞责，非棠入藏初意，亦负公经营苦心，因先献刍议，乞公裁正，或交外部作公牍，密向邸枢妥筹，倘蒙采纳，即代奏赐复，俾先布置，尚须回京搜罗人才备用。事机危迫，不在纸上空谈，贵得人切实办理。倘鄙意不可行，则棠开埠事竣，查而不办，奉身而退，以俟能者而已。刍议如下：

——拟达赖、班禅优加封号，厚给岁俸，如印度各藩王之制，照旧制复立藏王体制，视达赖专管商上事，而以汉官监之。

——拟特简亲贵，为西藏行部大臣，或就国，或遥领，候圣裁，体制事权，一如印督用王礼，则主国名义自定。设会办大臣一员，统制全藏，下设参赞、副参赞、参议、左右付参议五缺，分理内治、外交、督练、财务、学务、裁判、巡警、农、工、商、矿等局事务。其亚东、江孜、札什伦布、阿里、噶大克、察木多、三瞻、三十九族、工布、巴塘等处，酌设道府同知，均用陆军学堂毕业生，督率番官，治理地方，兼办巡警裁判，均优给廉俸。查藏番以营官分治，如内地之州县，每有番官之地，应设一汉官。

——拨北洋新军六千驻藏，藉壮声威。饷械由北洋拨给，归行部大臣调遣，三年后递撤回，改募土勇，以省远戍费繁。应如何调拨之处，由陆军部核办。

——藏番民兵，约可得十万，饷由藏拨，拟派我武备生统带训练，俸薪、军械、子弹药由我给。

——巴塘电线，应由部饬速接至拉萨。

——赶修打箭炉、江孜、亚东牛车路，以便商运。俟矿务旺，再修铁轨。现查江孜至帕克里可行电车；由工布至巴塘有草地平坦，向无人行，此官路近千余里，已派员踏勘。

——广设汉文学堂，使通祖国语言文字，兼习学兵式体操，教习均用南北洋、蜀、粤陆军毕业生。三年后兼教英文，六年毕业。所有藏中官兵，均由此选。

——现与商上议定，藏属除封禁雪山外，凡五金煤矿，准中国、西藏军民人等报明矿务局开采，出矿后，官只收什一之税。凡开平、大冶及南洋、美国华矿工，均可招来试办。

——藏中差徭之重，刑罚之苛，甲于五洲，应一律革除，以苏民困。

——巴塘新收盐税颇旺，藏中向无盐税，拟于喀喇乌苏、鹿马岭等处各盐井设局微税，官商并运。

——羊毛、牛尾、骨、角、猪毛、药材，将来必为出口货大宗，三埠设关后，应酌定出入口税则。

——收回铸造银、铜、纸币之权，设银行以利转输，官兵俸饷，均由此发。

以上三条于经费不无小补，但现难定确数。

——前后藏台站额兵老弱缺额，徒饱私囊，应裁撤改办巡警，以警兵兼督修路。

——设汉、藏文白话旬报派送，以激发其爱国心，进以新智识。

——印茶入藏势难久禁，炉[1]税必日绌。将来应酌量免税，宜破除故见，以川茶子输藏教民自种，以图抵制；炉茶或暂由官局督运，以平市价。

——拉萨向有制枪厂，惜狭陋，应派南北洋制造局匠头来藏另购机器，以图扩充。

——布鲁克巴、廓尔喀为藏门户。布贫弱，受英笼络；廓近仿西法兵强，英颇忌之，世修职贡，宜派专使宣布威德，谕以唇齿之义，密结廓藏攻守同盟之约。

——由部拣派明干总领事驻印京，侦探印事，密报藏防备。

——岁费综计约二百万，由部核议指拨。

藏属纵横七千里，矿产甲五洲，将来必为我绝好殖民地。经理得人，十年收效必倍，每岁商务所入，何啻千万！及今不经理，恐落他人之手。况英、俄交伺，在我虽欲为瓯脱之弃而不能，以他日边防之费，为今日治藏之用，所省实多矣。棠元。

《清季筹藏奏牍》第三册《张荫棠奏牍》卷二 第31—33页

传谕藏众善后问题二十四条附录藏众答词

光绪三十三年二月(1907年3月)张荫棠

传谕藏众善后问题二十四条

——此次藏印构兵，生灵涂炭，白骨遍野，四民失业，十室九

---

①炉：指打箭炉，即康定。

空，本大臣经过各地方，触目伤心，实深悯恻，不能不太息痛恨于黩武殃民之首祸诸臣也。此次藏印龃龉，英人藉口于尔藏人不遵守光绪十六、十九年（1890—1893 年）条约，不听大皇帝训令，故英人自以兵力收取应得之权利。起事之初，尔藏人本不谙交涉，专以客气用事，不明交邻之义，适以堕敌人诡计中。达赖并不禀命大皇帝擅开兵衅，实已犯无君之罪，临时又不听驻藏大臣良言开导，尔噶布伦、商上、戴琫各官并不能事先谏阻，一味阿谀奉承，兵败之后，如鸟兽散，或反以献媚洋人，自保身家为得计。今日藏事之坏至此，藏民兵燹之惨如此，尔藏官具有天良，清夜自思，何以对大皇帝，何以对宗喀巴佛祖，何以对全藏百姓？大皇帝若一旦赫然震怒，明降谕旨，责尔等以黩武殃民之罪，立置重辟，夫复何辞？尔等得邀赦典，皆大皇帝如天之恩也。达赖信任三五无识喜事少年，不度德，不量力，不审敌国强弱虚实，轻举妄动，平日漫无战守之预备，无兵无饷；一旦驱未经训练之愚民，持朽腐锈坏之武器，贸贸然与强敌战，视同儿戏，是不啻手刃屠戮其民，揆之佛教慈悲戒杀之旨，蝼蚁生草，不轻践踏，今乃残害无辜，纵免国刑，必遭阴谴也。使藏中能遵守十六、十九年所定条约，藏印相安贸易，何至出此一场恶战，一败涂地，城下劫盟，定十条新约，种种吃亏受制，贻后日无空之累哉？呜呼！世界上无论何国，贫者弱而富者强，智者兴而愚者亡，虔唪经典，不足以御巨炮也；谬信符咒，不足以御快枪也。洋人挟其兵力，以耶苏（稣）之教，压制全藏为牛马奴隶，此时虽欲唪经诵佛而不可得。经此创巨痛深之后，宜及筹惩前毖后之谋。本大臣奉命来藏查办事件，首以启发民智，日进富强为唯一之目的。尔噶布伦、文武大小各官，其各洗心涤虑，痛改前非，竭智尽忠，上副大皇帝子惠元元之意。倘仍虚㤭谬妄，贪黩残刻，罔恤民艰，本大臣执法如山，唯以军法从事，决不庇纵，勿谓本大臣不教而诛也。

——英军入拉萨后，尔噶布伦等擅与英军订立和约十条，失去种种权利，并未禀命大皇帝，实属专擅妄为。本应治以应得之罪，大皇帝曲谅尔等一时权宜救民之计，不加深究，尔等其知之耶？西藏系大皇帝统属，藏官无与他国立约之权，大皇帝故不肯承认拉萨之私约。英国不得已于光绪三十二年（1906 年）四月，与唐侍郎[1]在北京重定中英藏印续订条约六条，为藏人争回许多利权体面，奏经大皇帝批准，始将改定拉萨之约，作为附件，由汉官督率藏众，切实遵守。查拉萨原约，本有亚东、江孜、噶大克三处开作商埠之语。是该三处商埠，系出于尔噶布伦等阖藏之意，业经允认，此时自不能背约失信。但开埠办法，种种不同，必如何方能不失主权，而兴商利，稍有不慎，事权为人所牵制，而通商适成漏卮。商战之败，害尤烈于兵战。方今地球上万国交通，断无闭关绝市，而可以立国之理。稍知时务者，当破除昔日禁民贸易之迂见，盖商务旺则其国富，国富然后可以筹饷制械而兵强，自然之理也。西藏地广人稀，荒芜未辟，当用何法以振兴农工商业。现当亚东、江孜、噶大克开埠之始，尔等土著之人，于地方利病，见闻较确，外何以抵制洋商，内何以扩充民利，其详筹章程，以备采择。

——全藏文武大小藏官共若干员，如何分地而治，某官每年租俸出息若干，各处喇嘛寺地租若干，僧徒若干，一一详报，以备查核。

——拉萨原约声明，三处商埠妥立及切实开办，足满英人之意，三年后春丕兵方可撤退等语。在我应如何筹办，方能副妥立切实之义，使英人无可藉口，届时不能不撤兵。

——西藏介居英、俄两大国之间，因系中国属土，故英未敢吞并。如有奸臣进谗，或劝袒英或劝袒俄，此皆可杀。或英、俄行反间之计，劝尔背汉自立，归他保护，此系吞并之诡谋，切宜勿听。中

---

①唐侍郎：即唐绍仪。

国抚有西藏二百余年，未尝取西藏一文钱入中国，反为西藏糜费去数千百万，实念西藏百姓与中国血脉一线，如同胞兄弟一样，大皇帝抚莫大之恩，尔子孙世世不可忘。

——西藏内力未充，不可轻开边衅，与人战争，自取灭亡。宜忍小忿以图自强，凡事禀命大皇帝然后行，尔藏官平日亦要讲究万国交涉公法。

——拉萨城破，达赖出奔，实为唐古特千年未有之奇辱。尔等宜将战败杀戮惨状绘为图画，悬诸三大寺门口，永远不忘此耻，勿谓今日和约可长恃，当常思念敌人猝来挑衅，长驱直进，尔等有何策以御之？(1)知旧兵不可用，不能不改练洋操也；(2)知旧枪不可用，不可不改制快炮也；(3)粮饷不厚，不能得士卒之死力也；(4)侦察不密，不能知敌军之内情；(5)地图不精，营垒不能占形势也；(6)测量不准，枪炮不能命中也。事前不能一一筹备，敌至复束手无策，尔等其熟筹方略以对。

——练新军必先筹饷。商上为全藏财赋之总汇，每岁究竟进款若干，支款若干，省无益之冗费，实能练兵若干？西藏向用民兵，平时未经训练，出战时戈矛均由民备，每日仅给糌粑茶叶，不足糊口，安望其能杀敌？若招练常备新军数千，训练民兵，相辅而行，庶乎有济。尔等其详筹以闻。

——欲筹饷，必先振兴农工商业。藏地未开垦者甚多，某地宜种植，某地宜畜牧，某物宜制造，亟应请求。其出口货以羊毛、牛皮、大黄、麝香为大宗，并宜设法推广，以辟地源。

——西藏五金煤矿冠绝全球，英、俄久已垂涎，欲起而攘夺之，苟不自行开采，适启戒心。应如何妥定章程，任民开采，官收其什一之税，此天地自然之利，以西藏之财，办西藏之事，以西藏之地，养西藏之人。毋惑于鬼神风水之谬说，而闭塞山川之瓌宝。矿产既开，即可修矿路，商务更旺，富强之基，实根于此。其各摅所见以对。

——英军由哲孟雄之干多新修两路，直达春丕，将来商货必群趋此途，若一旦有兵事，设防亦莫要于此。英人全神注重于春丕、江孜一带平原，应如何先事预防。

——西藏黄教、红教，虽分两派，实同一家。应如何互相联络，释前嫌而共谋御外侮。

——西藏与布鲁克巴（本中国属地，英人谓之布丹国）、廓尔喀地势犬牙相错，实如唇齿之相依，应如何互相联络，以冀巩固吾圉。

——廓尔喀地虽小而兵甚强，近来采用西法，改用洋操，有精练民兵三十万，又有制造厂，能自铸枪炮，选聪强少年，往外洋游学。西藏与廓尔喀接壤，风俗政治相似又同是中国属地，应如何速派噶布伦、戴琫亲往详查，参仿其兵制以练新军，改良一切政治，与廓尔喀结攻守同盟之约。无事相亲睦，有事相扶持，庶敌人不敢觊觎侵侮。

——藏官来往，责民间供应乌拉夫马，实属扰民之苛政，应一律革除。或招商于拉萨、江孜、札什伦布设立乌拉公司，应如何明定章程，按日照给市价，以苏民困。

——藏中刑罚惨酷，动辄抄家灭产，自应查照大清律例，酌定宽厚简易之法，应如何分设中高初等裁判所，以平讼狱。

——藏民愚蠢多不识藏文，既系中国百姓又不识汉文，不懂汉语。达赖、班禅本应专管教务，应如何广兴教育，汉、藏文兼教，使藏民人人能读书识字，以开民智。

——山路崎岖转运艰阻，有碍商务；站宿之处，又时虞盗贼。应如何设立巡警局，修治道路，保护行旅。

——银行为商务之血脉，必周转便利，商务乃可大兴。藏库壅积而不流，币制尤搀杂破碎，商民交病。应如何议开拉萨总银行。分设支店于打箭炉、江孜、札什伦布、大吉岭等处，以便转输而扩商利。

——妇女首重贞洁。只宜管理家务，纺织细工，不宜充差徭乌拉贱役;又一妇宜配一夫,违者应如何议罚。则男妇均平,举国无旷夫怨女矣。

——洁净为卫生之要义。身体头发宜常洗浴,房室宜多开窗牖,饮水宜求清洁,屋旁宜留空地,多种树木,以吸空气,楼下不宜畜养牛马。粪溺郁蒸,有碍卫生,治病宜精究医药。以上诸事,藏人皆素未讲究,应如何设卫生局、医院,以保护民命。

——鳏寡孤独残废老弱之人,应如何设院收养,教以手艺,哑者能使识字,盲者能使读书,并宜教以相宜之手艺,使自食其力。应如何筹建协济善堂,以惠穷黎。

——西藏本系佛地,藏民人人应为喇嘛,各寺不宜限定额数,必广为剃度,方合佛教普度众生之旨,或虑喇嘛多则生齿寡,不知佛教真诠,原不禁人娶妻生子食肉,其不愿取妻者,别为苦行喇嘛,其愿娶者听,喇嘛仍可充农工商兵诸业,唪经只在密室中,子时功课,盖佛教之味只重本心,不重形式也。昔日本原系佛教,自僧空诲离鸾岁明本原真诠,遂成富强之业。应如何厘订章程,其详对以备采择。

附录藏众答词

第一条　彼此两国酿成兵端,因未熟谙战法,不能相拒,听英人意愿,只得订立条约。仰蒙大皇帝逾格恩施,宽免罪责,委属沦肌浃髓。前此失利情由,今虽未便再渎,但冀大人明悉,特将大略具陈,前此业已具禀。查光绪二十九年(1903 年)驻藏大臣裕[1]与达赖佛爷行文,以藏英事宜即须开放,是以派委汉官知府及番员中戴[2]二人,饬令前赴干坝。殊该外藩并不按理会商,突然返回,随带大兵由卓木、亚东越入关口,来至帕克里,将善言开议之前后戴

①裕:即裕钢。

②中戴:中即仲译,为噶厦大秘书;戴即代本,四品武官。

琫二人并札什伦布等处大小僧俗番官、防守番兵，在曲米昔葛[1]被外藩诡谬骗哄，先行出手，大肆伤毙，恃强直入。是以按照西藏前辈向来曾经分立甘结事理，不能舍弃大皇帝及达赖佛爷民土，有合藏僧俗大众公所会议，调遣番兵，无暇具奏请旨，不得不即行交战，实非达赖佛爷暨合藏大众不遵大皇帝谕旨。于文武事宜，未敢与彼寻衅，先行出手。且达赖佛爷实无背旨用兵之事，恳请鉴照。兹奉示谕，得邀赦典，实属感激。尚望据情奏明，以期得荷圣明洞鉴，务恳照前维持施行。

第二条　仰蒙大皇帝认真维持西藏事务，复订条约，实属感激。请将此约照抄赏发商上。至英军入藏立约一事，该英官由驻藏大臣有[2]交到注明八条清单，经僧俗大众公所会议后，将番边可以应允及不得承认应行驳复，并由噶勒丹池巴暨噶布伦等与合藏僧俗大众往谒驻藏大臣于众番官齐集处。英官言云：奉到披楞王谕旨，于前注八条清单之上从新复交增添，甚贻后患事宜，清单委属难以应承。因驻藏大臣乃系主持藏事之人，是以合藏大众将苦楚情形，只有一心倚靠驻藏大臣。大众均已同心商定，迭次递呈公禀，谕以议和事宜，只有如此，即照此出具图记，及噶厦以及大众图记，在布达拉颇章[3]，当同驻藏大臣有并廓、布、英、藏齐集所盖图订约先后，并非藏人擅敢轻立条约。若蒙询问有大臣自可明悉，藏人实无违背朝廷。恳请施恩，一并据情转奏施行。

第三条　所有抵制英商并筹备兵饷，俟奉训示，再当节次陈明。

第四条　前将僧俗文武大小花名，每年租俸庄田若干，递呈清单。至于商属各处营官地方人民共有若干，昨奉示谕，俟发到刻画

---

①曲米昔葛：即曲眉仙郭。

②有：即有泰。

③布达拉颇章：即布达拉宫。

底表,再行查明禀复。

第五条 此案筹办妥立之关键,须即安设三处商埠,前已具禀。其应修估值商房,一切应遵大人之意,由番边修理。所需土木石三项,自当即行札饬备办,来年天时和暖,汉英番三处会集,俟查勘工程,大小地方准定后,即行动工,不致违误。惟兵费银两,荷蒙圣恩赏拨帑库,今将来年三次兵费交请,商埠设妥后,该外藩未必藉词推诿之事。倘照前仍有前言后背开端藉口时,惟有据情向朝廷陈诉,此外别无所倚,以期免致争论,祈请预为饬禁。

第六条 英藏交兵后,该英人以为此后必须和睦,或达赖替身,或噶勒丹池巴,或商上官阶较崇之员,若到甲噶尔[①]谒见甲噶尔替身王子时,商务迅可了结,且与藏人甚有裨益,后又讲说古事譬喻,寄到信函;虽哄骗引诱,因该英人不特贯用诡谋,且教道相反,是以商议拒绝,未敢轻率前往。伏念西藏唯靠大皇帝作主施恩,至于俄罗斯国,亦属与英相同,将来西藏只有倚靠大皇帝,此外别无所望,务恳照前保护扶持。

第七条 所有公法,即当遵谕商询。至于设法自强,及新练兵丁各事,当如后开办理。

第八条 查西藏因系佛教,不但不知战法,且未设法筹备,突然拒敌,交绥败北,职此之由。此后敌人逼处,万难如前宽怀坐待,自应新练防守兵丁,于旧有前后藏番兵三千名之上增添,后开共拟一万名。所需枪支,前于此间曾造洋枪计一千杆,惟劲力不及外藩枪支,加以数目不多,不敷散给,新兵又难遽行制造。该外藩势亟强横,难保不突然进扰,以图先发制人。现在虽觉万难,只有仰恳据情代奏,赏给速率有劲新枪一万杆,配足弹药,并抬枪多杆,再将巧妙工艺数名,请由四川调藏,俾资教习番民,务望赏准办理施行。

---

①甲噶尔:即印度。

第九条　查商上进款，已饬各公所将进出折抵余剩若干，详细具复，俟递到再将清单具呈。惟进款大宗，均须念经作善支出，是以差徭每年并无余溢，凡遇增添支款，即于商上出银生息，亦皆按年悉作祝诵经典之用。所有练兵事宜，昨大众派令替身面谒，奉谕须练四万兵，每届年满退回，复调四万，轮替十年，即有四十万兵，其内须得常留给饷等谕。此事无论迟速，若果饬调拣选，或可足数，但藏地狭小，实难筹措兵饷，拟于前有三千番兵之外，前藏番兵田土较大，饬派二名，后藏番兵田土较小，凡番兵二顿派调一名，其余在商上世家寺院等处刚顿中摊派，择其强壮番兵五千人，每年轮换，连旧有番兵共计一万名，此项自当按其时势，练习洋操，谨如示谕遵行。

第十条　练兵饷项，尚应从新开垦，并设法振兴商务，总当遵谕，尽力筹办。

第十一条　查西藏从前曾在堆里属挖金，并依地拉属以及瞻对所属，向来只有挖金之规，其余银铜铁锡等项并煤实无开采之事。但以敌人逼近，万难坐视，系属实情。今虽不得不开挖备用，惟西藏乃系佛地，经传保佑黄教灵异护法各神山，并极要雪山甚多，若在此等地方开挖，设有不祥瘟疫饥馑等事，人心疑怪触犯神灵，以为风水寖衰，是以将此节除开。实非不遵示谕，置诸膜外。拟除去此项地土外，其余查明果有矿产，若系合宜之地，自当尽力开采。

第十二条　遽于要地设防，时下番兵军械尚未操练，暂时搁置。其间一面操练新兵，筹备器械，一面划分边界，并安设商埠，定明内外诸事章程，日后英兵撤退，届时将卓木等处险要，安设防兵。意见如此，应如何方能合宜，请示遵行。

第十三条　查向奉白教及红帽教道内，只有布鲁克巴别为一部，所有藏内各萨迦、黄教、红教、竹巴教，凡遵从教道者，于掌宣保护,皆能同心维持大局,向无袒徇。至布鲁克巴,若果未被英人强服,应照前和睦。大众将黄教在心,协力共谋一节,谨当遵谕奉行。

第十四条　查历年唐、布[1]因系同教,凡年期布番派人至藏谒见,现在亦照向例,力敦和睦。至藏、廓犹如兄弟敬爱,向来立有和约,更宜设法彼此扶助。应如何再行会商,俟详细请示后,即当层次办理。

第十五条　刻无军械,仅采办法,未必即见功效。俟练兵筹械备办时,自应参仿办法,藉作常规,认真筹画。

第十六条　查此事并非仅番边官员,尚有汉边官兵,廓、布、拉达克各蒙古以及商上各公所,应进差遥,如甲、薪、欧三项,并其余差赋炉茶呈进大皇帝供品等差,供应马、牛、人夫三项,宿站铺垫柴草各项,均归百姓预备支应一切,甚为繁多。若能定章,嗣后免其供备之时,虽与百姓生计裨益甚巨,但日久相沿之事一旦革除,筹画甚觉繁琐。刻下将如何办理,方资裨益之处,实难上陈,日昨公所替身前往面陈事件,随奉示谕马、牛、乌拉一事,当由此间传示,尔等不必为难,询属感佩。俟奉训谕,再将地方向来情形,陆续禀闻。

第十七条　西藏番刑,昔日迭经各贤王定明:凡杀毙、伤人、偷窃三项,唯视犯事大小,以定轻重惩罚。至于杀人,无论何国,其罪最重,虽应抵偿,但西藏系属佛地,凡遇杀人案件,应确查其人存心极恶,情罪最重人等,向规即将其人治以死罪,其余出手杀人凶手,并未定以死罪,将其人重加责惩,饬交命价,俾作善事。此外若有违犯法度重犯,由商上查抄家产,酌定惩罚,并无不分罪过轻重以惩事由商上即行抄家之事,此后必蒙监照。所谓管刑裁判,若有书籍,应即译成藏文,大众会议,再行禀复。

第十八条　谨当催饬大众,应如何设所教读,俟奉训诲,陆续

---

[1]唐、布:唐,指唐古忒,即西藏;布,即不丹。

遵照办理。

第十九条　凡商人所经并诸处修治崎岖各路，不致咸虞盗贼，每年历与各该营官通行晓谕，并切实札饬严禁。是否如此办理，或应如何设立巡警局，俟奉到复训，挨次办理。

第二十条　查上项各处应设银行，因藏地土宇狭小，每年应进差赋犹如前禀，悉作恭祝大皇帝及达赖佛爷平安经卷费用，今后亦须循照旧规办理，诚恐难有余溢。其库款大半生息，并无巨款存贮，委系实情，暂将格外设立银行，无论如何万难设措。拟将现铸银钱，暂行停止，用净银铸造五钱、七钱五分两重钱模，从前藏钱一元，历经搀铜五分，今既系净银，若能准其藏内加倍行使，酌定章程，出示晓谕，庶始终裨益良深，谨当照办。

第二十一条　查藏中妇女大半素以种田、乌拉等事倚为生计，不能如别国，并无熟诸工艺者，恐难以饬办，期其将来皆晓工艺。至匹配一节，应遵从前贤王所定十六条事宜，即当再行出示晓谕饬遵。

第二十二条　洁净洗浴，即当遵行，至医药，向来商上在当差内派有喇嘛医生二名，且贾热札仓系医道精晓者，现只有喇嘛五十余人。总须便于医治病人，惟有竭力保护民命。

第二十三条　藏地因系佛国，多有施舍衣食之人，除哑盲老弱童稚外，其余不肯下苦出力强壮男女极多，以后，凡强壮能做工人等，不准施给衣食，即当禁止。其哑盲老弱童稚，自必有人施舍衣食，设立博济善院诚恐日久难乎为继。应如何办理之处，请示遵行。

第二十四条　查西藏为佛教正宗根本所系之地，允宜纯一崇奉，宣衍直诠，实非敢违示谕。兹将缘由缕晰陈诉：若冀跻升佛域，首宜戒除密格十事，讲练格娃十规，系从登巴传流，继由黄教宗喀佛祖一再解释，无论何经皆详述根源。释教最重要之事，不娶妻室。所有喇嘛娶妻等事，于佛教应用经规二百二十四件必难保守。且现在常加管束，各寺不准稍有越犯。今若饬示听其意愿娶妻，黄教定必衰败，此事委系万难办理。前已禀明，实非任意违背示谕，务恳宽恕。乞将黄教诸事，维持振兴，藏民获安，边防静谧，一切仍恳照前垂念不遗，妥善筹办。俟奉复谕，即将向日情形，不敢不以己事为重，陆续据实申诉。为此于光绪三十三年(1907年)二月递呈。出具图记，公禀是实。

《清季筹藏奏牍》第三册《转荫棠奏牍》卷二 第38—49页

致军机处外务部电请代奏请惩办藏官

光绪三十三年三月初三(1907年4月15日)张荫棠

为查明请旨惩办事。窃臣自抵拉萨，叠据藏民纷纷呈控箭头寺①降神护法曲吉藉神苛敛，亩抽十之四五，怙势横行，重利盘剥，抄家害命，强夺庄田，积赀数百万。印藏之战，以降神符咒蛊惑达赖，力言英兵不能到曲水，致大局糜烂等语。经臣访查属实，当以符咒妖术，大背黄教宗旨，饬商上将该护法曲吉斥革，永禁藉神苛敛，为地方除一大害，而商上仍畏该护法曲吉权势薰灼。似此元奸巨蠹，殃民病国，可否请旨将箭头寺四品护法曲吉罗桑四朗、桑叶寺护法曲吉罗桑彭措即行革职，永远监禁。一面饬商上将箭头寺赀产查明，除酌留若干养赡寺僧外，由商上查抄充公，为练兵兴学之用。是否有当，谨奏请旨。乞代奏。棠讲。

《清季筹藏奏牍》第三册《张荫棠奏牍》卷三 第3页

---

①箭头寺：即乃穷寺。

旨藏官应惩寺产充公着妥慎办理

光绪三十三年三月初十日(1907年4月22日)

奉旨:张荫棠电奏悉。据称护法曲吉,苛敛横行情事,自应惩儆。惟将寺产查抄充公,于番情未必协服,有失大体。应如何妥慎办理之处,著张荫棠会同联豫,查明妥议具奏。钦此。枢庚。

《清季筹藏奏牍》第三册《张荫棠奏牍》卷三 第3页

致军机处外务部电请代会奏惩革藏官并寺产办法

光绪三十三年三月十三日(1907年4月25日)张荫棠、联 豫

钦奉初八日(20日)电旨,惶悚殊深。该护法曲吉等久行不法,实为全藏人民所痛恨,现荫棠、联豫会同妥议,拟将箭头寺四品护法曲吉罗桑四朗、桑叶寺护法曲吉罗桑彭措,请旨即行革职,永不叙用,嗣后不准再行藉神苛钦,以示惩儆,而戒将来。至被控霸产各款,应即严饬商上认真秉公办理。是否有当,候旨遵行。请代奏。棠、豫元。

《清季筹藏奏牍》第三册《张荫棠奏牍》卷三 第26页

旨奏悉着照所请电

光绪之十三年三月二十五日(1907年5月7日)

奉旨:张荫棠、联豫电奏会同议复等语,著照所请。该部知道。钦此。枢洽。

《清季筹藏奏牍》第三册《张荫棠奏牍》卷三 第26页

咨外部为西藏议设交涉等九局并附办事草章

张荫棠

为咨呈事。照得西藏地方,百废待兴,本大臣迭经传集噶勒丹池巴、各噶布伦以及商上公所暨三大寺办事僧俗职官人等,会商善后办法,并令各陈意见,冀得集思广益。讵集议多次,迄无定论。盖藏人虽有补牢顾犬之心,而苦于不知办法,无从著手。本大臣察验众志既孚,于是提议设立交涉、督练、盐茶、财政、工商、路矿、学务、农务、巡警九局,附设植物园一区,并为创定草章,庶几粗具规模,俾可次第兴办,以冀逐渐改良。当经译发去后,旋据噶布伦等禀复,大公所集议询谋佥同,情愿遵办,并将拟定各局办事职员,开列衔名清单呈请核派前来。相应将筹议情形,并附抄各局办事草章咨呈,谨请察照备案。须至咨呈者。

计呈送议设九局办事草章一本。

交涉局应办事宜

总办二员;翻译四员,中英各二;委员八员;文案二员。

——总局设在拉萨，应设分局在江孜。江孜每年总办轮值半年驻孜局，以期三埠交涉事灵通。

——办事诸员研究外交，应将万国公法译成藏文，俾得随时讲习，以免为他人所愚弄。

——须将中英订西藏十六、十九、三十二年（1890、1893、1906年）和约，译成藏文，置诸局中，以便按约办事。又将译成约本，颁发各地方营官，俾知遵循。

——局内办事诸员，须派稍知外情、深明大局者充当，分年轮流三两员，赴中国、印度等考查内政外交。

——两国交涉事件，以条约为主，条约必应遵守，条约以外权利不能让人，亦不宜因小事而妄生衅。

——选派深通藏文少年数人，往印度学习英文，以为译才之预备。闻藏人有在大吉岭英文学堂，通英文者亦可招回酌委，以免为外国所用。

——交涉遇有重大事件，应电请中国外务部，向英使印政府理论，勿与外国擅自商议。如外人哄诱以直接，宜婉辞，以须禀命中政府。

——局中购备中外国报纸数份，摘要翻译成藏文，俾办事诸员得以周知外国形势。

——将局中一年所办之事，编辑成书存档，以备参考。

巡警局应办事宜

——设巡警总局在拉萨，督率各营官，分地举办巡警。

——巡警专为缉捕盗贼，安靖地方，弹压械斗，保护中外往来官商，兼分段修治道路。

——巡警局内附设裁判局，管户婚、钱债词讼之事；卫生局，专管医院卫生之事。

——巡警局先办三处。商埠城邑繁盛之区，至沿边荒僻之地，责成各营官按民户寺院抽丁,轮流当差值日。

——巡警分巡街、站岗、休息三班,每日轮流值差,照中国、印度等处巡警章程办理。

——沿边等处巡兵,每日持枪巡逻上下两站地方。边界山僻之处,有无生眼外来之人及匪徒滋事,登日记簿,呈营官查阅。

——外来客商往来三处商埠者,宜加意保护,勿分畛域,勿任土人欺凌生事。

——西藏除三商埠外,凡属内地,照约不准外人游历。但须于入境之先,即行劝阻,勿任意欺凌,仍须保护平安出境。

督练局应办事宜

——每镇设粮饷局,全军官兵粮饷属焉;

军械局,全军械属焉;

司法局,弁兵犯罪者属焉;

参谋局,所有战守机宜属焉,侦探队归其调遣。

总办四员,文案十员,委员□员,教习十员,副教习十员。

——西藏以练足洋操队,常备军四万人为额。

——现年先练五千人,按年递增。

——聘请中国北洋陆军毕业生为教习,兼统带,优给薪俸。

——兵制:五人为伍;五伍二十五为队,每队设队长一人;十队为团,[二百五十人]设团官一人,帮带一人;十团为营,[二千五百人]设营将一人;两营为镇,设镇将一人;

——每镇五千人,内设炮队两团[五百人。凡开战炮队居前,以枪队辅之],工程队一团[二百五十人],辎重队一团,军医队一团,军乐队四队[共百人],侦察队六队[共百五十人],除外实得马步队三千五百人。西藏山国,马步队宜各半,以利驰驱。

——每兵月饷以四两二钱为率,遇战事加战饷二两一钱发给,俾无室家之虞,专心日日训练,务成劲旅。

——凡充常备军三年者，退伍后作为续备军，月饷一两；充续备军三年者，退为后备军，月饷七钱。每年调随常备军操一月，此月照给四两二钱之饷。设遇西藏有战事，常备军不敷防剿之用，再调续备军、后备军赴前敌，照给战饷。

——选兵以十八岁至三十岁，身体强壮骄健、无嗜好者为合格。无论汉、藏、僧、俗，均可赴选，廓、布①人也可间用，唯不得过十分之一。

——炮队以格林炮、过山炮为主。每队大炮一尊，小炮二尊。枪队一律改用后膛毛瑟枪，至子药尤宜有制多备。

——全军兵衣皆宜短襟窄袖，以便行走[全军仿喇嘛不蓄发]。

——参谋局总办，须挑历练行阵、胆识兼优、精通洋操之员充当。平日宜周历全藏险要形势，熟悉胸中，将集(某处)临时可安营垒碉堡，某路可以伏兵，某路可以运粮，某路可以包抄贼后，一一筹画，随机应变。

——侦探队平日宜讲求侦探之术，临时四出侦探，密报参谋局总办。或扮小商贩，或用妇女，入敌营窥探虚实。

——工程队于掘沟筑垒工程，宜讲究新法，随时演熟，或两军对垒，枪林弹雨之中，血肉相搏，必以能筑垒者操胜。盖军士俯伏坑内，昂首放枪，有所蔽身，乃能御敌而胜。筑垒宜用三合土，筑六七尺厚，临时以水淋至湿透，则泥软能藏弹子。掘坑于平地面，掘三四尺深，以能藏人为率，伏坑内昂首放枪。

——与敌人接仗，宜用散队，或五人十人一队；行伍宜疏，则枪炮子弹，多落空地；切勿数百人立为一处，敌人枪炮易于取准，死伤必多，在旁兵卒，寒胆便走。

——全镇战马约需三千五百匹，须选精壮，入战场操练纯熟，

---

①廓、布：廓指廓尔噶，即尼泊尔；布即不丹。

每匹月支喂养马银四两。

——炮队每炮一尊须拉炮马六匹;每两尊,用拉子弹车一辆。

——每队兵须备棚帐、背包、粮袋、水壶、雨衣、雨帽、拆枪器具、短枪等。

——每团须备铜吹哨、大锹、斧、锯、镢头等。

——每团须备双筒千里镜、指南针、钲鼓、修理枪炮器具等。

——队长月饷十二两;团官月饷二十两,经费二十两;营将月饷四十两,经费四十两;镇将月饷六十两,经费六十两。

——凡五百人(原文如此)为一营。每营正教习兼统带一员,月薪一百两,经费六十两;帮教习一员,兼管带,月薪七十两,经费四十两;每员马三匹,官给喂养。

——全镇总教习兼总统一员,月薪百五十两,经费百两,马六匹,官给喂养。

——设陆军学堂,聘北洋学生充教习。

——全军马匹,每年每百约倒毙三十匹垫补。

盐茶局应办事宜

总办二员,委员八员,文案四员。

——由四川省采办茶子,教民间自种;派人往四川、印度学种茶制茶之法。凡种茶宜于天气暖热之地,山沟岩间,当先从拉萨、工部、巴塘毗连貉貐野人一带和煦之地试种。

——设官运茶局于打箭炉,务轻成本,照市价除运脚平沽,以抵制印度茶入口。又须分小包零卖,或每包一加刚,或两包一加刚,以便贫民零买。

——设官盐局于鹿马岭盐井、加拉乌苏盐海等处,每一盐驮约百四十斤,收税银一两。任由商民来自采运,或由官自置驴马,运往各处,除脚税项外,照市价平沽,每年约可收税二三十万。

——盐池、盐海各盐质,须由官设法淘净洁白。

——运盐者如未纳税私运，即以偷漏论，除充公外议罚，每盐一驮罚银二两。

——盐局，设兵沿途护送盐商。

财政局应办事宜

总办二员，委员二员，文案八员。

——设官银行、铸币厂。银行招股，以汉银一百万两为率，每股藏银二十元，岁利藏银二元，无论官商皆可附股。所有溢利，陈提充公费外按股均分。一切章程，按照各国银行通例办理。

——设银行支店于札什伦布、江孜、噶伦绷、打箭炉等处，以便汇兑，而通转运。

——民间附银，以藏银二十元起码，岁利藏银一元半。

——按揭须以田契货物抵押。

——铸币厂铸一钱藏银，分两等项仍照旧式。

——铸金币七成金，以定市价。

——旧银有破烂或成色太低者，一律照价收回，另铸新式，精工花纹，倍加成色。

——铸币局溢息，以半充兵费，以半归银行，按股均分。

——银行准出银纸四十万两，市上通行。

——汉官商上定准仍以藏银三元作英卢比一元，高低虽随市价涨落，仍不准过三元半，违者罚办。

各局经费

——督练局，常年经费三万两。

——巡警、交涉、农务、学务局，常年经费各一万两。

——路矿局开办经费二万两，工商局开办经费一万两，俟有进款，即停支。

以上经费共十万两，由盐茶局铸币厂指拨。

——军械局每年由盐茶、商上指拨的款各十万，专购制枪炮子药等件。

工商局应办事宜

总办二员,劝工官八员,文案二员,帮办二员,工艺场委员□员。

——先就西藏所有土产之物,招工匠选少年勤敏子弟,教以制造。

——买机器,将羊毛制精细毡毯。

——氆氇宜求精细,新鲜花样款式,颜色鲜艳。

——牛骨制玩具,雕刻精巧。

——牛角可制玩物,用化学熔化,可制各种器具。

——山牛尾可制绳拂,外洋销路极大。

——藏地猪鬃,毛极长,可销外洋。

——人发可销外洋,可做妇女发饰。

——牛皮可烧熟做皮箱皮鞋,销路极大,英商甚注意谋此大利,宜亟学硝烧皮之法。其余碎皮片,亦可熬胶。又驴皮熬胶漉净,贩中国作药材。

——牛油可作蜡烛、洋枧;牛肉、牛奶、羊肉、羊奶可制罐头,久贮不坏。贩运外洋,可获大利。

——藏人素愚,欲限制牛羊出口,恐藏属民食因此价贵,实是大谬愚见。不知出口货愈多,则藏民可获大利,来藏畜牧之人愈多,赚外国人之银钱回藏,以作别用矣。须将此理晓谕大众咸知。

——藏江之沙可制玻璃,宜派工匠往印度学习,购机器回藏自制。

——印度织呢绒洋布,俄国加拉机器,宜购习;又廓尔喀金丝假缠头回锦、四川巴缎,亦学织以免利权外溢。

——学烧砖瓦,以济民用。

——学制磁器、洋磁杯盘、各种家具、自来火柴、白铁罐盒及刀剪、针线、鞋帽各种民间日用之物。能自制造,即不假外求,西藏狉獉(pīzhēn批真)未开,器物粗陋,多仰给于外来,民即日贫,断非长策。

——草根树叶、烂布废物，皆可制纸，宜购机器学制。

——甘蔗萝卜，皆可制糖。

——白狐、天马、猞猁、羊皮等皮货，藏人不晓烧皮之法，贩运至天津，始烧熟拣配制成裘料，始能出售。半途经中国、印度暑热之地，皮每霉烂，故不能沽重价。宜拾匠学烧皮缝裘诸法，更可获大利。

——各山大黄、黄连、麝香各类药材出产甚多，宜讲求采洗炮制之法。

——丈、尺、斤、斗、秤、戥，宜参酌中国之制，用竹木制成一定之式，颁发墟市民间通用，凡买丈、尺、升、斗、秤、戥，皆须向工商局分局购买，此为工商局专利。

——商务局委员在各商埠，每月宜将出入货物价值详报总局，俾知某物畅销，某物宜图改良，某物滞销，某物应如何筹抵制之法，以免外人夺我利权，随时详告各工商人等。

——宜选派年轻勤敏子弟数十人，分赴印度、四川各工艺局学习工艺，每年优给学费津贴，学成回藏，可教授藏众，兼购式样机器，以备参考。大约手艺一年可学成，机器三年可学成。

——医学为民命所关，兼可考究物理、化学。宜选派聪明少年往印度学医，或学制药剂，六年可以学成回藏。

——往外国学工艺并非心随了外人，此等议论，是粗人浅见。我因外国人有此富强利器，学问材具，将挟以制我死命，我必忍辱苦心学了他的本事，我亦可以抵制他矣。又恐外国人不肯尽以秘法教我，必多派学生，分门学习，融成一贯矣。现万国交通，各国亦不能秘其法，此国不教我彼国亦教我也。学生忍辱游学，是第一等人物，热心爱国报仇，第一妙方，勿效粗人浅见，骄傲自误，致终为他人之奴隶牛马，又先派学生保定入陆军学堂、机器局、工艺局学习，可奏明办理。不用学费，而盘川亦较廉。但宜先习汉文汉语一二年,以为预备。

——藏民有能自出心裁制造新货物,或仿外国法用机器制造民间日用有益之物者,工商局查实系新法自造,给以专利文凭,准在藏专卖十年,别人不得搀夺。准给以特用商标牌记,以杜冒充,俾始创者获得大利。

路矿局应办事宜

总办二员,帮办二员,文案四员,查路委员四员,查矿委员四员。

——查路委员查勘修理牛车路,以便商民往来,路式仿英人由大吉岭至加伦邦,由于都至春丕,修路办法,须派员履勘详细办法。

——路政为商货转运行军调饷第一要事,日行以百里为一站,每站之间须设尖所。

——道路平坦处酌设电车、人力车、自行车,以期公差来往迅速。

——由拉萨至打箭炉一路,须极力设法,务求妥速,愈速愈妙;由拉萨至江孜、亚东、阿里之路亦然。转运迟滞,事事恐居人后。

——沿途就近派土人逐段承修,给每人每日工食钱藏钱一个。垫低平高,开沟安桥,如法修理,包工赔修,不得草率。

——路政局须选派聪勤少年往印度或入学堂,或入铁路局学习铁路工程,学成俟商务、矿务兴旺后,以为修筑铁路之用。

——矿务局试办章程:凡藏地除封禁灵胜大雪山外,无论何地,准中藏官民人等报明矿务局,指定界址,领照开采。现不收分毫之费,俟出矿后,无论何项矿物,国家俱收十分之一。由该商照时价贩卖,一月结算一次,将银缴官,以为地方兴学练兵之用。试为章程现以六年为限,俟限满再体查情形,详订章程。

——四川宁远府盐源县瓜别金矿及雅洲府雅安县煤矿,皆有熟悉矿务之老矿工,可招来试办,或电川督,调派来藏。至廓尔喀貉狳野矿工,亦可招聘。先以土法试办,俟矿苗探确,再制机器开采。

——矿路以运路畅速为要义,先修牛车路,以便运载而轻成本；俟采得煤铁矿，即应赶紧筑修铁路。

——查矿委员每月寻各矿山，详查出矿之多寡，以校核共缴税之数。

——矿务局应聘查探矿苗、开采、熔化矿师一二人，将藏属各矿详查备载，并考究各家探矿是否合法，如无矿之地，劝勿妄凿，以免亏本。

——矿场应设巡兵保护，运矿沿途亦应设兵护送。通饬地方官，认真保护。

——领照承领矿地，限以一年开工，逾期将照作废，另由他人认领，不准阻挠。

——噶大克金矿应设局专办，精究开采、淘洗、熔化机器，仍任土人自行开采，局收什一之税，不管盈亏。如系用本局淘洗、熔化机器代为淘洗、熔化者，另酌收工费。又本局仿购开石锥凿、炸药等物，以备矿工择宜售用，原价照缴。

学务局应办事宜

总办二员，文案二员，帮办二员，巡学官二员［每年往各处考查学务择共善普寺各寺改良］。

——藏属大小寺千余间，每寺应设学堂一间，凡大寺学生以三百名、中寺以百五十名、小寺以八十名为率。俱选十二岁以上，二十岁以下者充学生，前三年专学习汉文汉语兼习笔算数学、兵式体操；三年后兼习英文，学级程度日高，共以五年毕业。

——汉人教习，用湖北、四川、北洋、广东陆军学堂毕业生兼晓算学者，每人每月薪水约百元。

——幼童如不识藏文者，加藏文教习一员，夜间专教藏文经典，月薪四十两。

——学校购备地图书籍、测量仪器、天文镜、显微镜、兵式体操器械，以备学生公用。

——学堂一切支用经费由该寺大喇嘛总理，月薪四十两。

——各学堂奏明学部立案，毕业后考试分别等第，赏给举人、秀士、进士，或充汉、藏文武官，或充教习，或补额兵。

——学生毕业后，选高等者派往外国，入专门学堂，每年酌给学费津贴，学农、工、商、矿、路、机器制造、声、光、电、化、医之学，五年毕业回藏者，赏给最优等文凭，拔升高官。

——汉文教习暇时宜兼学藏语，以期浃洽。

——学生在学堂中宜专讲汉语，所用服役小娃宜用四川人，则一年全通汉语，他日到中国游学通商，皆有裨益。藏人往中国内地贸易，皆发大财。

——每晨七点半钟各学生到学堂上课，夜七点半钟散学回家宿。

——学堂无论汉藏僧俗，皆可收录，不分界限，暂免学费，午饭糌粑，应由寺给。

——官绅助学堂经费，即是祖佛普度众生之旨，功德无量。

农务局应办事宜

总办二员，帮办二员，文案二员，劝农官八员[往各处访购秧种农器，详询种植法]，植物园园丁十余名[讲求种植诸术，司灌溉培植之事]。

——凡西藏除有主各庄田外，凡荒山废坡，各地招民领耕，每人限若干秤，第一二年不收地租，第三年以后按其收获之物，十分取一。

——凡领官地种草、养牛羊、种果、木、柳、松树及蔬菜各种者，亦照以上办法。

——凡中国四川、云南、廓尔喀、布鲁克巴、哲孟雄、印度、蒙古各处土产、米麦、蔬果、树木、花草各物，西藏所无者，或西藏所有而生殖不繁者，皆宜专差往各处购运种子数百包，在拉萨植物园内试种发生后，将种子颁发民间种植。

——养牧牛、羊、骡、马为西藏天生大利，宜购蒙古羊种，青海、阿拉伯马种，山西骡、驴种，广植草地，以广畜牧之业。

——山坡各地宜多掘土坑、沟渠，以贮水。

——多种树木，则雨水必多。

——多买开井机器数副，每副约八十元，随地可以开井，以资灌溉，事易办而利甚薄。

——往各处访购农器式样，以便照式仿造，如犁、锄、水车、耒、耜之类。

——研究灌溉、培养之法，如粪尿、兽骨及硝黄化学、电学制造各种肥田材料，收获必倍。

——闻各庄田及寺院尝产岁收青稞甚多，食用不尽，岁久屯积，霉蠹废弃可惜，因藏世家大寺皆以贩卖青稞为耻。今宜变通办理，每家除岁收青稞足供一年食用外，可令佃户随时运至墟市售卖，以供民食，而平市价，业主亦得银钱，以作自用，彼此均属有益。

——闻各家庄田常有荒废，无人领耕者，或领耕后而逃亡者，向业主不明农学公理，所索租税、差役太重，耕户不足糊口。查农学公理，耕户终岁勤劬（qú 渠）播种耕耨，购买牛骡、农器，灌溉及养育父母妻子费用甚繁，每秤地每年收获之物，业主只可取十分之二以为地租，若租徭太重，耕户即难觅食，地无人耕，业主亦属吃亏。以上两条，须向各庄田寺院业主讲明其理，使家喻户晓。

——藏俗不食米麦，种植既多，收获后可贩别处贩卖，得银钱以买别物。

——印度、廓尔喀等处山岭既可种茶，西藏天气土地大略相同，想亦可种植。宜往打箭炉、印度购茶子自种，以兴地利。

——木棉花、胡椒、草绳、蓝靛、紫草、染料、草席包等销路甚广，宜购种试种。

——川蚕出丝大利所在，宜购桑柘等树试种，以谋桑叶之利。

植物园应办事宜

五谷区、蔬菜区、果实区、树木区、花草区。

——拟将拉萨内柳林子二十余处为植物园，即派园主为总理，分类试种。

——每园园丁数名，司理掘地、种植、灌溉之事。

——每园须开三两个井以备灌溉，或掘水沟池以贮水。

——往各处搜采蔬、果、花、木各种秧，或托人寄购，系园主专职。开单由公家每岁筹给津贴。

——园中收获及分卖各种秧，年中出息系归园主专利，分别赏给各园丁工食。

——园主能广搜异种，办有成效，由公家优给奖励。

《清季筹藏奏牍》第三册《张荫棠奏牍》卷三 第3—18页

致外部丞参函述筹藏详情及参劾番官原委

张荫棠

光绪三十三年三月二十五日(1907年5月7日)

径启者，自去年(光绪三十二年，1906年)十月到拉萨后，日接见噶勒丹池巴、商上、噶布伦、三大寺大堪布等，商议善后办法，所有年老致仕之沙札、札萨克、堪布、胡土克图，不远数百里来见，颇为踊跃。棠以民信未孚，先发问题二十四条交商上、三大寺会议，以觇众志。商上面诺心违，总以大公所会议未定延宕，后以噶布伦彭错汪垫、密琫汤买被劾革职，始知畏惧。十二月棠于大公所会议日亲临议场，痛陈天演物竞生存淘汰之理，怵以印、哲亡国复辙，我中国并非利西藏土地财产反为西藏糜费千数百万，以救我唐古特黄种同胞,使者力疾来此,不避艰险,痰喘吐血,日夜焦劳,无非为唐古特计,只饮西藏一杯水,诣佛前剖心自誓。万众惊愕,叩头流涕曰:“某等生平未尝闻此议论,从前驻藏大臣,三年一任,满即去,亦未尝计及此者。及今不改图,我唐古特其为人奴隶牛马矣!从此我藏人决不存歧视汉人之心,同心协力,以御外侮,唯大人所以教之。”棠徐袖出农、工、商、路矿、财政、学务、督练、盐茶、交涉、巡警九局,附设植物园草章译本示之曰:此就目前力所能行者,粗拟办法,扩充改良,在办事者善为变通也。藏官复聚议月余,民间争相传抄。至二月初间,噶布伦等始禀复,决计遵办。因会联大臣点派九局总会办及各委员,皆藏官也。现计藏中汉官无可派之人,派而不得人不如不派之为愈,将来俟有廉能之员,每局再派汉提调及教习等,亦易事耳。现学务一节,迭与噶勒丹池巴筹商,计前后藏各寺院三千余拟令自筹经费,各立汉文蒙学堂一所,兼习算学、兵式体操。汉文汉语,为联络属地、同化祖国之要枢,督办得人,立可得蒙学堂四五百间。督练一节,番兵向只三千,拟责令分年募练足洋操队四万。现商上允岁筹常款二十三万,请由中国选派教习,恳恩赏给枪炮万支等语,但此饷只能岁练五子,私揣藏库当不止能筹此数,如盐茶、银行、矿务办有成效,更可供挹注,但求藏属多筹得一文,我国即少补助一文。藏属五金、煤矿,冠绝全球,但地广人稀,风气未开。现拟由藏官先筹设银行,招服二百三十万,即以新筹兵饷二十三万担保股息。按年于借揭溢利项下,拨还兵饷。一切章程,照银行通例办理,商上先将库款尽数附股,以为民倡,招股想亦不难。银行既立,一切新政方有著手。俟筹有端绪,再当奏明办理。路矿一节,现已派员查勘,由工部至巴塘有间道,闻比官路约省千余里,先修牛车路以利商运,再将拉萨至江孜、后藏之路修垫平直,一律可行牛车。又商上允除封禁灵圣大雪山外,无论何山,如有五金、煤矿,准汉藏官民人等领照,一律开采,不收注费。俟办有成效,不论何矿,官收什一之税。办法尚得要领,将来可为中国一大殖民地。盐茶一节，闻印茶大集公司谋灌输入藏，恐难禁，炉税将恐日绌，第藏民现仍多不嗜印茶，似宜设炉茶官运局，务减轻成本以平市价，并将茶子教藏民自种，以抵制印茶。藏盐素无厘税，若于鹿马岭、哈喇乌苏税局征税，官商并运，岁可得数万，将来可望征收至二三十万。巴塘盐税，其前事之师也。农工商一节，两藏出产以畜牧为大宗，除皮货药材外，牛皮、羊毛、猪鬃、牛尾皆为出口佳品。惜工艺未兴，皆生货而无熟货，利权未免外溢。再第此次入藏，不准汉、藏官供应报销一文，一切乌拉、饮食、草料等物，皆照市价从优发给以市民心，藏民欢声如雷，故请领经费似稍宽多。汇丰兑汇到藏，每万两只得六千八百之用，藏银每个重一钱铜七银三，而官价定以三藏银换一卢比，是以九分实银当卢比四钱五分，故食用一切吃亏甚大。而藏中能自有国币，不受外界钤制，似较胜中国一筹。吾国操政权者亦可深思其故矣。瑞典地学家斯文海定游历后藏一节，现据后藏粮台禀称，斯文海定已受劝阻，于二月十四日(3月27日)由原路折回拉达克。除将来往电抄呈并另文将九局章程咨部备查外，以上各节乞一一代回堂宪，训示遵行。拉萨天气干燥，帕克里、咱利山等处雪深至二丈四尺，并闻，敬请勋绥。

《清季筹藏奏牍》第三册《张荫棠奏牍》卷三 第27—29页

译行商上暨札噶厦劝令速办九局事宜

光绪三十三年五月二十二日(1907年7月2日)张荫棠

为译行事，本大臣前因西藏地方内政外交亟需整顿，而现象贫弱，尤应急谋挽救，是以谕令大众，会议创设交涉、督练、财政、盐茶、路矿、工商、学务、农务、巡警九局，并颁发章程，分派职事，以冀共相讲求，力图振作，俾尔西藏蒸蒸日上，蔚成富强。乃数月以来，各局虽据报成立，而详加考核，于一切局务，多未实力奉行。倘竟长此因循，诚恐向之所谓整顿挽救者，徒托空言，观成无日，不但负本大臣一片热心，尤非尔藏众自求富强之道。兹本大臣以办理埠务，将赴江孜，不能如在拉萨时与尔等朝夕见面，时相劝勉。然念兹九局，眷眷在怀，所望自督办以至各总理各职员尽心竭力，将该局之务，按照章程速为兴办，尤望尔大众同心合力，会议妥筹，将各局局务何者宜先，何者可后，分别商定，俾任事者得以次第举行。总期过一日必办一日之事，办一事必有一事之效，是所厚望。况强邻压境，藏事岌岌可危，及今图之，已憾其晚，失今不图，悔将何及？至于用人不拘一格，人材愈多事愈易办。既属一群之人，总宜同具公忠，结为团体，切不可自分党派，各怀疑忌，以至人心不固，内力不充，于事无益，反为有损。即如已革前任噶布伦布赖绷鲁领、卸任堪布青饶丹增能珠、大招卸任商卓特巴小堪布降巴曲桑，及辞退商上职分达苏济美、曲觉江、监视人革隆阿旺洛布厦、札娃摆足夺吉、学康巴顿柱彭错、腔青巴阿旺青饶摆桑等，老成实在，尚有典型。九局中事自不妨加以委任，或招其会议以资参决。彼等更事较多，阅力较深，藉可集思而广益也。要而言之，今日之西藏，教宜保旧，而政必维新。凡任事僧俗各员，断不可჎执成见，仍沿陋习，不思改革，以自处于劣败之地位，将被强者之鱼肉。可危可惧，勉之慎之。此本大臣临别赠言，望尔大众，幸勿河汉。除札行噶布伦外，相应译行，为此合行噶勒丹池巴查照。并即转行遵照。

《清季筹藏奏牍》第三册《张荫棠奏牍》卷三 第42—43页

致班禅函论拉章商上不宜各分畛域

光绪三十三年(1907 年)五月 张荫棠

来函具悉。喀拉仓一案,已于前次译文内明白晓谕,何得哓哓要渎,争私利而不顾公义,致碍大局?且牵引康熙年间旧事,要求拉章与商上各管各地等情,本大臣行辕无案可稽,一面之辞碍难照准。贵班禅当念前后藏唇齿相依,同种同教,不宜各分畛域。现外藩屡进后藏查考形势,日图吞并后藏,以通阿富汗、克什米尔等处,其诡计奸谋,比前藏尤为危险。此时唐古特人等同心协力,尚恐难以御外侮,不应同室操戈,以中外藩之计。盖前后藏合则力厚,分则力薄,譬如树枝然,一树枝则柔脆易折,合十树枝成一束,虽极勇力者不能折之矣。贵班禅夙慧明断,当知此理,意必左右札萨克等有馋谄面谀之人造谣生事,意图离间,以作奸细,荧惑聪听。本大臣若查出有此等小人,必当治以极重之罪,原贵班禅亦将此人斥革,而屏逐之也。普天之下莫非王土,拉章与商上本无分别。佛法空诸所有,唯以慈悲普度众生,一切归诸清净寂灭,此身且非我有,而身外之物,得失何足计焉!贵班禅转生或为达赖,达赖转生或为班禅,何彼何此?而田地之多寡何足计焉。愿贵班禅恪诵佛经,参悟此旨,即心即佛矣。著仍遵照前谕,俟达赖回藏,和平酌办。为此复贵班禅,烦查照施行。

《清季筹藏奏牍》第三册《张荫棠奏牍》卷三 第 43—44 页

谕全藏僧俗官民筹办要政亟图自强

光绪三十三年(1907年)五月 张荫棠

为晓谕事,照得本大臣自到拉萨以来业经半载,自愧德薄才疏,不能为尔藏民办得一事,不能仰副大皇帝眷眷西顾之心。本大臣此身虽去拉萨,此心未尝一刻忘也。藏民禀控案件数百起,迭经札催商上迅速持平集讯,尚未尽具报办结;本大臣所订交涉、财政、督练、农务、工商、学务、路矿、盐茶、巡警九局章程,规模虽具,任事者才识短浅,又未能切实举办;刊发《藏俗改良》、《训俗浅言》两书,民间虽颇踊跃传抄,未审真能实力奉行,以图进化否?此皆本大臣督饬无方,以致办理数月,茫无成效。清夜自思,实无以对尔藏民者也。本大臣总览西藏大势,介居英、俄两大国之间,虎视眈眈,岌岌可危,敌兵日日可以直驱而入,和约万不足恃。今日一语不合,明日敌兵即可至城下。尔等须刻刻将败亡逃窜之惨状时悬心目,梦寐不忘,互相警戒。覆巢之下,断无完卵。彼时汉、番、前后藏、廓布数十万男女同被羁缚,同受宰割,迟早同归于尽,岂有畛域之分?尔等切不可各争党派。一室之中自分畛域,互相猜忌,互相倾陷,置国事于不顾,适以堕敌人狡计之中。尔等试观印度、哲孟雄等处,土地已归他人,受人鱼肉,佛教衰微,渐为耶稣教所灭,可为寒心。如今欲求救亡之法,只有兴学、练兵两事,是最紧要。农、工、商、矿为致富根本,练兵为御外侮根本,均非广开学堂,切实考究不能开通智识,增长才艺。尔藏民系大清国皇帝百姓,尤须先练习中文,通晓汉语,然后考求西国文字技艺。因西国各种技艺,中国皆有已译成之书也。本大臣既去拉萨之后,犹望尔西藏官民人等，按照我所订九局章程，藏俗改良各书，一一切实办理，以立基础而图精进。做官者不顾身家，以为百姓办事；为民者同心协力，以赴公家之急。庶西藏蒸蒸日上，驯致富强，足与环球各大国争衡，大皇帝亦可稍纾西顾之忧，佛教日见倡隆之势，亦不枉本大臣一场苦心也。为此谕仰西藏汉番官僧俗人等，一体遵照，毋违。特谕。

《清季筹藏奏牍》第三册《张荫棠奏牍》卷三 第44—45页

致驻藏大臣请妥筹藏务

光绪三十四年三月十五日(1908年4月15日)张荫棠

径启者，查三埠商务尚在幼稚时代，重要全在边防。江孜为前后藏孔道，亚噶为全藏门户，商路纷歧，兵力有限，防不胜防。今埠章以画押之日通行，英人久已预备，事事力争先着。我若不急为布置，日后更难补救。查埠章第二款词意系分别建筑地基、租赁界址两层办法。盖于界线内，将来另画一区，为建筑地基，准其建筑；而全商埠则皆可租赁居住存货也。目前亟应每埠选派熟悉交涉之汉官充当监督，督饬藏官办理裁判工程、巡警各局事宜，以维主权。除将来新军扼要分别驻扎外，应由各埠巡警局就近添练骑马巡警，分布各商路。名为保护商旅，隐与新军联成一气，以补兵力之不及，此商埠之急宜布置也。藏人只知猜忌汉人，而不晓外情，达赖又无知识，经此番艰险，回藏后难保不媚外而乞怜。则我之筹藏，窃恐牵制滋多，更难下手。第前复奏善后折内，以破除汉番畛域，固结人心为第一要义；以收回政权、兴学、练兵为入手办法。在我绝不存利西藏土地财产之见，助以经费，派员代理农、工、商、矿诸务，以西藏之财，办西藏之事，但求西藏多筹一文，我国即可少助一文。握其政权，不宜占其利权，使先怀疑贰。西藏苟能自固其圉，则西藏边境安谧，我之所获多矣。质之明公，未审以为然否？

《清季筹藏奏牍》第三册《张荫棠奏牍》卷四 第42—43页

奏复西藏情形并善后事宜折

光绪三十三年(1907年)十一月 张荫棠

奏为沥陈西藏情形并善后事宜，恭折仰祈圣鉴事：

窃臣此次奉命查办西藏事件，钦奉敕谕：著将善后事宜悉心筹画，奏明办理。钦此。臣抵藏后，当以维系边圉人心，首在澄肃吏治，业将贪劣汉、藏官分别奏参惩撤，汉官威令始行，民气一振。又以汉、蕃隔膜，民信未孚，先设善后问题二十四条，交商上筹议，以觇众志。商上百端推诿，臣亲至大公所会议，力陈物竞天演之公理，怵以印、哲覆辙，藏众感泣。随饬立财政、督练、交涉、学务、盐茶、路矿、农工商、巡警、裁判九局，译撰草章，会同驻藏大臣联豫先行选派藏官，分途次第筹办。又撰译《藏俗改良》、《训俗浅言》两编，颁发民间，将藏俗污点切实晓谕。改良徐遵以孔孟、三纲五常之正理，爱国、合群、尚公、尚武之新义，颇知警悟。此臣到藏布置之大略情形也。

窃查藏地纵横五千里，人民百万，英俄逼处，应付为难。英自十六年(1890年)蚕食哲孟雄后，极力经营西北一带，自大吉岭至新辣碉堡星罗，隐为防俄之计。藏属江孜、春丕之地形如箕舌，伸入哲孟雄、布鲁克巴中间，犬牙交错。日本人城田安辉游记言，英若蚕食春丕,可以贱价向布鲁克巴购地联成一片大陆,而隆吐、咱利天险迄成重镇。盖英人志图蚕食春丕、江孜一带,席卷后藏,以通阿里、拉达克、阿富汗、波斯湾等处,与俄西比利亚铁路争衡,此印度政府长驾远驭之运心,非徒为窥川、滇计也。英于三十年(1904年)进藏后,遣兵占据拉达克,近又屡派员查探后藏十卡子煽惑班禅,志可知矣。查二十七年(1901年)英、日协约,英承认日本经营高丽之权利,日本承认英经营西藏之权利,两国早定其势力范围。今日之高丽即西藏前车之鉴,可为寒心。英乘日俄战事之际,中、俄不暇兼顾,兴兵进藏。其祸实源于二十六年(1900年)达赖遣使到俄,俄待以殊礼,隐触英忌。当时英使警告我总理衙门大臣,言俄诱藏自立归俄保护,俄藏若立密约,西藏便非中国所有。经总理衙门电询驻俄使臣胡惟德,特向俄声明,如与藏人立约,中国决不承认。英人恐俄藏交通于英不便,窥藏之谋日亟。印度政府屡以达赖通俄,信任俄人多哲夫(即德尔智)为口实,日以防俄耸动英廷。迨英军进藏,拉萨定约后,伦敦政府持缓取政策,颇有与印督寇仁反对者,言藏约须与中国协定始有效果,故不得不与我定三十二年(1906年)之约,其意亦恐俄有责言也。至今年八月英俄又订协定,貌似和平,实质英要求俄承认其藏约。英以波斯利权让俄,俄以西藏、阿富汗利权让英。前日尚赖英、俄互相牵制,今协约既定,藏地益危。中英新订藏约虽有不占土地、不干预内政之语,非有实力以盾其后,万不足恃。欧洲各国交涉手段朝夕百变,英俄互持,此厚彼薄,在我虽欲为瓯脱之弃,而强邻必持均势之说以相责。此英俄关涉西藏之大略情形也。

虽然印度政府怀开边野心,而内乱未靖,土人时有反抗英官举动,印民苦英官压制太甚,不能与加拿大英属享平等权利。近年印度民智渐开,设抵制英货会,势力颇大,自设银行、报馆,沿市演说,英官莫能禁止。日本战胜俄国而后,印民视为亚洲将强之机,风潮尤剧。去年伦敦下议院工党领袖到印调查其事,力言应准印民参预政权,不宜压制,驻印英官群斥其非。英廷深识之士多持印度宜先内治勿遽外略政策。及英廷未遑远略之时,为补牢顾犬之计,失今不图,后益难治。此我国应及时切实整顿之大略情形也。且我朝抚有方夏,以绥服蒙古为王业之肇基;蒙古素信红、黄教,实以西藏达赖之向背为枢纽。西藏弱小,介居两大(英、俄两国之间),外虽驯服,在我苟无保护实力,亦难保无事齐事楚之见。西藏苟有挫失,蒙古、新疆、青海、川、滇必不一日安枕。近年议收三瞻,改土归流,特置川、滇大臣,驻扎巴塘,设官练兵,不惜重费。而西藏为巴塘外蔽,拒盗者当于户外,能保西藏,则巴塘自形巩固。藏属地广民稀,矿产丰富,他日当可资为殖民地。此藏防关系全局之大略情形也。

西藏内属二百余年,康、乾间屡烦兵力,为平定内乱,设驻藏大臣,以镇抚其地,迥非越南、高丽藩属可比。但我朝政尚宽厚,向不干涉其政教。至今日而时移势易,强邻窥伺,封豕长蛇,势不可遏,加以汉、番自分畛域,互相仇视。二十二年(1896 年)藏中至有剿洗汉人之谣,传布印度,致启戎心。驻藏大臣素不理事,久为藏众所轻视,既无兵力以资镇抚,政事概不能过问。英人诮我在藏无主权,不能尽主国义务,自问亦兹惭恧。汉、番既如此龃龉,近年达赖、班禅又互相猜贰。班禅自到印京见英储后,隐恃英援欲与达赖争权;英员时至后藏煽惑班禅,又派班禅为印度夺巅地方佛教总管,百端笼络,冀遂其鬼蜮之谋。查英人记载侦探西藏者十数辈,皆从后藏而入,言蒙班禅优待,可见外人窥伺后藏,处心积虑已数十年。此西藏内哄危险之大略情形也。

为今之计,自以破除汉、番畛域固结人心为第一要义,以收回政权、兴学、练兵为入手办法。在我绝不存利西藏土地财产之见,助以经费,派员代理农工商矿诸务,以西藏之财,办西藏之事,但求西藏多筹一文,我国即可少补助一文,握其政权,不宜占其利权,使先怀疑贰。西藏苟能自固其圉,则边境安谧,我之所获多矣。或谓收回政权,藏官恐兹反抗,致酿第巴桑结、朱尔墨特之乱,臣窃料藏人贫弱而愚,现在尚无反抗之能力,即有小衅,苟有练兵三千,足资镇抚。番官薪俸素薄,几不自给,多半卑琐,诚能优给月薪,必将就我范围,乐为我用。藏民素苦营官鱼肉,倘易以廉惠之吏,更如风草之偃诚本此意。以善为经理,数年以后,全藏政权均将潜移于我掌握。盖政权不收回,藏事实无从经理,亦难杜强邻口实,是在藏臣得人,能服民心,不激不随,随机操纵而已。查英人治印,因其教俗以土王治印民,而以印督驾驭其上;以印兵充役,而以英官督率训练之,一切胥形贴服。中国之治西藏,当如英之治印度。臣谨参订英印之制与我财力所能办者,谨竭管见,粗拟善后条陈,恭呈御览。

臣才识浅陋,难效千虑之一得,筹划未能周备。伏恳饬下军机处及各部院大臣,统筹详议,切实举办。大局幸甚,全藏幸甚。所有沥陈西藏情形,并善后事宜缘由,理合恭折驰陈,伏乞皇太后、皇上圣鉴。谨奏。

谨将西藏善后事宜,略陈管见,开列清单,恭呈御览。

——拟设西藏行部大臣,以崇体制而重事权也。查英印度总督[英语译为节度大臣],用王礼,节度印度诸土王;节度大臣之下,设各局分理内治外交诸事。藏地纵横五千里,俨然欧洲一小国,达赖、班禅、札萨克等体制尊崇与印度土王相埒。百年以来驻藏大臣久已放失政权,非改革官制不足以耸观听,拟将驻藏大臣、帮办大臣两缺裁撤,改设行部大臣,似宜特简亲贵或内外文武兼资大臣,畀以重权,便宜行事,以资镇摄。所有达赖、班禅等均归节制,以重事权而定主国名义。其下应设左右参赞,左右参议四缺,分理内治外交各局事务,应由行部大臣参酌奉天将军赵尔巽奏定奉天官制章程,奏明办理。

——政权宜收回也。达赖、班禅拟请赏加封号,优给厚糈,专理黄、红教事务;西藏政权向在四噶布伦掌握,番兵向归戴琫统带,均宜由我优给月薪,于行部大臣署内设立财政、督练、交涉、学务、巡警、裁判、农工商、路矿、盐茶九局,令该噶布伦、戴琫等每日赴署禀承办公,归行部大臣节制。又,西藏财政向由第穆寺藏王管理,其时汉官尚有督饬、稽察之权。自十六年(1890 年)第穆革职,财政之权始归商上,似宜规复旧制,复立第穆寺藏王,由行部大臣饬三大寺、大公所会同选定奏补。又,西藏向以番官营官管理地方职任,如内地州县官,率皆卑鄙贪酷,民不聊生。拟请于各营官分驻之地,择繁盛冲要之处,如江卡、察木多、拉里、三十九族、达木、哈喇乌苏、阳八井、山南、亚东、十卡子、拉兹、定日、巴尔喀、噶大克、卢多克等处,先设巡警局、裁制局作为差使,勿限以官阶,暂用陆军巡警法律学堂毕业生署理,俟办有成效,再行分别改设道、府、同通州、县等缺。所有巡警、裁判局长均加四品衔,秩视同知,准食五品俸,以资镇摄而示鼓励。除靖西同知兼管税务暂免裁撤外,其余夷情司员、前、后藏、拉里、察木多各粮台均一律裁撤。

——汉文蒙小学堂宜广设也。查英据印度即广设英文义熟,以教印民语言文字,实为属地与祖国同化之要枢。西藏内属二百余年,语言不相通,办事致形隔膜,汉、番时相仇视。宜广设汉文小学堂,凡藏童七岁以上一律入学堂,教以汉文、汉语兼教以算学、兵式体操,五年毕业升入中学堂,三年毕业,拔其优者,赏其生员、举人,所有文武藏官兵丁均由此选。先择冲要繁盛地方,约设蒙小学堂五十间,以冀教育普及,数年之后藏童皆晓汉文汉语,再设中学堂,教以英印文字及各种科学,择优选派赴四川、南、北洋高等大学堂肄业。

——练汉兵以资镇摄也。驻藏汉兵窳败不堪用,宜一律淘汰,拟照军部练军新章,改练洋操队六千名,在打箭炉、雅州府等处据四千名,其余二千名在藏地招募训练,以壮声威。所有营制、官制,悉照陆军部新章办理。今日藏防要隘在西南,宜拨二千驻守春丕、帕克里、江孜等处,拨二千名驻守定日、阿克、噶大克等处,拨一千名驻拉萨,其十卡子、察木多分拨五百名足敷弹压。自巴塘以东归川、滇大臣管理,互相管应。又查藏属山路崎岖,非马不行,故马队宜多,饷需视内地尤重。查驻藏大臣联豫前奏请招练新军六千,岁饷只二十余万两,按照陆军队部新章核算,不敷尚巨,必至有名无实。应由陆军部核算,综计练军六千岁需饷械、薪俸、营房、马乾若干,咨明度支部筹拨,并由南、北洋大臣选派教习及陆军学堂毕业生,来藏统带训练。其旧设之游、都、守、千、把各缺,均一律裁撤,以期饷不虚糜,兵不实用。理饷练兵各派专员管理,而仍归行部大臣节制。

——番兵应由汉官充教习统带也。西藏向用民兵之制,按亩征兵,散布各处,未经训练乌合之众,殆同儿戏。臣抵藏后,迭与商上筹议改用募勇,商上允增筹岁饷二十四万以练新军,并乞代奏,请拨给毛瑟枪一万枝、格林炮、过山炮数十尊等语,可否赏给之处,伏候圣裁。窃计此饷仅足敷练番兵三千,至管带官似应由陆军部选派南、北洋陆军学堂毕业生来藏,以充教习、统带。此项毕业生宜选年力富强,未入仕途人员,优给川装薪俸,五年给假内渡休息,照异常劳绩保举,以资鼓励。查英驻印之兵,率用土人,以英官驾驭其上,四出征剿均调用印兵,并无抗命滋乱之事。现在拟练戍藏汉兵六千,仅敷镇乱,以之防边,尚可未逮,且川、藏辽隔,赴援不易。英近由哲孟雄之干都新修一路,三日直达春丕。主客异形,以汉兵保护西藏,不如练番兵以自谋保护;且西藏向用民兵,可渐防欧洲举国皆兵之制。番兵之饷由藏自行筹给,但使番兵均归汉官教习统带,则全藏兵权均由我操,可免尾大不掉之弊。

——电线宜速设也。四川电线已通至巴塘,应由巴塘接至拉萨,以冀边报灵通,应由邮传部饬速筹办。俟拉萨电线成后,再续至江孜、阿里。藏事日棘,边报日繁,驿递迟延,事机贻误,亟应赶速接线,并由电报局兼办邮政,以冀文报迅速。

——卫生局宜设也。乾隆间全藏丁口百七十万,以西国生理学公理推之,三十年丁口当增一倍,藏民应有一千万之数,现据商上册报只存一百万,百余年间丁口反减七十万,由此类推再阅三百年,唐古特人种将如美洲红夷仅供博物院玩具,至可悯也。查全藏喇嘛十居其七,例禁嫁娶,生齿因以不繁。欲救其弊,必宽喇嘛嫁娶之禁,任民自便,商上不为历禁,庶足以广生育。但藏人迷信既深,骤难改革,潜移默化,数十年后或收其效。惟卫生一节,民命攸关,藏人素不明医药、洁净、卫生之理,不知种痘育婴之法,是以疵疠疾病短折者众,生齿日绌亦由于此。亟应设卫生总局,附设医院,派北洋医学堂毕业生数人,赠施医药并设医学堂,招聪颖藏童数十人,教以西医诸法,五年毕业,学成俾往各属地治病谋生,以广传授。

——矿务宜振兴也。西藏幅员辽阔,跋涉为难,非筑铁轨无以利输挽,非兴矿务无以养铁轨。日本樱井基峰游记言,西藏矿产一端,已有筑造铁路之资格。藏矿丰富,西人以为冠绝全球。三十年(1904年)英军入藏记,纪述藏属各矿颇详,其尤著者为纳尔仓七百里之金田及噶大克之金矿,现有土人数百用土法开采,但机械苦窳,日获仅足糊口,其余各矿山藏官素惑于鬼神风水之说,封禁不准开采。臣迭向商上反复劝谕,为译撰矿务局章程,商上现允除封禁灵异大雪山外,无论何山凡有矿产之地,准汉藏人等赴局领照,划定地界,集股开采,暂免纳费;俟出矿后,无论何项矿质,官征什一之税,办法尚属简便。宜招选开平、漠河、大冶、雅州府等处及美洲、南、北洋华民老矿工,先用人工开采,俟办有成效再购开矿机器。

——工艺宜讲求也。西藏土货以药材、羊毛、牛皮及皮货为大宗，英人密斯耨游记言以印茶运藏，可以贱价换羊毛、牛皮、大黄、硼砂。英人通商目的，首在于此。藏官素持闭关主义，禁阻互市，而牛羊骡马出口仍极多。藏地宜于畜牧，视种植获利尤丰，倘能设法扩充，定卜利市三倍。工艺宜从牛羊皮毛著手，藏中牛皮极贱，惜所用皆生皮，不晓制熟皮之法，致多废弃，白狐猞猁著皮货亦多霉坏；氆氇毡毯，纯用羊皮（毛）所织，织工颇粗，仅销于内、外蒙古等处，不能得重价。宜于江孜设工艺局，学制熟皮，并购机器以织氆氇。

——茶宜自种也。西藏向销炉茶，运道艰阻，炉茶市价一钱三分，至藏须购至二两五六钱。现在印茶力谋进藏，印度报纸载三十二年（1906 年）由噶大克运至后藏茶值卢比三十二万，将来可望畅销。印茶无税，运费较轻，炉茶万难相敌；而藏民亦岁失运茶脚费数百万。查四川从前不准茶种至藏，系为保护炉茶起见，今时移势变，似宜以炉茶茶种输藏，教藏民自种。查大吉岭、哲孟雄一带均能种茶，则西藏卓木、工部等处土性亦想能种。藏民素嗜炉茶，印茶苦涩，一时未必能广销，但价廉，贫民乐于购用，数年后习惯自然，茶利必尽为所夺。若以炉茶茶种输藏自种，茶味不殊，而市价稍平，雅州茶利或犹可保。至打箭炉茶税，或应豁免或应酌减，以轻成本；并修道路以利转运，而省运费。

——官俸宜优给也。藏地苦瘠无外销之款，与各省情形不同，万里戍边，非优给养廉公费无以激励廉能。拟请行部大臣岁给养廉三万六千两，公费三万六千两；左右参赞岁给养廉各一万八千两，公费各八千两；左右参议岁给养廉各一万二千两，公费各六千两；各属巡警局、裁判局长，各岁给养廉银三千六百两，公费各三千六百两。其公费一项，系无定之款，既优给养廉，应责令实用实销，虚冒者重治其罪。其噶布伦、戴琫等各藏官廉薪，计岁需十二万。至汉、番营兵，各统带教习薪俸应按照陆军部新章从优发给。

——枪炮宜购制也。汉、番兵所用土枪率皆朽废,臣去年到藏,亲莅校阅枪弹,多半不合腔口。现计须有毛瑟枪万杆,格林炮、过山炮各数十尊,配足子药,方足备目前防守急需。藏地转运维艰,为久远计,非设厂自制不可,但经费浩繁,骤难创办,或各省旧有制造枪炮子药小机器可以拨运应用,或由南、北洋、湖北、四川等厂制成,分批运解。应由陆军部查核奏明办理。

——官银号宜分设也。银行为商务枢纽,有银行然后铸造银币,可冀流通;且因市价之涨落,时收时放以为操纵。驻藏大臣联豫奏准拨给铸钱械器,自行铸造藏圆。查原奏内称川铸卢比到藏,市价太低,在藏岁铸藏圆十万两,余利岁可溢万余两等语。查泉币义主流通,川藏卢比原重三钱,打箭炉市价涨至三钱三分,官遂定为三钱三分之价颁发行用。现打箭炉市价涨至三钱五分或七分不等,而拉萨市价则三钱或一二分不等,查市价涨落无定,以商务涨缩为高低,万不能执市价以为原定之价。其至藏后所以低落者,皆由拉萨与打箭炉转运艰阻,商务未旺,往来周转供过于求,此赢彼绌,市价不得不落。今改由藏铸,则藏圆只可行于藏地,不能通用于打箭炉。既有机器鼓铸,断不止岁铸十万两之数,将蹈前数年各省铜元局之弊。有放无收,市价更恐大落,若以价值二十万之机器岁仅铸币十万两,必无余利可图,且商上向以铸币余利,供制枪炮之用,在我亦遽难禁止商上之鼓铸。彼此各争余利,必至两败俱伤,且使藏官疑我攘夺其利权,甚非计之得者也。唯川铸卢比,藏中不甚信用流通,其弊实由无银行以为周转,市价皆操纵于茶商之手。现在整顿藏务,设官兴学,练兵开矿,经费浩繁,综计约三百余万,无官银号则汇拨维艰,似宜由度支部总银行分设支店或派代理人,于打箭炉、拉萨、江孜、印度、戛尔古达等处作为官银号,一切俸饷汇兑归其经理,所有卢比仍照旧归川局铸造以节糜费,庶川、藏、内地流通,均无窒碍,我之卢比流行藏中,则商上所铸藏银等诸铜元相辅而行可矣。

——噶尔古达[1]宜设总领事也。查噶尔古达、孟买、缅甸仰光等处,华侨数万,宜分设领事以资保护。现在印藏通商,噶尔古达尤为总汇之处,应设总领事,以管理中藏商务兼侦察敌情,其形与海参威相似。应仿照海参威商务要员章程,由外部向英使妥议,奏派干员充补,每季将印、藏情形报告外务部,仍兼归驻英使臣节制。

——廓尔喀宜联络也。查布丹、廓尔喀为藏屏蔽,布贫弱不足自存,廓尔喀王颇英明,世修职贡,近仿西法练兵制械,国势颇强,拒英甚力,英颇忌之。西藏若图变法自强,必先取法于廓尔喀,宜由中国及商上派员密与联络,喻以唇齿之势,结攻守同盟之约,于藏防当有裨益。

——开办及常年经费宜统筹也。以上所拟各条常年经费,练兵约需一百二十万两,学堂约需三十万两,官俸约需三十余万,卫生局医学堂、医院约十万,拉萨所设督练、交涉等九局约二十万,巡警局约二十处,因地方繁简酌设巡兵,月饷四两,约需六十万,其余矿务、工艺、枪炮等局因款项之多寡以为规模之大小,尚难预算,综计常年经费共约需三百万,应由各该部详细核议,咨商度支部筹拨。其余未尽事宜,尽由行部大臣随时察看情形,分别奏咨办理。

《清季筹藏奏牍》第三册《张荫棠奏牍》卷五 第1—10页

颁发训俗浅言

张荫棠

西藏人皆是大清国百姓,当遵奉大皇帝政教,忠心事主,心如

[1]噶尔古达:同戛尔古达,即今印度加尔各答

铁石,至死不变。大清皇帝为黄教之主国,教之紧要有数件,今为尔等申明之。

父子有亲　父爱其子,子爱其父,互相亲爱。子爱父母鞠育教诲之恩,当终身孝养其父母,勿以货财私妻子,不顾父母衣食之养。

君臣有义　君待臣以礼,臣事君以忠,各尽其义,君有过则臣谏,勿阿谀取容;做官者以爱民为本,勿苟图富贵,而刻剥百姓。

夫妇有别　夫在外谋生计,妇在内理家事,各有分别。男女同姓,不得为婚;兄弟不得同娶一妇;男子成丁,与姨妹姑嫂不得同床而睡。

长幼有序　长兄行在前,幼弟行在后,各循次序;兄勿欺凌其弟,弟当推让其兄,勿因分家产而相争。

朋友有信　与朋友说话做事勿相欺诈,当有信实。信约在前,后勿反复,一言一行不信实,嗣后人不信汝。

博学　士农工商各有学问,件件都要考究,凡天文、地理、机器、工艺、商业、农业、算学、兵刑、钱谷、水利、矿务、一切经黄史书,皆要学习。至于声、光、电、化、医诸学,皆有益于民生日用,并宜设学堂,分门肄习。

审问　凡事有不晓者必要详细问人,不问则终身不晓。问人不是耻辱,终身不晓才是耻辱。虚心请教,人必乐告。

慎思　凡日中耳闻目见各事物,其中皆有道理,必以我心细细思想,推溯其来因,审察其现象,揣测其结果,则我心中于是非得失,自然憭亮。思察道理要以我心为主,勿囿于习俗之偏,勿为古人所愚。

明辩　一人之见识有限,或执自己之私见以争论,往往错误疏忽;必与有学问有阅历之朋友同堂辩论,将道理事势辩得明明白白,自无似是而非之弊。

笃行　读经读史原为明理晓事,增长见识,但我所做之事,必要凭著天理做去，真实无妄。切勿口诵圣贤，行同禽兽。

智　智者知人。凡人之善恶，事之是非，皆知之明。由于平日读书明理，临时有阅力，细心推究，此心公平无私，故见理自明。

仁　仁者爱人。施舍衣食，以活穷人；教人读书，使明道理；己所不欲，勿以施诸人。即佛法之慈悲，普救众生。

勇　见忠义之事奋勇做去，绝不畏缩，是谓勇于为义；见非礼之事勿动，临非义之财勿取，是谓勇于知非；即使从前做过非礼之事，取过非义之财，今能痛自改悔，决不再蹈前非，是谓勇于改过；譬如打仗，临阵独当前敌，收队独居人后，是谓勇于公战。佛入地狱，以救众生，亦只是个勇字。

孝　尽爱尽敬，以孝养其父母，务使父母丰衣、美食、安居，心身畅乐。自己品行不端，陷于罪戾，或是刑罚，即是羞辱了父母。

悌　兄弟由父母一体而来，故推爱父母之心，以爱兄弟。自幼时同卧起同饮食，不可因妻子、货财而伤和气。

忠　待人做事，皆要尽吾心之所安，如做官者忠心爱国爱民，不贪财不怕死。

信　做事不欺人，出言不诳语。

礼　待人谦虚恭敬，言动无粗暴，揖让必循礼。

义　义所应为之事，勇往去做，不顾身家性命。忠臣义士死后登天堂，证佛果。

廉　俭以养廉，不受昧心之财。做官者昧良心贪利，不过为子孙积赀财，作马牛；自己却落得臭名万载，却何苦来；万一败露，首领不保，即不败露，死后作骡马猪狗还债，殊为不值。

耻　凡卑污苟贱不可对人言之事，皆当耻而勿为。人苟无耻，是为下流，清夜自思，面赤背汗。

以上是中国古学。

合群　人心散涣各顾私利，外敌即从而欺凌。从前印度各藩王争权,各教会争权,同堂互共哄,英人乘之,卒灭其国。世世子孙,为人奴隶,两败俱伤,究属何益?今前后藏无论汉番官商军民人等,总宜万众一心互相联络,以充内力,外敌自无由侵入。凡读书做官者,宜设学堂及学会;为农工商者,宜设农工商各会及大公司;互相研究,互相提携,以厚集势力。凡设会会友愈多愈妙。

公益　各人宜顾公益,勿专顾私利。凡事于大众有益者,方是真利,若仅利于己而不利于人者,不足为利。我今要与地球上万国争利,须要放开眼孔,看得远大些,勿徒与同室争利。

尚武　方今地球各国,玉帛往来无不恃枪炮为后盾,所谓武装世界也。语曰有强弱,无是非,诚有慨乎其言之。我苟不能自强,势必受人鱼肉。果人人有发奋为雄之志,有誓死报国之心,以铁血为主义,以军国民自任,一洗琐委宽博之态,具有威武不屈之风,一群皆血性男儿,虽有强者,亦莫予敢侮。但斗力不如计斗智,必设武备学堂,以考究战阵学问,培养将才。虽不可轻开边衅,而武备不可一日不讲,日日练兵,人人讲武,是八字要诀,凡国民年二十岁不能骑马执枪当兵打仗者,是为废人,是在上有以教之,以养成其尚武精神。

实业　凡农业、工艺、商业,如种植、畜牧、蚕织、矿务、机器制造、声、光、电、化、医药之类,凡可以生利者,皆谓之实业。实业兴旺国乃富强,不可徒尚空谈,耽安逸。日诵经典,望神庇佑,望人布施,是为分利之人,非生利之人,人人皆思分利,愈分愈落,国安得不贫?贫斯弱矣!欲救贫弱,惟有振兴实业。

以上系中国新学。

《清季筹藏奏牍》第三册《张荫棠奏牍》卷三　第18—21页

颁发藏俗改良

张荫棠

——一妇只配一夫，兄弟不得同娶一妇。

——闺女寡妇，不得私通苟合。

——兄、妹、姊、弟、叔、嫂、婶、侄，不得同炕卧宿。

——父母老病，为子妇者宜侍奉汤药饮食，以终其身；一息未绝，不得弃置别室。

——人死宜用棺木，或用氆氇扎束，掘地七八尺，埋荒野。勿用天葬，以喂鹰狗；勿用水葬以喂鱼，因秽气四扬，水染尸毒，于他人卫生有碍。不得已或用火葬较可。

——身体每日宜洗浴，头发宜常梳洗，衫裤勿使污秽。

——衣服宜改短窄，以便做事。

——儿童七八岁，宜教识汉字，学汉语，以便到内地为官或为商，否则人人专做喇嘛，未得发大财。

——男子十八岁学放毛瑟枪，练武艺，以御外敌。

——男子出外谋生，充农工商乌拉；妇人在内管理家务，养育儿女。

——喇嘛诵经功课，宜在早晨六钟，或在夜里九钟，白昼不必诵经，宜兼做农工商业以生财，不可望人舍施。

——夫死，其妇宜留以待养翁姑，抚育儿女，不宜改嫁；如系赤贫，无人倚靠者，亦应候一年服满后，方可改嫁。故妇死，其夫亦一年后方再娶，以尽夫妇之义。

——出外容易发财，不可呆守家乡。贫苦之人，宜往四川、印度谋生,或学工艺,或做贸易,或学种地,勿怕辛苦;不宜贫做喇嘛,苟图安逸;不宜沿街讨钱,望人施舍,如此安有发达之日?

——贸易者要勤,要慎,要信实,要洁净。

——欺人一句话,人终身不信尔,骗人一文钱,人每事提防尔。

——羊只在西藏卖卢比五元,运到噶伦绷卖十七元,羊毛百斤在西藏卖银八两,运得噶伦绷卖二十七两。可见出外贸易之获大利,不止一二端,众人勿惮远出以生财。

——羊种以蒙古者为佳,最肥大,藏人宜贩蒙古羊来媾种,乃获大利。

——见客礼宜以合掌为常见礼,凡屈躬、吐舌、竖指头之礼,贻笑各国,皆不可行。中国礼作揖请要,外国礼握手免冠,在各人因时择用亦可。

——楼下不宜养牛马,堆积粪溺,有碍卫生。屋内宜多开玻璃窗,户宅傍多种树木,河水宜澄洁乃可供饮。秽水有毒,宜多开井。

——男子不宜戴耳环,妇女不宜用儿茶涂脸,又饭碗等物不宜藏胸怀里,此皆各国所无,免失观瞻。

——西藏系大皇帝土地,达赖系大皇帝敕封。唐古特系大皇帝百姓,依托大清国庇荫,故能安居乐业,黄教昌盛。切勿受人愚骗,劝尔独立为自立之国,归英、俄保护等语。昔法兰西劝越南王自立而灭越南,英国劝缅甸王自立而灭缅甸,日本劝高丽王自立而灭高丽。外国常用此法以灭人国,最易误入其牢笼。未灭之先,必谀辞歆动之,诡称他系独立自主之国,我认保护,数年即灭之,而主国不能干预矣。其灭哲孟雄,亦用此法。伊近谓布鲁克巴宜及早分清界限,竖明界石,以免越占。西藏今日边防吃紧处,由春丕以直卷后藏,阿里一带最为危险,敌人(虎)视眈眈毒在此处。

——凡种蔗制糖,种竹制纸,种麻制绳,种棉织布,种樟制脑,采铁炼钢,织毛成毯以及种茶种桑等业,皆民生日用所必需,大利所在,亟应讲求。又佛灯之酥油,可设法烹炼制成外国罐装牛油,以销售于外洋;又可制洋枧、洋蜡烛,以利民用。

——毛瑟枪,为人生保护性命室家之根本,无枪必受人欺凌,每枝价银卢比三十六元,子药每千粒卢比七元,四川、印度等处均有卖,无论男女均各售一支,共费卢比四十三元。无事时往各荒山打猎,猎得白狐、猞猁、虎、豹数只,便可够枪子之资本,以后均为溢利。如外敌盗贼等来侵,各携枪齐心协力出战,为佛教出力,各如报私仇,倘杀得一敌人,便死了亦够本,杀两人便算溢利。但非两国交战,不可挑衅生事。如出人不意,暗中半途枪杀,以众欺寡,贻害国家,是为不武,是为愚民、乱民,不可不知此界限。

——外国人不敢欺侮廓尔喀而敢欺侮唐古特者,以民智不开,民心不齐,民力不强故也。印度、哲孟雄已入陷阱,布鲁克巴、布达拉又堕牢笼。唐古特事事当效法廓尔喀,宜与廓尔喀同心并力,依托天朝宇下,以御外侮。举人人皆兵,家家自购枪炮练习纯熟,只许外国来通商贸易,断不许其侵占我土地,誓死与之拼命,死后升天成佛。贪小财物,做奸细通事,死后入地狱。

——小孩周岁必须种牛痘,将胎毒发出,其毒既轻,则后日出痘亦不为害,中国从前不知种痘之法,小孩之死于痘毒者极多,近五十年,处处通行种痘,小孩易于养育。外国人不论男女老少每年种痘一次,并无苦痛而获康宁。

——两兄弟同娶一妇,则生育子女必寡,因妇人必隔年方能孕育一子女也。生齿日寡则国弱,必为外人所侵凌。各国均无此风俗,令人耻笑。

——妇人配定一夫之后,必不可与人偷合,此最耻辱之事,且生子女受毒,不能养育。

——印度有开井机器,每副价银百元,无论何地皆可开井,计三五日开竣,宜多买机器,学习最易,可获大利,于种植有益。

——凡地方种树木多，则年中雨水必多，因树根入地，引泉水上升，接天气下降也。西藏每患雨水少，而荒地荒山极多，宜先多种树木，收成获利甚大，数年后雨水必加多，可种青稞麦稻矣。每百姓每年种树十株，以为义务功课，十年后材木可胜用矣。

——畜牧牛羊骡马，开采五金煤矿，筑造铁路，为西藏天然之利，宜合股集成大公司，贩运往外国贸易。宜往印度学习西法，以夺外人之利，凡贸易股本愈大，获利愈丰，断非三数人之力所胜也。凡集股公司，股份愈小愈妙，如每股股银二两，使人人易做，集十万股，则得银二十万矣！外国大公司专用此法。

——西藏宜遵用大清正朔钦颁黄历书，每年宜用藏文译出，颁发民间通用。

——敬鬼神而远之，不可谄渎祈祷。天道不外福善祸淫，作善降祥，作不善降殃，非延僧诵经祈祷所能为力。妇女小儿之畏鬼神者，皆由无见识妄生恐怖，切不可迷信降福，卜卦符咒，皆虚渺无凭骗人之事。

——月蚀、日蚀、电、雷、雪、雹、风、雨、孛彗、山崩、地震，皆天地运行自然之理，现经中西天文家推算明确，数年前能预知其时刻，丝毫不差，并非灾异之事，乃经纬度一定之理，切不可听神怪之煽惑。藏人祭蚂蝗、狐妖、山、水、树、石等神，家家悬竿幡，最为可笑，其愚实甚。

——风方吉凶，时日拘忌，皆虚渺不可信。某地某山有矿即开，有树即斩，断无风水之说，又无雪山灵异圣渍之事。

《清季筹藏奏牍》第三册《张荫棠奏牍》卷三 第21—26页

西藏人犹多敬仰“海外驻藏大臣”

贝　尔[①]

此最高委员所行改革，不适合拉萨大多数官吏之脾胃，故彼等行之颇为困难而不纯熟，但西藏人大都视彼为抵抗英国侵略之干城，彼又新立开发西藏之规划，故初甚得众心，其后计划未有结果，彼又喜欢干涉旧习惯，于是众望渐减，然西藏人今日犹多敬仰此“海外驻藏大臣”也[因其由海道至拉萨，未经西藏东部陆路，故藏人称之为海外驻藏大臣]。

贝尔《西藏之过去与现在》
转引自牙含章《达赖喇嘛传》第167页

关于在西藏设立禁烟总局办理戒烟情形咨文

光绪三十四年十二月初四日(1908年12月26日)　联豫

钦差花翎副都统衔兼署帮办大臣驻藏办事大臣联咨呈事：窃照本年七月二十九日(8月25日)承准总理禁烟王大臣咨，以奏定禁烟查验章程一折奉旨：“依议。钦此。”钦遵，并发六项表式，限期填注汇咨各等因。与经本大臣通饬各台文武一体遵照具结禀报前来，已另文咨呈总理禁烟王大臣在案。查藏中额设文武官员为数无多，戒烟之令尚属易行，而下至汉番军民人等，纷然杂处，办理实

---

①贝尔：英帝国主义分子，曾任英驻锡金政务司及驻江孜商务委员。

属不易。况查藏地东连川省，南界滇疆，西则与印度为迩邻，均属产烟之地。烟价既贱吸食者因之而多，一旦饬令戒烟，已属万难，兼之地处极边，医药两缺，尤为憾事。然西藏自入我朝版图，实为中国属土，若不认真办理，势将贻患无穷。是以本大臣前于光绪三十三年三月十一日(1907年4月23日)准民政部咨奉旨戒烟饬办而后，即行咨请四川总督部堂由省购办各种戒烟药品，已于本年春间运解到藏。一面分札各台，饬将吃烟人数查造清册，禀明来辕，以便给发丸药，一面在藏设立禁烟总局，派委调藏随员已革四川拔贡知县陈启昌充当委员，会同驻藏夷情金垣、西藏粮务乔迁彩、西藏游击李福林办理戒烟事务。无论汉番军民人等，按瘾发药，以资戒禁。数月而后，调查吃烟人户，禁断者固属不少，而未经断绝者亦复有人。兹于本年十月初一日(10月22日)，又经严饬所属，将藏中开设烟馆各户，一律封闭歇业，不准再行私设。至其旧置烟具，酌作价值全数收买，当同大众即时焚毁，以为断除根本之计。复严定期限，凡系领药之人，均限一个月内断尽，随即遵章设立查验公所一区，仍派该员等住所轮流查验，以期实事求是。此本大臣在藏办理戒烟之情形也。惟此项局所薪资伙食并药材价值以及收买烟具等费，藏中无款可筹，均饬洋务局于边款项下先行动支。容俟办有成效，由该委员等造册前来，再行核实开支。相应咨呈，为此咨呈贵部，请烦查照立案施行。须至咨呈者。右咨呈理藩部。

转引自《西藏地方历史资料选辑》第262—263页

奏设西藏督练公所折

宣统二年正月二十四日(1910年3月5日)联豫

……再西藏为川滇屏蔽，英属毗连于西，俄人觊觎于北，非驻有重兵,不足以资控驭。现在锺颖统领川军,业已抵藏。计步马炮工程辎重等项,共一千七百余员名。奴才就地征募编练一营,连卫队等亦将及千人,自应略加扩充,组织混成一协,认真搜讨,俾成劲旅。窃查练兵处定章,凡新军练及一协者,应设督练公所,以为军政总汇之区。现就奴才等衙署左近,暂赁房舍作为公所。查有奏调军机处存记四川候补道罗长祷,学贯中西,晓畅军事,堪以委充兵备处总办。其参谋教练人员,一时尚难其选,暂由兵备处兼摄其事。该处酌设四科:曰计划科、曰赏罚科、曰检阅科、曰测绘科。遴选深通本科之学者,派为科官。办法专重实际,不尚表面,期于士气常新,巩固国防,以仰副圣主建威销萌之至意。所有西藏设立督练公所缘由,除将暂行章程咨部立案外,理合附片具陈,伏乞圣鉴训示。谨奏。

转引自《西藏地方历史资料选辑》第263页

拉萨地方开办巡警并接办江孜等处以裨治理而固主权折

宣统二年五月初二日(1910年6月8日) 联豫

奴才联豫跪奏,为拉萨地方开办巡警,并接续开办江孜、亚东、噶大克等处以裨治理而固主权,恭折仰祈圣鉴事。窃维巡警原理分保安、正俗、卫生三端,而开埠区域,尤必稍知交涉规则,方能推行有效。藏地巡警一事,载在约章。奴才原拟准亚东、江孜两处办起。前经设立警务学堂,以期造就警学人材。……奴才窃思警察关我主权,刻下情形又不能不急从拉萨入手。况商埠巡警为外人观瞻所系,巡官未经实地练习,措置究难完善。因饬先在前藏设立巡警总局，以为中央模范，分派巡官巡长，于二月十一日起带领修业步警兵一百四十名，马警兵二十四名，一律站岗梭巡。因布达拉山一带，地面空阔，非有马巡不能常川稽查。其警兵下班时，仍令分门排定学科，增补肄习；并陆续添募警生，授以速成警学，作为添班补缺之预备数目。之后警兵毕业者人数较多，再行挑选成绩及格者拨往亚东、江孜两处，分别开办。该警兵等既无不谙章程规则之人，庶于内治外交可以因应咸宜。俟该两埠办有端绪后，再查看噶大克商埠情形，斟酌办理。所有常年经费，核实约计共需银三万余两，应请作正开销。所有开办拉萨巡警事宜缘由，除咨部查照外，理合恭折具陈，伏乞皇上圣鉴训示。谨奏。

转引自《西藏地方历史资料选辑》第263—264页

请予裁撤驻藏帮办大臣折

1911年1月29日 联豫

宣统二年十二月己亥，驻藏大臣联豫奏：现值厘定官制，责任必专，权限必明。各省地大事殷，督抚同城，尚经裁并。况藏地规模较简，驻藏大臣两员，政见一有参差，治理即多窒碍。贤者依违瞻顾，不贤者各逞意见，遇事掣肘。内启番旗之轻藐，外贻友帮之讪笑。现在驻藏帮办大臣尚未简放，应请即予裁撤，并于前后藏各添设参赞一员。以前藏参赞作为驻藏左参赞，禀承办事大臣筹画全藏一切要政；以后藏参赞作为驻藏右参赞，禀承办事大臣监督三埠商务。均由办事大臣奏保堪胜人员，请旨简放。如蒙俞允，则办事大臣既有专一之权，又收得人之效，似于藏事，不无裨益。

《宣统政纪》卷三十

英国策划的所谓『西姆拉会议』

北洋政府外交部节录英国公使来文

一九一二年八月十七日

清末驻藏华兵于鼎革之际，全体哗变，藏人乘机驱逐汉官，并派兵侵扰川边区域，虽经边军抵御，而英人遂借口调停，出而干涉。民国元年八月十七日，英使送本部节略一件，要求五端：(一)英政府不允中国干涉西藏内政；(二)反对华官在藏擅夺行政权，并不承认中国视西藏与内地各省平等；(三)英国不欲允准在西藏境内存留无限华兵；(四)以上各节先行立约，英国将承认之益施之于民国；(五)暂时中藏经过印度之交通应视为断绝云云。

北洋政府外交部编《西藏问题》

北洋政府外交部驳复英使

一九一二年十二月

政府接到此文后，本日(十二月二十三日)始备文照该国提出各案，一一答复，大致如下：

(甲)中国按照一千九百零六年之中英西藏条约，除中国之外，其他国皆无干涉西藏内政之权，今谓中国无干涉西藏内政之权，理由甚无根据。至于改设行省一事，为民国必要之政务，各国既承认中华民国，即不能不承认中国改西藏为行省。况中国对于西藏，并无即时改设行省之意，此中颇有误会。惟现在中国认定不许其他一切外国干涉西藏之领土权及其内政。(乙)查中国并无派遣无限制军队驻扎西藏之事,惟按照一千九百零八年之通商条约,英国以市场之警察权及保护印藏交通,委任于中国,故中国于西藏紧要各处,当然派遣军队。(丙)中英关于西藏之交涉,已经两次订立条约,一切皆已规定明确,今日并无改订新约之必要。(丁)中国政府,从前并无有意断阻印藏交通之事,以后更当加意保护,断不阻碍印藏交通。(戊)承认中华民国,是另一问题,不能与西藏问题,并为一谈,深望英国先各国而承认中华民国。

《东方杂志》第九卷 第八号《中国大事记》

英国胁迫举行中英藏三方会议

陆兴祺

夫西藏为我国之领土,纵一时失和,亦能自为调解。乃英人曲解条约,横加干预,提出五款要求,强迫会议,硬作调人,而置约中所称不干涉西藏一款于不顾,其从前虚伪情形至此而暴露无遗矣。我外部当日原拟变通办法,先由我方与藏协议后,再由我方与英协议,如是则可免三方会议之嫌。惟英使不允,我亦无可如何。……英人当藏代表来印时,先派其商务员白尔在江孜迎接,又随同至靖西,留驻至三月之久。每日互商对付中国交涉办法,协而谋我,其布置已甚周密。乃我方代表陈贻范于二年十月初二日始到印,英人又禁止藏代表不与通往,来藏代表一切举动,均派员陪侍,名为招待,实无异监视。

陆兴祺编《西藏交涉纪要》下篇 19 页

会议前英国与西藏代表之密谋

贝　尔

当中国全权代表逗留中国之时,吾于江孜遇伦青[为首相之意]厦札。彼方自拉萨起程为西藏全权代表,赴印度参加会议。彼曾举西藏东部各中国官吏之信札示我,皆催达赖及西藏官吏与中国官吏会议于昌都者。彼等固知其政府已接受在印度会议之请帖也。同时吾等接得中国在西藏东部之西康省攻击西藏前哨之消息。藏军以为和议期间自当停战,故未之备。厦札又告我以达赖所欲订之条款如下:(一)西藏自理内政;(二)自理外交,遇重要之事,则咨询英国;(三)中国大臣或其他中国官吏及中国军队不得驻扎西藏,但许中国商人往来贸易;(四)所谓西藏,包括雅龙(即瞻对)、德格、巴塘、里塘以至于打箭炉一带地方。……当吾通伦青厦札于江孜时,吾劝其搜集所有关于昔日中藏交涉以及陆续为中国占领而西藏现今要求归还之各州县等项之文牍,携之赴会。故彼乘中国代表淹留于其国中,迟滞不前之时,留于西藏,于拉萨政府之档卷处,大行搜罗书籍。……举凡家宅、寺院、佃户、田主、租税、进款之册籍,门户炉灶之册籍[每一户一灶表示一家],忠顺之保结,民兵之表册,与夫各县分摊军费之合同,法律规章,判决书、指令以及其他实际行政之证据等等,无不收集,以便要求将先后为中国管辖之各县藏民,仍然退还归拉萨政府统治。禁中国人入藏之举,对于防中国人在会谈开始之际运动西藏代表之助手,故会议召开时，藏官准备已妥，一提出充分之证据，中国代表几不能反驳之。会议最后在西姆拉举行。

贝尔《西藏之过去与现在》

见宫廷璋译本《西藏史》第137—139页

西姆拉会议上的交涉经过

甲、中英藏会议缘起

……民国元年八月十七日英使送本部节略一件，要求五端。……当经本部分别解释驳辩，彼时民国尚未经各国承认，英人即宣言不允调停，即不承认。又云若不派使会议，英藏即行订约。彼时国基初定，不能不勉如所请，于是有中英各派专员偕藏员在印度森姆拉会议之举。

乙、会议时双方争执之要点

陈专员贻范抵印开议，藏员提出中藏界线，英员又创立内外藏名目，几将川边之地及青海全境划归西藏。彼时我国以西藏为我领土，不应划分境界，惟因藏人志在自治，其前后藏地方，在前清时代已不能等于内地，遂提出以清末赵尔丰边军兵力所及之地为限。允以江达为界，而江达以西归藏自治。几经事议，复让至丹达，最后让至怒江。至青海方面，初以当拉岭为界，继以昆仑山为界，而我所让内藏区域，如当拉岭以北，怒江以东之地，并声明得由我自由经营，巩固其地位。嗣经三方磋议，而我一意坚持，始终未肯松劲。奈英人袒藏，我虽有让步，而于我所主持界域，迄未赞同。嗣英专员又提出藏约十一款，并多方要挟，催迫成议。……政府因希冀英、藏对于界务有所让步，对于其余各端，声明可以大致赞同。乃于三年四月二十七日准陈专使来电："以英员告以所拟约稿，业与藏员画行，如贵专员不于今日画行，则约稿中之第二第四两款全行删去即与西藏订约，不再与贵专员商议云云。目睹情形，彼甚坚决，因从权画行，免致决裂”等语。政府以此项约稿损失过巨，当即声明否认。而英人始终认为有效，并迫我签押，我未认可，会议因之中止。本部当复照会英使，以藏约不得中政府同意，若英藏签押，万不能承认，一面并由驻英刘公使向英政府声明否认。又设法与驻京英使继续交涉，以期另筹解决方法。

丙、森姆拉会议逐日议事日程撮要

中英藏三面会议情形，根据陈专员电报，按照日期先后撮要胪列，以便参考。

民国二年十一月十三日藏议开始，藏专员要求计有六事。

附件一

二年十月十三日藏议开始，藏人要求条款，计有六事：一、西藏独立；二、西藏疆域欲包括青海、里塘、巴塘等处并及打箭炉；三、光绪十九年(1893 年)暨三十四年(1908 年)之印藏通商章程，由英藏修改，中国不得过问；四、中国不得派员驻藏；五、中蒙各处庙宇向认达赖为教主；均由达赖委派喇嘛主持；六、所有勒收之瞻对税款及藏人所受损失，一律缴还赔偿。

十一月一日陈专员提出驳复条件计开七事。

附件二

十一月一日提交驳复条件，计开七事：一、西藏为中国领土之一部分，其向为中国领土之关系，继续无间；二、中国可派驻藏长官驻扎拉萨，所享之权利，与前相同。并有卫队二千六百名，除一千名驻扎拉萨外，余一千六百名由该员斟酌，分驻各处。三、西藏于外交及军政事宜均应听受中国中央政府指示而后行，非经由中国中央政府不得与外国订商；四、西藏人民之以向汉之故，因而身被监禁，产业被封者，西藏允一律释放给还；五、藏员所开之第五款可以商议；六、前订之通商条款如须修改，须由中英两方面根据光绪三十二年四月初四日(1906 年 4 月 27 日)中英所订藏事正约第三款商议;七、中藏边界兹于附上之图内约略画明。[此图内将当拉岭、江达等处一律划归川省,图与驳复条件均经邮呈,二年(1913 年)十一月十五日曾发电陈明在案]。

英专员以中藏两方面所争持者界线一层,相悬太甚,遂请彼此开不正式会议,谈判此事。延至十二月十八日,仍无结果。三年(1914 年)一月十二日,中藏两专员将讨论之意见书提交正式会议。二月十七日英专员正式答复,主张分内外藏界线。三月十一日英专员又将调停约稿交出,共计十一条。

附件三

三月十一日英专员又将调停约稿交出计共十一条。

一、本约附表内所列之条约,除为本约所更改,或与本约有相异或相背之处外,均继续有效。

二、中英各政府既认西藏为非属于中国统治权,乃属于中国宗主权之国。并认外西藏有自治权。今订定尊重该国疆界之完全,所有外西藏之内政[选举达赖喇嘛事在内],应由拉萨政府掌理,中英政府均不干涉。中国政府订定不改西藏为中国行省,西藏不有代表于中国议院或类似之团体。英国政府订定不并据西藏或西藏之无论何部分。

三、中国政府现既承认英国以西藏地理上之位置有特别利益,欲西藏建有实力政府,保守附近印度边界及毗连西藏各国之治安。今订定除本约第四款所载外,中国于西藏不派军队,不驻文武官员,并不办殖民之事。如本约签押之日,外西藏尚有该项军队官员与殖民等,应于一月内撤退。英国政府今订定除一千九百零四年英藏条约所载外,不在西藏派驻文武官员;除商务委员卫队外,不派军队;并不于该国办理殖民事宜。

四、上款所述并不阻止中国代表带有相当之卫队驻扎西藏,所驻地点随后再定,惟该项卫队今订明不得逾百人。

五、中藏政府今订定，彼此不以藏务议约。除一千九百零四年九月七日英藏条约，一千九百零六年四月二十七日中英条约所载外，亦不得与他国议约。

六、一千九百零六年中英条约第三款，今订定作废。但一千九百零四年英藏条约第九款内所载外国字样，并不包括中国，英国之商务，不得较最优待国之商务受次等之看待。

七、甲、一千八百九十三年、一千九百零八年通商章程今订明作废。

乙、西藏政府今允与英国政府议订新通商章程，以实行一千九百零四年英藏条约第二、第四、第五各款，并速派相当之代表办理此事，所订新章，非经中国政府允许，不将本约有所更改。

丙、一千八百九十年中英条约第三款，所定禁阻由藏侵陵哲孟雄边界一节，中国以后不负责任。

丁、森姆拉会议决裂后中英对于藏案继续交涉撮要。

八、按照一千九百零四年九月七日，英藏条约第二款所载之驻居商埠之英国要员，如遇有本约发生之事，查得非由通信，或别项办法所可解决，必须前往拉萨与西藏政府商议者，该员可于无论何时，随带卫队前往。

九、现以订定本约之故，所有西藏边界，以及外西藏与内西藏之分界，以红蓝线绘明于所附之地图内。西藏政府应在内西藏享有之权利，如选派寺僧，保存关系宗教之事权，缮发委任于酋目及地方官，以及征取向收之租税等事，绝不以本约有所损害。

十、在西藏之廓尔喀、拉达克人，因此次中国官兵之举动受有损失者，中国政府订定偿还卢比四十二万四千八百四十元。

十一、本约于签字日施行，中、英、藏文字，俱经详细校对。如有因解释本约字句而起之辩论，应以英文为准。

本部电令陈专员与英专员逐条磋商，英专员坚持不让，并限于一星期内以允否两字见复，否则即行决裂。经再三磋商，始允逐条开议。四月十五日开逐条会议,稍有转圜。四月二十二日开正式会议。陈专员告以中政府不能表示同意,会议几至决裂。后经再三婉商,英专员始允展限五日。

四月二十七日接续会议,并由三方面专员,将约稿界图画行。

四月二十八日政府电陈专员否认,并以否认理由照会驻京英使。

七月二日英专员照会陈专员,定于七月三日开末次会议,陈专员告以不能签押。

中英藏会议草约既成,英人不允取消。三年(1914 年)六月六日,英使照称:本年四月二十七日,由中英藏专员在森姆拉所画行之约稿,为此次三方会议西藏问题之惟一解决。如中政府坚持反对,不愿将了解此项会议之约稿签押,则中国自不能享三方面条约内所订定之利益等语。是月二十五日,又准英使照称:倘中政府不曾设法将界务问题重新全行开议,而仅要求更改此图界线,以昆仑而(山)代阿尔丁台富;并允将别项要求,不改约稿,立予签押,本政府或可勉励劝导藏人,使之照行。照目下情形,只有告知中政府:倘中政府不将约稿于本月底以前签押,本政府只得自由单独订约。如此则三方面所订约稿,内载中国应得特权与利益自然全行失却。且本政府拟极力助藏以御中国侵伐等语。然政府始终抱定不停议宗旨,遂相机与英人提议,借图转圜。无如英政府一再拒绝。

北洋政府外交部编《西藏问题》

陈贻范[1]西姆拉会议记录

……英藏专员商议之结果后,即转知陈专员,请其裁夺。陈专

①陈贻范:北洋政府出席西姆拉会议的代表。

员乃云:“事之情形,既系如此,本专员亦可画行。惟详切声明,画行与签押,当截然分为两事。签押一层,必须奉有训令而后可。一面当将本日会议情形,即行电京,接有复电,立即转达。”

于是陈专员遂回至会议厅,就座后将约稿及地图画行。……英专员又继续而言曰:“约虽画行,不能再事更改,然今日商办情形不能宣泄于外,因何日宣布及如何宣布之处,均须由政府定夺,未经宣布以前,吾等商议之结果,皆当恪守秘密,中、英、藏文稿尚须整理之事,正是不少,仍望诸僚友协助以竟全功也。”

……七月初二日十二钟,娄副专员来,送马专员照会一件,是初三日开末次会议。并问陈专员云:“近接京电否”陈专员答以接有京电,并约略告之。娄副专员云尚有事奉告。陈专员询以所告之事,可用笔记下否?彼云愿照办。其所言如下:

娄副专员云:中国专员如不将三方面之约签押,则英藏将订一保护彼此利益之约。此外尚有二事:一、英国政府以为中国已令出(?)有战事,所有由中英两国所订关涉西藏之条约,当然消灭;二、此次会议,盖欲弭止上言之战争,中国如不签押,英不得不保护藏疆及其自治权。明日会议有图两分:一为旧图;一将昆仑以北之境,划归中国;昆仑以北,不再有内藏之名,如中、英、藏三面签押,则签此新图。如仅英藏两方面签押,则签四月二十七日之图。并请将上情电达北京。陈专员答以所请自当遵办,惟所议既与本国政府所要求者大相径庭,本专员已奉令不准签押矣。娄副专员又云中国政府之要求,英政府万不能商议,以中国之要求,均不为历史证据所赞成也。

转引自《西藏地方历史资料选辑》第299—300页

陈专员[1]七月四日上外交部电

北京外交部丙,初二日电计达,昨晚十一钟举行末次会议。英专员云:所议约稿,可称公允,洵属中、英、藏解决藏事之惟一办法,问本专员能签否。陈专员云:本专员奉有政府训令,令勿签押。本国政府近与英政府所商界务办法,既未能得同意,本国政府不得已出此,深可叹惜。英专员旋向藏专员,藏专员答以彼已奉令签押。英专员旋云:所签押者一为所议之约;一为声明文件。即答以本专员并奉训令饬向本会声明;凡英藏本日或他日所签之约,或类似之文件,本国政府一概不能承认云。后彼等签押毕,英专员云,中国专员不能一同签押,可为叹惜。现本专员定初七日离印回国,初七日以前,如贵专员奉到准予签押之令,本专员再当开会。当答以今唤本会所议事关重要,自当一一电达本国政府云。会乃散。范拟俟英专员启程后,即内渡,仍候示遵。会议记录即寄。范,初四日。

转引自《西藏地方历史资料选辑》第300—301页

驻藏办事长官陆兴祺致北洋政府电

一九一四年四月二十八日

万急。北京大总统、国务院、外交部钧鉴:院密。二十七日陈

①陈专员即陈贻范,北洋政府出席西姆拉会议的代表。

使已照英、藏要求条件暂签约稿,惟声明如政府不认,尚可作废等语。此约关系至重,万望筹议挽救之法。至盼至祷,陆兴祺叩。

陆兴祺编《西藏交涉纪要》下篇第35页

北洋政府外交部致陈贻范电

一九一四年四月二十八日

丙,二十七日电悉,英员仅许以一隅之地,划归青海,迫我承认,殊堪诧异,执事受迫画行,政府不能承认,应即声明取消。如英专员愿和平续商,仍应接议,中国固不愿遽行停议也。英专员如何答复,速电外交部。二十八日。

转引自《西藏地方历史资料选辑》第301页

北洋政府国务院电复陆兴祺

一九一四年四月二十九日

陆长官鉴:院密。二十八日电悉。陈贻范未奉政府训条,贸然画行,错误已极,万难承认,已由外交部电饬取消矣。国务院艳印。

陆兴祺编《西藏交涉纪要》下篇第37页

北洋政府外交部致驻英公使电(二件)

(一)1914年7月2日

三十日电悉。朱使昨日到部称:同前因。当电陈使,告以中国要求界线,未能同意,万难签押。英藏双方签字,不能承认。希向英外部声明。盼复。外交部。二日。

(二)1914年7月6日

接陈使电,藏约业于三日英、藏签押。当电陈使声明否认。应即备文向英外部声明:中国政府不能擅让领土,致不能同意签押,并不能承认中国未经承诺之英、藏所签之约或类似之文牍。中英睦谊夙敦,盼望将来另商圆满解决方法等语。希查照办理。外交部。六日。

转引自《西藏地方历史资料选辑》第302页

未经中国签字的所谓"西姆拉条约"

中华民国大总统,英国君主兼五印度皇帝,西藏达赖喇嘛,亟愿共同协商解决关于其在亚洲大陆邦国利益之各种问题,并进一步调整彼此各有关政府间之关系,因而决定缔结条约。为此特派全权代表如左:

中华民国大总统特派功赐佩带嘉禾勋章陈贻范;

西藏达赖喇嘛特派伦兴夏托拉；

英国君主兼五印度皇帝特派功赐佩带维多利亚皇家勋章印度宝星印度帝国勋章印度政府外务政务秘书麦克马洪。

各将所奉全权证书互相校阅，俱属妥善，兹同意缔结左列条约共计十一款：

一、本条约附表内所列举各项旧约，除经本条约更改，或与本条约旨意有出入或径相冲突者外，一律继续有效。

二、中英两国政府，同认西藏为属于中国宗主权之国，并认外藏有自治权，今为尊重该国自治之完全，所有外藏内政[选举达赖喇嘛事在内]在由拉萨政府管理，中英两国政府均不加以干涉①。

中国政府不改西藏为行省，英国政府不兼并西藏境内任何部分②。

三、中国政府现既承认英国在西藏地理上有特殊地位，英国为欲西藏建设强有力政府保守印度附近境界，及毗连西藏各部落治安起见，今约定除本条约第四条所载外，中国对于西藏不驻军队，不设文武官员，不办殖民事宜。本条约签字之日，如外藏尚有此项军队、官员与殖民③，应在三月以内一律撤退。

英国政府亦约定除一九〇四年英藏拉萨条约所载外，不在西藏派驻文武官员，除商务委员卫队外，不派军队驻藏，并不在藏境兴办殖民事宜。

四、上款所载，并不阻止中国驻藏代表，率带相当卫队驻扎西藏。惟此项卫队不得逾三百人。

---

①本条中“自治之完全”，按英文为“领土之完整”。“[选举达赖喇嘛事在内]”按英文为“[包括达赖喇嘛的选择和就职在内]”。

②按英文本中国政府下有“保证”两字，英国政府下亦有“保证”两字。

③按英文本并无“与殖民”三字。

五、中藏政府今订定彼此不以藏务议约，除一九〇四年九月七日英藏拉萨条约，一九〇六年四月二十七日中英印藏续约所载处，亦不得与其他外国议约[①]。

六、一九〇六年[②]中英印藏续为第三款，今订定作废，但一九〇四年[③]英藏拉萨条约第九款[④]内所载外国字样，并不包括中国。

英国之商务，不得较最惠国之商务受次等待遇。

七、甲、一八九三年与一九〇八年关于西藏之中英通商章程，今订明作废。

乙、西藏政府今允与英国政府议订新通商章程，以实行一九〇四年[⑤]英藏拉萨条约之第二、第四、第五各款；但新章程非经中国政府允许不得变更本条约。

八、驻在江孜之英国商务委员，如关于一九〇四年九月七日英藏拉萨条约所载，遇有关系之事，查得非由通信或别项办法所能解决，必须前往拉萨与西藏政府协议者，该员无论何时，得以随带卫队前往。

九、现以订本条约之故，所有西藏境界与内藏外藏之分界，以红蓝线绘明于所附地图之中[⑥]。

西藏政府在内藏权利，如选派寺僧，保存关系宗教之事权，绝

---

①第五条按照英文译为："中藏政府约定彼此间或与任何其他国家均不进行有关西藏的任何谈判或协议，但英藏间按照一九〇四年九月七日英藏条约和一九〇六年四月二十七日中英印藏续约规定的此种谈判和协议除外。"

②按英文本为"一九〇六年四月二十七日"。

③按英文本为"一九〇四年九月七日"。

④按英文本为"第九款第四项"。

⑤按英文本为"一九〇四年九月七日"。

⑥"所有西藏境界与内藏外藏之分界，以红蓝线绘明"应为"西藏境界及内藏外藏之分界分别以红线和蓝线绘明。"

不因本条约有所损害。①

十、本条约用中、英、藏三种文字，由经详细核对，如日后因解释字句有异议时，则以英文为准。

十一、本条约自签字之日施行。

中华民国三年七月三日

西历一九一四年七月三日　订于西姆拉

藏历木虎年五月十日

伦兴夏托拉签字并盖印

麦克马洪签姓名首字母并盖印

附表：

一、一八九〇年三月十七日中英会议藏印条约。

二、一九〇四年九月七日英藏条约。

三、一九〇六年四月二十七日中英续订藏印条约。

西姆拉会议之交换文书

一、缔约国承认西藏为中国领土之一部分。

二、达赖喇嘛选举就职后，由西藏政府呈明中国政府，中国政府即颁给达赖封号，由中国驻扎拉萨长官正式转授之。

三、外藏官员由西藏政府任免。

四、外藏不派代表出席中国国会及其类似机关。

五、英国驻藏商务委员之卫护队，不得超过中国驻扎拉萨长官卫护队百分之七十五。

六、一八九〇年三月十七日中英印藏条约第三款所载，禁阻西

---

①“寺僧”按英文本为“高级寺僧”。“保存关系宗教之事权”按英文本为“对有关宗教组织的一切事项，保留完全的监督”。

藏侵犯哲孟雄边界一节,以后中国政府不负责任。

七、本条约第三款各节,由各签定国派员迅速查报办理,第四款所载中国驻藏长官可以入藏。

伦兴夏托拉签字并盖印

麦克马洪签姓名首字母并盖印

声明:

英国和西藏的全权代表兹将下列声明载入记录:我们承认所附业经草签的条约对英国政府和西藏政府有拘束力,并同意:只要中国拒绝在上述条约签字,中国将被排除享受由于该条约所生的一切权利。

我们在此声明的英文本二份,藏文本二份上签字盖章,以资证明。

公元一九一四年七月三日,即藏历木虎年五月十日,订于西姆拉。

伦兴·夏托拉　　亨利·麦克马洪

英国全权代表

本条约英文本见印度政府中央出版局出版的

印度外交部次长艾奇逊编《有关印度及其邻国的条约集》

第14卷 1929年版 第35—38页

四川省议会议案

省会讨论边藏案,省议会议员谢继宗对于边藏交涉提出意见书。略谓边藏幅员百倍于青岛,利害关系亦远过于青岛,川人宜群起愤争，全国宜一致进行云。又拟办法数条：

（一）通电南北政府，尽力一致拒绝英使干预川边划界事。查川边原系内地领土，藏番不过土匪内乱，平定内乱系我内政范围，无外置喙余地，藏既属我，何有于边。如承认其划界，不啻默认西藏与中国脱离关系，藏番与中国立于对等，英国为第三者之干预，损权辱国莫此为甚。此为外交先决问题，宜与全国一致反对，并匡救北庭外交之错误。

（二）宜声明康、藏、卫名称，据约拒绝英人干预。查旧有各称打箭炉至江达为康境，江达至拉萨为前藏境；自拉萨至札什伦布为后藏境；中分数部落，曰哲孟雄、曰廓尔喀、曰准噶尔，迤逦至印度等处为卫境。边藏原系中国领土，英人所以干预藏事者，以前清光绪十六年（1890 年）中英会于拉萨订有英藏条约第九款，含有干预藏事之性质。但光绪三十二年（1906 年）中英新定藏印条约第二款，亦曾声明英国国家允不占并藏境，不干涉西藏一切政治，据此条约西藏内政英人且不能干涉。西康系川边境内，英人更无过问之权，此亦拒绝划界理由之一。

（三）中国将来划分边藏界址，宜根据历史设治或案碑记为证据。川边与前藏所划之界地，经前清川督赵尔巽与川滇边务大臣赵尔丰及驻藏大臣联豫，划定由打箭炉至江达为川边界，且于江达立有碑纪，证据一。北京内务部与川边镇署尚存案牍，证据二。民国元年（1912 年）尹经略昌衡改江达为本昭府，所属五县为硕督县、嘉黎县、恩达县、察隅县、柯麦县，设官分治，经北京内务部所铸铜印尚存镇署，证据三。民国三年（1914 年），北庭与英使交涉界址根据会典与载书，川边界址何尝列入载书，此根据之错误贻误非浅。此次北庭如依英使提出将昌都、德格等十余县划归西藏，直将川边二千余里之地让与藏番，且昆仑以南当拉岭以北，包括青海某处内地不少,此为外人外交谲诈手段,尤当力拒。即督署此次通电所指之恩达、石渠、盐井、察隅为界,距江达所属尚失旧地一千余里。

《上海时报》1919年10月17日

留日学生通电

北京大总统机关钧鉴,近中外各报均称西藏交涉日紧。夫西藏者,中国之版图也,领土主权,自始属我。故满清时,曾设理藩院统治全藏事务。……民国创造之初,宣布五族共和,旗成五色,政尚平等,于各藩属地,均一视同仁,无阶级之分。内载吾国约法,外告东西友邦,国内国外,欢跃赞同。当时各友邦之承认民国,对于汉、满、蒙、回、藏五族组织民国之宣言,以及汉、满、蒙、回、藏五族人民所据有之地域,纯为吾国领土之布告,未闻有何等之异议,也未尝提出何项之限制。即英人亦无否认西藏为我领土之论。……英使所提之划界办法,将云南、四川、甘肃、新疆各边界万余里之地,要求划归西藏范围,完全撤销西南屏障,此事关系我国存亡,万不可轻为让步,以造将来无穷巨祸。盖英人侵略西藏之目的一达,则可以侵入四川。倘四川归英掌握,则可顺大江东下,而图谋各省矣。呜呼,瓜分之祸已兆边陲,蚕食之患将及内部,频年以来,吾国当局,只知有党派之争,无暇及守土之计,以致欧洲大战之机,而不能利用以解决中英悬案。至使他人先发制我,补牢无策,贻误战机,莫此为甚。……诸公果欲保全西藏,拥护国政,则对英交涉,不宜稍让。对于边藏,速取决然之处置,切不可敷衍迁延。致蹈外蒙以往之覆辙。遂使大好河山,逐渐分裂,浩浩神州,受制异族也。

临电迫切，不胜盼祷，留日学生总会叩。

《上海民国日报》1919年12月5日

[附]中国历届政府和西藏地方当局一贯否认“西姆拉条约”——

北洋政府外交部向英使提出九项原则

1921年1月19日

中英西藏交涉，自去年停顿后，迄未开议。驻京英使奉其本国政府训令，迭向外交部催促，重开会议。本日外交部已备文答复，请其照下列各款讨论：

一、西姆拉会议，违反光绪二十三年（1907年）驻京英使换文，不能据为事实；

二、请查照民国五年中国提案进行讨论；

三、西藏为中国之完全领土，界地按自然四至，不得更动；

四、西藏外交应由中央主持；

五、中国对于西藏之交通内政，有自由主权；

六、亚东、江孜两地关税款，应由中国派员监视接收；

七、藏边乱事，中国自行派员剿办；

八、为保卫西藏治安，中国应在西藏驻兵设警；

九、驻藏之中国大员，有管辖全藏内政外交之权；

十、西藏得派代表会同讨论解决藏案之方法。

《东方杂志》第十九卷 第四号《时事日志》

国民党政府外交部刘司长与英大使馆秘书裨德本谈话纪要(节录)

1935 年 11 月 27 日

……至于森姆拉条约,中国政府对此未签订之文件,向来所持之态度,当为英国政府所深知,此项未尝正式缔结之条约之援引,中国政府殊不能认为适当。

转引自《西藏地方历史资料选辑》第 312—313 页

蒙藏委员会驻藏参议蒋致余致行政院院长电

1937 年 1 月 24 日

行政院院长钧鉴,……英官柯尔根据英藏前订密约,要求将藏属之门达汪及嘉玉宗西南一带地方割让与英。各噶布伦答以森姆拉条约未经中国签押,刻中藏问题尚未解决,噶厦不能作主等语,无结果中止。以上消息,示托人向某噶布伦处探来,极为可靠,适与职前之研究所得相同。

转引自《西藏地方历史资料选辑》第 313 页

驻藏办事处处长沈宗濂致吴忠信[1]函及附件

1944 年 7 月 8 日

礼公委员长钧鉴:……职于本月一日应[英驻锡金行政长官]古德之邀,前往冈多,古德与职彼此以私人资格强论西藏问题,历数小时。职向其反复说明西藏为中华民国领土之一部分,无可置议。……彼对此亦表同情,惟根据以往事实,如我国亦未承认之西姆拉协定等等主张,以会议方式解决。最后吐露真意,欲在印度第二次政潮发生以前解决西藏问题,兹将谈话纪录呈请鉴察。……

附谈话节略

古德:……余以为解决西藏问题,西姆拉会议已有良好之基础,因当时三方代表,均属干练有为、头脑清晰之士也。

宗濂:所谓西姆拉协定者中国政府并未批准。

古德:该项协定之未批准,据余个人观察,原因有三:(一)西藏与内地划界问题;(二)协定草案中词句有不妥之处;(三)当时中国无有力政府负此责任。

宗濂:康藏境界问题,是否合理,属于内政。至于西姆拉协定,既未批准,当然不能作为根据。

转引自《西藏地方历史资料选辑》第 313 页

①吴忠信:国民党政府蒙藏委员会委员长。

中华人民共和国外交部给印度驻华大使馆的照会(节录)

一九五九年十二月二十六日

……

第一个问题,中印边界是否正式划定过

……

(3)关于东段。印度政府认为,所谓麦克马洪线是 1914 年英国、中国和中国西藏地方共同参加的西姆拉会议上产生的,因此是有效的。中国政府认为,所谓麦克马洪线是完全非法的,印度政府的说法是中国政府断然不能接受的。

首先,举世周知,西姆拉条约本身就没有法律效力。参加西姆拉会议的中国代表陈贻范不但拒绝在西姆拉条约上签字,并且根据中国政府的训令在 1914 年 7 月 3 日正式向会议声明,凡英国和西藏本日或他日所签订的条约或类似的文件,中国政府一概不能承认。中国政府驻英公使刘玉麟,又在同年 7 月 3 日和 7 日两次正式照会英国政府,作了同样的声明。此后历届中国政府都坚持这个立场。中国政府在帝国主义的压迫下曾经签过字的许多肮脏的不平等条约,现在已经宣告失效了,中国政府感到困惑的是,同样从帝国主义压迫下得到独立的印度政府,为什么会硬要自己的友邦中国政府承认一个他连字都没有签过的不平等条约。

其次,印度政府断言,西姆拉会议上讨论了印度和西藏之间的边界,而中国政府不论在当时或以后都没有反对在会上讨论印度和西藏之间的边界,因而会议所产生的关于印度和西藏之间的麦克马洪线边界的协定,必须被认为对中国具有拘束力。但是这种说法从头到尾都不符合事实。事实上,在西姆拉会议上只讨论过中国其他部分和西藏地方以及所谓内外藏的界线,从来没有讨论过中国和印度的边界。所谓中印边界的麦克马洪线,是英国代表和当时西藏地方当局的代表在 1914 年 3 月 24 日在德里用秘密换文的方式产生的,根本没有通知过中国,也就是说,根本没有上过西姆拉会议的日程。西姆拉条约附图中所标明的红线有一段的画法,同所谓麦克马洪线相同,但是这条红线是作为西藏同中国其他部分之间的界线提出来的,而从来没有被说明过,红线的某一部分是中国和印度的界线。在西姆拉会议和西姆拉条约中既然根本不存在所谓中印边界问题,中国政府当然不会在自己的备忘录或者对于西姆拉条约的修改的意见书中提到这一问题,或者提到所谓麦克马洪线问题。印度政府说当时中国政府没有对所谓麦克马洪线提出异议,这个事实只是表明了中国政府根本不知道有所谓麦克马洪线问题,而决不能证明这条线是合法的、为中国政府所同意了的。由此可见,所谓麦克马洪线是一个比西姆拉条约更肮脏、更不能见人的东西,说它对于中国政府具有约束力,确实是格外离奇的。中国政府愿意询问印度政府,它究竟能否从西姆拉会议的全部纪录中指出,在会议的哪一天,或者在条约的哪一条,曾经提出中印边界的问题和特别提出所谓麦克马洪线的问题?

此外,还必须指出,对于英国没有同西藏单独谈判的权利这一点,是不容怀疑的。中国政府固然曾经就这一点作了一再的声明,就是英国政府,根据它自己同旧俄政府在 1907 年所订的关于西藏的协定,也受有严格的约束,非通过中国政府不得同西藏进行任何谈判。因此,只是根据英国政府自己所负的这一项条约义务,也足以判断,1914 年英国代表和西藏地方当局代表瞒着中国政府的秘密换文,没有任何法律效力。

第三,说中国对于所谓中印边界的麦克马洪线没有提出异议,也是不符合事实的。所谓麦克马洪线是在中国抗日战争的最困难时期才陆续地和非正式地出现在印度地图上的，而从 1943 年以后，西藏地方当局又受到英帝国主义的牢牢控制，同中国中央政府关系日见恶劣。虽然如此，国民党政府在获悉英国对所谓麦克马洪线以南的中国领土逐步侵入以后，仍然在抗日战争结束以后的1946年7月、9月、11月和1947年1月，四次照会英国驻华大使馆提出抗议，由于英国把责任推给印度，国民党政府又在 1947 年 2 月照会印度驻华大使馆提出抗议。甚至在 1949 年 11 月 18 日，当时还同印度政府保有外交关系的蒋介石集团的驻印大使罗家伦，还照会印度外交部，否认印度政府所认为有效的西姆拉条约。中华人民共和国政府在同印度政府建立外交关系以后，也一再声明中印边界未经划定的事实。在 1954 年尼赫鲁总理访华的时候，周恩来总理就曾经明确地指出中印边界尚待划定。周总理并且说，中国地图之所以沿用旧地图的画法，是因为中国政府还没有对中国的边界进行勘察，也没有同有关各国商量，不会自行修改疆界的画法。关于这一点，在 1958 年 11 月 3 日中国外交部给印度驻华大使馆的备忘录曾经复述过。此外，就是西藏地方当局，也不认为在阴谋诡计中制造出来的所谓麦克马洪线是合理的，它一再表示了对这条线的异议，要求归还线南被占的中国领土。这个事实，就是印度政府也不否认。

第四，所谓中印边界的麦克马洪线，不但中国政府从未承认过，而且印度和英国政府对于它的有效性也是长期怀疑的。印度测量局 1938 年出版的《西藏和邻国》的官方地图和英国皇家制图员约翰·巴索罗缪所绘制的 1940 年牛津高级地图集第六版所载《印度》一图，都根本没有采取所谓麦克马洪线。1946 年出版、1951 年三版的尼赫鲁总理本人所著的《印度的发现》（英文本）一书中所附《1945 年的印度》一图，也同样没有按照所谓麦克马洪线描绘中印东段边界线。印度测量局在 1950、1951、1952 年出版的官方的印度全图，虽然画出了所谓麦克马洪线，但是仍然用了未定界的标记。直到1958年,英国皇家制图员约翰·巴索罗缪所绘制的泰晤士世界地图集中的《中国西部和西藏》一图,仍然把中印传统边界和所谓麦克马洪线都标出来了,并且在两线之间用文字注明“争议地区”。所有这一切具有权威的事实,都直接驳倒了印度政府关于这一段边界已经划定的论点。印度政府争辩说,英国所以迟迟没有公布西姆拉条约,为的是希望就内藏的地位和界线达成协议。这个说法是不能帮助印度政府脱出困难,已如上述,而且还给印度政府带来新的困难。既然英国政府也承认没有就西姆拉条约达成协议,那么这个条约还有什么意义呢?条约本身都没有生效,何况英国方面片面地、偷偷地往这个条约里硬塞的一条从没有向中国政府提出过的所谓中印边界线呢?事实上,曾经在印度任职的英国负责官员,虽然决不是亲华的也承认麦克马洪线在法律上站不住脚,在实际上是没有效力的。例如,曾在1939年担任印度阿萨姆代理省督的亨利·特威南,就在今年9月2日的伦敦泰晤士报上投书作证,这条线“并不存在,而且从来没有存在过”。

……

《中印边界问题》(增订本)第33—37页

“西姆拉会议”

——摘自《甘丹夏扎家族史概述》

西姆拉会议是公元1913年清朝驻藏大臣和川军撤离西藏后,中华民国政府在力薄势弱,百业待举,一时对西藏的事务尚无力顾及的情况下,英帝国主义为阴谋分裂西藏,在对民国政府施加压力后,中英藏三方代表在印度西姆拉地方召开的一次会议。参加会议的西藏首席代表是夏扎班觉多吉,副代表白吉赤门巴。其他成员有:司伦传令官小堪布丹巴达杰、四品官达多瓦、下知宾土登阿旺和苯塘巴、五品官小琼然巴和卓尼根敦扎西、达赖喇嘛侍卫官俗官一名(具体名不详)、甘丹寺代表洛桑央;哲蚌寺代表蒙古吉索、色拉寺代表强敏巴等。另外,英语翻译旦巴、汉语翻译一名、医生钦热诺布、侍卫连长一名、排长四名、士兵四十名。中央政府的代表是陈贻范、英方首席代表是麦克马洪。

会议开始,各方就以主权、地界为主要内容阐述各自的观点立场,遂即引起争论。这时英方以调解为名,提出《西姆拉条约》(草案),三方代表予以草签。当时中央代表陈贻范声明,对条约的正式承认与否,等得到北京国民政府的答复后才能决定。后来收到北京国民政府不予承认该条约的回电后,陈贻范拒绝在正式条约上签字,并宣布草签条约无效。西姆拉会议破裂。

在条约草案未出笼前和陈贻范离会以后,藏英两方私下举行会晤,英方提出请西藏方面考虑就西藏的边境地区给英方某些利益。西藏代表当即回答道:“此次我们只受命于讨论解决三方会议的内容,未赋予解决藏印边界事宜的使命,实难作主,容以后再作商议。”英人嘎奈贝尔原与夏扎·班觉多吉交往颇深,平时他们言笑可掬。此时遭夏扎·班觉多吉严词回拒,嘎奈贝尔顿然怒火中烧,大声喝道:“那让西藏的事情扔在印度平原上去吧!”明确表示将放弃在汉藏关系方面对西藏的支持。当时,在汉藏关系方面西藏寄望于英国做他的靠山,所以应做出某些让步或牺牲。但英方所提要求与三方会议内容无关的新问题,与会代表无权作出决定。同时,边界问题是涉及面广而又极其复杂的事情,无法立即划定。但是若怠慢了嘎奈贝尔提出的要求,在藏汉关系上肯定会失去英国的支持。经与会代表商议,决定向第十三世达赖喇嘛写内部报告请示并指派专人口头汇报;另一方面,根据地方政府惯例,以正式公文形式通过噶厦向达赖喇嘛请示。于是特派司伦传令官小堪布丹巴达杰前往拉萨禀报请示。丹巴达杰返回时带来加盖司伦公章的一封信件,内称:"根据所派传令官来拉使命,经与噶厦、贴身基巧堪布商议并呈报圣佛大救主后认为,若答应英方所提划界要求从门隅地区中划地给彼,势必造成将那里的政府、贵族、寺庙所属百姓田地及丰富的物产丧失于外国人,定会给我造成损失和严重的后果。但目前我们有求于英国,对英政府的要求不得不予考虑现决定等实现了西藏的独立自主,滞留在康区的川军尽快撤出之后,依照英方所提保证及其实施情况,我派专人正式划界并将田地和百姓连其西藏政府的收入一并交于英方。望将此意转告对方。"于是,根据此信中的指示精神,包括内外藏、印度与西藏边界的划分,以及附有一张所谓"麦克马洪线"草图的《西姆拉条约》于1914 年 7 月 3 日由英藏双方的代表签订了。这个条约是在英帝国主义阴谋策划下,是在中央政府代表不在场的情况下,由藏英代表秘密签订的,固然是非法的,从未得到过历届中央的承认。由于三方代表会议未达成任何协议,所谓《西姆拉条约》也只是藏英两方代表签订。所以,事实上在十三世达赖喇嘛及其司伦夏扎、羌勤、雪康主持政务期间,并没有实质性的丧权失地情况。

在上述三方会议期间,夏扎·班觉多吉下榻在西姆拉一座名叫玛厅贝拉的印度政府的宾馆里,他在会议暇余,将当时他所应执行的使命而颁发的达赖喇嘛的手谕和向达赖喇嘛请示报告的底稿单独收藏于一箱中。另外,夏扎·班觉多吉从西姆拉返藏后,将西姆拉条约的起因、代表团日志、西姆拉会议记录、内部的准备工作等全部会议过程的文件,与副代表白吉赤门巴一道进行整理后呈报于达赖喇嘛。我家保存有上述文件箱和红缎包皮的手抄本。

陈贻范未在《西姆拉条约》上签字而返后,英方为了要恶化汉藏关系,煽动藏军进攻康区的川军,并提供英式步枪 5000 支,子弹

50万发。藏历木虎年(1914年),十三世达赖喇嘛委任噶伦喇嘛(首席噶伦)强巴旦达为昌都总管,并先后调派数个藏兵团到昌都。藏历火猴年(1917年),藏军与川军发生战争。藏历土马年(1918年),藏军攻占昌都。从噶伦喇嘛强巴旦达开始,委派昌都总管便形成了制度。

夏扎甘丹班觉著《甘丹夏扎家族史概述》
《西藏文史资料选辑》第15辑

辛亥革命前后西藏地方爱国与亲帝势力的斗争

达赖逃往印度

朱　绣

宣统元年(1909 年),达赖回藏,中途与俄使私觌,沿途逗留,所至公行货贿,物议沸腾。

八月(9 月),达赖由西宁塔尔寺取道青海之柴达木回藏。驻藏大臣联豫率属吏迎于札什城之东郊,达赖不理,目若无见。联豫愤甚,即言达赖私运俄国军械,亲赴布达拉检查,未获。复派员往黑河查验达赖之行李,翻箱倒箧,搜检殆遍,未获枪械,而各物被检验,军队乘间携去者颇多。于是达赖深恨联豫,遂停止其供应,乃布散流言,谓政府欲灭黄教,嗾令藏人内犯,又不顾英国通商,时谋抗阻。

是年冬,政府恐滋事端,派川兵二千人入藏弹压,达赖概不供应,复令藏兵沿途抗阻,焚掠江达存粮。幸川军入藏,屡击退藏兵,达赖颇悔。

二年正月初二日(1910 年 2 月 11 日),达赖请帮办大臣温宗尧于布达拉想见。达赖面允三事:(1)将各处阻兵番众立刻调回;(2)渥荷朝廷封赏咨请奏谢;(3)仍尊重联大臣,一切供应照常规复。温宗尧欲安其心,亦允以四事:(1)川兵到日,自必申明纪律,维持安宁秩序,不至骚扰地方;(2)诸事均和平办理;(3)达赖固有教权不加侵损;(4)决不杀害喇嘛,以昭信守。

(宣统二年正月)初三日(1910 年 2 月 12 日),川军前队抵拉萨,联豫派卫队欢迎之。卫队归途开枪,击毙巡警一名,小昭寺之济仲大喇嘛于琉璃桥畔饮弹而亡。卫队又向布达拉开枪乱击,僧众亦有带伤者，一时全城震动，人民不安，达赖恐遭危险，即挈其左右逃往印度。联豫电告政府，有旨设法追回。

朱绣《西藏六十年大事记》第 21—22 页

清朝政府宣布废除十三世达赖喇嘛

(宣统二年正月)十六日(1910 年 2 月 25 日)，上谕：西藏达赖喇嘛阿旺罗卜藏吐布丹甲错济寨汪曲却勒朗结，夙荷先朝恩遇，至优极渥，该达赖具有天良，应如何虔修经典，恪守前规，以期传衍黄教。乃自执掌商上事务以来，骄奢淫泆，暴戾恣睢，为前此所未有，甚且跋扈妄为，擅违朝命，虐用藏众，轻启衅端，光绪三十年六月(1904 年 7 月)间，乘乱潜逃，经驻藏大臣以该达赖声名狼藉，据实纠参，奉旨暂行革去名号。迨达赖行抵库伦，折回西宁，朝廷念其远道驰驱，冀其自新悛改，饬由地方官随时存问照料，前年来京展觐，赐加封号，锡赉骈藩，并于起程回藏时，派员护送。该达赖虽沿途逗留，需索骚扰，无不量予优容，曲示体恤，宽既往而策将来，用意至为深厚。此次川兵入藏，专为弹压地方，保护开埠，藏人本无庸疑虑，讵该达赖回藏后，布散流言，藉端抗阻，诋诬大臣，停止供给，叠经剀切开导，置若罔闻，前据联豫等电奏，川兵甫至拉萨，该达赖未经报明，即于正月初三夜内潜出，不知何往，当经谕令该大臣设法追回，妥为安置，迄今尚无下落。掌理教务，何可迭次擅离。且查该达赖反复狡诈，自负成性，实属上负国恩，下辜众望，不足为各呼图克图之领袖，阿旺罗卜藏吐布丹甲错济寨汪曲却勒朗结着即革去达赖喇嘛名号，以示惩处。嗣后无论逃往何处，及是否回藏，均视与齐民无异。并着驻藏大臣迅即访寻灵异幼子数人，缮写名签，照案入于金瓶掣定，作为前代达赖喇嘛之真正呼毕勒罕，奏请施恩，俾克传经延世，以重教务。朝廷彰善瘅恶，一秉大公，凡尔藏中僧俗，皆吾赤子，自此次降谕之后，其各遵守法度，共保治安，毋负朕绥靖边疆维持黄教之至意。钦此。

朱绣《六十年大事记》第22—23页

达赖会见印督

荣赫鹏

三月十四日(1910年)，达赖喇嘛自大吉岭前往加尔各答拜会印督，具道本人对印当局感恩至深，依存至切，谓一八八八年及一九〇三年藏印冲突，中国当局实有以致之，并谓中国驻藏大臣背弃清皇及皇太后之诺言，明目张胆，劫持藏政府一切权力。渠愿遵照条约与英方直接交涉，盼能设法贯彻之。渠切盼英方击退中国之势力，俾得以友邦资格与清皇直接谈判，一如当年达赖五世所处之地位。中国军队亦须撤退。一八九〇年及一九〇六年两次中英条约，藏方概未参加，未能承认。渠在拉萨虽派有摄政，且渠与各大臣虽携有印信，名义上仍系藏方主政者，然渠与摄政间之交通关系，已被梗断。一切往来人等概被中国当局派兵阻止，并加以搜查，除秘密通信外，不能得到正式情报，渠今所接得者，惟私人函件耳。故非一切问题获得满意之解决，渠决不回藏。渠之前途殊难预测，暂时仍愿回大吉岭居住。盖中国皇太后之诺言尚可背弃，则今后中国当局纵能与以书面担保，亦不容轻易置信矣。渠否认本人曾有反抗中国之阴谋。驻藏大臣实怀有敌意，而中国当局所采取之政策，亦完全为敌对之政策也。渠反复申言，中国对锡金、尼泊尔、布丹诸国实有野心,因据本人所得情报,拉萨附近已有中国兵二千七百名,倘无野心,决不需如许兵力也。又关于拒收克遵总督书函及本人与德尔智之关系,达赖喇嘛亦有所陈述,谓德尔智其人实不过本人宗教上之顾问耳。渠于晤谈终了时,询民托总督对渠各项请求将作何答覆(复)。总督谓目前尚未能明白答复,惟极愿与彼缔交,极愿予以优待,并极愿听取彼之意见。凡彼所云,将转呈英政府听候答复云。于是达赖喇嘛重向总督申谢后,遂与之告别。

荣赫鹏《英国侵略西藏史》第314—315页

达赖召开宗谿地方头人代表会议

贝　尔

一九一二年,达赖返西藏后,下令中部两省(即前后藏)各县派四代表陈达彼等对于外交内政所需改革之意见,……其所讨论之问题,有以下三项:(一)西藏应与何国或若干国为友?(二)是否扩充军额,若扩充,则如何筹饷?(三)司法若有改革,则手续当如何?第一问题之答案如下:(甲)与英为友,因其距拉萨最近。(乙)与任一强国为友,而依附之,不轻舍此就彼。(丙)与中国为友,彼兵强人众,若汝非确得别国扶助西藏,则中国后将报复。关于筹饷问题之答案如下:(甲)贵族地产,皆需纳税。服务政府者给钱为俸,不复如今之赏以免税田地。(乙)寺产皆需纳税,惟以钱资助之,但或谓:色拉、哲蚌、噶丹三大寺不应奉此命令。(丙)扩充军队,以钱发饷,授地于其父母,再增加政府金库借给商人之金额,则可以增加政府收入。业已占领西藏东部之军队,停止进行,亦人民所提议。

至于贷款商人、扩充军额、以钱发饷，今皆次第采行。诸代表大半为政府或私人之大小财产经理者，其慷慨发抒所见，颇出人意料外，此种集会，在西藏历史上为第一次。惟外交政策之难问题，尤以与中国有关系时，达赖仍愿信其大臣之言，或自行决断，盖国会讨论，费时太久，且中国时以书信来言和，国会中人倾向之者，亦不少也。

贝尔《西藏之过去与现在》转引自
牙含章《达赖喇嘛传》第212页

噶厦布告

噶厦公布的达赖命令，大意如下：

内地各省人民，刻已推翻君王，建立新国。嗣是以往，凡汉人递到西藏之公文政令，概勿遵从，身着蓝色服者，即新国派来之官吏，尔等不得供应，惟乌拉仍当照旧供给。汉兵既不能保护我藏民，其将以何方法巩固一己之地位，愿我藏人熟思之。至西藏各寨营官，刻已召集，啜血同盟，共图进行，汉人官吏军队进藏，为总揽我政权耳，夫汉人不能依据旧约，抚我藏民，是其信用既已大失，犹复恣为强夺，蹂躏主权，坐令我臣民上下，辗转流离，逃窜四方，苛残恶毒，于斯为极！推其用意，盖使我藏人永远不见天日矣，孰使之，皆汉人入藏使之也。自示以后，凡我营官头目人等，务宜发愤有为，苟其地居有汉人，固当驱除净尽，即其地未居汉人，亦必严为防守，总期西藏全境汉人绝迹，是为至要。

牙含章著《达赖喇嘛传》第206—207页

驱逐钟颖

民国元年(1912年)三月,联豫避居哲蚌寺,以印信交与钟颖,钟颖既代理驻藏大臣之职,势处危急,遂求援于班禅,班禅暗令哲蚌寺僧助之。

五月,靖西噶伦绷一带之番官谋变,召集僧兵万人,前往江孜后藏,包围内地之官军,逼令解除武装,退至印度,而驻扎拉西硕般多之军官,亦被工布、江达、波密等处之番攻击,曾告急川督请援兵马。……

六月十四日,中央电令尹昌衡率师西征,惟虑英国误会,复由外交总长陆征祥面告英使,谓川兵入藏,全为平乱,至希英国严守局外中立,并提议改订西藏条约,其文如下:

一、西藏永为中国领土;

二、一切责任均由中国负担;

三、商务上利益,中英两国共享有之,惟政治不顾问英国;

四、英国不得驻兵西藏,他国亦然。

(六月)下旬,联豫出藏,由印度回京。

七月六日,藏军在拉萨包围钟颖,行总攻击,川兵饷糈既竭,腹背受敌。延至三十日,由廓尔喀驻藏之官噶卜典居间调停,缔结媾和条约四款。其文如左:

一、川军枪弹交廓人手,封藏藏中,后无汉、廓、藏三面人齐,不得擅取;

二、陆军全行退伍,由印度回国,其钦差、粮台、夷情各官,仍照旧约驻藏;

三、钦差准留枪三十支,统领准留枪六十支;

四、汉兵出关后，所有前次兵变失损财产房屋，须照实议赔。

八月，征西军先锋队二营，先在河口击败藏兵，攻下剪子湾之营垒。又降服博浪空山之喇嘛，由西俄洛进逼扎麻拉洞，由此更进七十里于火竹山口安营。巴塘、里塘之藏兵，受其影响，望风溃走，而顾、胡两军，复将里塘前面六十里喇嘛丫地方围绕，于是前藏秩序为之大乱。……

八月十七日，英政府关于西藏问题，根据一九〇六年之中英条约，提出抗议，中央政府回答其抗议中一项，云本政府已电饬征藏军司令尹昌衡停止进军，静听后命云云。至其余数条未即解决。

驻西藏之汉军多数，于九月一日，由拉萨经印度返国，印度派威洛毗骑兵中校于锡金招待之。

汉兵既由拉萨赴印，从前助汉之喇嘛，亦有相随而行者，达赖甚恨，故暗杀其哲蚌寺之大堪布元典喇嘛于彭多宗。九月七日，英公使朱尔典奉本国政府之训令，赴外交部，面晤外交次长颜惠庚，提出抗议。略谓如果民国政府定欲征藏继续遣派征西军前进，则英政府微将对于中华民国不予承认，且当以实力助藏独立云。

十一月下旬，达赖逼令钟颖退出拉萨，钟颖由拉萨经江孜后，居于靖西。……又要求钟颖由靖西出境，并谓若再迁延，将以兵力从事，钟不得已，由印度回京。

朱绣《西藏六十年大事记》第26—44页

藏军内侵

近年藏番内侵情形，据川边陈镇守使及边军分统刘赞廷先后报告。大致自民国初建，驻藏陆军变乱，藏番乘机驱逐汉官，昌言独立,川边一带,纷纷响应。南路只泸定、康定、巴安三县未失,北路只道孚、瞻化、炉霍、甘孜、德格、邓柯、石渠、昌都等八县未失。尹昌衡督川,派兵分头收复,除南路之科麦、察隅;北路之定青、硕督、拉里、太昭等六县外,余均陆续克复。

北洋政府外交部编《藏案纪略》

西藏僧俗人民反对分裂祖国

西藏之官吏、僧侣与人民中,有左袒中国党,自无容讳言。……中国政府欲吸引西藏有力之僧侣至彼方,资助若干大寺,所谓三大寺即色拉、布赉绷、噶勒丹之总称,为西藏寺院中之最有势力者,尤被重视。彼等自不甘坐失其资助费,故迄今仍有亲汉之僧侣,布赉绷寺中尤多。……在农民中,我等亦时时闻其盼望中国复来。一西藏友人述其情形曰:"西藏农民当受官厅虐待时,则言彼等不喜藏官而愿中国之复还"。

贝尔《西藏之过去与现在》第 214 页

宫廷璋译本《西藏史》第 192 页

西藏亲帝势力迫害爱国上层(四则)

(一)

班禅之政府暗与中国人勾接,不援助其拉萨同胞,几至被兵力强迫。西藏最大之哲蚌寺,僧侣数达万余,云亦倾向中国,及数大僧被杀后,仍未完全忠心助其"信仰主王",盖寺中大多数僧侣来自中国边界,不肯与庇护其家之人为敌故也。丹吉林寺(即前藏王第穆呼图克图之寺)之首领,当达赖揽权时,被捕入狱致死,其寺中财产悉被查封,故公然为中国人而战。

贝尔《西藏之过去与现在》

官廷璋译本《西藏史》第112页

(二)

一九一二年九月,中国在西藏的最后防地拉萨,发生中藏冲突,战争剧烈,继续不绝,结果西藏方面败北,主要原因是藏人内部有叛逆他本国的分子,后来发觉关于西藏军事行动,中国方面每能预知,于是藏方对于防止泄露消息的办法益加严密。然而藏方仍有一位高级官员,把信缚在箭上,射入中国衙门。这位官员后经捕获斩决,从此再没有消息走漏了。

西藏大臣中,有一个札隆协摆(按:协摆为西藏噶厦中之大臣,共四人,例定三俗一僧,其职为二品),当达赖同他的大臣逃亡印度时,只留他自己在拉萨供职,他现在也被疑惑有倾向中国的活动。于是色拉寺的喇嘛把他从布达拉宫会议室里拉出,不加审问,即行杀掉。同时还有几个高级藏官和札隆的儿子,也被疑惑有帮助中国的情事,结果都被杀害。

麦克唐纳《旅藏二十年》孙梅生等译 第92—93页

(三)

一千九百一十二年十二月末,方回至首府拉萨,从那时起,他又作为西藏统治领袖了。达赖入布达拉宫后,第一步工作便是没收皇家丹吉林寺,并解散其僧侣,因为他们被认为帮助中国。这寺院从那以后，便改作邮政电报局了。

麦克唐纳《旅藏二十年》孙梅生等译本 第94—95页

（四）

汉兵既由拉萨赴印，从前助汉之喇嘛亦有相随而行者，达赖甚恨，故暗杀其哲蚌寺之大堪布元典喇嘛于彭多宗。

朱绣《西藏六十年大事记》第33页

达赖晋升反对祖国的有功人员

达赖返回拉萨后，所办的第二件大事，就是晋升在反对祖国战争中的有功人员，第一名首推卫藏民军总司令达桑占东，由平民一下子提升为札萨，并将已被色拉寺喇嘛杀死的亲汉派擦绒噶伦的田庄、百姓完全赐给了达桑占东，自此以后，达桑占东即成了今日的擦绒札萨。其次是摄政王策满林诺门汗，他在达赖逃亡期间处理西藏事务，深合达赖意图，并且领导全藏人民，驱逐川军出藏，因而达赖给摄政赏了呼图克图的封号，颁赐印玺和呼图克图所用的全套服饰、马鞍、包加（侍从官肩上之缎袱）、黄伞等物，并赐了好几处地方的田庄。摄政的相佐，也得了堪穹官职。此外，因色拉寺的拉基（僧官名称）组织僧兵抵抗川军有功，达赖委任为丹木八旗的总管。噶丹寺拉基也有同样功劳，达赖委任为错那宗宗本。

牙含章《达赖喇嘛传》第245页

西藏办事长官陆兴祺报告

1913年9月16日

本年九月初九日，据第穆呼图克图与布赉绷寺洛腮岭乍丫腔子洛桑此颠等，暗派留藏湖南人陈煜等，来印报告。而称第穆、洛腮岭本已办有公禀，恐番边沿途搜查严密，未能携带。……是以派令来印，面禀各情，恳请长官转呈大总统，迅速设法以解倒悬之厄等语。兹将所陈第穆佛洛腮岭及藏中各情形，分条缮具清折咨请察核。查西藏诚心向我者惟班禅与第穆布赉绷之洛腮岭等寺，班禅屡来无名密信，详陈苦况及藏人情事。此次第穆、洛腮岭冒险派人来印，代达悃忱，不知费几许审慎，始敢出此其心中之肫挚，所处之艰危，均可想见。……溯第穆寺在前清光绪年间，前呼图克图，被达赖诬陷致死，抄没其田产，人民十余年沉冤未雪。宣统二年(1910年)，经联前办事(大臣)奏请昭雪，选定呼图克图复还原产，感激之深，肝脑涂地。正思图报，适有前年汉番失和之事，是以助粮助饷，极力翊汉，以望援兵。迨驻藏汉兵全去，番人痛恨该寺助我，遂驱逐其僧众，残杀其头目，籍没其田产，收管其民人，搜刮其财物。幸该呼图克图以先时在布赉绷寺学经，未遭伤害，以最富庶之寺院，因助我之故，一旦化为乌有。仅该呼图克图孑然一身，尚在不可知之数，无怪其朝夕茹痛也。洛腮岭乍丫洛桑此颠乍丫人，因感中国世德，诚心向内，前年之乱，不愿帮兵攻我，为番人所嫉，将其财产人民剥削殆尽，并欲置之死地。现闻其矢志不渝，暗中多储粮秣，为我大兵入藏之接济，又代筹我军先进，据波密为入拉萨之张本,极有见地。本长官前电请波密三十九族两处驻兵者,亦此意也。综观第穆洛腮岭两处情急势迫,较班禅尤甚,而实心向我则同。除由本长官随时设法致慰,并据情呈请大总统鉴核外,理合咨报大局查考。现已专使在途,如能速定藏局,使该呼图克图等不致失望寒心,则西南边防之幸也。此咨。

转引自《西藏地方历史资料选辑》第288—289页

陆兴祺致大总统电

1913年8月16日自印度发

大总统、国务院、外交部均鉴,兴祺前奉护理驻藏长官之令,即电明藏路不通,不能进藏,请辞。奉复现时不能进藏,不妨暂在印京护理等因。迨六月钟颖将印信及文卷送来时,……遵即开办,宣布藏中,并照会印督,亦已电请大总统照会驻京公使知照印督在案。今忽接印警察递到印外参赞函,称奉印督今年八月十七日英使已咨中国外交部,声明藏约未议结期内,中国不能由印与藏交通,来文宣布护理驻藏长官一节,英政府不能承认,原文退回,并切戒君不得与藏人通信,倘必抗办,印政府惟有令君离印等语。查前迭奉电示及转达赖各电,有经与驻京英使议结之语,今彼如此强词,实属无理,乞即与英使妥议,电照印督,俾兴祺不为所困,以保国体。

转引自《西藏地方历史资料选辑》第290页

［附］

吾等实不宜承认中国有管理西藏内政之权，于是决定于必要时，运用兵力，不准中国官吏经过锡金而入西藏。……若许中国官吏立足于印度或与西藏毗连之邻国，则足以为威吓印度、西藏之源泉，故不许假道为一有力之武器。

贝尔《西藏之过去与现在》第 148 页
官廷璋译本《西藏史》第 134 页

英国支援西藏军火

盖自一九一三年以来，吾等鼓励藏人信赖吾等。一九一四年签约时，英政府许以外交援助，并许以在相当范围内接济军火。因此吾等时时许其在印度购买军火。

贝尔《西藏之过去与现在》第 174 页
官廷璋译本《西藏史》第 157—158 页

英国在西藏训练警察

警察是由我的朋友扎隆（擦戎）协摆兴办，他劝达赖要不顾寺院反对，实行这种计划。曾经政府核准否，印度政府便派孟加拉警卫长官莱登拉前来西藏，帮助政府组织训练。……莱登拉到拉萨，采用印度训练警士方法，训练西藏的警察。然而因西藏政府特别习惯关系，他不能发展雄才，而遭人反对，因此所有行政权力，渐渐由行政当局方面，落到赭蚌、色拉、葛丹三大寺喇嘛手里。……训练的结果令人钦敬，不幸身体欠佳，只好遄回印度休养。……在开始训练时，拉萨城市居民深恶警士。……现在只剩有五十个警士，由这城里县长[藏语米旁]管辖。所有警士委任官，差不多一个个都被革职。无论高级低级人民，都对革新事宜，万分不满。有一警官皮马强答，被迫图逃，被军队追及，拘捕立决。

麦克唐纳《旅藏二十年》孙梅生、董次书译本 第266页

英国帮助亲帝势力训练新军(二则)

(一)①

达赖在前数年间，极信任差拢拉郎康[擦戎]，其人曾游历全印度，知英印实有力可□。彼既为达赖所宠信，于是计划整顿全藏军政，派遣藏中优秀青年学生数人，至英京伦敦，学习机械、邮政、电报及军事。及学成返藏，遂兴办邮政、电报、电话，扩充拉萨兵工厂，此厂除能修理枪炮制造弹药外，现已能制造新型步枪等武器。在数年前，英人为要好达赖，曾赠步、手枪三千支，作达赖创办卫队及公安警察之用，并派大吉岭警务局之著名警官拉丁拉至拉萨，创办警察。又于达赖之御东园[藏名隆布岭卡]，为达赖练英武之护卫军一千名，步骑炮工均有，一色新军器，将旧有之枪，拨发磨盘山下花园子之军队操练，西藏之有新军，即由此起。

《川边季刊》第1卷 第4期《柯羽操游藏记》

---

①原作者注：此文据1932年9月3日藏人德本默译的谈话整理

（二）

一千九百一十七年……西藏政府立时决定用新式战斗方法，训练军队。事经印度政府批准后，西藏一次派遣五十名兵士和军官到江孜，由商务委员会公署的卫队英印指挥官出来训练他们。藏军如此训练，一直到一千九百二十四年，中间很少间断。

麦克唐纳《旅藏二十年》孙梅生、董次书译本 第135页

昌都失陷

（民国）七年一月（1918年2月），类乌齐失陷，陆军一营营长田文清逃于昌都。二十二日（3月4日），彭日升令边军第三营营长张开胜攻击欧月（在昌都之南八十里），并令边军第十营营长曹树范由烟袋塘夹攻之。张开胜甫至敌境，即被藏军击退，败回昌都。曹树范以张开胜失利，败回察雅，旋察雅失陷，曹遂缴械降藏。……二月十九日（3月31日），恩达县失陷，指挥官封云树败退于俄洛桥（距昌都西三十里）。是月下旬，藏兵进攻昌都，彭日升调俄洛桥之军援昌，藏军遂乘机占据昌都之后山。三月三日（4月13日），彭日升选派各军，分道攻取后山，是夜将官无督队者，兵心散乱，复为藏军所败。二十二日（5月2日），藏兵攻云南桥，未胜，是夜即于桥畔砌石卡一道，边军守卡者未知，彼此相隔半箭之遥，次日始见。四月三日（5月12日），藏军攻陷鸡心山，昌都要扼从此失尽矣。十五日（24日），四川桥失守，昌都愈危，彭日升函请噶布伦停战议和，噶布伦复函云：先缴枪械，别无异议。十六日（25日），彭日升开军官会议，征求意见，各军官默无一言，第七营营长兼昌都县知事张南山主张逃走，众不赞成，均愿缴械降藏，遂与噶

布伦提出善后条约五款:(1)各营兵士现有二十余月或十余月未发饷者,其军械缴贵军后,所有欠饷必须由贵军发给。(藏军答曰:缴械后实必酌量发给旅费)(2)缴械后即发护照,由此路回卢,必须支发乌拉。(藏军答曰:缴械后限一星期内汉兵完全走尽。)(3)汉人由昌至卢,必须保护,不得伤害图谋财物。(藏军答曰:将来走时必派军队护送。)(4)保全汉人各界生命财产,不得任意伤害。(藏军答曰:自然。)(5)关外汉人随身番女,必须准其随带进关,不得阻挡。(藏军答曰:汉人所要女子准其随意带出关发口粮。)十九日(28日),各营均缴械,亦有兵士自行往缴者。午夜,张南山投江而死。二十一日(30日),藏军前队入昌都,……是月二十四日(6月2日),噶布伦降巴登达抵昌都,令将降藏者无论官兵,均行分批解藏,不敢回卢,彭不敢交涉,俯首允应。从此逐日分股解送,由噶布伦发给糌粑旅费(营长六两,队长四两,军佐三两,目兵一两)。是月下旬,同普县失陷,边军第一营营长兼同普县知事蒋国霖缴械降藏。(五月)四日(6月12日),噶布伦清查昌都户口及受伤汉兵后,查出番民自反正后降川者数十人,遂刖其足,或劓其鼻,刖足之后,复以酥油煎其伤口,计刖足者三十三人,劓鼻者四十余人。……于是藏军由昌都以破竹之势,分南北两路进攻,所到之处,边军望风溃降,以致德格、邓柯、石渠、白玉、贡县、武城、宁静七县相继俱陷。是时川边镇守使陈遐龄,……派知事王久敬、李芳懿前往拉萨交涉,并致书寄居印度之西藏办事长官陆兴祺,请其转告达赖,休兵息民,听候中央解决,久未得报。七月,指挥官朱宪文大战藏军于甘孜之绒坝岔,血战二十余日,始据雅砻江之东,与藏军扼守。八月,陈遐龄复派韩光钧为交涉员赴拉萨,始得达赖复书,谓不肯悖逆中国施主,甚愿息兵,由汉藏英三面各派代表议和云。

朱绣《西藏六十年大事记》第50—53页

黄慕松[1]奉使入藏报告书(摘录)

民国初年亲英派的首席噶伦擦戎为首领。查擦戎出身甚微,原系罗布林岗达赖游宫之外侍者,达赖见其聪明伶俐,调入内侍。民元川军入藏,追达赖于曲水,渡河时擦戎率领僧侣十五六人,在渡河山头邀击川军,使达赖脱险得逃印,由是为达赖所宠爱,在印交涉事项,多委伊办理。民国二年达赖谋倒川军,派伊入拉萨运动独立。在拉川军哗变,伊遂攫升藏军总司令兼首席噶伦,贡江罗敬代本、所岗代本、楚葛代本及台吉杜林、四品官定直,均属重要人物。时擦戎为首席噶伦,政权在握,兼领全藏军权,从此西藏高级军官戴本、如本等几全属亲英派而政界中亦占有一部分潜势力。

《西藏地方历史资料选辑》第 290—291 页

赴藏调查员周文藻报告

1914 年 3 月 26 日

迭据前敌报称:官兵在定,番匪四出骚扰,彭统领日升始将葱坡埂股匪击溃。现时藏匪意在截粮秣,阻文报,麕集下噶茹、桑多、打推各处,迫胁百姓帮兵。彭统领分兵防堵,该匪彼溃此张,应接不暇,碉坚炮利,战事甚为激烈。……今藏番四出为害,显系有人暗为臂助,非得厚集兵力驻扎要隘,不足以寒匪胆而图藏事,况桑昂杂揄

---

①黄慕松:国民党政府蒙藏委员会第一任委员长。

各处尚未收复,匪可由该地袭我军后路。尤可虑者,查杂揄与野番毗连,现为英人占领,建筑马道,修造营防,种种不法,其心叵测。

《西藏地方历史资料选辑》第306—307页

北洋政府外交部致驻英公使电

1918年7月5日

……近英使迭次要求解决藏案,部意必有互让办法,经派员与之接洽,讯问仍坚持三年(1914年)会议时所定外藏界线,毫不让步。且言若不解决,西藏将为朝鲜之续,实为万难商议。又前因四川用兵,英使忽派副领事[台克曼]入藏,经部迭请撤回,迄未同意。自是之后,藏番遂屡次犯边,公然与我为敌,其中播弄情事,自万难免。近英副领事复代我边将用英文电致政府,力言藏兵凶猛,我兵溃败,所有险要,尽为藏人所据,意存恫吓,播弄情节,更为显然。是英使一面派人挑拨藏番,一面迫我订约之心,已昭然若揭。

《西藏地方历史资料选辑》第307—308页

川边镇守使陈遐龄报告

1918年11月1日

……藏受英嗾,久谋内犯。……八月间……始得达赖复书,称不肯悖逆中国施主,甚愿息兵,由汉番英三面各派替身议和等语。该带兵官噶布伦来函,亦同前情。其必须牵入英国作证者,足证受英嗾使，听人愚弄，已可概见。且前方夺获该番枪弹，纯系英国王子其为暗助无疑。又英副领事台克满，于藏番初入寇时，即托词赴巴安调查。当经力阻不听。出关后潜往昌都与藏酋会晤，继见我军屡胜，恐藏虏不支，遂倡言双方停战议和。

《西藏地方历史资料选辑》第308页

英国密谋倾覆达赖

英人恒宣称，不侵略西藏土地，不干涉西藏政治，而考其实际，则言行相反。其侵略西藏附近各部落及压制印度人民之酷烈，藏人亦知之稔矣。西藏为神权政治，藏人笃信宗教之观念已深，虽形趋势迫，亦不易改易，故达赖在藏，尊严无上，政教两权，均操其手。英人以达赖始终不忘中国，欲密谋以倾复之。其第一步非先令其政教分离不可。故思扶植藏中之亲英派以为藏王，如在布丹时拥立终萨瑧洛，逼退桑结确哥故事。如是则西藏政权可归英人掌握。

陆兴祺编《西藏交涉纪要》下篇 第91—92页

达赖粉碎擦戎政变

迄前数年，擦戎及其党羽图谋革命，划分政教两权，达赖喇嘛专掌教权，政权则仍依旧制恢复藏王制度，由藏王掌之而拟自为藏王，事未举即被发觉。达赖喇嘛遂革去擦戎首席噶伦兼军职，而给以闲散之札萨克职。至其重要党羽如所冈、楚葛各戴本，均革去戴本职，而降为五品官。……自此后亲英派势稍杀，然犹能树一帜。

继擦戎首领为藏军总司令隆厦，后因事去职为四品官孜琫，结党谋叛，仍在秘密进行中。

《西藏地方历史资料选辑》第320页

国民党政府行政院报告(摘录)

西藏甘孜县居之大金、白利两寺，于民国十八年(1929年)，因争产构衅，大金寺不受调解，于十九年(1930年)攻占白利全部，当地驻军起而镇压，藏方亦调动部队为大金寺声援，两寺纠纷遂转而为康藏战局。其间经蒙藏委员会派员赴康调处，康藏双方先后在岗拖、倭达两地协议停战，终以种种原因还不能决。

《西藏地方历史资料选辑》第325页

大金、白利事件

大金、白利局部之争端，掀波助浪，演成康藏空前未有之战争。……大金寺又已乞得西藏援助，于是局部纠纷演成康藏战争导火线，激战数月，死伤盈野，而弹丸之大金寺依然丝毫未动，甘孜、瞻化反被藏兵夺去矣。马骕至此自知力有未逮，乃向边防指挥刘文辉请示，刘复转请中央处理。于是，吾柯三氏衔府命前往调解，无奈藏方毫无诚意，往复磋商，未得要领。……刘总指挥乃另派旅长余如海入康，召收复失地之责，……并于青海省军康南民军联合进攻，不数日即收复甘、瞻，进迫大金。

……北路藏军与青军交锋于青康边境玉树一带，青军指挥为马步芳,藏军指挥为厦苏岱本;中路藏军与川军在甘瞻、德格一带激战,川方以旅长邓蟠村为指挥,藏方以穹让岱本为指挥;南路藏军侵犯巴盐一带,藏军岱本西哇冷巴率之,康南民军司令为格桑泽仁;三路战事,双方官兵总数在二万以上,历时阅五月,战线延长南北数千里,死伤在四千以上。

当战争初起时,藏方惑于往年川藏交战莫不获利。青军则驻兵极少,防务空虚,康南民兵素极散漫,且同族同教,易于威胁利诱。讵料此次大谬不然者,川康边防军鉴于前此之败,特易将换兵,拼死抗战,源源接济,军实优良;青军则森严壁垒,不能越雷池一步,尤以该省之骑兵素负盛名;康南民军自经格桑泽仁之指挥编练,已能成一铁的团结,任藏军多方威迫利诱,不为所动。至是藏方以有限之常备军,补充不易,接应不灵,同时招架三面,疲于奔命,如之何不败。

刘曼卿《康藏轺征》第165—169页

蒙藏院驻印代表康福安致刘文辉函

1931年2月

四川成都刘主席钧鉴:达赖称兵黩武,好战成性,遂酿成大金寺与白利寺之战,致使该地生民涂炭,惨不忍闻。蒙主席本救国救民之热忱,调队援助,始将万分危急之甘孜县保全。讵意该达赖见前方兵力不支,一面申请中央,下令制止主席进兵,伪言和平解决以蒙蔽之。一面扩充队伍,调往前方备战,实行推广地盘,维持封建势力。现就职调查所得,近日由拉萨调往甘孜加入作战之兵六营,代本官六员,一路代本名口果,二路代本名客墨,三路代本名哈白，四路代本名弥脚，五路代本名弥妲诺卡，六路代本名毡通，共计六路。官兵三千五六百名，全数枪弹，概由某国暗助之，悉犀利新式枪炮也。所需搬运粮械夫役，概由拉萨武力压迫强迫乌拉，藏民怨声载道，毫不顾恤。

《边政》1932 年 7 月 第 9 期《专载》第 10—11 页

刘文辉致国民党政府的报告

……近接唐特派员［唐柯三］删、篠、养各电，谓藏方真相渐露，噶伦不愿来甘，和平恐无希望。甘瞻撤兵，势非此回所能解决，嘱速电钧府筹此后大计，以固国防。马委员长之电，亦谓边情变幻，会议无期，康藏纠纷，已溢出调解范围。……查此事职部始终仰体中央顾念藏局意旨，再四退让，静候唐特派员调查处理。不意藏方变诈百出，对中央貌似归诚，对唐委则饰词悬宕。即达赖来电主张之甘孜会议，撤兵回防两点，噶伦亦竟不照办。一面又增兵甘、瞻，情势日趋险恶。事关国防，万一战祸重开，川康局部之力，自难独任。除电请马委员长代陈外，优恳钧座统筹全局，备豫不虞。

《边政》1932 年 7 月 第 90 期《专载》第 37 页

四川旅沪人士致国民党政府电

1931 年 9 月 17 日

康藏地方，原为川省屏蔽，吾人为恐齿寒，自不能不先防唇亡。乃者达赖受英人嗾使大举犯康，虽钧府派有唐柯三前往制止，但卒无效可言。本会顷接川康各民众团体连日电告，藏军不惟不退出甘孜、瞻化，近日进窥理化，已占去穷霞二村。……据可靠调查，藏军中暗藏有英人指挥，……是英人助长达赖内犯已为不可掩之事实。事关国防安危与川省休戚，本会未敢默然。应恳钧府一面电令川康边防军从速增兵赴康，以固边圉；一面向英政府提出抗议，不许其再无理干涉藏事。

转引自《西藏地方历史资料选辑》第327页

国民党政府外交部报告

1932年10月18日

谨将本部近因康藏纠纷与英使馆交涉情形为钧座略陈之：窃自上年九月以来，康藏纠纷，日益扩大，中央派员调解未收效果。嗣交刘总指挥办理，始得克复数县，达于金沙东岸，青海军队现又收复玉树失地。本部于上年十月至本年六月迭据驻印度领事馆报告：印度供给西藏军械，以备大举。当于七月二十三日派员与英使馆接洽，阻止售械于西藏，并电令驻英使馆向英外交部交涉制止。旋于八月十二、十七两日据驻英郭公使电称，英外部面告西藏购械事：（一）系根据一九二一年印藏条约，印度不得不供给西藏军械；（二）以后供给军械时当严厉限于维持自安与自卫之用；（三）中藏纠纷若中政府同意，英政府愿调解等语。当答以中藏纠纷系我内政，谢绝调解等情。嗣英使馆亦于八月三十一日派员到部面称：印度供给军械一节，获得政府训令，印度政府曾于一九二一年供给西藏军械，但专为维持秩序及自卫之用。又称中国政府如欲英政府出面斡旋，如划定疆界等事，俾战事可停，英方颇愿担任。经本部告以此系中国内政问题，应由中国自由裁定，不必第三者从中斡旋。……十月七日，英代办应歌兰来部面称：康藏纠纷现已扩大，应即设法劝令双方停止军事行动。……英代办并提及此次青军逼近昌都，与民国三年(1914年)前北京外交部派员与英藏两方在印度森姆拉地方会议条约第二条载有尊重外藏疆界之完全之原则不符。该原则已于是年五月一日外交部致英使之节略中承认，现在川、青军队准备会攻之商都即包括在外藏范围以内。当答以该条约未经签订，但不能发生效力。民三外交部节略，对于界务一端，未予承认，是外藏究以何处为界，殊难确定，因此，森姆拉条约第二条之原则，无从适用。英代办又称中国如令饬川、青军队停止进攻，则英国当可劝告西藏停止军事行动。答以康藏战事为中国内政问题，无接受斡旋之必要。十日本部派员向英代办声明，中国早经自动令饬双方停止军事行动。英代办复提议藏方正式声明藏军驻守类乌齐及金沙江以西；华方正式声明华军驻守结古及金沙江以东，俾免冲突。当经告以中国政府既经自动下令停战，已足以应付局势，此外如有其他举动，必为国人所反对。故对此项提议，认为尚无采择之必要。

转引自《西藏地方历史资料选辑》第327—328页

康藏岗拖停战协定

1932年10月8日

(一)汉藏双方接收议和协定，弃嫌修好，所有汉藏历案，听候中央及达赖佛解决。

(二)汉军以金沙江上下流东岸为最前防线，藏军以金沙江上下流西岸为最前防线，双方军队不得再逾前方一步。

(三)自中历二十一年(1932年)十月八日至十月二十八日止，

藏历八月五日至二十九日，双方作战部队，各将先头部队撤退，汉军退俄滋、德格、白玉以东，藏军退葛登、同普、武城以西。其最前线汉军如邓柯、白玉、德格；藏军如仁达、同普、武城境内，双方每处驻军，不得过二百人，并各派员互相监视撤兵。

（四）自停战撤兵日起，双方交通恢复原状，商民往来无阻拦，须双方官厅发给执照为凭，并本尊崇佛教维护佛法主义，对于在康在藏各地之寺庙，及住寺潜心修养与往来两地之喇嘛僧侣，双方均一律保护。

（五）自条约签字之日起，各区报政府存案，共同遵守。

（六）此条约适用于汉藏双方，如有未尽，将来中央会同达赖佛修改之。

汉藏双方暂行停战条约立后，未经立入约内之巴安县所属河西地方，现驻藏军，限于中历十月八日，藏历八月初九日起，九日之内撤回原防。将来所驻地面交还双方后，此结收回时，应将此条补列正式停战约内，中间不虚，具结是实，出结人西藏达赖佛派出交涉员却让，入结人川康边防总指挥派出交涉专员邓骧。

中华民国二十一年（1932 年）十月八日，藏历水猴年八月初九日，立于德格、岗拖东岸议场。

《康藏前锋》第二卷 第一期 第 46 页

青藏停战协定

1933 年 6 月 15 日

青藏本属一家，和好久矣，中华民国二十一年（1932 年）内，即藏历岁次壬申，以朵旦寺问题，双方驻军误会，以致引起纠纷，妄开战端。事后双方军政总领,鉴于国难方殷,何遑自讧,乃各派全权代表,休战议和,重修旧好,订立和议条文,青藏两方,各执一张,以资遵守,而昭来兹。从此青藏和睦如前,西陲国防巩固,国家幸甚!边民幸甚!恐后无凭,立此合同条文,永远存照。计开和议条件:

第一条:朶旦寺管理寺院之堪布,由该寺众僧内自行推举后,准达赖大佛加委,堪布权力照旧,以宗教为范围,毫不准干涉政治。

第二条:青科、当头两寺宗教权准归作巴照旧管辖,准该两处,双方均不得驻扎军队,以免因接址而起纠纷。

第三条:和议条约成立后,藏方即先行撤兵,青方于藏方撤退十四日起,即继续撤兵,双方除原驻军额外,其余限一月内撤退。兹后,青藏两方各守疆土,不得侵犯。如藏兵侵略青海境界,有藏方昌都、巴宿、类乌齐二十六族头目人等担保;青海军队侵略西藏境界,有玉树二十五族头目人等担保。

第四条:藏方官兵,如有变归青方或潜逃青方者,青方不得收留袒护;青方官兵,如有变归或潜逃藏方者,藏方亦不准收留袒护。

第五条:双方对于宗教寺院一概极力保护。

第六条:青海如有坏人、罪犯逃避藏方者,藏方无论长官民众,均不得袒护隐藏;藏方如有罪犯、坏人,逃避青方者,青方亦援例遵守。

第七条:青海对于西藏商民,亦须极力保护,西藏对于青海商民,亦须极力保护。

第八条:所有青方俘获藏方之官兵,在条约签字成立后,青方即完全缴归藏方。

《蒙藏半月刊》第2卷 第4期 第16页

民国以来西藏与中央之关系

孙大总统宣言书

1912 年 1 月

……

国家之本，在于人民，合汉、满、蒙、回、藏诸地为一国，则合汉、满、蒙、回、藏诸族为一人，是曰民族之统一。武汉首义，十数行省先后独立，所谓独立，对于清廷为脱离，对于各省为联合。蒙古、西藏，意亦同此，行动既一，决无歧趋，枢机成于中央，斯经纬周于四至，是曰领土之统一。

《临时政府公报》1 号

中华民国大总统命令

1912 年 4 月 22 日

现在五族共和，凡蒙、藏、回疆各地方，同为我中华民国领土，则蒙藏回疆各民族，即同为我中华民国国民。此后蒙藏回疆等处，自应通筹规画，以谋内政之统一，而冀民族之大同。民国政府于理藩不设专部，原系视蒙藏回疆与内地各省平等，将来各该地方一切政治，俱属内务行政范围。现在统一政府业已成立，其理藩院事务，著即归并内务部接管。其隶于各部之事，仍归划各部管理。在地方制度未经划一规定以前，蒙藏回疆应办事宜，均各仍照向例办理。

《东方杂志》第 8 卷第 12 号《中国大事记》

大总统恢复达赖喇嘛封号令

1912 年 10 月 28 日

据前达赖喇嘛阿旺罗布藏吐布丹甲错济寨旺曲却勒朗结致蒙藏事务局总裁贡桑诺尔布函称:前因教务由京回藏,振兴藏务,竭力整顿,嗣以革去名号,暂居大吉岭。去冬川省事起,藏中至今未靖,意欲维持佛教,请转呈妥商等语。现在共和成立,五族一家,前达赖喇嘛诚心内向,从前误解自应捐释,应即复封为诚顺赞化西天大善自在佛,以期维持黄教,赞翊民国,同我太平。此令。

《西藏地方历史资料选辑》第 285—286 页

大总统致达赖电

1912 年 12 月 21 日

前因五族联合,组织新邦,业经电致贵喇嘛复还原封,仍请主持黄教在案。兹闻我藏中汉番扰乱未已,犹有激战情事。西顾岩疆,不胜侧念。贵喇嘛宏宣佛法,大扩慈善,必以人道为重。前阅致贡亲王书,极知盼望和平,现已饬钟长官停战,静候中央解决。务望贵喇嘛亦饬属下停战,以免藏番生灵重遭荼毒。所有滋事以来,汉番曲直,及善后一切事宜,另派专员前往商办,永保和平。仍望速复!

《西藏地方历史资料选辑》第 286 页

大总统加封班禅令

1913年4月1日

大总统令。据班禅额尔德尼电称,久仰中邦,实沾德惠,凡在我属汉边官军民等,借饷筹食,无微不至等语。该额尔德尼实赞共和,效忠民国,维持藏事,备著勤劳,本大总统,实深嘉慰。应即加封致忠阐化名号,以彰民国优待忠勋尊崇黄教之意。此令。

《西藏地方历史资料选辑》第286页

班禅为加封谢大总统呈

1913年6月

癸丑年,番三月二十五日,陆委员兴祺,专人至招。蒙大总统加封致忠阐化名号,谨在札什伦布寺内,恭设香案,敬叩祗领跪谢。致忠阐化班禅额尔德尼谨呈。

《西藏地方历史资料选辑》第286页

甘督张广建致达赖函

1919年8月

窃谓西藏与清朝历史沦肌浃髓,固结最深。民国改建以来,首标五族共和为立国宗旨。国旗五色,以表五族合欢。……迩闻川边与藏境因细故龃龉,致动兵革,现虽停战,而双方仍然戒备,此必有不得已之故。……但以为我佛宜主张正义,劝息兵争,遣派左右侍从前往北京觐见,各事悉听大总统主裁。大总统协和五族至公无私,自必准情酌理,嘉惠边陲,何忍使藏民稍受屈抑。较之为一时小愤,同室斗争,背世界之潮流,遗无穷之后患,岂不霄壤悬殊。此区区之诚,出自肝膈,不能不掬之以奉献者也。……故不嫌冒昧敬奉此函,并特派管理甘肃青海红教佛僧古朗仓、管理玉树三十六族佛僧拉卜尖贡仓、本署军事谘议李仲莲、军事参事朱绣前赴台端,代陈悃款。……所派各员均系广建信用之人,请赐接见,俾得详陈一切。如有谘商事件,不妨备细告知,以便转呈大总统鉴核。若尊处有遣派赴京人员,亦可与彼等同回,由青、甘入都,沿途当为照料保护也。专此布肃,敬请法安。

《西藏地方历史资料选辑》第314—315页

张广建致北洋政府电

1920年7月1日

……达赖与职使书内称:洛桑更登是渠心服(腹),遇事可靠,如有机密要件,不妨告知,必能达到目的。嗣后关于藏内一切事件,仍望始终维持,以飨倾向之念。但藏地要情,千万勿令外人窥知,免生他患等语。观此,则达赖倾向之诚及畏某国如虎之说,不为无因。

《西藏地方历史资料选辑》第315页

达赖表示“亲英非出本心”

（一九二零年）四月上旬，朱绣等出藏回甘，濒行之际，达赖设筵祖饯。声言余亲英非出本心，因钦差逼迫过甚，不得已而为之。此次贵代表等来藏，余甚感激，惟望大总统从速派全权代表，解决悬案，余誓倾心内向，同谋五族幸福。至西姆拉会议草案，亦可修改云云。复与甘督张督军及宁海镇守使，赠哈达、金佛、藏香、红花多种，并亲交汉藏合璧正式公文一件。同时班禅由札什伦布派人送来藏字公文一件，及礼物多种，其倾向共和之心，较达赖殆有过之。

朱绣编《西藏六十年大事记》第57页

西藏人民赶走了贝尔

白尔者，英人也。历任西金冈多政务司及驻江孜商务委员有年，英人谋藏种种策略，多出其手。民八（1919年）曾携其妻及一医生入驻拉萨，达赖延之为顾问。白初曾荐连颠以握西藏之警察、司法两大权，继欲荐英军官以握西藏之陆军教练权，其所抱之志愿固极大也。英人曾声明除一九〇四年英藏条约所载外，不在西藏派驻文武官吏。故驻印西藏办事长官公署曾电外部，向英交涉，而英否认白尔系由英国派遣入藏办理政治。盖英尚不敢公然承认干涉西藏内政，而西藏延聘英军官教练之议亦取消，未始非我国抗争之效也。白富谋略，民六（1917年）时藏人犯边，连破我十二县之地，即白主张，盖与英副领台克满互相联合，以施行其计，谋欲使中藏大战，双方情感破坏至不能复合也。自连颠失败后，藏中对英舆论已大变，白尚不以为意，而藏人已深恶之。其寓所门外常发见“速行离藏，免伤性命”字条，白大惧，又以一已责任重大，恐一去不能复返，则英藏之关系将中断也。乃往见达赖，恳给静地一所，以作医院，留为纪念，盖欲借此以缓和藏人之恶感，而暗中仍继续其侵藏工作焉。惟达赖不许，并谓藏人仇视已深，若不速行，不能复任保护之责，白失望，遂出藏返印。

《西藏交涉纪要》下篇 第96—98页

达赖阻止英人入藏

藏中自连颠、白尔相继被藏人逼走之后，英人尚时有要求赴拉萨及西藏内地游历者，达赖辄谓藏人智识未开，恐启疑虑致生意外，拒之。[印政府以华人入藏时有所闻，提出诘责，达赖谓汉人与藏人面目相同，改装易服，无从认识答复，英人无如之何。]于是遂设法以兵力威吓之。先是藏有犯人逃入驻拉萨廓尔喀官署，藏人要求引渡，不听，遂生争执。廓有常备军十万，后备军二十万，其势颇强，印政府亦畏之，藏非其敌也，故英人嗾使廓人分道侵藏，并允其假道哲境。当风声紧急时，藏人向英求取从前未交之快枪四千支，英人不允，谓藏廓失和，英不能偏袒一方，故藏人益恨之。适我国政府便悉其情，急电廓尔喀，谓廓如侵藏，中国必不能坐视等语。廓本无侵藏意，不过受英人播弄。……故一电驰至，立即罢兵。由是而藏人益亲善中国，并派代表返京接洽归诚。英人大悔，遂通知达赖谓已预备枪四千支送藏等到语，以期转圜，而达赖谓现在藏廓已和好，枪无所用，拒而不受。英人初欲借廓以威吓西藏，岂料反促成达赖归向中国之心，岂非弄巧反拙乎。藏人派使归国之举为连颠所闻，遂往见宾哥尔省长，自告奋勇，愿入藏探听消息，并劝阻达赖勿附中国。该省长以连曾被逐于藏，意轻之，固请然后可。及行抵江孜，即为达赖电阻，连颠以不能半途中止，迫得辗转托人疏通，达赖亦不欲过事拒绝，遂故准晋谒。及会晤时，达赖谓现在藏廓已无问题，不劳英国关心，请不必久留西藏，连乃怏怏而返。复偕英驻西金政务官等至森姆拉开会，议决派西金政务官赴拉萨。行至靖西，已被达赖电阻，又复设法请托，费尽心力，始能抵达拉萨，然究无结果而归。若英人图藏百折不回，以后又不知设何计划以破坏中藏之亲善。惟现时藏人对汉确具好感，达赖亲汉之心，亦确具真诚，近已先后遣使晋京，请命归诚，恢复旧制。惟盼我政府善为因应，勿亏一篑之功而已。

《西藏交涉纪要》下编 第98—102页

国民党政府行政院报告

北伐告成，国府于十八年(1929年)成立蒙藏委员会，对藏第一要务即在如何祛除中央与西藏之隔膜。爰于十九年(1930年)派北平雍和宫札萨赖嘛贡觉仲尼携蒋主席亲笔函赴藏慰问达赖，达赖因受感召，乃有驻京代表之派遣。时尼泊尔与西藏发生战事，中央硕念西陲，复派蒙藏委员会参事巴文峻前往宣慰，借以调解。战事既息，西藏当局曾函呈中央表示感激之意，藏事至此，始有转机。二十年(1931年)蒙藏委员会复派该会专门委员谢国梁父子入藏，宣达中央德意。

《西藏地方历史资料选辑》第231—232页

西藏噶厦公所致陆兴祺函

1930 年藏历 7 月 6 日

陆先生阁下：民国十九年阴历五月二十日（1930 年 6 月 16 日），寄来一函，此间番四月十三日接奉，当即译成番字。内开："汉番历来一家，今所差者，尚未恢复旧制耳。刻下中国革新以来，日趋强盛，西藏为我五族之一，唇齿相依，荣辱相与，断无离异之理。近月中国南北盛传廓尔喀倾兵犯藏，各省将领异常愤激，……纷纷致电中央，请速派兵援藏，四川将领特召集大会，作进兵西藏准备。"中央各当局爱护西藏，尊崇达赖，慧心至深且切，京中所拟番五月内召集西藏会议，即派代表列席，协商藏中苦况，并请求恢复旧制各情，大有裨益，诚为金石之言，不胜铭感之至。当即转邀藏王暨达赖佛爷，恳请速派代表，已蒙允准。……又蒋主席函催代表，兹派雍和宫札萨克棍却堪布，畀以全权文凭赴京讫，续派商上卓尼阿旺坚参、纳孜营官仔仲顷批吐丹二人，不日就道。无如藏廓虽有交涉，幸我中央一电之威，闻风惊胆，彼此相仇以解，此亦国威所致也。取消派兵一层，务希我公婉告政府，是所感祷。

《西藏地方历史资料选辑》第 322 页

达赖致陆兴祺函

1930 年藏历 7 月 28 日

陆长官勋鉴：庚午年二月初一日及四月初九日（1930 年 2 月 28 日、5 月 7 日）两次接奉来函，敬悉种切。敝处遵即承认中藏一家，恢复旧制，以副尊嘱。……承示蒙藏会议将于阳历三月举行，着速派代表列席等因，遵即特派雍和官札萨克及驻京堪布卓尼罗藏娃，并加派商上卓尼尔阿旺坚参、纳仔营官仔仲顷批土丹二人由藏前往会同办理，该员等不日就道。

《西藏交涉纪要》下编 第225页

刘曼卿奉使见达赖记

(一九三〇年)五月念五日午余一时，仍往罗布冷哈宫候见达赖，憩于竹英晴室者凡两句钟，传入在旧晤对处接谈。佛问予行期定否，答不敢自定期，待佛指示，但客居已三数月，辱荷优待，感何可言！惟向中央复命亦不可违，久留荒废职务，将受重惩，愿早日得归。谕云："汝之好意吾早领之，吾不敢背中央前已言之，累汝久待者，实因汝等远来劳顿，应稍加休养，方可言归。非有留难之意，今吾书牍已具，凡楮墨所不能尽者，将口头告君，俾得私达于蒋主席，望归寓记之于书册，以免遗忘。"

……吾所最希求者即中国之真正和平统一，前偶闻某某先后叛变，吾日诵经持咒以祝其平复，君等此次亦在三大寺念经礼佛，于中国不无益处。至于西康事件，请转告政府，勿遣暴厉军人，重苦吾民，可派一清廉文官接收。吾随时可以撤回防军，都是中国领土，何分尔我，倘武力相持，藏军素彪悍，吾决无法制止其冲突。兄弟阋墙，甚为不值。"又言"印度人民近来因反对英国受极度之压迫，有难言之痛苦，中国在扶助弱小民族之立场上，应予以切实之帮助。"

佛言时态度异常沉痛，渠不愿印度受英人之压榨，谅自己亦无入瓮之念。

又云："英国人对吾确有诱惑之念，但吾知主权不可失。性质习惯不两容,故彼来均虚与周旋,未尝与以分厘权利。中国只须内部巩固,康藏问题,不难定于樽俎。”

《康藏轺征》第118—120页

西藏地方当局致驻南京办事处电

1933年12月

西藏驻京办事处鉴:达赖佛座于藏历亥月三十日[即国历十二月十七日]下午七时半圆寂,藏中事务暂由司伦及噶厦负责处理,希安供职,并呈报中央,详情容后另电知照,西藏司伦噶厦印。

《东方杂志》第31卷 第9号 第16页

国民党政府册封达赖命令

1933年12月21日

西藏达赖喇嘛,教思宏溥,觉性澄明,卫国安民,懋著勋绩;方冀住世悠长,安边阐教,兹闻圆寂,震悼良深。达赖喇嘛应追赠“护国弘化普慈圆觉大师”封号。一切褒崇典礼,务极优隆,着由行政院饬主管部会,会同议定,呈候施行,以昭党国怀远旌贤之至意。此令。中华民国二十二年十二月二十一日。

《西藏地方历史资料选辑》第331页

国民党政府派黄慕松为致祭专使命令

特派黄慕松为致祭护国弘化普慈圆觉大师达赖喇嘛专使。此令。中华民国二十三年一月□日。

《西藏地方历史资料选辑》第331页

黄慕松致国民党政府电

1934年8月28日

主席林钧鉴:密。职奉命入藏,历道四月,幸赖德威,已于勘日安达拉萨。官民僧俗及尼泊尔官商,热烈欢迎,途为之塞。僧俗噶伦二咥(员)率领五品以上官员,均在郊外迎迓。甫抵行馆,四噶伦齐来行拜谒,并请询主席及中央长官安好。职当将中央德意,剀切宣示,咸称感仰。兹订于是日傍晚朝大召寺,次日朝布达拉宫,并谒热振呼图克图,因其初摄藏政,拟代国府致贺。至举行册封及致祭达赖大师两典礼,藏习须择吉日,一俟商订再行(呈)报。谨电奉呈,伏乞鉴察。职黄慕松叩。勘,印。

《西藏地方历史资料选辑》第332页

黄慕松奉使入藏报告书(摘录)

我政府特派松入藏之命令发表后,英政府多方搜索我国派大员入藏之用意。英印政府以哲孟雄政治主任威廉逊派其助理员染若巴都赴藏，代表政治主任致贺热振就代理法王职，并索一九三一年及一九三二年购买枪械之印币十万卢比欠款。在松之先遣员抵藏时，该代表已先抵拉萨月余矣。查此次英印政府于松入藏之际，忽派员先行入藏，名虽致贺而事实上则另有作用。该员于松未抵拉萨之先，即行散布谣言，尽力攻评（讦）我政府，即与拉萨政府中之人员极力联络，并买诱噶厦中之小职员为彼探听消息，与行政会会员丁甲［现任郎仔辖］交游，探听会议席上之消息。松与当局互相交换政治意见时，彼则每晚必潜赴持们噶伦处，闻谈甚密。并有哲孟雄政治主任威廉逊及比尔爵士约于八月初先后到江孜会晤。始则向噶厦要求准其入后藏札什伦布及前藏之桑鸢寺朝佛，噶厦以比尔乃无职之英人，婉拒其请。比尔抵桑鸢寺时，即驰书噶伦要求来拉萨一游，行至公卡宗暂住。以待噶厦答复。……后候至七天之久，仍无答复，乃返江孜。据拉萨电报局局长密称：比尔因噶厦延迟答复，于十一月七日怒抵江孜，九日已启返大吉岭矣。

（册封）日期已定。职署人员均着中央规定礼服，于是日（九月二十三日）上午□时，由拉萨行署出发，军队来迎来送，市民环观如堵，藏方自司伦以下四噶伦札萨克护卫司令及拉萨戴本僧俗官员数百人均着藏中最新礼服，恭候于册封礼堂。而司伦噶伦等高级职员迎候宫外，入礼堂即接礼单举行，由总堪布代受玉册玉印，全堂肃静无哗，礼节至为隆重，于十一时半完毕回署。……在册封举行后即开始接洽致祭日期之规定。藏方对致祭达赖，认为重典，一再选择吉日。定于十月一日在布达拉宫举行。

《西藏地方历史资料选辑》第332—333页

噶厦官员希望中华民族切实团结

我曾与西藏行政负责领袖噶伦,谈起中国的情形和中华民族应一致团结的事,噶伦特别的高兴,并且谈得极详细,并很希望中华民族能切实的团结起来。

黄慕松《西藏归来的印象》
见《康藏前锋》第2卷 第七期 第25页

西藏地方当局致西藏驻京办事处转呈国民党政府电

1934年1月26日

西藏驻京办事处鉴:至尊无上达赖佛之职权,在佛未转世及转世后未登座期间,现经大会公举热振呼图克图代理。热振呼图克图自幼灵异昭著,智慧第一,道行学问,全藏信仰。此次大会一致推举,并向布达拉宫帕却洛格学瑞菩萨像前虔诚占卜,最为吉祥。所有全藏政教大权,决定迎请结泽热振呼图克图总摄。至军事政治一切事宜,仍由司伦噶厦负责办理。特此电知。并即转报中央为要。西藏司伦、噶厦、益仓及僧俗官民全体大会印。

《中央日报》1934年1月27日

国民党政府行政院复西藏驻京办事处转告西藏地方当局电

1934年1月31日

西藏驻京办事处贡觉仲尼处长暨诸代表，并转西藏司伦、噶厦、益仓及官民全体均鉴：三十日行政院会议议决，即日呈请国民政府以热振呼图克图代摄达赖佛职权，深信热振呼图克图必能益闳智慧，敷施教化，巩固中央，以副翊教保民之至意，特电知照。

国民党中央社南京31日电

见《武汉夜报》1934年1月31日

国民党政府册封热振命令

1935年5月29日

热振呼图克图阐扬道化，世著令名，自达赖圆寂，综摄全藏政教，翊赞中央，抚绥地方，丕绩懋昭，深堪嘉尚，着给予"辅国普化禅师"名号，用示优隆。此令。

《东方杂志》第34卷 第13号 第85页

热振谢国民党政府册封电

1935年6月22日

中央以不佞忝膺民选,摄行藏政,笃念诚顺,宠赐册印,待遇优渥,民众欢欣。不佞已召集僧俗官员,征询意见,佥谓中央盛意可感,自当敬谨接受。为简便迅速起见,拟请将册印交敝代表邮藏,由蒋参议转交接受。再蒋参议深悉藏情,办事努力,所有中藏一切善后事宜,仍请电饬当局,迅向蒋参议接洽,以竟全功。不佞于本日首途往朝南海,占验达赖转世何方,并以奉闻。

《东方杂志》34卷 第13号第85页

黄慕松奉使入藏报告书(节录)

去年(一九三三年)十二月三十日达赖圆寂后,中央决定派大员入藏致祭,司伦、噶伦来电表示欢迎,并有意解决中藏问题。隆厦自知大员到藏亲汉派必将抬头,本人为反对班禅反汉最力之人,必不见容于大员。故结党徒僧俗官员百余员,拟于中央大员未到藏前谋杀热振司伦、泽墨噶伦,自为藏王,改变旧制,创立国会,求英保护,拒绝中央大员入藏。幸事先被泽墨噶伦发觉,搜获该党名单一纸,计诱隆厦至布达拉宫逮捕之,挖去双目,同时按照该党名单,将其党中重要人物逮捕,计有四品俗官葛察巴一人,五品俗官江罗敬等九人。后经会议判决:隆厦永远监禁,其子革去世袭,永不叙用,其妻流刑,财产悉数查封充公,其他重要分子,分别流窜边远别宗,但财产保留。此外附和一百余官员,免予查究。此亲英派谋夺西藏地方政府经过之大略也。

现时西藏亲英派分子寥寥无几,无何等势力,其中擦戎自不免仍有亲英嫌疑,但据各方报告观察,可目之为中立派,其主要目的在恢复其原有地位,亲汉亲英均无不可。其次为郎仔辖定甲任拉萨市长,四品官密棒泽仁以及现任楚噶代本、香家代本,类乌齐总管所冈及其子,新任仔棒深珠铺江之子与四品俗官杜林,均为亲英派。又据报告,达赖在时,因不放心于亲英派,故将其中有能为者,如楚噶代本、所冈等派赴西康,以对川军,以免与英勾结滋事。

西藏亲汉派以喇嘛为中心,三大寺亲汉更力,僧官方面亦占最大多数。现任官吏中,大半对中央并不表示恶感。据职观察,司伦机觉总堪布表面对中央甚表好感,惜地位高而无实力,彭康公马基俗官等亲汉最力,彼等最希望恢复中藏原有之政治关系。此次布达拉大小会议中据各方密报及调查结果,僧官及三大寺各堪布表示对泽墨郎中噶伦走狗琼让杨喇嘛所提议不承认西藏为中国领土之一部,均表不满。

《西藏地方历史资料选辑》第 335 页

班禅致国民党政府文

1931 年 5 月 16 日

敬陈者:窃班禅忝司黄教,备位西陲,万里来归,倾诚内向。盖祖国观念既深,而于先总理信教自由及扶助弱小民族之主义尤佩仰无既也。前者边疆多事,国防领土,在在堪虞,西藏民众,痛苦尤亟。本拟即向政府陈述一是,只以时局未宁,不遑启请,遂遍游各省,远及蒙疆,忽忽光阴,弹指九载。今幸我主席,制定约法,力谋全国统一,是以应命修觐,面贡愚忱。中藏关系之深,自唐、宋、元、明、清以来,迭蒙戡乱、护法之嘉惠。故民元汉藏交哄之役,班禅不避嫌怨，救济旅藏遇难之汉人，冀报祖国于万一。不图异己交攻，艰难内涉，旷日持久，呼吁无门。近年以来，中藏信使往还不绝，前藏已派代表到京，表示服从，仰见我主席威信交孚，远人畏服。兹值双方在京之际，机会难得，务请垂念藏民，于最短期间通盘筹划，解决藏事。俾班禅得以早日归藏，宣示威德，则不惟西藏僧民之幸，抑亦国家无疆之休也。

《西藏地方历史资料选辑》第336页

西藏地方僧俗人等呈国民党政府文

1934年5月3日

敬呈者：窃敝佛[①]为发扬宗教，求谋藏民幸福起见，俾中藏间得以升平，故毅然决然由藏起程前赴内地，向中央陈述藏事，期望达到所抱目的。但佛爷在内地今已十余年矣！且我民众素所希冀者，厥惟佛爷在最短期间解决藏事返藏，不幸时至今日未见佛面，心中不胜惦念，惟有朝夕渴望早日返藏，以慰藏民之心。……恳请转呈政府照前维护佛教，并悯念藏民痛苦，早日明令班佛回藏，以维藏局；并请对于佛爷回藏之事，多方授助，俟当感报不忘。现在札什伦布所属各寺喇嘛等，均虔心讽经，祝祷中华民国国泰民安，永固疆土。敬备菲仪，吉祥哈达全副、金丝缎一匹、氆氇四件、藏香十束，特此具陈，伏乞俯赐鉴阅施行，须至呈者。

《西藏地方历史资料选辑》第337页

---

①敝佛：指九世班禅。1923年12月，时为十三世达赖执政时期，九世班禅被迫离藏，逃往内地。

蒙藏委员会参议蒋致余自拉萨致国民党政府报告

1934年7月4日

噶厦派定降巴曲汪为政府代表,三大寺亦派一堪布为代表,前往内欢迎班禅回藏,约两月后启程。此间各方,因中央尊重佛教,极表好感。职等朝白棒寺时,寒暄毕,巡视堪布即秘密表明:彼等久望汉官入藏,一切唯中央是听。

《西藏地方历史资料选辑》第337页

国民党政府密令

1935年6月18日

查班禅额尔德尼回藏一事,迭经责成蒙藏委员会斟酌各方情形,妥为策划进行。嗣据该会报告,对于班禅函陈藏案近况,及宣化建设等事项暨班禅入藏旅费概算书意见,复经本院第二一〇次会议决议三项办法在案。现在班禅业已行抵青海,所有回藏应需经费、护送卫队及遣派大员护送入藏各端,亟应先行决定,经提出本院第二一七次会议决议:

一、关于经费事项:前据班禅驻京办事处呈送班禅回藏旅费概算共列一百六十余万元,经饬据蒙藏委员会核为八十万元,另加预备费二十万元,业予指令照准,并饬该驻京办事处改编概算由院函送主计处在案。

二、关于卫队事项:前经本院二一〇次会议决议,准其酌带卫队回藏,其数目由蒙藏委员会核定。兹查该驻京办事处所送概算,列卫队官兵共五百人,核与实际需要尚属相当。

三、关于派员护送事项:班禅曾一再请求简派得力大员护送入藏,蒙藏委员会意见亦以前清顺治九年(1653 年)第五辈达赖到京,曾派郡王迎送,民国十三年(1924 年),班禅入京时曾派敏珠尔、董士恩为迎护专员。此次班禅回藏,关系国家视听、中央威信,且指导今后宣化建设事宜。按诸事实,宜由中央简派得力大员护送,其余事项,容随时斟酌情形再行核办。除函达中央政治会议秘书处查照转陈外,合亟令仰该会知照。此令。中华民国二十四年六月十八日。

《西藏地方历史资料选辑》第 337 页—338 页

国民党政府颁布护送班禅回藏专使训令

1936 年 9 月 21 日

第一条　西藏对于中央应保持原来密切之关系,为中华民国领土之一部[照前清乾隆五十七年(1792 年)以后之办法查照理藩则例,并本党政策办理之]。

第二条　西藏不得与外国订立条约。

第三条　西藏与外国旧订之约,应提请中央政府处理。

第四条　中央政府在中央地方均权原则下允许西藏自治,方案另订之。

第五条　西藏之军政、外交及其他有关全国一致性之重大事项由中央政府处理之。

第六条　中央政府得依西藏官民之愿望,允许维持其固有之政教制度。

第七条　中央政府尊崇西藏宗教。

第八条　达赖、班禅之待遇程序及在西藏政教上之职权，概仍旧制。

第九条　康藏驻军及行政区域暂维现状，应即恢复交通，所有划界问题，可从长计议。

第十条　中央政府派大员常川驻藏，查照旧例并参酌自治情形，执行国家行政，并指导地方自治各事宜。

第十一条　西藏得派专员在京设立办事处，并可由中央政府酌给办公费。

《西藏地方历史资料选辑》第338—339页

国民党政府命令

1937年8月19日

抗战期间班禅应暂缓入藏，先暂驻政府指定地点，除电饬赵专使守钰转告并函达军事委员会及重庆行营查照及令行外交部外，合行令仰知照。此令。

《西藏地方历史资料选辑》第343页

西陲宣化使公署呈国民党政府蒙藏委员会电

1937年12月1日

班禅大师，近感国难严重，回藏使命复生障碍，奉命转康，隐忧成疾，医药罔效，遽于国历十二月一日上午二时五十分，即藏历十月二十九日，在青海玉树行辕甲拉普章内圆寂。谨电奉闻。善后事宜，静候示遵。

《西藏地方历史资料选辑》第 343 页

班禅临终遗嘱

余生平所发宏愿，为拥护中央，宣扬佛化，促成五族团结，共保国运昌隆。近十五年来遍游内地，深蒙中央优遇，得见中央确对佛教尊崇，对藏族平等，余心深慰，余念益坚。此次奉派宣化西陲，拟回藏土，不意所志未成，中道圆寂。今有数事切函如下：后藏政务前已委定罗桑坚赞为扎萨喇嘛，所有宣化使职亦着由彼暂代。在未到职前，印信暂交丁杰佛，并由堪布会议厅及回藏设计委员六人共同负责事宜，请示中央，听候处置。至宣化使署枪支，除卫士队及员役自卫者外，其余献与中央，共济国难，待余转生，再请发还。又关于历代班禅所享权利，应早图恢复。最后望吾藏官民僧俗，本中央五族建国精神，努力中藏和好，札萨喇嘛及各堪布尤宜善继余志，以促实现，此嘱。

《西藏地方历史资料选辑》第 343 页—344 页

国民党政府追赠班禅封号令

1937 年 12 月 23 日

国民政府委员西陲宣化使护国宣化广慧大师班禅额尔德尼，觉性圆明，志行精卓。早岁翊赞统一，懋著功勋。比年阐教西陲，勤宣德化，边氓感戴，称颂翕然。方期兼程回藏，振导祥和，永资矜式，乃以忧国积劳，遽尔圆寂。眷怀勋勚，震悼弥深，应予特令褒扬，追赠护国宣化广慧圆觉大师封号，并着给治丧费一万元，特派考试院院长戴传贤前往康定致祭，用示国家笃念殊勋之至意。此令。

《西藏地方历史资料选辑》第 344 页

热振呈国民党政府蒙藏委员会电

1938 年 12 月 12 日

重庆吴委员长勋鉴：江藏电诵悉。达赖大师转世之化身三灵儿，已蒙转电青海省政府，督促纪仓佛速将西宁所选灵儿送来拉萨，良深感慰。所有中央派员参加办法一则，业经与司伦、噶厦商议，三灵儿迎到后，举行掣签典礼之际，为昭大信、悦遐迩计，中央应当派员参加。但目前中央驻藏长官现有张咨议在此可以参加，抑或另行派员入藏，二者孰适，可于届时当再行呈报相商。至于各佛卦内所示，今年内若不将三灵儿齐迎入藏，于达赖本身实有不祥之兆。因此事关系重大，仔肩难当，恳请先将在青之灵儿，饬令青海省政府，催促纪仓佛随同，即速启程进藏为感。特电奉复，敬候示遵。西藏摄政热振呼图克图叩。文印。

《西藏地方历史资料选辑》第 344 页—345 页

国民党政府行政院训令

1938 年 12 月 28 日

特派蒙藏委员会委员长吴忠信会同热振呼图克图,主持第十四辈达赖喇嘛转世事宜。此令。

《西藏地方历史资料选辑》第 344 页

国民党政府致热振电

1939 年 10 月 5 日

拉萨热振呼图克图慧鉴:祭密。东电诵悉。达赖大师化身灵儿平安抵藏,无任欣慰。应准照所定日期迎入拉萨。至征认事宜,一俟吴委员长到藏后自即会同执事依例妥商,慎重办理。吴委员长日内即可首途,并以附闻。国民政府主席林森,歌,印。

《西藏地方历史资料选辑》第 345 页

国民党政府令

1940 年 2 月 5 日

(一)青海灵童拉木登珠,慧性湛深,灵异特著,查系第十三辈达赖喇嘛转世,应即免予抽签,特准继任为第十四辈达赖喇嘛,此令。

（二）拉木登珠业经明令特准继任为第十四辈达赖喇嘛，其坐床大典所需经费着由行政院转达饬财政部拨发四十万元，以示优异。此令。

《西藏地方历史资料选辑》第345页—346页

热振致国民党政府电（二件）

（一）

1940年2月5日

兹奉国府明令，青海灵童拉木登珠特准继任为第十四辈达赖喇嘛，并赏赐拨发坐床大典经费四十万元；又蒙国府颁赐册封金印及采玉二等勋章，已于国历二月十五日由蒙藏委员会吴委员长亲授。敬领之余，肃电叩谢。

（二）

1940年3月7日

重庆国民政府主席林钧鉴：国历二月二十二日，即藏历正月十四日，遵令举行第十四辈达赖喇嘛坐床典礼，地址在布达拉大殿。是日，蒙藏委员会吴委员长忠信率属亲临主持，甚称吉庆，藏中僧俗官民一致欢腾。又于国历二十六日，吴委员长代表中央致送达赖喇嘛珍贵礼品多件，隆仪稠叠，尤纫德意，谨电呈谢，敬祈睿鉴。西藏摄政热振呼图克图叩，阳。

《西藏地方历史资料选辑》第346页

热振呈报辞职电

1941 年 1 月 16 日

重庆转呈委员长蒋钧鉴:祭密。兹以本衲摄理藏政七载有余,仰承钧座维护,诸事甚为顺利。本衲任内,唯一大事为寻访达赖之转生,现已蒇事。兹以本衲身体精神诸多羸弱,政务殷繁,更兼才疏学浅,深感不胜。乃向达赖喇嘛及三大寺藏政府大会辞职,已经大会决议通过,准卸仔肩,继任人选,亦已由大会公推现任达赖云蒸打札佛继任。谨电呈报,并候钧安。西藏摄政云蒸热振呼图克图叩。

《西藏地方历史资料选辑》第 346 页

蒙藏委员会致打札噶厦电

1941 年 4 月 23 日

拉萨荣尊打札佛慧
噶厦公鉴:奉行政院令:据转呈西藏新任摄政打札佛电报就职日期一案,经呈奉国府令准备案等因,特达。蒙藏委员会,敬,印。

《西藏地方历史资料选辑》第 347 页

西藏和平解放前帝国主义策划『西藏独立』的阴谋活动

噶厦致蒙藏委员会电

1941 年 9 月

汉官孔处长转蒙藏委员会吴委员长鉴:据孔处长面谈:中印公路测勘队袁梦鸣等在藏境被藏官阻拦,已接有电报,盼从速颁发命令,毋加梗阻等语。查此间前接来电,曾于复电内称:“测量队只属勘察路线,当顾念汉藏和睦关系,故须予以可能之便利,业致函昌都去讫。惟路工未开始修筑之前,请明白电示,以便向民众大会提出讨论,并请示摄政,再行作有利之答复。”今接昌都报告,所谓测量队者,主仆十三人,军士二十名,筑路器具百箱等已进藏境夺甲郎等语。兹除测勘队外,另加兵士及筑路用具之类,只得提向民众大会讨论。佥以藏境中历来出现之测量人员,是全体僧俗之所不愿者。且此事无论如何演变,确具惊扰性质,是以探路测量人员,绝对不能使入藏境,希望存以原谅。倘顾汉藏昔日亲善,请速令测量队不入西藏之境,是所盼祷之至。拉萨噶厦辛巳年藏历八月初五日。印。

《西藏地方历史资料选辑》第 348 页

驻藏办事处处长孔庆宗致蒙藏委员会电

1941 年 9 月

职昨赴擦绒寓宴会,英官饶伊巴多在座。噶厦忽派差约饶前往谈话，历两小时。嗣悉噶厦时约饶氏商谈勘量中印公路事。今日噶厦约职面告民众大会已决议，绝对不赞成测量队入境。

又探知此案中变，因英官饶伊巴多曾对噶厦云：中英原商共同派员航空测量，现中国单独派员由陆地来测，英未参加，西藏允否及其利害，应请自决。惟对抵境测量人员，可和平劝回，不必打杀等语。西藏遂乘机反对。

《西藏地方历史资料选辑》第349页

驻藏办事处孔庆宗致吴忠信电

1942年7月6日

委员长吴均鉴：世电、陷电计达，职本日复派员催噶厦答复运物撤济及帕克巴拉佛各案，据答藏政府本日已成立外交局，即将通知办事处，前此各案已交该局办理，自本日起，一切事件请处长向该局接洽，勿直接与噶厦提说等语，查外交局性质系与外国洽办事件之机关。今噶厦告知须向该局洽办一切事件，是视中央为外国，视西藏为独立国。如我予以承认，则前此国际条约所订西藏为中国领土之文无形失消，而西藏与外国所订明密各约未为中央所承认，无形有效。事关重大，中央似宜明电噶厦不承认该局，中央驻藏官员仍须照旧与噶厦接洽一切事件。

《西藏地方历史资料选辑》第350页

噶厦致蒙藏委员会驻藏办事处函

1942 年 7 月 7 日

汉官孔处长勋鉴:西藏公共会议以理由呈请摄政新设藏政府对中国及他国办理外务人员之机关,已经照准,并任札萨索康及贡觉仲尼大喇嘛二员主管其事,其他办事职员已经派定;经于藏历五月二十三日正式成立机关。今后汉藏间事无巨细请径向该机关洽办,希查照。

《西藏地方历史资料选辑》第 350 页

蒙藏委员会致西藏驻京办事处电

1942 年 8 月 5 日

西藏驻京办事处鉴:案查前据本会驻藏办事处处长孔庆宗七月遇电(七日)称:准噶厦函,藏政府新设对中国及其他国办理外务人员之机关,业于藏历五月二十三日正式成立,今后汉藏间事无巨细请径向该机关洽办等语,转请鉴核计会。当经转呈行政院核示去后。兹奉八月一日训令,指示办法如下:藏方为处理地方涉外事务而有设置机构之必要,应遵守下列两事:(甲)有关国家利益问题,即政治问题,必须秉承中央意旨处理;(乙)中央与西藏间一切往还接洽方式仍应照旧,不得经由上述外务机构,等因。合行电仰该处转电噶厦查照为要。蒙藏委员会,微叩。

《西藏地方历史资料选辑》第 350—351 页

孔庆宗致蒙藏委员会电

1943年4月9日

据联络员沈福民报告称:前有五六批军火由印入藏,为数可观。其中步枪机关枪外,尚有小钢炮,确数不清等语。除令续探外,查西藏年前先后派马基饶噶夏及索康汪钦赴印,同系定购军火。数月来英方力助西藏阻止汉人及货物入境。英国驻藏代表与藏当局要人往还甚密。交通运输等案,我方独洽迄无成功。

《西藏地方历史资料选辑》第349页

蒙藏委员会秘书周昆田致孔庆宗电

1943年5月13日

拉萨孔处长庆宗兄亲译,庆密,虞电已呈悉。总裁昨面见阿旺坚赞等,弟陪往。首由阿陈述噶厦请求制止军事行动之意。总裁答以调动军事,乃一方防止日寇勾结西藏,一方保护修筑中印路及驿运。言词与态度均至严厉。并提出下列五事,饬电西藏遵办:(一)协助修筑中印公路;(二)协助办理驿运;(三)驻藏办事处向藏洽办事件必与噶厦径洽,不经外交局;(四)中央人员入藏,凡持有蒙藏委员会护照者,即须照例支应乌拉;(五)在印华侨必要时须经藏内撤。如西藏能对此五事遵照办到,并愿对修路驿运负保护之责,中央军队当不前往,否则,中央只有自派军队完成之。其中并有中央绝对尊重西藏宗教,信任西藏政府,爱护西藏同胞。但西藏必须服从中央命令,如发现西藏有勾结日本情事,当视同日本,立派机飞藏轰炸。中央现对打札、噶厦等来电暂不作复，须俟其对上列五事能切实办到时再复等语。历一时余始毕。特摘要以闻。弟昆田，辰元印。

《西藏地方历史资料选辑》第351页

西藏驻京办事处致军事委员会代电

1943年6月14日

……窃代表等前次晋谒委员长蒋，恭奉面谕五项，遵已转电噶厦在案。兹奉噶厦复电开：来电所陈委座面谕五项，均已详悉，自应速即遵复，上纾眷虑，惟以西藏向例，关于重要事项，必须藏中僧俗官民同意，拟俟询商后，再行奉答。仰该代表等先行转陈。等因。除电陈委员长蒋外，谨电转陈，伏乞鉴察。

《西藏地方历史资料选辑》第351页

蒙藏委员会致军事委员会电

1943年6月14日

军事委员会委员长钧鉴：上月十二日钧座召见西藏驻京代表阿旺坚赞等，所训示各点，经彼等转电藏方去后，西藏曾召开民众大会，商讨呈复问题。顷据本会驻藏办事处已齐电称，探悉西藏民众大会决议要点：（一）现仅向中央声辩，外交局非新创机关，但中央如仍拒绝接洽，拟让步，另设机关与驻藏办事处往还；（二）中印公路仍以神意反对测修；（三）假道运输原系英方接洽，与中国无关,如经玉树运物,则道路破坏者,由西藏自修;(四)西藏勾结日本情事,应向中央严重声辩;(五)西藏应与中央保持感情,不应与中央西藏办事处断绝关系。三大寺堪布发言如此,会众唯唯等情,除俟藏方正式复电再行核呈外,谨此电呈参考。又据青海马主席电称,藏方现在青藏及康藏交界地方,仍积极布置军事,并有进犯囊谦及苏莽模样等情。……综括以上各节,藏方现拟取一方拖延,一方备战之姿态。

《西藏地方历史资料选辑》第352页

国民党政府外交部调查报告

1943年8月10日

查目下驻藏之英方最高人物为萨立夫少校,其情报网布满全藏各要地,在亚东且驻有英兵七十名,甘(江)孜驻军六十名,甘托克驻军二十名,拉萨驻军二十名。此外,有教堂、医院、学校等机关以掩护其秘密活动。

《西藏地方历史资料选辑》第348页

沈宗濂与英锡金行政长官古德谈话记录

1944年7月9日

古德:"阁下同行人员进藏事,吾人已十分尽力。只因印度与西藏有约,由印入藏人士非经藏方同意,不能签证。此次藏方只同意十四人,故不能再加。假使需要更多人员进藏,应先征藏方同意。”

宗濂:“西藏为中国地方,中央派员前往地方,无征求同意之理。贵国对于过境签证,有如此曲折,实不可解”。

《西藏地方历史资料选辑》第349页

国民党政府拒绝和西藏“外交局”发生联系

“外交局”成立后,英美和尼泊尔的驻藏代表就立刻和这个“外交局”发生联系,好像正式承认这是西藏的外交机关了。但当时驻在拉萨的还有蒋政府的代表呢!要使蒋的代表亦经“外交局”和西藏政府办交涉,那么西藏独立的“既成事实”就造成了。当时驻在拉萨的蒋政权代表为了面子关系,曾拒绝与西藏的“外交局”来往,西藏政府则在英帝的指导下,想尽种种办法,使他们和“外交局”发生关系。藏政府曾无故的逮捕了拉萨的汉人,加以非刑毒打,一面示意蒋的代表说,如果你们肯到“外交局”交涉,我们可以立刻释放并加以赔偿,这样的方法用了很多次,真可怜那些无辜的汉人为此不知受了多少压迫。最后藏政府便停止了对蒋代表的一切供应,想迫使他们屈服,结果成了僵局,蒋政权就与西藏停止来往。僵局出现后,当时在重庆的蒋政府曾大声恐吓藏政府说:“如果你们一定要我们经过你们的‘外交局’办交涉,那中央就要进兵了”,据说青康两省的地方军曾作过一点姿势的布置。恐怕还是英帝在当时不愿事态扩大,劝藏政府不必操之过急,于是藏政府才不再逼蒋的代表进“外交局”,但“外交局”则并没有取消,而伪府则同意撤换驻拉萨的一批代表。就在这时美军却派了一个军事代表团进入西藏,据说是为盟军探测路线及修飞机场的地点的。这个代表团毫不迟疑地进了“外交局”,并毫不顾蒋代表的面子与西藏政府直接办交涉。他们曾赠了藏政府一批通讯器材,究竟还有什么其他交涉我们就无法得知了。我们只知道这批军事代表回到美国后,曾得到国务院的称赞,并得到了最高的勋章,想必是立了很大的功。

李有义《帝国主义侵略西藏的史实》
见新华时事丛刊《待解放的西藏》

热振被害

自十三世达赖喇嘛圆寂后,即经众选热振呼图克图代理藏王,其执政期间,中藏关系益趋接近。惟敌党林立,热振均一一制裁克服。民国二十九年(1940年)告假还寺,潜心学法。由第十四辈达赖亲自决定:以其师傅打扎仁波其继续摄政。打扎就职后,其施政方针与热振在位时迥异,致使西藏少壮派留英印分子,日渐抬头。如以索康汪青升充噶伦,以宇妥调住昌都,并设立外交局以索康札萨任局长等等亲英措施,致为僧众所不满,早即酝酿推倒打扎,欢迎热振。本月(一九四七年四月)初为爆炸案,藏政府正式清查武器,遂引起色拉寺僧与藏政府之冲突。于本月二十一日热振未防,被藏政府拘捕。色拉寺僧二千余人冲入拉萨市区劫监未果,旋即退返。入夜有僧众二百余,复潜入市区,枪声不绝。连日打扎下令炮击色拉寺,市郊发生激战,由英方协助炮队,并有英国驻拉萨商务代表之报务员 Fox 参加主持军讯,在布达拉宫与军营间各设电台一座。……英人竟派报务员及炮队参加,其复杂情形当可想见。

热振呼图克图执政时,因政见不同,与一般少壮派成为敌对,并将反对者一一克服后,始行退位。计当时藏中贵族被热振处办者，有龙虾被处剜目，十三世达赖喇嘛之侄司伦被迫退位，札萨却让及曾任马集[藏军总司令]之赣江丹巴被判充军。姑桑子被降为平民等等。此辈人物在藏中均有其深厚之潜势力，一时虽被敉平，其复仇之念与时俱增。自打扎登台后，因老迈无能，被左右包围，一切大权逐渐落于索康、噶须巴、夏格巴诸少壮派手中。藏中一部分僧官对打扎执政期间之亲英行为，深表不满。打扎以年老又有倦意，一时盛传热振将重掌政权，引起少壮派大为不安。而现在噶伦中之四大噶伦有一僧三俗，除然巴喇嘛噶伦与热振无恩怨外，索康汪青及噶须巴、拉鲁色三噶伦，均为反对热振者，咸恐热振登台后，于彼等不利，彼等认为处置热振之时机已熟。于本年（一九四七年）四月初以手榴弹一枚，装置于译仓[秘书处]，伪称热振谋刺打扎，派刺客用计时炸弹，饰作礼品，送献打扎，而在译仓爆炸。打扎信以为真，遂下令逮捕热振及其亲友等。索康汪青与拉鲁色[其父即前被热振剜目之龙虾]于四月三十日率领藏兵五百名，直赴热振寺[距拉萨三日路程]，以请热振至拉萨镇慑为名，诱骗至拉，即遭囚禁。其时噶厦下令，谓有中央大员前来拉萨，全藏军队须集中拉萨欢迎，所有商店亦须关门，以移民众视线，调集军队应付事变。五月十四日并将在拉萨之热振家札萨两人及热振之妹夫三多昌[西康在藏之巨商]，色拉寺卡朵活佛及前任噶伦彭康父子等逮捕下狱。复令驻昌都之札萨宇妥，将昌都襟雄寺择尼活佛逮捕。查择尼为热振之师，现已八十余岁，因惊恐过度，双目失明。现由昌都寺担保住于昌都寺内，未予囚禁，但财产则全被充没。当索康等率队骤捕热振时，拉萨僧俗深恐热振坠阱，曾派队至中途营救。但因索康伪称将沿小道回拉，色拉寺僧兵在各拉山口等候，相错未遇。该寺僧侣见情势严重，乃于十八日与藏政府正式武装冲突。战计经旬，双方死伤达三百人以上。旋色拉寺藏籍喇嘛请哲蚌、甘丹两寺调处，即向西藏政府投诚。西康与青海籍喇嘛，则逃往青藏边境,合力抵抗,又经数日战斗,寺僧力落不支,由热振香(弟)子率领退入青境,战事始告结束。

热振则于(一九四七年)五月七日被藏方毒毙于狱中,当时藏方少壮派曾传说宁肯战败投英,不愿释放热振,故对中央保护热振安全之电令,置诸不理,毅然将其陷害。

西藏政府为应付未来局势,以防热振势力掀起报复,并预防青康两省之援助,最近将军政人员大肆更动,军队调动亦颇频繁,其目的不外在加强军政阵容,彻底肃清异己,及增强对康青两省之防务与加紧内部之控制而已。

《西藏地方历史资料选辑》第355—357页

“泛亚洲会议”上的阴谋

1947年4月1日

据中央通讯社新德里三月二十四电,泛亚洲会议于二十三日第一次大会时,我代表团因见主席台后墙壁上悬挂之巨幅亚洲地图,竟将西藏置于中国疆界之外,表示非常容忍及审慎之态度,且有西藏代表三人坐于主席台上,该处系各国代表团团长座位。我代表团郑彦棻氏告中央社记者,尼赫鲁答郑氏称:渠本人直至当时尚未察觉此事,允于今日更正,据中央社记者本日所知,该地图已加更正,将西藏划入中国版图云云。

《西藏地方历史资料选辑》第357页

国民党拉萨情报

1947 年 6 月 15 日

西藏政府现正积极扩军,预计总数五万名,拉萨警察将增至千名,现正向英人购买枪械,首批已由印度噶伦堡运回。计机枪百挺,大炮数十门,步枪万余支,自动步枪百支,弹药百余驮,预计下(七)月可到拉萨。又闻英方留印之军火,将全部售藏,其代价为割租土地或以金砖交换。藏方除派古桑子接收外,并将派谢高巴资本(即仔琫)前往洽商,查谢高巴已奉藏政府派赴英国活动西藏独立,并准备携带卢比三百万盾作为此行之活动费,该员不久即将启行。

《西藏地方历史资料选辑》第 357—358 页

国民党政府外交部拟西藏商务代表团考察案(节略)

1948 年

关于西藏派遣商务代表团夏古巴等往英美考察一案,谨就外部所获情报及资料拟具节要于后。

三十六年(1947 年)六月间即有是项情报,谓西藏当局因处理热振事件,未遵中央意旨,心怀疑惧,决定派资本(孜本)夏古巴往英美乞援。

蒙藏委员会驻藏办事处亦接获噶厦正式函知,略称:为西藏公共福利计,派银行总经理资本夏古巴率同随员前往印度、美国、中国、英国考察输入西藏商品及西藏输出羊毛、皮革等货之销路,请报告中国政府给予便利,并祈信任。等由。

藏方之准备:藏方拟授派出人员决定关于西藏重大事件之权,编拟密电本,以为日后通讯之用,并筹结汇美金。闻该代表团团员邦达昌拟筹二百万美元,其一部份邦达昌已在加尔各答购得,其余拟请中央政府补助。又代表团莅印后,请印度政府结汇美元,印度政府现只准结彼等此行赴英美旅行用外汇,其余应再函商。闻藏外交局筹擅发护照,或类似通行证之证件,以图在国际间使用。

藏方派遣商务代表团之可能目的:

(1)想在国际间表示西藏独立之身份;

(2)想自由与各国交涉不受中央限制;

(3)藏官商关系密切,思借此行谋利;

(4)英允印独立,藏思联英以为己助;

(5)美为当今强国,思前往联络得其助力;

(6)在英美发表言论,容易耸动国际视听,以为对中央措辞之张本;

(7)先到中央视察情势,借机作政治要求,或要求经济上之补助;

(8)使西藏能与英美商行直接贸易与美金联系;

(9)可能与印度政府秘密洽商印藏关系、英印条约承继问题及收购军火问题;

(10)发展西藏与内地及各国之贸易;

(11)调查由滇缅路入印藏商道。

故西藏商务代表团不能以纯商务代表团视之,亦不能忽视其潜在之政治性。

《西藏地方历史资料选辑》第358—359页

国民党拉萨情报

1947年10月24日

关于西藏地方政府派谢高巴等，将于十月十八日起程赴英美从事西藏独立活动一案，经于十月十三日情京五一四一号呈报在案。兹据续报称：西藏地方政府所派赴英美从事西藏独立活动之谢高巴、邦达昌等，以商务考察团[负责人为邦达昌]名义，已于十月十五日起程。该等至英美后，将进行采购新式武器运藏，准备独立时应用。最近藏政府更受英人之暗示，拟收复康定以西各地，成立大西藏国，待该商务考察团赴英美购得武器并呼吁西藏独立局势明朗后，即准备举事。兹谨将其具体阴谋胪陈如下：(一)利用现任卓木总管邦达昌，以谋由康区南路之收复。盖邦达昌幼弟多吉现任理化工兵营长，该多吉曾经抗拒藏府，为藏府所驱逐。年来邦达昌有功藏府，藏方乃指示邦氏转嘱其弟就近与冬卡、毛雅、香城等地之各土司密切联络，待机收复西康南路之城镇，包括雅江、香城、理化、巴安、白玉等地；(二)为谋康区北路之收复，乃密令德格土司与康区北路之土司密取联络，待机收复北路一带之城市，包括胪霍、邓柯、道孚、甘孜、德格等地；(三)利用达赖总堪布与西康各土司取得密切联络，以谋举事时行动一致。又该商务考察团负责人邦达昌，曾电请蒙藏委员会购买美金，现蒙委会已转呈行政院批核中。查此项请求固为作赴英美之费用，另一面与购买武器不无关系，似宜考虑。

《西藏地方历史资料选辑》第359—360页

西藏商务代表团考察案(节略)

1948 年

西藏商务代表团一行,由去岁十二月初抵印噶伦堡,十七日抵加尔各答,由加城中国总领事馆代订旅馆招待。十八日午后西孟加拉省总督邀宴西藏代表团及随行之达赖胞兄敦泽佛等,未通知我驻加尔各答总领事馆,而邀英驻印专员及驻加商务代表作陪。敦泽佛等于二十四日离印搭中航飞沪,机票等费由我支付。……藏商务代表团于二十三日抵新德里。当代表团等在加尔各答时,我总领事馆询问其赴新德里目的,均不肯表示,但谓在印考察。但十二月三十一日晨,加城《政治家报》[英方英文报纸],发表夏古巴谈话,以此次系奉藏政府命与印政府商讨藏印商务问题,并俟赴德里后,分访中美大使馆及英专员云。由此可见,藏代表有意对我隐藏其此行任务。……印度大使馆罗大使并于十二月二十一日晤尼赫鲁,告以:一、英方军火运藏尚有在印未运者,请查明禁阻。二、请勿承认西藏自发护照。尼赫鲁答称:英印政权交替时,在印购军火甚易。此事容或有之,彼不知情,当调查。至护照事,则藏人入印向无护照,赴英护照系由英驻印高级专员签证,不归印政府办理。尼氏继谓西藏为中国之自治领土,英人所承认者为在西藏之宗主权。罗大使谓自治领土非独立国家之谓,西藏之自治权以中国宪法所赋予者为限。罗大使又谓英国视西藏宛如一印度土邦,近来英人经营西藏之人物,如前西北边省总督卡罗,锡金政治专员霍布斯金与驻藏商务专员黎吉生,在印政治中尚有影响,请注意。尼氏承认卡罗为外交顾问,但谓印政府不会继续英国政策。尼赫鲁谈及中央与西藏问题,常有规避厌倦之表情。赴英及其他自治领护照签证确系由印外交部办理,当由大使馆钱参事访印外部梅农司长,促其注意。谈及西藏主权问题,彼与尼赫鲁语气相同。

《西藏地方历史资料选辑》第360页

国民党政府驻印大使罗家伦电

1948年1月8日

……西藏商务代表夏古巴等四人来印,均已经布置宴会防范。购军火事,以前在英军手中购得少数,容或有之。……彼自发护照事,经与印政府及有关各使馆商洽就绪,彼无法不经本馆同意取得签证,故知难而退,决定先回中国,已于七日离德里赴加城候机转昆明,再来南京。

《西藏地方历史资料选辑》第361页

国民党政府外交部致驻英大使郑天锡电

1948年9月10日

……该团在京时,曾向蒙藏委员会许委员长提出下列要求:

(一)内地国产品由陆海道运藏免税;(二)藏货经海道至内地免税,国产品经印运藏免缴外汇保证金;(三)藏货经内地运往外国销售,免予结售外汇,并得购外货自由进口,在内地销售。关于该团所提各项要求,已由中央有关机关会商办法,正呈院核定中,又该团请准结购外汇二百万美元以供前往英美之需,中央以数目太大,国家外汇支绌,未予核准。藏代表等于沪杭等地考察购货后,曾向蒙藏委员会表示即由沪经港返印。并谓将向印度政府洽购美金;倘成功,仍拟由印赴美英等语。本部以该团既声称返印,遂未发给赴美英护照。

《西藏地方历史资料选辑》第361页

国民党政府外交部次长代理部务刘师舜报告

1948年9月17日

……该团在京时,由蒙藏委员会主持一切招待及与该团洽商事宜,本部并与蒙藏委员会商定,尽力劝导该团自单独前赴英美。该代表团在内地考察接洽,勾留甚久,于六月下旬离沪赴港。离沪前本部据蒙藏委员会确告,该团即由沪经港返印,暂不赴美英。本部为恐该团返印后,仍设法潜赴英美,乃再电饬印度罗大使预为布置,并密切注意该团抵印后行动。讵该团于抵港后即于七月三日由港飞美。本部接获此项密报后,立即电饬驻香港郭特派员调查,据复称:该团持有西藏当局所发旅行证件,由美国驻香港总领事馆在该证件上签证准入美境,等情。本部以美国驻香港总领事馆未先征询我国政府意见,即行签证西藏政府自发证件,不但违反国际通例，并有损我对藏主权，乃由本部叶次长于七月十二日向美驻华大使馆提出下述口头声明与质询：（一）西藏当局对外无独立办理外交之权，其所发旅行证件，不能替代中国护照；（二）夏古巴等在美无权与美政府洽商事件；（三）美驻香港总领事于发给夏古巴等入境签证前，何以并未通知我驻香港郭特派员；（四）美政府对于西藏素以承认中国之主权为原则，此次接受西藏地方当局所发证件，中国政府颇为诧异，如此非美驻港总领事私人之错误，是否为美政府变更其对西藏态度之表示，此点盼美政府予以说明。该美国大使馆人员当答称：美国向来承认中国在西藏之主权，且美国政府亦无变更其对西藏立场之意，至本部所询各点，当转陈美大使向国务院查明后答复本部，等语。本部同时密电驻美顾大使指示下列各项：（一）密洽国务院，查询该项签证是否曾经国务院核准发给，并向国务院说明该团仅系商务考察性质，倘其有对美政府机关接洽及交际事宜，我驻美使领馆当代为洽办，如有正式交涉事宜，应由中美政府直接磋商；（二）设法与该代表等取得联系，剀切告知中央诚心协助西藏人民，该团在美言行，必求谨慎，如有对外接洽，应先与大使馆磋商，并由我使领馆出面代洽；（三）对该团在美言论行动，严密注意，随时具报，对其在美考察，可以主动方式酌予协助照料。本部又以该团亦有由美赴英企图，乃电饬驻英郑大使密告英国外交部，如该团申请赴英签证，英国领事馆应令其呈验中国护照，否则不予签证。

七月十七日据顾大使报告，经以我国态度，亲告马歇尔国务卿，据答：美对西藏，拟完全尊重中国意见办理。另据国务院主管人员告：驻港美总领事并未于夏古巴等所持旅行证件上签证，仅于另一普通纸上签注可入美境，此项签证并无损害中国对西藏主权之意，等语。同日，又据驻英郑大使电告，经向英外交部查询，据该部主管人员称，该团在南京时已由英国驻华大使馆予以签证，我大使馆人员当斥以西藏为中国领土，英方不应未征中国政府同意，即行签证西藏当局自发之旅行证件，该主管人员无言以对，仅示歉意。

西藏商务代表团一行六人[团员四人，助理二人]于七月七日飞抵金山，英驻金山总领事则亲往机场迎接，似已先有接洽。该代表团在金山向新闻界发表谈话谓：此行来美，拟与美方谈判，以西藏牦牛尾交换美国机器，并拟往美京谒见美总统。又谓：西藏与中、苏、印三大国毗邻，若予一国以特权，势难不予其他二国，故只得对三国一律排斥，但希望与美国建立更优良之关系，等语。七月十五日，该团由金山抵芝加哥，美国商务部驻芝加哥代表略予照料。我驻美大使馆事前已通知驻芝加哥区总领事，遵照本部指示注意办理。该团在芝加哥时，由我总领事馆领导参观各大工厂。七月十九日，该团由芝加哥抵华盛顿，除我大使馆派员在机场接待外，美商务部亦有代表一人在场照料。该团团长夏古巴见新闻记者时，仍谓西藏对中、苏、印三大邻邦不愿有所偏倚。该团抵华盛顿前，我驻美大使馆已将我方意旨及美政府态度告知美商务部，促其注意，并商获美国务院中国司司长保证，美方亟欲避免西藏代表团来美之任何政治上意义。七月二十日，夏古巴偕邦达养壁往谒顾大使，顾大使当面告彼等，关于该团在美考察及接洽商务各事，大使馆当予协助，美政府亦愿与大使馆洽办有关该团各项事宜，并嘱其对外发言，务求谨慎。夏古巴等答称：对外人询问，不愿多说。又据夏古巴告顾大使，该团在华府事毕，即赴纽约，在纽约约一月，即赴欧，然后回藏。……该团赴华盛顿主要目的原在谒见美总统。本部据顾大使七月二十二日及二十三日电称：该团携有达赖喇嘛亲署之照片及函件，拟送致美总统，又有藏首相致美政府函，均拟于谒见美总统时亲递，并已请美商务部代向总统府订定接见日期。商务部以此转询国务院，国务院又与大使馆洽商，该院认为上次战争期间，美国情报人员入藏工作，颇承藏官方优待，故对该团请见总统事,不愿实加拒绝,否则势必影响美国人民与西藏人民之关系,盼大使馆洽征该团同意,由大使馆代请白宫订期接见。二十二日顾大使邀宴该团时,趁机探询所携函件内容。彼等答称,奉达赖喇嘛之命,各件须面递,不肯告知其内容。本部遂电饬顾大使:(一)向美方郑重表示,该团仅属技术性质,我国政府认为美总统无予接见之必要;且该团赴美,未经我国核准,而美国务卿又已表示尊重中国在西藏之主权,则该团在美,美政府不应予以官方接待,美总统如予接见,即予以政治上地位,中国政府不能赞同;(二)如美方坚持准许该团晋谒总统,亦应由我驻美大使率领前往,函件内容如无法于事前探悉,应请美总统于收阅后,饬抄副本送我大使馆参政。顾大使遵于八月三日请美国务院代向白宫约定晋见美总统日期,并告知夏古巴。夏古巴颇惊异,询已否发函代约,并谓于印度等处晋见当局,均未经我使节偕往,对随我使节晋见美总统事,未获西藏政府准许,不敢擅专,商请另筹其他办法。并再声明该团来美专为研考与美直接通商途径,确无其他企图。顾大使当告称:凡国内要员晋见他国当局,由驻使偕往介绍,乃国际仪节通例,该团如觉不便,亦可不往,而将所囊函件像片等,交由大使馆代递,将来如有复函,亦当由该馆转达。夏古巴云:当俟研究后再告。顾大使复恳切告以:我国内地与西藏唇齿相依,安危与共,中央对藏极为关切,方今国际情势动荡,如西藏政府思另觅出路,一入漩涡,前途实甚危险。为中国计,为西藏计,应以为图安守为上策,如有政治意见,尽可向中央开诚陈商,彼答:当俟回藏后报告云。旋据顾大使电告,该团通知大使馆,决定不见美总统,所携函件像片交国务院转递。本部仍恐该团再行自往请见美总统,当再饬顾大使通知国务院,届时仍应由我国大使率同晋谒,顾大使当再向国务院申明我立场,希望美国政府慎重处理。据国务院主管人员告,如该团重申前请,仍当依照我大使馆主张办理。该团在华府期内,仅见到美商务部低级人员，据悉其谈话从未超出商务范围，至于西藏当局致美总统函三件、达赖及摄政相片各一张，已由该团交请国务院转递，三函内容仅系普通问候及布达友好之忱，等语。至此，该团企图单独晋见美总统之事，遂告一段落。

该团未达单独晋见美总统之目的，乃于八月九日由华府赴纽约。我驻纽约总领事馆派员往车站迎接，并妥予照料。……

查该团所持旅行证件已经英国驻华大使馆签证，而据顾大使电告，若强迫该团在美换领我国正式护照，事实上难以办到。且此时若强其换领护照，美政府未必协助，且势必益增西藏当局对中央之怨意，故本部对该团由美赴英，拟不加阻止，惟对其在英行动，则须预加防范，以免越轨。本部已密饬驻英郑大使即向英国政府申明我国政府立场，请其于该团抵英后，依照我方意见办理。

查此次西藏商务代表团前往美国，果有其政治上之用意，而该团赴美前美国驻香港总领事擅予签证，该团抵美后，美政府复颇示以优礼，此事背景，颇堪注意。前据顾大使七月二十四日第八六七号来电析陈观察意见，略谓美政府所以对西藏表示好感，盖欲利用西藏为将来对苏联之空军基地，等语。该电业经本部译呈钧座鉴核，兹再抄录附呈，敬供参考。……谨呈总统蒋。

《西藏地方历史资料选辑》第361—365页

国民党政府驻英大使郑天锡报告(二则)

(一)

1948年7月16日

七八二号电奉悉。即派段参事密洽英外部中国司长Scarlett，据称:其本人无所知,仅于数月前西藏商务考察团甫抵印度时闻有来英之意,经其向主管司查询后复告段参事,以该团在南京时已由英大使馆予以签证。段参事当依钧电指示责以英大使馆不应签证。彼云:英外部主管签证人意见,以英国惯例,对于国籍不明者如请求签证,不需当地政府之护照,只需其本人之宣誓书 Affidavit 即予以签证。段参事当驳以西藏为中华民国领土,绝非国籍不明者可比,该氏亦无言以对,仅云事已如此,微示歉意。

(二)

1948 年 12 月 1 日

……锡本日又往访英常次 Sir Orme Sargent,再谈西藏商务团拜访英首相及英王事,双方辩议,与昨日见梅休谈话相同。惟该常次谓英与西藏曾签有拉萨协定,向有往来,故对之不能不加以礼遇。锡答以昔年甚至有以领事资格与一省督抚签立协定者,此皆陈旧历史。最后常次谓当注意我方交涉各点,并允与政次再作商讨,惟不能允前议有所变更,但又切说该团拜会绝无政治作用等语。

《西藏地方历史资料选辑》第 365、366 页

国民党政府驻意使馆报告

1948 年 12 月 30 日

……该团……由纽约乘英船伊丽沙伯皇后号赴法国,在法逗留一星期,转往英国。驻二十日后,经法国往瑞士,停五日。于十二月十六日中午乘车抵罗马,二十日赴那波里一行,当日返罗马。十二月二十三日夜在罗马乘飞机往孟买,在印度稍事停留即将返

西藏。……

西藏代表团来意前本馆接驻英大使馆来函后即已与意外部接洽:该团如与意官方接洽,须经本馆介绍,意外部完全同意。该团抵罗马后即拟与意外部有所接洽,意外部礼宾司即通知该团各事请中国大使馆介绍办理,本馆并派高参事与该团接洽,表示本馆对该团一切活动愿予协助。该团初表示冷淡,谓一俟有需要时再请本馆协助。其后觉人地生疏,言语不通,诸多困难,乃表示欢迎本馆派员陪同该团行动。

《西藏地方历史资料选辑》第366页

国民党拉萨情报

1948年12月27日

……西藏商务考察团此行任务未达成:西藏商务考察团,前由纽约航寄印度邦达昌转电拉萨各代表之家属电文中内有:据悉所谋向外贷款贸易,及企图使西藏独立事,均未如愿以偿等语。

《西藏地方历史资料选辑》第366页

国民党中央日报对拉萨"驱汉事件"的报导

(一九四九年)七月八号这天,拉萨发生了变乱,……拉萨与外界的电讯中断,中国政府驻藏办事处全体人员限两周撤离,交通部在拉萨的无线电台被搞毁,席台长遇刺受伤,……所有在拉萨的经商汉人皆遭被驱逐，连寺院里的汉籍喇嘛亦无一幸免。这消息很使人诧异，拉萨那里来如许多的共党势力？为什么我国(政府)驻藏的所有机关学校人员甚至和尚皆遭驱逐出境？这是一个难解的谜。过了两天，到七月二十二日，德里各报相继发表了一些消息，知道锡金通拉萨的电讯照通，印度国防部与拉萨的无线电联络并未发生故障，印度政府正等待驻藏商务专员处关于拉萨变乱的详细报告。

国民党《中央日报》1949 年 8 月 19 日

决不容许外国侵略者吞并中国的领土——西藏

1949 年 9 月 2 日，新华社社论

(一九四九年)七月八日西藏地方当权者驱逐汉族人民及国民党驻藏人员的事件，是在英美帝国主义及其追随者印度尼赫鲁政府的策划下发动的。英、美、印反动派勾结西藏地方反动当局举行这个“反共”事变的目的，就是企图在人民解放军即将解放全国的时候，使西藏人民不但不能得到解放，而且进一步地丧失独立自由，变为外国帝国主义的殖民地奴隶。这一阴谋事变和最近美帝国主义妄图吞并台湾的阴谋是同出一辙。一百多年来，英美帝国主义就一贯地图谋侵略和吞并西藏。英帝国主义在一八六〇年首先侵占了西藏的外藩哲孟雄。一八八七年和一九〇四年又两度发动过侵略西藏的战争。美帝国主义自第二次世界大战结束之后，亦积极图谋侵略西藏。美帝国主义曾派遣间谍到西藏活动，力图

经过西藏的若干上层分子,取得对西藏的实际统治权。中国人民对于美、英、印侵略者的侵略活动早已予以密切注意,而且深深地记取了他们这种与中华民族为敌的罪行。

英、印反动派为了吞并西藏,竟敢妄想否认西藏是中国领土的一部分,这是侵略者在白昼说梦话。任何人找遍中外公开出版的地图和关于中国内政外交的文件也无法找出任何的“根据”。西藏是中国的领土,西藏民族加入中国各民族的大家庭,与汉族及中国境内其他民族发生兄弟的关系,已有悠久的历史。西藏民族与汉族及中国境内其他各民族的友谊,曾经受过英、印侵略者和汉藏两族反动分子的损害。但是西藏的爱国人民正在逐步地认识到,毛泽东的新民主主义及中国共产党和中国人民解放军扶助少数民族的政策,乃是西藏人民的救星。中国的任何少数民族与汉族人民的分裂,必将沦为帝国主义国家的殖民地奴隶,西藏人民是决不愿做殖民地奴隶的,他们在一八八七年和一九○四年两次英勇抗击英帝国主义的侵略,就是最好的证明。

这次英、印侵略者嗾使西藏地方当局,以“反共”作为借口,发动变乱,企图混水摸鱼,更是极端冒险的蠢事。不错,国民党反动派是应该从中国领土上驱逐和消灭的,但这是中国人民自己在中国共产党领导下所进行的革命斗争,与任何外国无干,与任何反共分子无干。中国人民已经在很大部分的土地上消灭了国民党反动势力,而且不久的将来,就会在全部国土内把他们扫荡得干干净净。中国共产党是中国劳动人民的政党,是中华人民共和国的领导者,全中国人民都公认和信赖中国共产党的这种领导地位,在今天,谁要反对中国共产党、谁要反对中国人民解放军,谁就要冒和国民党一样被扫灭的危险。中国共产党是主张少数民族的自治,尊重各民族的宗教信仰文化习惯的,凡是知道内蒙解放区和甘肃已解放的回民区情形的人,已经不再有怀疑了。外国侵略者在西藏散布反共的谣言，借以欺骗恐吓西藏当局，其目的是想使他们陷入极端危险的地步，这难道还不明白吗？

中国共产党所领导的四百余万的中国人民解放军必须解放中国各民族，即不但解放汉族人民，而且解放中国境内各少数民族人民。中国人民解放军已经解放了大多数汉族人民和内蒙古人民，正在解放着回族人民，并即将解放藏族和西北、西南、华南其他各族人民，使他们永远摆脱帝国主义和国民党的压迫和穷困悲惨的地位。中国人民解放军必须解放包括西藏、新疆、海南岛、台湾在内的中国全部领土，不容有一寸土地被留在中华人民共和国的统治以外。西藏是中国的领土，绝不容许任何外国侵略；西藏人民是中国人民的一个不可分离的组成部分，绝不容许任何外国分割。这是中国人民、中国共产党和中国人民解放军的坚定不移的方针。任何侵略者如果不认识这一点，如果敢于在中国领土上挑衅，如果敢于妄想分割和侵略西藏和台湾，他就一定要在伟大的中国人民解放军的铁拳之前碰得头破血流。我们警告这些侵略分子立即在西藏和台湾的面前止步，否则他们就必须担负他们这种行为所引起的一切后果的全部责任。

《人民日报》1949年9月3日

美英帝国主义特务分子在西藏的阴谋活动（三则）

（一）

（美国特务）汤姆斯上星期曾在曼谷停留了一个短时间，他是到西藏去见达赖喇嘛的,……若干星期前,印度外交部替他请得西藏当局的许可进入。

国民党中央社 1949 年 8 月 2 日曼谷专电

（二）

（汤姆斯的）旅行队在加尔各答买了吃食,带着十五匹骡子进入西藏。给西藏官员们带去昂贵的礼物……带有电影摄影机和录音器。

合众社 1949 年 9 月 14 日东京电

（三）

此间今日宣布,西藏摄政及达赖喇嘛鉴于"中国共产党目前所提出的问题及他们有成为整个中亚的主人的危险",已以私人信件致杜鲁门总统及国务卿艾奇逊,请求美国军事援助,这事是著名的美国广播评论员汤姆斯所宣布。汤姆斯说,西藏的领袖们愿意得到美国的军事援助,以便能够于必要时击退中华人民共和国的军队。

法新社 1950 年 10 月 17 日纽约电

劳威尔·汤姆斯给噶厦的信

1950 年 5 月 10 日

阁下,……

大约在十一月初,我荣幸地会见了我国总统杜鲁门先生,并向他致送了你们政府的信件……

我特别向杜鲁门总统指出了你去夏在外交局告诉我的关于对西藏独立的威胁,和解释了你亟需的援助。

我问他美国是否能给你们军队以现代武器,及训练你们士兵运用这些武器所需足够的顾问们,但是杜鲁门总统没有表示可否,无论如何,他是同情你们国家的问题的,关于这一点是无可置疑的。

在华盛顿时,我也和若干国务院的首长们谈过……关于西藏自一九一二年以后从中国独立出来,和现在从共产党军队方面受到的危险……

……美国的国务卿艾奇逊最近告诉我的父亲,他觉得在制定援助方案之前,还需要对你们国家有更多的了解。国务卿暗示,如果有机会,我能得到准许在来夏再到拉萨,他愿意派一个有资格和你们政府详细磋商的美国政府代表团一起来,国务卿建议这个特派的代表将是个表面上和我国政府没有关系的人,因而不致引起注意其为美国官员。这个人可以是一个曾在国务院做过工作,而现在已解职的人,他将只做为一个旅行家进入西藏。

那位隐蔽的政府代表可能是桑堡先生。……他多年来是美国国务院的顾问,是到伊朗政府去的美国工业和经济顾问团的首长。……他曾努力防止共产党进入中东。

……我希望对你们国家独立的威胁将日见减弱,你们军队的力量和地势的险要将使中国人继续留在她们国界的后面。

劳威尔·汤姆斯

《西藏地方历史资料选辑》第377—378页

汤姆斯回美国后发表的《这个世界以外》一书的摘要

“此行目的，为了了解西藏情况，告诉美国人西藏在国际问题上的地位，要求华盛顿给西藏以可能的援助。”

噶厦政府曾问：“假如共产党要进攻西藏的话，美国是否援助？并且援助到什么样的程度？”汤姆斯答：“共产党如果进攻西藏，必然从北部和西康东部进兵，两方面都有六百英里的路程，开始二百英里路比较好走，以后就不好行进。只要西藏方面组织一支有技术的游击部队，就可以阻止侵略者，切断他们的补给线，使他们的侵略要费很大的代价。要成立这样有技术的部队，其条件有二：一是配备适当的武器，一是要受过技术训练。西藏的人力，只要很好的加以装备和训练，是可以担任上述防卫的能力。”

“外国军队到西藏来帮助，是不大得到欢迎的。”

“我们美国如果担负军事援助，那么我们美国就要担负起维护西藏独立的责任，那时如果共产党军队与我们冲突起来，我们将如何调动一支军队越过喜马拉雅山？以及如何供给这一支部队？因之，美国政府还不能够担任这样一个责任”。

见《西藏地方历史资料选辑》第378页《这个世界以外》

西藏摄政呼图克图致合众社电

我们的国民会议已经全体通过同意分别派遣亲善使团至下列

各国;并另派一使团到中国以便向共当局解释并表明独立。

合众社 1950 年 1 月 14 日伦新电

中央人民政府外交部发言人向新华社记者发表谈话

1950 年 1 月 20 日

西藏是中华人民共和国的领土,这是全世界没有人不知道也从没有人否认的事实。既然如此,拉萨当局当然没有权利擅自派出任何“使团”,更没有权利去表明它的所谓“独立”。西藏的“独立”要向美国、英国、印度、尼泊尔的政府去宣传,并由美国的合众社加以宣布,使人们不难看出这种消息的内容即令不是出于合众社的制造,也不过是美帝国主义及其侵略西藏的同谋们所导演的傀儡剧。西藏人民的要求是成为中华人民共和国民主大家庭的一员,是在我们中央人民政府统一领导下实行适当的区域自治,而这在人民政协的共同纲领上是已经规定了的。如果拉萨当局在这个原则下派出代表到北京谈判西藏的和平解放的问题,那么,这样的代表自将受到接待。但是如果不是这样,如果拉萨当局违反西藏人民的意志,接受帝国主义侵略者的命令,派出非法的“使团”从事分裂和背叛祖国的活动,那么,我国中央人民政府将不能容忍拉萨当局这种背叛祖国的行为,而任何接待这种非法“使团”的国家,将被认为对于中华人民共和国怀抱敌意。

《人民日报》1950 年 1 月 21 日

班禅堪布会议厅致毛主席和朱总司令电

（一九五〇年一月三十一日）

顷闻西藏拉萨反动当局以"亲善代表团"名义，派遣非法代表赴英美等国活动，表示西藏"独立"，企图勾结帝国主义，反抗人民政府，以达其脱离祖国、出卖西藏的阴谋。西藏系中国领土，为全世界所公认，全藏人民亦自认为中华民族之一。今拉萨当局此种举动，实为破坏国家领土主权完整，违背西藏人民意志。谨代表西藏人民，恭请速发义师，解放西藏，肃清反动分子，驱逐在藏帝国主义势力，巩固西南国防，解放西藏人民。本厅誓率西藏爱国人民，唤起西藏人民配合解放大军，为效忠人民祖国奋斗到底。

《人民日报》1950 年 2 月 7 日

关于"西藏代表团"活动的部分报导（五则）

（一）

他的国家很愿意与中国共产党获得更好的谅解，如果这件事办得到，西藏就不要求外国援助，不过如果中共进攻西藏，则十六岁的达赖就要向各友邦请求援助了。

路透社 1950 年 4 月 19 日加尔各答电

（二）

他们（指西藏代表团）希望同共产党说明西藏愿与一切国家保持友谊，并且不愿意作任何国家的敌人，从而使毛泽东不要派遣武装部队，攻打他们的没有充分防备的边界。

法新社 1950 年 5 月 6 日 加尔各答电

（三）

英国驻新德里高级专员奈氏正尽力"劝告"代表团不与中国人民政府取得任何协议。

电通社 1950 年 6 月 12 日电

（四）

英国国务大臣扬格于一九五〇年六月十四日在英国下院发表谈话：英国不承认中国共产党对西藏的要求，……对打算进入香港的西藏代表团，发给入境签证一事有所耽搁，就是因为对该代表团的意向，还有怀疑。

合众社 1950 年 6 月 14 日伦敦电

（五）

因西藏若与中共举行谈判，势妥协投降，此为英印所不愿者。英国以此种方法，阻梗中共与西藏直接会谈，借以延缓中共对西藏的攻势，以待国际局势之转变。

国民党中央社 1950 年 6 月 16 日台北电

美国加紧向西藏运送武器

美国驻印公使韩德逊已与印度政府获得一项协议。根据这个协议,美国将以大批步枪、机关枪、手提机枪、手榴弹及弹药等在加尔各答卸下,然后经由大吉岭运往西藏。该项协议又规定,所有这些美造武器和作战物资在印度境内均免受检查,而且由美国士兵武装护送。……一群美国人已经到达印度港口加尔各答,他们将负责把美国武器和战争物资运到西藏去。

1950 年 5 月 12 日 新华社
引电通社新德里 5 月 11 日电

英国在西藏的特务活动(三则)

(一)

(英国驻拉萨的代表团团长里查逊)是侵略西藏最有谋略的专家,到过西藏的人,都知道他的手段之毒辣。英国还政与印以后,……印度将拉萨的商务专员处也接收过来了。里查逊照理应该早就撤换了的,但也许因为看定他是个"谋略专家",最近印度又把他留任一年。……(英国)商务专员处本来是办理商务的,但英人在拉萨的商务活动竟擅自变成一个政治专员办事处似的。

国民党《中央日报》1949 年 8 月 19 日

(二)

一名姓名未经透露的英国军官即将派遣访问(西藏)。……陆军部既不否认也未证实,……英国军官大约将首先乘飞机赴新德里,然后乘汽车行至孟加拉的大吉岭,从那里乘牦牛继续前行。

法新社 1949 年 9 月 10 日 伦敦电

(三)

(被俘获得)福特是英国“驻昌都电台”台长,现年二十七岁。他在一九四三年十月被英国政府派驻印度任无线电台教官,至一九四五年四月被调派西藏拉萨“英国电台”工作。一九四九年七月二十日,他带着美国制造的发报机两部,英国制造的新式收报机一部和美国军用收音机一部以及大批汽油,从拉萨到了昌都,即在昌都城东江卡建立电台,从事收集军事情报的间谍活动。在本年(一九五〇年)十月人民解放军渡越金沙江以前,福特并在青海西康交界处设立分台,收集军事情报与拉萨、江孜、日喀则、噶大克、亚东等地的“英国电台”联络。被俘后,他供认还经常与在美国、英国和日本的“朋友”们在电台上保持密切的关系。并与一度潜入西藏的美国特务劳威尔·汤姆斯保持密切联系。此外,他还与西藏在昌都的高级专员经常来往,从中窃取情报,并挑拨和离间藏汉人民的感情。

新华社 1950 年 12 月 28 日 重庆电

格达活佛之死

西南军政委员会委员、西康省人民政府副主席格达活佛,为了致力西藏的和平解放,于八月二十二日在昌都惨遭英帝国主义特务分子毒害身死。因特务分子福特在杀害格达活佛后,焚尸灭迹,故这一消息现在方完全证实。西南军政委员会闻悉格达委员光荣牺牲的噩耗后,甚为哀悼,即拨治丧费一千万元,责成西康省人民政府办理格达委员身后事宜。重庆市各界已于上月二十五日举行追悼会。

格达委员的遇害经过,证明帝国主义者是如何阴险残忍。格达委员系于本年七月十日自西康甘孜县白利寺出发赴西藏,二十四日到达昌都,即对群众和喇嘛寺僧侣宣传中央人民政府政策,并列举所见所闻的事实,证明人民政府和人民解放军如何尊重宗教自由,保护喇嘛庙,尊重少数民族风俗习惯,帮助人民改善生活等;也宣传了中央人民政府维持西藏现行各种政治制度,与一切改革事宜由西藏人民及领导人协商解决的决策;并劝说喇嘛寺及头人、民兵不与人民解放军为敌,汉藏民族必须紧密团结。因此,深得广大藏族人民及喇嘛寺之拥护。但却遭到了帝国主义及其走狗的忌恨。

英帝国主义的特务福特和他的帮凶将格达活佛监视,不准他离开昌都,并于八月十三日给他毒茶吃了后,将他软禁在福特住室的楼下,不准随行人员接近。活佛的男女弟子们要去看他,也遭拒绝。格达活佛在受毒之后,仍要打电报给拉萨的朋友,请他们设法帮助,达到去拉萨的志愿,并说:"我死也不悔,但求到拉萨一见达赖活佛"。这更引起了帝国主义特务分子们的恐惧和忌恨,于是他们再下毒手,于八月二十一日又给格达活佛吃毒药。格达委员中毒后,即腹疼,头疼,口吐黄水,鼻孔流血流脓,四肢麻木,于次日(八月二十二日)圆寂。死后全身乌黑,皮肤触手即行脱落。福特为了消灭犯罪证据,将格达尸体焚毁,并将其随行人员押送拉萨。

新华社 1950 年 12 月 4 日 北京电

《新华月报》第 3 卷 第 2 期 第 300 页

西藏近代史回忆文章

目睹印军侵占我门隅达旺地区的部分情况

帕索·图旦曲杰

铁虎年(1950年),根据措那地区塘当百户罗桑曲扎的请求,经请示获得原西藏地方政府的批准,同意本人在门隅达旺地区进行佛事活动。我于当年9月22日到达达旺,并受到达旺寺僧院的热情接待。当时该地区发生严重的地震灾害不久,达旺寺一楼高的主佛镀金弥勒佛佛殿大多被震塌。群众提出要求要我帮助维修该殿。经我与当地负责人商议后征调该地区的所有工匠人员进行了维修,前后共经两个月之久。当时管理该地区的头目有达旺寺堪布噶丹赛贡活佛(受哲蚌寺洛赛林僧院派遣)、达旺寺拉章管家僧官图丹群陪(绰号大头)、措那宗僧俗二宗堆。按惯例僧官宗堆的人选应由甘丹寺派遣,所以有僧人罗桑桑结(绰号猫头鹰铁棒喇嘛)和俗官宗堆多钟巴。此外,还有措那米粮员雪恰那仁等。寺院主殿维修好后,进行了庆祝活动,并向我提出给予灌顶的要求。于是我传授大灌顶,还在各家各户进行了各自所信仰的教派灌顶活动。

藏历铁兔年(1951年)大年初二,突然印度的武官和文官各一人,还有士兵七十余人来到我们达旺地区。在一两个月前,印度飞机曾数次在达旺地区上空盘旋。当时本人住在措松地区,据当地的老百姓讲,飞机反复来去不是好兆头,过去英国人到这里之前也派来飞机侦察过,现在又派飞机来,预示着印度人可能要来。如果外国人来到这里,地方上便会出现地气衰败等不吉祥的事。所以请求我诵经祈祷,予以抵御。随后各村落都进行了诵经祈祷。藏历新年初二这天,听村民叫喊“印度人来了!……”。早上9点左右,上述的印度官兵果然到达。宗本和拉章管家商议后认为,印度人现已到达我们的地方,我们不能不前去过问。当时印度人在邦迪拉山顶上扎营,措那宗的佐扎等人便前往了解情况。他们一行人返回来时说,有印度的两文武官员和士兵,还有过去曾在德吉林住过的名叫巴桑的巴塘人充当翻译。我们问他们:“你们未经西藏地方政府的批准,擅自来此为了何事?”他们只回答说:“现时正是你们藏族的新年,请你们愉快地欢度节日,关于你们所问之事,过几天后再作商议”。当天未获详细回答。于是我们立即派人向噶厦去报告。初四,印度人通知宗堆、拉章管家和我到他们驻地去。我们到印度军人驻地时,有一军官胸前挂一望远镜,他们用甜茶、核桃等招待我们,接着他们说:“今天还是新年,请大家高高兴兴坐一坐。一会儿我们的飞机要到这里来,你们可以参观参观”。不一会儿,从林仓拉山顶边飞来一架飞机。印军立即在草地上展开一块写有英文字样的白布,然后飞机投下一批食物后离去。接着印度人把我们叫进帐篷内说:“我们这次到这里来,是为接管地方的。这块地方以前英国人驻印度时,根据麦克马洪线划定的界限是属于印度的地方,由于我们迟延了一段时期,未能及时安营。这次我们是专门来接管的。你们的政府也有通知我们前来接管的信函。具体事项我们以后再作协商”。听后宗堆罗桑桑结便说:“也许是这样。但我们从未收到过政府关于移交土地的任何指令。你们暂时有什么需要我们提供帮助的事我们可以办,但不许你们在这里有违法行为。在未接到政府的复信前,我们地方宗堆不想作任何能解决问题的回答”。当天我们返回后,立即对印度人的谈话进行了讨论,宗堆、拉章管家及地方小头人等一致认为,门隅达旺地区自古以来一直是西藏属地,现在印度人肆意欺凌,扬言要接管土地,请给我们一定数量的武器,由我们地方组织自己的力量把他们赶出去。随之写好报告派专人去拉萨请噶厦政府定夺。在这期间,宗堆、拉章管家、地方小头人等中间有的说:“等一下噶厦指示再作打算”。有的则说:“不管怎么样,先把印度人赶出去再说”。最后还是决定等候噶厦复信。在这期间,印军每天总有10名或15名士兵来我们村周围巡逻,当地门巴人非常生气,他们在狭路窄道处投掷滚石,还打死打伤印度兵数人。随后收到噶厦的指令,其大意是“你们的报告收悉,所提印军入境一事,正由噶厦向印度驻拉萨代办进行交涉,你们地方宗堆、百姓等不得在该地有引起纠纷之行为……”。对此,大家甚感失望。

此后,有一天印度人又把宗堆和拉章管家等叫去。他们首先发问:“噶厦的复信是否收到?”宗堆罗桑桑结回答说:“至今虽未收到详细指示,但不久定会有或文或武的回答”。那天他们拿出一张地图,用红铅笔边打着记号边说:“从这到那就是麦克马洪线,在此线以内由我们印度人管辖。过去夏扎噶伦于木虎年(1914年)签订《西姆拉条约》时,决定割让给英国的,但至今我们没有接管。从即日起,你们不得在这一地区派差征税和行使法律。你们留住期间所用柴草等必需品仍照旧使用,所有费用款将由印度政府向百姓结算。现在你们及早回措那为妥”。我们回答说:“我们不可能你们说什么就听什么。因为,门隅东部早就属西藏的土地,这是无可争辩的事实。比如地方的风俗人情、语言文字、流通的货币白银章噶等等都是确凿的物证。所谓这片土地是属印度人的说法,我们决不承认”。过几天后,印度人又召集东尼玛措松、达巴八部落、邦钦六定(部落、村寨)等处的所有地方小头人宣布说:“从今天起,这一地区属印度管辖区。从今以后你们不要给西藏政府支差纳税,也不受他们的法律约束。宗堆和拉章管家暂住期间所需柴草等可以少量供给,其钱款将由我们印度政府支付”。当时有一名叫卡吾的门巴族管家,他经常到印度做生意,因此会说印度话,他是一个隐藏在门巴族人中的内奸,他在门巴族百姓中到处宣传鼓动说:“一旦印度人在此掌权,以后就有不需要向政府纳税支乌拉差役的好处”。当时我寄住在江喀尔·罗桑曲扎家。有一天,内奸卡吾带着印度的一个军官和几名士兵到我住处,对我说:“你来这里后帮助维修寺院,又给百姓念经祈祷等这很好,以后可以长期留在这里,但是必须投诚印度,改变国籍。假若你愿意回去的话,必须限期在5月份离开这里,不得延误”。我回答:“我来这里是做维修寺院的工作,但要我投诚是办不到的!因为我在拉萨的寺院和政府中担任有职务,根本没有长期住在这里的打算。至于回去的时间,现在还说不准”。他们说:“那也可以,但当你回去时,先将东西让我们检查一下,然后发给通行证,不然邦迪拉山顶有我们的驻军,他们要搜查的”。后来我于当年5月份起程回拉萨。途中看到在邦迪拉山顶确有印军修建的木质结构营房。他们只查点行李件数,并未打开行李搜查。宗堆和拉章管家在达旺留下代表后,在我之前返回了措那宗。

当我初到门隅达旺时,没有一个印度人,该地区的百姓世世代代例行向西藏地方政府支差纳税,并受着法律的约束,从未听说这是印度人的属地。该地区的百姓们除方言稍有不同外,其它的风俗人情、文化传统及宗教信仰等方面都和藏族人民一模一样。而且达旺寺的堪布和管家以及公务人员都由西藏地方政府任免。另外,西藏的色拉、哲蚌、甘丹三大寺中,都有门巴人的接替僧人,有专门的门巴族僧。但是印度军队不顾上述许多历史事实,却说该地区是他们的属地,从而进行强占,真使我感到非常气愤!

《西藏文史资料选辑》第15辑
西藏自治区政协文史资料研究委员会编 第142—145页

西藏地方政府从印度政府购买军火情况

雪康·索朗达吉

过去我被西藏地方政府委任为帕里宗本,铁虎年(1950年)2月20日左右,收到噶厦的命令称:“政府已从印度政府买妥一批军火，命你于藏历3月1日准时亲赴锡金接收。到彼后与锡金总督大臣海叶商讨运藏事宜。你须立即组筹运出，途中不得丢失、损坏和延误。按惯例从锡金至亚东的运费英镑1万元，已由噶伦堡的拉萨商人察珠仓之子汇兑彼处，到时前往领取。（武器）运到亚东之后，立即移交给亚东总管邦达仓的代理人负责运送。有关向江孜运送之事宜已给亚东总管代理人另有指令。给你所派的两名助理是由上下亚东各遣一名小头人，此事请与亚东总管面商”。据此，我于藏历2月27日离开帕里，3月2日抵达锡金。3日早晨去锡金总督大臣的官邸。向锡金总督大臣呈示噶厦的指令后他说："噶厦已来电通知，将派你来此处，现在你及时到达甚好。军火已从西里古里军营经过印度大吉岭里波昂军营发来此处。大吉岭里波昂军营的负责人于今晚或明日准时到来，一俟他们到达，再讨论决定运藏事宜。有关这件事我给你提几条注意事项：第一，印度政府自始至终对西藏是真心友好和关心帮助的。由于西藏东部有遭赤色侵害之危险，他们便迅速帮助出售这批军火，这纯属我们内部事务，因此，你必须保证严守机密，尤其不得接触新闻记者。第二，目前锡金地区的时局也不太安宁，等这批军火运到后，你得及时接收并尽快运往西藏。否则，若稍有停留，就有遭歹徒抢劫的危险”。我说："保密可以做到。但因一时来不了大批驮运军火的骡马，要成批接受加上时局紧张，我是难以承担的。因此，只能根据雇用的骡马来的多少分批接受，然后运往西藏。对此，请多加关照，给予安排”。海叶说："你估计每周能运出多少件军火？"我说："按噶厦指令要我尽速运送。但商客所雇的骡马和亚东人搞运输的骡马不到的话，我则束手无策毫无办法。不过我的两位亚东助理将有较准确的估计，待我和他们商议后再告诉您”。海叶说："既然如此，你先和他们商议，等军营领导到来之后，再详细研究有关运输事宜”。随后我便返回招待印度办事人员的旅馆。

藏历三月五日午后，我被叫到锡金总督办公室。那里除锡金总督外，还有西里古里和大吉岭里波昂两个军营的两名校级军官、常驻锡金的印度军官格詹古达团长。另外，还有锡金的贵族锡金总督署的阿廷大臣、锡金总督的大秘书、印度政府常驻亚东商务总管等。经西藏地方政府四品官拉耶巴图·索朗多杰翻译，一一介绍那些军官后，便讨论了向西藏运送军火事宜。据亚东的两个小头人估计，每周有可能交接骡马二百匹的驮子，但也没有绝对把握。

因为西藏的牦牛尾巴、羊毛、皮张等运往印度的时间一般是秋季后期，春季藏商的骡马来得很少。因此我说："我希望由于时局的情况，根据来的骡马多少分批交接"。他们又说："既然如此，我们用汽车运送。不过每车需有士兵护送，十多辆汽车一起到这里又无车房，因此，你得租用仓库，每天须支付少量的房子租金和护车士兵的工钱"。我说："噶厦除运费外，并未给我房子租金和护车士兵工钱。所以只能根据所来骡马驮子的数量接收运往西藏，其他事情至于我无能为力"。最后，仍以我的意见定了下来。交接枪支弹药的地点定在离锡金城市以北5英里名叫博哲埃斯谷的地方。该口径火炮62门，各附带炮弹箱；另一类是埃斯占汉步枪，已记不清确切数字，估计约有二百多箱并附带子弹箱。两类共有2400多箱。藏历三月十日左右，由亚东总管的代表转来噶厦的电报和藏文明码簿一本。电令称："你可能已抵达锡金。关于所委工作前已有指令，望军火运藏一事不可延误，尽速运往拉萨。如有特殊情况需要报告时，按所寄藏文电码簿立即向噶厦呈报"。藏历三月十五日左右，我到印度噶伦堡察珠仓之子处提取运费汇兑。当时因宇妥札萨扎西顿珠在噶伦堡医治眼病，我便在他那里住了两天。次日下午3点多，我在午休时，仆人达珍将我叫醒后说："一个外国人问帕里宗堆在不在"。我擦了一把脸准备出来迎接时，来人已进入屋内，他用印度语说："对不起，你是帕里宗堆吗？"我说："是的，你有什么事？"他说："好极了，昨天我去锡金，说你已去噶伦堡了。今天在这里会见你太好了"。和他一起来的有一印度妇女，据她介绍,这位来人是美国常驻加尔各答的商务代表,她自己是商务代表的翻译。随后他翻了一下笔记本后又说:“你是不是帕里宗本雪康公子?”我说:“是的,你们找我有何贵干?”他说:“请不要见怪。我们是属于国际统一阵线组织的。所以我以自己人的角度请问您,听说西藏的昌都一带有严重的赤色恐怖活动。你是西藏政府的官员,能否给我介绍一些这方面的情况?”我说:“我虽是政府方面的人,但目前常驻西藏边境的帕里宗,西藏又没有新闻报纸可看,所以不太清楚有什么情况。各国收音机里讲的,你比我更清楚。这方面倒是有些沸沸扬扬的说法,但详细情况我确实不了解”。他又说:“西藏政府从印度政府购买的军火听说派你来接收。请问军火究竟有多少?”我说:“我只是负责从边境接收驮子的任务,至于枪支弹药有多少,是什么枪支,则一无所知”。他又说:“有多少驮子?”我说:“因我的交接工作刚刚开始,有多少驮还不清楚”。他又说:“那么,这些军火买来是为了防御赤色恐怖的吗?”我说:“这是肯定的”。他说:“既然如此,假如西藏政府向我们美国提出武器援助要求的话,美国政府一定会给予帮助的。您认为如何?”我说:“我相信会援助的。谢谢!但此事只能由政府之间直接商谈,此次我无此任务,故无可奉告”。于是便结束了谈话。此事我亦未向噶厦报告,便从那里返回锡金,继续做向西藏运输武器的工作。因每周来的骡马多少不定,有时不足100头,有时有300头左右。我根据骡马来的数量接收驮子向西藏运送。当时锡金博哲埃斯谷的印兵军营里,大部分士兵都支起帐篷居住。每运到一批枪支弹药,便存放在土洞内,并由士兵守卫。由于时局不安宁,锡金过去英国所拥有的特权现由印度人拥有。至于内政方面,锡金国王有一定的权力,但在1949年锡金民众国大党反对君主制,把锡金王室包围起来,印度政府乘机借口平息锡金骚乱,印度政府代表海宛萨赫率一大批印军士兵将王室接管,在局势未平息前暂由印度军队进行军事管制。一度国大党的领导和锡金萨曼族的扎西哈布一起与国王分庭抗礼，大有将来就实行民主制度与国王进行会谈之势，但实际上只是“鹬蚌相争，渔翁得利”，从此国王的权力大部被印度政府代表海宛萨赫所篡夺。过去锡金地区的锡金王室有自己的卫队50多人。从此以后被大批印度军队所代替，代表海宛萨赫便常驻锡金。我在那里的时候，上述两派经常相互示威游行，制造事端。因此，向西藏运送武器时，不得不警惕防范。藏历四月初，噶厦发来电报称：“昌都一带边界等处情况十分严重，因此，此处各军营已派士兵50多人到江孜印军驻地专门学习大炮的装卸和使用技术。你将军火交接的收尾工作详细交待给可靠代理人后携带一定数量的武器和凭据立即亲赴江孜。有关学员毕业后向各地分配之事，已给江孜总管和二宗堆另去指令”。当时，军火的交接工作虽已基本结束，但由于锡金至亚东之间的那坨拉的道路被洪水冲垮百余处，骡马来往中断。于是我主仆携带少量干粮，从锡金步行3天到达亚东，然后骑马6天才抵江孜。当时江孜商务总管索康堪穷·钦饶旺秋和江孜宗堆诺杰囊巴·阿旺诺布、吉普·彭措次登等遵照噶厦命令，将部分枪支弹药发给士兵正在训练之中。参加专门学习的藏兵来源是来自第一藏兵近卫团和第二、第三、第六藏兵团，士兵共有50多人，上述藏兵们在江孜学习使用武器20多天后，奉噶厦命令，除少数士兵返回拉萨外，其余大部分连同武器一起派往藏东一带和藏北地区驻防（这是后话）。噶厦把士兵们训练的工作已向江孜商务总管和二宗堆详细安排就绪。所以我从他们那里拿到枪支交接凭据后，我的任务就告结束。当时我的妻子在日喀则居住，便把她们接上一同返回了帕里。

《西藏文史资料选辑》第15辑
西藏自治区政协文史资料研究委员会编 第142—150页

回忆国民党政府对西藏政务的管理

孔庆宗

国民党政府对西藏政务管理的情况，就我当时见闻所及和在拉萨亲访所得，分两部分记述如下：

一、西藏第十三辈达赖喇嘛对祖国和英帝国主义的两面态度

西藏地方自第五辈达赖（明清之交）之后，历辈达赖中，唯十三辈达赖为掌握西藏地方政教实权之有力统治者。其在政治上一贯运用两面政策，依违于祖国与英帝国主义之间，以保持其政教各权。他于清末因反对清廷增兵西藏以行"改革藏事"，逃往印度，一变仇英为亲英，想借助英印之势力，重返西藏，恢复其个人原有之地位。一九一二年（民国元年）回到拉萨，在英帝国主义及其豢养的西藏上层亲英派的威胁和包围下，不但西藏地方权益迭损，引起藏人的不满，且几酿成政变；又渐感完全投靠英帝国主义，后患无穷，于是一面设法与祖国恢复一定的关系，以抵制英国侵略势力之控制，保持其统治特权。

一九一八年，他以西藏驻北京的教经堪布缺额为名，主动从三大寺挑选堪布一名，派充北京雍和宫四学殿教经堪布，以试探当时北洋政府对西藏地方的态度。北洋政府对堪布予以善待，达赖闻之欣然。此为达赖喇嘛投向英帝国主义怀抱之后，又有一点内向之转机。一九二一年，他又增派办事堪布敦柱汪结等三人各带徒

众到北京，仍在雍和宫供职，此即其后在国民党政府建立时充任所谓西藏驻京代表人员的前身。次年冬，达赖更派亲信堪布贡觉仲尼到北京，提高其地位，使其充任雍和宫札萨克喇嘛，已有准备相机与北洋政府当局洽谈西藏地方政治问题之意。

一九二三年夏，北洋政府之蒙藏院正式遣派敦杜汪结和巫明远回藏，向达赖通款。是时英帝国主义对藏侵略，益无忌惮，拟在拉萨北郊札什城修建英国常驻人员的公房，激起西藏僧民的反抗，发生殴打英籍工程师的事件。英帝国主义分子又见达赖喇嘛亲英的态度有所改变，大起恐慌，积极策动亲英派头子噶伦兼玛基（藏军总司令）擦绒等上层分子，密谋于一九二四年十月某夜，准备发动政变，推翻达赖喇嘛，另组"清一色"的亲英政权。后阴谋为达赖所察觉，立即革除擦绒的噶伦和玛基官职，降为闲散札萨克，并分别黜其党羽，于是英帝国主义假手其走狗，以攫取西藏之阴谋，遭到沉重打击。

敦杜汪结和巫明远行至中途，闻西藏发生政变，巫明远折回北京报告，敦杜汪结一人回藏，不久重来北京，带有达赖直接上呈北洋政府关于西藏政治及声请他事的正式公文。当时北洋政府的总统为曹锟，正忙于军阀内战，自不注意边事，接着内地就爆发了一九二五年至一九二七年的大革命，后因北洋政府垮台，西藏问题就无形搁置。此为国民党政权尚未建立以前，西藏方面欲与祖国恢复固有关系而未得结果之简单过程。

二、国民党政府首次派员赴藏作试探活动

一九二七年，国民党政府于南京设置蒙藏委员会主管边疆事务。贡觉仲尼在北京住了数年之后，曾回西藏报告内地情况。达赖于一九二九年三月派他和楚臣丹增为代表，携带达赖致南京当局的信函，表明西藏有意内向的态度。原函内容大意如下：自北伐

完成后，中国已有巩固的中央政府，达赖在西藏闻讯，对中央绝对诚意服从。现在第一步即为恢复原来关系，第二步即望国府能与西藏通消息，西藏完全服从国府之命令，此事为西藏之请求，谅国府在此注意边陲之际当能谅允云云。南京当局得此消息，认为这是与西藏地方沟通声气、恢复旧有关系的良机。自是蒙藏委员会以贡觉仲尼为达赖之亲信，邀其到南京面洽，并呈准派贡觉仲尼为“中央特派赴藏慰问专员”，再度回藏，慰问达赖，并备各种礼物及蒋介石亲笔函件交其带给达赖，同时将关于解决藏事应如何商谈各点，综提八个问题，开具八款，一并交其带藏，征询达赖意见，请达赖逐一答复。八款内容如下：

第一款，西藏与中央关系应如何恢复？

第二款，中央对于西藏统治权应如何行使？

第三款，西藏地方自治权如何规定？范围如何？

第四款，达赖、班禅加入中国国民党。

第五款，达赖、班禅在西藏政教上地位与权限一律照旧？抑或另有规定？

第六款，班禅回藏，达赖如何欢迎？中央如何护送？

第七款，达赖是否在京设立办事处以便随时接洽？至于经费，可由中央发给。

第八款，西藏对于中央有无其它要求？

是年十一月七日，贡觉仲尼由南京起程，于一九三〇年一月十六日到达拉萨。及至三月十一日，蒙藏委员会得到当时驻北京的楚臣丹增、巫明远快函报告云：“接贡专员函称：‘抵拉萨时，蒙特别优待，中央此次派员赴藏，西藏官民极为欢忭，西藏问题必得圆满解决’”等语。忆我在拉萨时，一九三九年十二月二十二日，贡觉仲尼来访，谈话中，涉及他昔年充当南京政府代表回藏接洽之事，彼语余曰：“达赖佛有远见，他在与内地声气隔绝十余年中，不断自动派员前来内地，联系政治关系。我奉政府命抵拉萨时，藏政府全体官员出迎,接至罗布林卡(达赖别墅),达赖佛向我起立顶礼接受带交文件,表示尊重政府之诚"。

彼又谓:"当时欧化之辈(指亲英派)为佛爷在罗布林卡建西式洋房一座,落成时,达赖往观,似有悦色,既而下令尽撤之,他说:'民众闻风兴起,效我所为,那么,西藏佛教尚可长保吗?'佛爷又禁穿西装,藏人从无敢穿皮鞋、戴呢帽去拜见他的。他所修建的宫殿,壁上尽绘内地的山水人物。英人赠给达赖汽车一辆,他仅在拉萨试驶一次,即令锁置库房,听其锈损。由此可见,他当初革除亲英分子擦绒辈之职权,是有他的深意的"。贡氏还告我一事:"达赖佛曾突然下令汇款二十万卢比至印度,人问何用,他说,打算赴内地一游"。一九四〇年四月间他见我时又提此事说:"第十三辈达赖有整顿西藏之心,拟先到中央,再回藏改革,将贵族庄田归公,官吏给薪,免除百姓差役,若达赖晚死三年,必有若干成就"。从贡觉仲尼上述谈话可以看出,当时达赖在英帝国主义严重侵逼、政权几遭颠覆的形势下,确有回向祖国的转机。

贡觉仲尼于一九三〇年八月三十日,返抵南京,达赖并加派他为西藏驻京总代表,以便随时接洽藏事。未几,复派原在内地之楚臣丹增等为代表,随同贡氏办事。达赖对南京政府所提八款亦逐条答复,交由贡氏带京复命。当时蒙藏委员会委员长马福祥曾同他去见蒋介石,递交达赖复函及所答八款。蒋将此事交蒙藏委员会负责办理。达赖所答八款的内容原文如下:

第一款,(询问八款见前)。中央能将中藏施主关系照前至诚有信之待遇,而西藏以前原系至诚相见,现在更要竭诚拥护中央;

第二款,西藏政教谋根本安定之法,商洽立约后,必更稳妥;

第三款,从此中藏施主诚意谋西藏安全,其范围自应照旧。若原系西藏地方,刻下未在西藏政权之下者,自应仍归西藏范围,久后必安;

第四款;达赖喇嘛现在年高,加之政教事务渐繁,又因三大寺及上下菊巴(指上下密院——编者注)僧俗官员未经同意之前,不能来京。至班禅现住内地,除札什伦布寺庙宇教务外,素无其它政务可管,自应就近加入国民党,但素无解决藏事之发言权;

第五款,西藏政教向归西藏政府掌治,班禅早在后藏有一庙宇。至札什伦布系第一辈达赖所建修,后一辈达赖到拉萨时,无人掌其庙宇,时选班禅掌管札什伦布,并赠号班禅。后由五辈达赖因屡次师徒关系,将札什伦布给与班禅。若照以前旧规办理,西藏人民无不悦服;

第六款,班禅左右人等造前后藏名目,意在分离,素不遵守藏政府法令,往往以下犯上,思想行为均系恶化。甲辰年,英人到拉萨时,班禅前往印度与英人密谋,不得结果,仍回札什伦布。又辛酉年,班禅联同钦使设法谋夺达赖政教各权,后由三大寺及全藏人民反对,不得已仍回札什伦布。又向班禅应出军粮四分之一,不但任意不交,还作不法行为。彼时若照西藏法律着实解决,焉有现在之事。因思前辈达赖与班禅师徒关系很深,竭力忍让。彼等不但不悔悟,还拥班禅舍札什伦布而逃。当时具函请其回藏,并未容纳,因与库伦共党有谋,便往库伦,因库佛圆寂,方到内地。而此间将札什伦布庙宇,业经派员妥为保护。至左右班禅人等时常挑拨,现在未申明逃奔理由之前,西藏碍难欢迎;

第七款,先设办事处于南京、北平、西康三处,以后若有加添之处,再当陈请;

第八款,为防侵略守土之故,目前只希望中央接济军械,以谋地方安全,如有所需,再当陈请。

三、南京政府再度派员赴藏提出解决藏事的具体意见

贡觉仲尼到达拉萨,原负有代表南京政府回藏接洽藏事的使命,在英帝国主义看来,足证达赖倾向祖国之意已逐渐明朗化,自

不免更加惊惧。遂不惜采取武力恫吓政策,企图压服达赖,从而破坏西藏与祖国原有关系的恢复。适其时尼泊尔与西藏因尼商纳税问题,发生纠纷,英帝国主义遂乘机于一九三〇年一月二十六日嗾使尼泊尔突然派兵大举入藏,全藏震动。达赖深知这是英帝国主义要的讹诈手腕,尼泊尔小题大作,讨好英人,其实并无对藏作战以逞大欲的决心,因而亦以政治手腕对付之,不为所慑。

一九四〇年二月间,贡觉仲尼在拉萨对我说:"当英人指使尼军犯藏时,达赖佛极为镇静,不谋于众,独自决策。他用我的名义写一电稿,令我亲送至江孜英政府所设置的电台,以明码拍至南京友人转报此事于政府。他采用这个方式,意在使英籍电员视作要电,密报英国当局,就会发生作用。我即日遵办,后来果收息事之效"云云。对此事蒙藏委员会于当年二月十七日,曾得该会专门委员谢国梁的电报告称:"接贡觉仲尼由江孜来电称:'尼泊尔与西藏因通商事件发生纠纷,尼泊尔于一月二十六日派兵九千进藏,意似嫉忌中藏和好。西藏亦准备抵抗,请转呈中央请示办法,速电复'等语"。是时该会以贡觉仲尼尚在拉萨,政府征询达赖意见之八款,亦不知藏方将如何答复,而尼泊尔突有派兵入藏之举,若政府对此事无适当处理办法,恐将影响南京政府与西藏地方恢复关系之进行。当即密呈政府,决定由蒋介石先电尼、藏制止交兵,同时派员分往尼、藏进行调解。当派该会参事巴文峻为赴尼泊尔专门委员,谢国梁赴西藏。而谢氏所负使命,除调解尼、藏军事纠纷外,更重要的是:送达南京所提解决藏事问题的具体意见于西藏地方当局。由于前由贡觉仲尼带交达赖之八款,南京仅提原则问题,为了便于切实商谈,尚应补提具体意见,此又拟具关于解决西藏问题的意见十一条,经国民党中央政治会议第二百二十次会议决议修正通过,交谢氏带往西藏,当面与达赖接洽。斯时贡觉仲尼尚在拉萨,亦便于交换意见。十一条原文如下:

第一条,中藏应恢复原来密切之关系;

第二条，西藏不得与中国以外之各国发生政治关系；

第三条，西藏与他国旧订之约，得提请国民政府处理；

第四条，达赖应欢迎班禅回藏；

第五条，达赖应将占领西康各县完全交还国民政府；

第六条，西藏外交及军政重大事项，应由国民政府负责办理；

第七条，国民政府承认西藏有完全自治权；

第八条，达赖、班禅在西藏政教上之权利概仍其旧；

第九条，国民政府派专员常川驻藏，达赖、班禅应负保护全责，并予以种种便利；

第十条，西藏得派专员常川驻京，并由国民政府酌给办公费；

第十一条，此次尼、藏交涉，概由国民政府派员秉公处理。

谢国梁于一九三〇年五月带员从南京出发，十一月行抵距拉萨一日程之朗地方，因病身故，以致所携上项条款，未能递交达赖，仍由其随从秘书谭云山带返南京，缴回蒙藏委员会。而贡觉仲尼则亦于同年八月三十日回到南京。国民党政府所提各问，虽已得到达赖之回答；而达赖则迄不知南京当局关于解决藏事的意向。至于尼、藏龃龉问题，自南京出面分电双方制止战争，并派员调解，英帝国主义即觉武力讹诈不易得逞，又怕终露狐狸尾巴，于是改换“花招”，以第三者的姿态出现，从中要“系铃解铃”的勾当，企图掩盖丑恶。随即由英、印政府派出一个所谓委员团赴拉萨，向达赖敷衍，表示斡旋！同时指使尼泊尔自打“收兵锣”，于是无形罢兵。及巴文峻行抵加德满都，尼、藏争端业已和解，遂返南京具报，谓从尼国当局了解到：尼国因商务细故出兵西藏，系受英帝国主义之策动，徒以国小力弱，不得不从，而对中国派员调解，则甚表好感。

四、南京政府初期对藏活动之结局

蒙藏委员会以达赖答复八条，虽首先表示倾向祖国，拥护“中央”,但提出施主关系,藏地范围,对外只求接济军械等事,答非所问;特别对班禅及其所属成见尚深,与南京方面所拟十一条的内容亦相距甚远,即感一时难于解决。适值是年六月十八日西康甘孜县属之大金寺总管与白利村头人因地丁争执,大金寺恃有占驻德格之藏军支持,竟敢以武力攻占白利村,进而击毙西康当局派往调解之川康边防军排长李哲生,扩大了纠纷。十月,达赖发致蒙藏委员会覃电,指责班禅遣桑布喇嘛(译音,或即系指当时班禅驻康办公处派随马成龙团长往甘孜开导大金寺僧之洛桑邓珠而言),怂恿甘孜驻防汉军偏袒白利村,认为此举有碍大局,以示藏军援助大金寺之有理由,不肯休兵。显见达赖对南京已有所不满,意向动摇。南京亦觉达赖这种态度,就是有意把大、白之争,衍成康、藏之战,前线军事既日形紧张,而在达赖所答八款中,又有不承认班禅在商决西藏问题上有发言权的表示。

同时在南京看来,商处这一问题,势不能把一向拥护“中央”之班禅置于局外,认为“中央”和西藏地方间的政治问题,是时尚难顺利进行,遂对达赖答复八款,亦暂不予考虑处理,仅先照其所答第七款准予设立西藏驻京、驻平、驻康三个办事处,以资敷衍。在这种情形下,达赖更不会摆脱英帝国主义之控制和亲英派之包围,遂与南京之关系日见疏远;反而利用南京当局电令康军严守原防,勿启争端的机会,令藏军大力援助大金寺,长驱直入,扩大攻占康地之范围,堵塞了和平商决的道路。

另一方面,班禅为前藏所逼,逃至内地,靠拢祖国,希望得国民党政府以及其他方面的支持,重回后藏。一九三一年五月,班禅到南京,出席所谓“国民会议”,达赖亦派其驻京总代表贡觉仲尼等出席。蒙藏委员会以为可乘此机会调处两方面的意见,因指派该会副委员长王之觉、处长雷格存等五人负责调处。继以当时召开会议的条件尚不成熟,乃同时分函达赖、班禅两方代表,请各以书面提出对于解决藏事之意见,以供研究;并推定负责人员,以俟定期

召集会议,共同商讨。班禅方面即提出《藏事先决问题三项》及《藏事谈判节略十六条》,原文如下:

一、藏事先决问题三项:

第一项,以后凡汉、藏各界人等及班禅需用物品,准许自由出入藏境;

第二项,后藏人民,除后藏正供外,不得有额外苛派等情事;

第三项,前在拉萨监禁之班禅亲属亚西贡古旭即行释放来京。

二、藏事谈判节略:

第一条,解决藏事以恢复中央、西藏间固有之统属关系为原则;

第二条,西藏与任何国家或地方所订条约,凡未经过中央批准者,一概无效;

第三条,前藏、后藏、西康应划清界限,树立界石,永资信守,前后藏以干坝堤为界,前藏、西康以丹达山为界;

第四条,驻康之藏军限期撤退,并早日组织西康省政府;

第五条,前藏政教由达赖主持,后藏政教由班禅主持;

第六条,政府派遣大员二人,分驻前藏、后藏办事;

第七条,西藏军事外交统归中央主持;

第八条,内地与西藏人民往来应绝对自由,不得稍加限制;

第九条,前藏逮捕拘押之后藏官民一律释放;

第十条,前藏没收后藏官民之财产一律发还;

第十一条,班禅未回藏以前,由政府给予相当名义,并指定青海或西康适宜地方驻锡,兼为其徒众居住生活之地点;

第十二条,班禅前往青海或西康时,由政府遴派大员护送,并通知蒙古各盟旗长官及各呼图克图自由欢送;

第十三条,班禅年俸请照前政府规定之每年十万元成案,由中央发给;

第十四条,班禅未回藏以前,由政府按月拨发办公费五万元至回藏之日为止;

第十五条,班禅成立卫队两团,所有饷械等费,在未回藏以前,由政府发给;

第十六条,政府发给班禅无线电机五架,分设各处以通消息,发给长途汽车二十辆,以利交通。

以上班禅所提意见,虽同南京主张较为接近,而达赖方面,则不肯提出任何意见,亦未指定负责商洽人员,且大金寺和白利村的武装冲突,更日渐扩大,于是所谓商洽藏事之进行遂告停顿。此后随着藏军侵康之节节推进,达赖的政治野心大炽;英帝国主义又从中挑拨煽动,企图坐收渔人之利;加以是年"九一八"事变,东北沦陷;南京之敷衍办法,对前后藏、西康各方均已不发生任何作用。特别对英帝国主义的侵藏威胁,更如隔岸观火,无任何应付能力。达赖固已觉投靠南京将不足恃,而又有凭借外力,侵占康区之野心,遂又翻然改图,倒向英方。于是自一九二九年以来,西藏问题似有解决转机之局面,至是不但两相疏远,且形成对立,直至一九三三年二月第十三辈达赖圆寂为止,国民党政权初期的对藏活动,遂以停顿状态而暂告结束。

原载《文史资料选辑》第93辑
文史资料出版社1984年版

国民党特工人员在西藏

常希武(汪藻)

抗日战争爆发前后,国民党政府选派军、政大员入藏,对西藏噶厦政府优礼厚惠,备极关怀。为消除双方隔阂,增进情感,多次与西藏地方噶厦进行会商,谋求改善中央与西藏噶厦政府的关系。但是,西藏噶厦政府缺少诚意,加之受英、印反动派的挑拨、离间、愚弄、利诱，少数亲英分子从中作梗，终于未能取得富有建设性的成果，以致中央与西藏噶厦政府的关系时断时续，未能根本好转。

随着国民党军队在抗日战争中的节节败退，蒋介石迁都重庆。后因日寇发动了太平洋战争，对我国攻势暂缓。根据当时形势发展趋势，国民党政府估计，日寇将北侵兰州，南略南宁，直趋重庆，蒋介石势将退入西康，以西藏为大后方。太平洋战争爆发后，日寇威胁印度，蒋介石应盟国要求，派兵援印。为运输军队物资计，决定修筑康藏公路。但因国民党政府腐败无能，加之推行大汉族主义，得不到藏族人民的支持而未能实现其筑路计划。由于军政势力难以伸入西藏，乃不遗余力地先后多次派遣情报、电讯两系统特务人员，或化装为僧侣，或依附于行商，由青海、西康两地秘密进入拉萨、日喀则、昌都、甘孜、山南等地，刺探、搜集西藏当局政治、军事、经济、文化、宗教等方面的情报；乃至地方风土、人情，尤其关注西藏噶厦政府与英印间之特殊关系，用以储存信息，俾将后在适当时期，控制西藏地方势力，加强对西藏的反动统治。

早在一九四〇年，谭兴沛、麻延龄相继入藏，由于没有配备收发报机，情报传递困难。一九四一年肖崇清入藏，也因人员较少，未能发挥预期作用。军统局为加强西藏情报工作，遂决定派遣第四批情报、电讯人员入藏。

我和胡明春等人入藏的前前后后

一九三七年抗战军兴，我正当血气方刚之年，久怀报国心愿，乃毅然投笔从戎（是时，我在兰州侯府街小学教书）。投考军校未成，再投考“军事委员会训练总监部技术干部人员训练班”（国民党军统局所办）。录取后，赴武昌、汉口两地受训。结业后，去长沙电讯总台实习，期满，被派赴西安站电台、兰州警官学校电台、兰州站电台工作。

一九四一年调八战区电讯总台(后改称兰州支台)任领班兼代书记职务。是年冬,重庆总台来电称:“原派张志清赴西藏建台,该员畏难拒命,现令由兰州支台选派”。兰州支台遵上级命令派我赴藏工作。

当时,我母亲因我远走边疆,极难割舍。为怀念慈母,决定把常希武改名为汪藻(因我母亲姓汪)。此名一直沿用到一九五〇年三月二十八日我被捕入狱前,在西康雅安被我公安人员识破特务身份,才纠正过来。

胡明春,浙江人,曾随吴忠信来过西藏,回内地后,任国民党甘肃省夏河县县长,代理过甘肃省民政厅厅长,为在抗日战争时期,国民党政府以当时抗战形势所划分的第八战区司命长官朱绍良所赏识。一九四一年冬,胡明春偕同乡人蒋剑秋到兰州待命,准备入藏。

一九四二年三月,军统特务头子戴笠到兰州,主持兰州警官学校(即兰州训练班)第三期毕业生典礼。随后在“兰训班”班本部召见胡明春和我面谕:“西藏是边疆重地,现在的战略地位更为重要。藏人中有亲英分子,受英国人的煽动、利用,西藏地区会出现不可收拾的局面。以目前形势来看,在战略上西藏将会成为抗战的大后方。我们做特工的人员,服从纪律是天职,更应牢记委座‘艰苦卓绝’的教诲,到最艰苦的环境中去奋斗!德国的第五纵队是很成功的,你们要学他们的牺牲精神!但是,德国的第五纵队是侵犯别人的国家,损害别国主权,我们则是保卫自己的国土。要整顿好西藏内部,才能防范、遏制英、印势力的入侵。你们是先锋队、必须做好本职工作。江孜是通印交通要道,你们的任务很重要,切勿有负本局期望!”

戴笠批准了胡明春和我拟具的赴藏计划,并从兰州训练班毕业生中遴选了王均、李梦明二人一同赴藏。

全组共五人:组长胡明春,副组长王均,会计蒋剑秋,电台台长汪藻,报务员李梦明。配备两瓦特特工机两部,“二十响”驳壳枪五支,密码本、器材等。

我们在兰州购“马合盛”砖茶五百封,绸缎五十匹先期运到西宁。胡明春为了由青海赴藏时,诸事有所借助,求得朱绍良给马步芳的介绍信(朱、马是干亲),到西宁后,胡明春持函谒见马步芳,马指派他的旧部下卸职团长马宗汉全力协助。

我们到青海塔尔寺,被接待在曲藏嘎瓦寺院里。该寺管家安××(任国民党青海省府参议),甚为热情,诸事殷勤照应,并替我们物色了三名佣人,名呷麻、当柱、香曲,都是喇嘛。我们随即着手购置骑马驮骡,鞍鞯辔头,衣着粮秣,应用杂物。一切齐备后,只等天暖草茂,青商会齐后,即循青藏商道前进。临行前,副组长王均胃病复发,不能成行,留青海原籍养病。马宗汉握手叮咛,嘱我们谨慎行事。并说:“藏人耳长”(意思是消息灵通)。六月初,自塔尔寺出发。商邦中比较熟识的有车进珠、马连元等,还有十四世达赖喇嘛的姨父、母。我们自成一邦,没有化整为零与青商融为一体,实属考虑不周,以致造成了旅途后期的不少麻烦。

在行过约三分之二路程时,有一天,歇宿在一处水草丰茂地区,全体商邦合议,休息一天。这天胡明春与马连元发生口角,并逼讨借款。胡明春盛气凌人,致使内部产生了不和。

阴历八月中秋前后,到达那曲(原名黑河)。大队青商均屯集宗衙附近,一一赴宗,呈献土仪,听候黑河总管帕拉验证放行。却没料到,帕拉总管亲临我们住地,笑容可掬,连道辛苦。并说:“得知中央官员到达,未曾远迎,请原谅!请在此稍事休息,待我行文噶厦,奉到回示后,再以礼相送”。我们拱手称谢,但颇感不妙。第二天,备厚礼专诚进见,并请帕拉总管勿轻信谣言,声明我等纯系来藏经商。帕拉委婉地说:“你们不必过虑,迟早会相送入藏,如果我草率行事,就有失职之嫌。设身处地,你们又当如何!?”接着,帕拉将我们安顿在一家藏民院落里住下。

我与胡明春计议,速函请驻藏办事处协助。十余日后,胡明春接拉萨友人来信:“你等非正式官员,办事处甚感棘手,无能为力”等情。同时,帕拉也暗示我们“不如归去”。

我们合伙计议:现在我们的处境非常困难,犹如失群孤雁,青藏道上,凶多吉少,纵能安全返回,也难以复命。如今只有破斧沉舟,孤注一掷,但必须稳住帕拉。于是,向帕拉坚决表示:我们可以回去,但必须将已运到拉萨的货物进行销售,以充足路费;再者,经过长途跋涉,乘骑羸弱,请求指定牧场,待马匹复壮,即取道康路内返。帕拉欣然应允。

我们便分头准备,我和李梦明、佣人香曲带马匹到宗衙十余里的草场放牧;胡、蒋二人住在帕拉指定的民房中,每日去宗衙与帕拉敷衍,陪他搓麻将,要少赢多输。去宗衙或两人或一人;由每日一往渐至三五日一往,以期逐渐使其利令智昏,蚀却对我之戒心。另一佣人呷麻,往返两地间,互通情况。

我们的准备日渐成熟,帕拉·土丹维登的防范日渐松懈。十二月中旬的一个深更黑夜,我们六人六骑,摸出那曲地界,快马加鞭,两天三夜,赶到拉萨。途中,经过当雄哨卡时,只听得一声断喝“苏日?”(谁个?)接着枪栓咔嚓几声,佩刀铿锵作响。我们十分紧张,五支二十响连发的驳枪机头大张,准备一拼。但也料定守卡哨兵不敢逼近,仍然继续向前飞奔,一举闯过了当雄险关。

行至澎波郭拉山口,天色尚早,我提议就地一宿,纵有追兵也绝不会追到这里。胡明春不肯,偕李梦明、佣人呷麻继续向拉萨前进。我同蒋剑秋、佣人香曲在山口牧民家甜睡一夜,次日缓骑下山;胡明春到色拉寺前来接。就是这样,全组人员安全进入拉萨。一周后,据闻,帕拉在三天后始发觉人去楼空,气急败坏,惊恐不安,连声咒骂“汉人是鬼”。

到拉萨后,胡、蒋住在中医魏筱春家,我和李梦明先在河坝林肖崇清处歇脚。第二天,经张威白出面说项,住进噶厦翻译官马和堂老先生院房(马是噶厦政府官员中唯一的拉萨回族,即现在区政协委员马玉贵的父亲)。

约有七八天,那曲副总官松多·吉增云登来马和堂家找我一叙。松多说:“你们未得噶厦同意,潜行入藏,既不合理,也不体面。现在请你们仍回那曲,等办好公文,再迎请你们来拉,岂不光彩!”我不禁失笑,回答道:“我等纯系来藏经商小民,帕拉总管误信谣言,节外生枝,小题大作;且汉藏一家,情同骨肉,为什么我等不能来拉萨?即或另有他说,亦应通过中央驻藏办事处与我们交涉。何劳贵官员亲来找我。我等去、留,须经我驻藏办事处决定!”

隔数日,松多又来,坚持前说,并用威胁口吻说:“如你等坚不听从,恐有不便!”我勃然作色,答道:“大不了人头落地而已!”马老先生吃惊地说:“阿啧!能这样说吗?!”我说:“直言无妨,我住在老先生处,老先生如有碍难,我等行帐俱在,露宿街头又有何妨!”言毕,径自别去。

我们定居之后,所谓未经噶厦同意,潜行入藏,地方政府拒纳之公案,不了了之。

胡明春去拜会国民党政府驻藏办事处孔庆宗处长,孔对我们被阻那曲,未能尽到声援,表示歉意。

张威白与胡明春是旧交(张威白任交通部拉萨无线电台台长),备席为胡洗尘,我们都应邀前去。颜俊、魏筱春、吴三立等作陪。

我将电台架设好,与重庆总台、兰州支台试通成功,便通知胡明春。发往重庆的第一封电报,是报告因青商告密,我们被西藏地方政府阻挡在那曲的经过,及到拉萨后仍受到注意的情况以及在怀疑未完全消除前,不便去江孜建台等,请求允许在拉萨暂住一段时间,待摸清江孜地区情况后再行前往。复电准请。

拉萨是西藏政、教、文化中心,市面繁荣,生活条件较好,汉人较藏区其他地方多。于是大家都留恋在拉萨。上级一再来电催促,我等均搪塞、支吾,一直拖延到一九四六年。按军统“铁的纪律”规定:组与组、个人与个人之间,严禁发生横的关系。可是我们一到拉萨,就与肖崇清、罗坚等频频接触,违犯了特工人员应守的纪律。胡明春与西藏上层人士的接触,在初期就因身份暴露而受到影响。

河坝林回族马崇智,经常出入索康家,被胡明春组吸收为试用情报员。后,胡又吸收了测候所测候员邓明渊为试用情报员。邓在拉萨小学任教,小学设在办事处二楼,接近驻藏办事处部分官员,可为胡提供一些消息。其次,胡又与汉僧中的大刚法师(该僧未住寺,通过打麻将认识)、碧松、钟善化、孟参等,多有接触。

胡为了掩护特务身份,曾派佣人三次去印度购进零杂货物在拉萨出售,略获盈利。后来,就以商民身份先于"驱汉事件"前三年经印内返。胡走后,该组人员与肖崇清组合并。

胡明春在藏的活动,在后期甚为消沉,主要表现为发往重庆的电报减少。我曾问过他为什么这样?他说:"获取重要情报难。现在噶厦每举行重要会议,决策大事,参与会议的都用笔谈(写在纸上传阅示意),意见一致后,文纸焚毁"。是否如此?我疑信半参。他又解释说:"我们也要注意商邦的经济活动。这次云南商人从印度购进西药、棉纱等物资,运往云南丽江、鹤庆等地,我已上报了。至于在拉萨发生的一般事件,三日后,街谈巷议,已众所周知,大家不过抢先而已,我报与不报,无关紧要。"我从胡明春的言谈、表情中,窥见了他内心的苦衷。

胡自负颇高,与肖崇清、谭兴沛互不相容。对沈宗濂多有訾议,为沈不满。据说,沈曾致函戴笠,谓胡明春在拉不合宜。因而于四六年被戴笠调回。胡明春、蒋剑秋离拉萨时,胡心情沉重,曾对我淡起他在青藏途中偶得一梦,梦境是在荒郊野外,独自搭盖一座高楼,行将完工,突来一不相识之人,将其拆毁。及今思之,果应昔梦。我对他说:"梦幻何足为凭,不必附会多虑"。胡长叹一声对我说:"你我共患难一场,何不同起同落,一同回去"。我对他俩早就耿耿于怀,便不无讥诮地说:"你同剑秋的关系不同寻常。我未奉调令,怎敢擅离职守?!"胡嘿然苦笑,表情十分尴尬。这也算是:来时趾高气扬,去时暗然神伤!

军统特工人员在藏情况

(军统,是军事委员会调查统计局的简称。局长是戴笠。抗日战争胜利后,改为保密局,隶属国防部。四五年底,戴笠乘机失事跌死后,由毛人凤接任局长。)

肖崇清,军统局拉萨直属情报组中校组长,回族,国民党中央军校毕业。于一九四〇年在重庆接受戴笠入藏命令,偕同张知重、罗桑团月、电台台长罗坚到兰州;兰州训练班又选派电讯系第二期毕业生王禄安随同入藏,于一九四一年到达拉萨。肖崇清到拉萨后,先后就地吸收的试用情报员有:河坝林回族马明达、马俊明;还俗喇嘛米霖甫、甘文峰;测候所所长曹巽等人。肖在西藏工作多年,成绩显著,上级曾数电嘉奖,一九四六年奉命回南京参加全国情报站长工作汇报,评列嘉奖第二名,晋级为上校,尔后又返回西藏。

一九四二年、一九四四年,胡明春、侯国柱相继入藏,均未遵照上级指示分赴江孜、日喀则建点建台。三组均聚簇拉萨一隅,各自为政,不仅浪费人力物力,工作也难以开展。肖崇清在南京将这一情况向上级作了详尽汇报后拟具建站计划,蒙批准。四六年肖自南京返回拉萨后,即着手建站。将三个直属情报组(拉萨、江孜、日喀则组)合并扩建为国防部保密局拉萨情报站。增建情报网、点,由他统一指挥。

拉萨情报站:站长肖崇清,副站长谭兴沛,编审张知重(张走后由甘文峰任编审),情报员曹巽、米霖甫、马明达、马俊明、颜俊、项怀楚(即徐建彰)等人。

日喀则组:组长侯国柱、情报员叶生辉、电台报务员王禄安。

山南组:组长麻延龄,情报员赵冠南、电台报务员郭永业(即郭建一)。

昌都组:组长左仁极(原系驻藏办事处驻昌都专员),电台报务员李梦明(四七年由拉萨派去)。

按当时三个情报组人员肖尚觉欠缺须补充,以俟在南京待命的杨佐等人入藏后再行安排。(后因国内形势骤变,该组人员未能入藏。)

拉萨支台(由原来的三个直属组台合并):支台长罗坚,书记汪藻,译电员×××。

西藏境内的分台(日喀则、山南、昌都等台),在业务上统归拉萨情报站支台领导,器材由支台负责。支台除联络重庆总台、兰州支台、昌都、山南、日喀则和原建在德格的分台外,还联络印、尼、藏边境的两个台。但与该二个台一直未联络上。

肖崇清的建站工作顺利完成后,他个人的内调准备工作也利用往南京受嘉奖时机,打好基础。于一九四八年初,和张知重一同回南京另谋高就。

肖、张回到南京后,有信寄来。肖劝我“及早抽身,不要做时代的牺牲者”。张的来信中也说:“国军疲于奔命,大局堪忧!”

军统局驻拉萨情报站头子肖崇清,机警干练,心狠手辣。有以下事实为证:罗桑团月,巴塘藏族,原是肖崇清组情报员,后因事调回重庆。一九四七年二次奉命入藏,率军令部二厅电台台长周铭、报务员曾天才经由康路到拉萨后,扬言这次回来要取代肖崇清的职位,散布了一些不利于肖崇清的言论,肖、罗矛盾十分尖锐。肖报告上级,谓罗桑团月有叛变组织、出卖团体的危险行动。至于上级是否有指示令肖制裁,难以获悉。然而,一九四七年藏历十一月二十五日燃灯节晚巳罗桑团月赴江新西家作客,深夜回家途中,被肖崇清预先买嘱的青海省籍土著人(姓名已忘记)追踪赶上,用左轮手枪,连发两弹,将罗桑团月击毙在贡桑则大门前。肖崇清原答应事成酬付刺客藏银一千两,但只付给了五百两,刺客甚是不满,事后泄露出行凶时的情景。他说:“当罗桑团月倒下时,大路上有数骑驰过,我心惊胆战,将身子紧贴在后墙上。”当时在拉萨的其他青海人如王禄安等,均知道底细。

谭兴沛,湖南人,原在交通部无线电台供职,后调班禅行辕任电台主任,甘孜事件后(一九三七年班禅回藏被阻事),化装喇嘛同电台技工颜俊从玉树来到拉萨,在拉萨无线电台工作。一九四三年年底,张威白内调,接任台长。到一九四五年席裕翼接任他的职务前,虽然归肖崇清组节制,但抱着不即不离的态度。当时,拉萨无线电台每月收入有盈余,一般人估计,谭兴沛个人收入比之国民党政府驻美大使顾维钧的薪金不相上下。一九四八年他接肖崇清的职位任站长。拉萨情报站经费充足,按期汇兑。谭兴沛先任台长,后任站长,左右逢源,名利兼收。“驱汉事件”发生后,到噶伦堡与云南商家“铸记”号结账,存款达八万卢比之多。

侯国柱组,于一九四四年入藏,共四人,赵冠南、叶生辉、郭永业,均系青海省人,也都是兰州训练班的毕业生,是青一色特务班子。侯国柱与十四世达赖喇嘛的姐夫黄国桢有较深厚的关系,在青海商人中也有不少熟人,除此以外,与其他阶层人接触较少,活动范围不大。侯国柱曾三上热振寺。据闻,他曾得到热振活佛的接待,侯建议热振“应重行摄政,中央定会支持,必要可派飞机来接应”。后又听说侯行止不机密,为噶厦侦悉。如果确有此事,热振活佛被害,也是重要因素之一。热振活佛倾向中央,希望汉藏和睦相处,侯与热振活佛接触,也是情理中之事。但客观条件既未具备,侯国柱也言过其实,结果是成事不足,败事有余,所谓画虎不成反类犬!

综上所记,自一九四〇年到一九四四年,军统局先后直接派遣到西藏的特工人员共有十五人之多,在当地吸收的试用情报人员(凡非军统局培养直接派出的人员,在短期间内,一律定为试用情报员)在十人以上。

军令部二厅特工人员在藏情况

吴三立,广东人,军令部二厅派到拉萨的情报员,公开身份是驻藏办事处科员。由于经费拮据,始终是单线活动。上报的情报,拉萨无线电台拍发,虽减半付费,也难以负担。曾商得胡明春和电台台长汪藻的同意,代发过十几封电报,付过电料费藏银六百两。但终非长久之计,且拖家带口,处处捉襟见肘,无法打开局面。三十六计,走为上计。于一九四三年随孔庆宗取道康路内返。将上司交予的一付沉重担子,卸在了颜俊的肩上。

颜俊,湖南人,原是国民党政府交通部电台技工,后派任班禅行辕电台技工,与班禅行辕电台主任谭兴沛既是同一部门的,又是同一单位的同事。“甘孜事变”后,在一九四〇年化装为喇嘛与谭兴沛结伴入藏到拉萨,任电台技工。此人乐于助人,待人宽和,给人的印象较好,被称为“老佛爷”。接任了吴三立的驻拉萨情报员的职务后,虽勉力以赴,仍不免受到上级的电斥:“来电封封,尽属废纸张张”,后卒被撤销。不久又为裙带亲罗坚,老同事谭兴沛提携,跨身跻入国防部保密局(抗日战争胜利后,国民党政府由重庆还都南京,戴笠丧命,军统局改组为国防部保密局)拉萨情报站充当情报员。原军统人员大为不满,语多讥笑,“老佛爷东西碰壁,到头来依样葫芦。”

项怀楚,原名徐建彰,浙江人,圣约翰大学(抗战前美国在沪所办的教会大学)毕业。曾经是国民党四大家族之一的孔祥熙财团经营的一家国外公司的职员,因走私一案被通缉,由印度加尔各答潜逃到印、藏边境,化装为喇嘛,潜伏一段时期后进入拉萨,不知怎地住在桑珠颇章家,人称“假格西”。不久,改着汉装,与一西康籍女人同居。结织颜俊后,颜将他介绍到拉萨小学教英文课(陈锡璋遗著:“项怀楚为颜俊的电务员”,有误)。项怀楚为报知遇之恩,替颜俊效劳过一段时间。后来,与颜俊同为国民党国防部保密局拉萨情报站试用情报员。“驱汉事件”发生后,携其西康女人同赴印度加尔各答定居经商。因略有积蓄,佣人图财,将其及同居人一并杀死,项的老母、原配妻子及其子女和亲戚由浙江到重庆,等候多年,希望与徐活着见一面,结果,终成泡影。正是:可怜加城逆旅骨,竟是春归梦里人。贺丹增,西康人,军令部二厅派驻青海玉树的中校情报组长,以后又到甘孜。一九四八年携其家小到拉萨,在八角街开设两间门面的商店维持生活。周铭、曾天才虽配属在他组,但因周铭的电台始终没有与重庆的军令部总台联系上,当然也就无事可为。

江新西,巴塘藏族,在中央军事学校受过军事教育,又是陆大八期毕业生。是军令部派驻拉萨的上校情报组组长,于一九四五年年底到拉萨。电台台长谭熹是他的搭档。西藏三大寺中有职权的喇嘛,如堪布,堪布管家,有不少人是西康藏族,江新西都能与他们交结。哲蚌寺的“甘丹赤巴”在西藏宗教界中颇有名望,是江的同乡人,在经济上也曾资助过江新西。佛公(十四世达赖喇嘛的父亲)的女婿黄国桢,桑珠颇章的岳丈邦达昌,都与江新西有良好关系。江通过这些人,也不难与西藏上层人物交往。

江镇西(即洛桑群培是江的二弟)、闵志成(即平措旺杰)、春载阳、马成文等人,或亲、或友、或同乡里,均环绕在江新西周围。江新西占天时、地理、人和之便,应该大有一番作为。然而由于来头大(要在拉萨成立军令部驻西藏参谋联络处),不合时机,遭人嫉妒,受人钳制。尔后,经费中断,活动大受限制。江新西处在这种困境中,牢骚满腹,对国民党二厅极为不满。“穷则变,变则通。”江新西有另谋出路的打算。因局势变化,环境所限,而未能如愿以偿。由他所集股经营的“圣城餐厅”,其组成人员,除二厅的谭熹、周铭、贺丹增等人外,其他人都是他的巴塘同乡、亲友。从这里可以看出一点苗头。后来,周铭在原西康省雅安公安厅管训队学习时，暴露了一点“拉萨圣城餐厅”的组成，有它重要的作用。

欧阳鸷、郝锡文于一九四九年来拉萨。未曾“登台”表演，东方已现曙光，只得消声匿迹。

邢肃芝，江苏人，原是哲蚌寺一名汉僧，法名碧松。曾去过日喀则、萨迦等地朝佛，了解到一些人文、地貌和历史变革。山南地区一个名叫“野人山地”（神山名），每逢猴年，各地善男信女，络绎于途，前去朝山（扎日山）。这是该地传统的宗教活动之一，届时，噶厦政府要预先派人去到扎日山与珞巴人联系。碧松于一九四四年随同大批佛门子弟也去朝山。这就为他后来自吹为“西藏史地专家”凑了一点“政治资本”。

碧松原是哲蚌一年轻喇嘛，与军令部二厅特务颜俊、吴三立关系密切，是否为彼等收罗利用，难以断言。但后在南京与朱家骅挂上了钩，这就成为一个货真价实的准特务了。

一九四五年沈宗濂来到拉萨，善于钻营的碧松岂肯错过机会，他恳求沈宗濂写了一封介绍信，亲赴南京觐见了蒋介石。他回来说他同蒋介石会面的情况：“见蒋畅谈了十五分钟，我以‘我之所以青年出家，备受辛苦，缘为有志于边疆，非亲历其境，行、知结合，方能备他日为党国效力’而应对总统垂询。”蒙赞许，批准，资助卢比一万（当时约折合黄金三十余两）。

一登权门，身价十倍。教育部委之以国立拉萨小学校长之职；蒙藏委员会授以驻藏办事处专员职称。于是正式还俗，在内地结婚，扶掖新婚娇妻于一九四六年初冬来到拉萨，走马上任。

一九八三年八月一日世于拉萨。

《西藏文史资料选辑》第3辑
西藏自治区政协文史资料研究委员会编 第45—58页

十三世达赖喇嘛圆寂后的西藏政局

李苏·晋美旺秋

二十世纪四十年代，江孜总商务堪穷洛桑次旺曾在日喀则担任文字调查工作。那时他对我谈到十三世达赖喇嘛圆寂后的西藏政局问题，以及班禅和达赖二位大师的关系情况。他正着手记述这段历史，我当时也曾协助他抄写过。现仅据记忆作一番回顾。

一九三三年（藏历水鸡年）十月三十日，十三世达赖喇嘛五十八岁时患病，噶厦对此密而不宣。当骤然传出达赖喇嘛圆寂的噩耗后，全藏人民悲痛已极，发出“众生无所归依”的哀叹！

当时，红极一时的达赖喇嘛的亲信侍臣——土丹贡培和司伦尧西朗堆·贡嘎旺秋、孜本龙夏·多吉次杰等享有盛名的权贵们，各有其自己的一伙党羽。他们因争夺权势而勾心斗角，相互倾轧。全藏人民对当时动荡不安的政局，忧心忡忡。那些权贵们则趁机宣扬己见，以扩大自己的影响，而其政敌们也针锋相对地制造各种舆论加以攻击，以期达到捞取政治资本的目的。那时公众则要求当局在布达拉宫的观音菩萨面前举行占卜打卦以求神圣显示，占卜结果，请刚刚年满二十三岁的热振呼土克图出任摄政王，并由在政司伦尧西朗堆·贡嘎旺秋为助理摄政。随后，热振活佛命贡嘎旺秋辞职，由他一人独揽政务。几年之后，不知什么缘故，热振活佛本人，也要求辞职，推荐其原有师徒关系的小人物——达扎活佛接任摄政，得到“春都杰错”（即西藏的最高权力机关——扩大会议）的批准。随着时间的推移，热振和达扎之间出现了龃龉，以致发展成与热振的最初愿望相反的结果。由于他二人的矛盾激化，最后导致了西藏近代史上热、达事件之悲剧。在这之前，凡侍臣土丹贡培一伙人尽遭打击，龙夏·多吉次杰一伙的密谋亦同样暴露，致使整个西藏政局趋于更加动荡之中。

本文从十三世达赖喇嘛土丹嘉错圆寂之后，热振活佛掌管西藏政权谈起。

藏历水鸡年（即一九三三年）十月三十日至木猪年元月九日将近两个多月时间内，以司伦朗堆·贡嘎旺秋和噶伦喇嘛格顿曲杰、噶伦赤门·洛布旺杰（别名洛布旺庆）、噶伦朗穷娃等人共同执政，围绕着因达赖喇嘛圆寂，是否需要一位摄政王来掌管政教大业，私下进行争论，同时也在"春都杰错"进行酝酿。有人提出：达赖喇嘛在世就有可信任、受器重的人（指的是坚赛·土丹贡培）。还有人提议：有在政司伦尧西朗堆，再加上两位僧俗官员为助理司伦便可。另外一种意见是（这也是多数人的意见）：以往曾有先例，那就是委派一位大活佛出任摄政，同时仍请司伦尧西朗堆为摄政助理，这是最上策。为此，各派别之间争执不休。

对于多数人的意见，以原达赖喇嘛的亲信侍臣土丹贡培为一方的坚赞·索朗杰布在扩大会议上讽刺地说："把一个无所知的小小喇嘛置于最高宝座，再由一位老喇嘛强佐钦布（大管家、掌实权者），坐在一侧，吸着鼻烟操纵，如此而已。"这席讽刺话充分表明发言者抬高自己，打击别人，试图谋求达到自己的宿愿。但多数占上风的意见是赞同按惯例，通过宗教仪式筛选请封一位大活佛为摄政王，主持政务，并这样决定了。于是，噶伦等若干大臣便依据大会精神，恭请热振活佛上台执政。热振活佛却婉言谢绝了，因为，十三世达赖喇嘛在圆寂前，曾趋驾热振寺庙朝圣，赐给热振活佛一本白度母女神卜卦册，还向他郑重嘱咐：要以此卦册作为今后观察善恶取舍的借鉴，还要善积功德。

热振寺庙中的柏树丛林，是全藏很有名的园林，达赖喇嘛同热振活佛一起在柏树中散步谈心时，达赖喇嘛亲自精选了一株柏树，作为自己圆寂以后处理遗体的主要材料，并在树身上作了标记。

从那时起,热振拉章的老随员中便流传说:我家的活佛很可能任达赖喇嘛的近身侍读者;又有一些学识渊博的老喇嘛说:现在达赖喇嘛将临高寿,他对我家活佛寄托无比期望,尔后说不定要封为摄政王。一旦如此,可千万承诺不得。回顾西藏历史,凡任过摄政王的,如丹杰林德莫活佛和策墨林活佛均惨遭伤害,我寺上辈活佛也遭到意外迫害,在十九世纪中叶,三世热振活佛阿旺益西·次臣嘉错在担任摄政王时,于一八六二年(藏历水狗年),因哲蚌寺布施一事发生问题而引起的骚乱,被迫携带噶厦印鉴,潜逃到祖国内地,当时,由噶伦扎西康沙陪同,这是众所周知的事。

长辈们经常提到噶厦政府的官员们,都是一伙寡廉鲜耻的家伙,特别提请热振活佛的父亲平措占堆,万万不可轻允(平措占堆于一九三三年十一月逝世),热振活佛本人和其拉章的所有人员也均不肯让热振活佛承担摄政。这样,“春都杰错”只得采取变通的办法:先提出候选人(热振被内定为候选人之一),然后占卦求神作最后决定。

当热振活佛正在热振寺格音林修行之际,其拉章强佐扎萨·江阳格列上函禀道:“听说,活佛已被决定为摄政候选人了,我们深感震惊!我家活佛历来不适出任摄政王。为此,我们在这里念经祈祷,切勿使活佛选入;也请佛爷您诵经祈祷,祈求免选”(这封信是一九四七年热振被捕时搜查出来的)。可见热振拉章的强佐扎萨·江阳格列很有预见性,这是他总结了历史教训提出的警告。所以他才没有在一九四七年的“热振事件”中被株连。有格言云:“君子有学,善于取舍”。这位老人家正直稳重,学识渊博,能分清善恶,是一位有名望的人。

卦前,被提名为摄政王候选人的有:甘丹赤巴米娘·益西旺堆、热振呼土克图土丹江白益西丹巴坚赞、经师普觉活佛土旦江巴次臣等三人在布达拉宫观音菩萨前举行宗教仪式。由司伦、噶伦、基巧堪布、仲译钦波、孜本以及若干会议代表等主持仪式,先由甘丹赤苏·江巴曲扎祈祷祝愿,以求灵验。结果卜定由热振活佛出任摄政王。于是,由司伦尧西朗堆、噶厦和全体会议代表们向热振活佛面陈上述占卜选中结果。热振才不得不承应下来,决定选好吉日,于一九三四年(藏历木狗年)元月十日坐床执政,同时,决定在政司伦朗堆为助理摄政。

按西藏的惯例,甘丹赤苏·江白曲扎为当然的候选人。他博学多才,在社会上享有盛誉。但他却自动放弃了候选权利。有成语云:“公推领袖,顺利幸福”。在热振活佛摄政的七年间,由于施政有方,所以边塞安宁,境内太平;农、牧业连年增收,粮食、肉类、酥油等主要生活资料,价格便宜稳定。如:在日喀则地区,一克青稞约二十市斤,售价藏银五两;一克酥油(折合七市两)售价藏银十五两;一付全羊肉售价藏银十两。在拉萨,一克青稞,售价藏银十两。前、后藏人民安居乐业,广大人民群众都一致爱戴、敬重热振活佛,赞颂他是“有福有德之藏王”。

热振活佛执政伊始,就亲自督建十三世达赖喇嘛的灵塔。其工程规模之宏伟,前所未有;工艺美术之精巧,也是唯一的。这座灵塔共耗用纯金 18870 两,费时将近两年。这是自五世达赖喇嘛以来的八座灵塔中结构形式最佳的一座。它由很多钻石、珠宝装缀而成,光彩夺目,瑰丽无比。

十三世达赖喇嘛在世时,在国民党政府的首都南京设有西藏地方政府驻京办事处,他圆寂后,国民党中央政府特派以黄慕松为首的代表团前来拉萨致祭。据嘎雪·曲杰尼玛说,为加强汉藏民族团结,我们不顾英国的阻挠,经双方协商,决定在拉萨建立国民党中央政府驻藏办事处、电台、测候所等机构。

为寻找十三世达赖喇嘛转世灵童,热振活佛同噶伦赤门·罗布旺杰、堪仲然巴、土登贡庆等人,亲临山南等地祈祷,并专程去到曲柯杰湖畔面湖诵经祝愿。当知悉十四世达赖喇嘛已转世到青海省马步芳统治境内,虽因路途遥远,迎请转世灵童需要耗费大量人力、物力和财力，但是，摄政王热振活佛仍竭尽全力，克服了种种困难，迎请转世灵童安然到来。下面是寻找、迎请十四世达赖喇嘛转世灵童的经过：

一九三四年（藏历木猪年），色拉寺格乌昌大汗活佛阿旺孟朗和凯墨·索朗旺堆、孜仲喀绕登增（名叫"江阳吉"，后任基巧堪布）等人，专程前往青海寻找达赖灵童时，九世班禅活佛洛桑土登·曲吉尼玛·格列朗杰白桑布正在玉树。寻找达赖灵童的成员觐见了班禅大师，并向他面呈热振活佛、噶厦政府的致敬函和关于寻找灵童，请求给予卜卦、协助保佑的报告书。当时是按照政府和堪厅之间的仪礼相见的。班禅大师作了亲切的指示，并在他自己的卧室里单独接见格乌昌活佛，向他面授了寻找灵童的重要细节，对于达赖转世灵童的出生地的山川地形和环境都逐一作了指示。

格乌昌活佛常常谈到班禅大师的巍巍宏德，情不自禁地滚出热泪。谈到噶厦政府和堪厅之间的矛盾和隔阂，则说都是极少数为谋求私利搞阴谋诡计的人造成的，实际上两位大师都怀的是一颗菩提之心。

至于寻找和选定以及最后迎请等，是经历了很多艰难曲折的。九世班禅活佛在青海用数年的时间，按照宗教惯例，通过求神卜卦和详细的考查，终于在西宁附近的塔尔寺的强巴林寺临近处的村落达仔乡，找到了一户人家，家中阿爸名叫曲穷次仁，阿妈名叫索朗错尼，这家人于一九三五年五月五日生下一个婴儿，取名拉莫顿珠（十四世达赖喇嘛最初的名字）。班禅活佛认为：他是完全可以确信的达赖喇嘛灵童。但是，对外只是说先将该"灵童"迎请到拉萨，然后再卜卦确认真假。尽管如此，马步芳也还是勒索"达赖赎金"大洋四十万元，先付二十万元，派松多·杰增云登负责办理（后封来村巴的官职），由当时在印度经商的青海回族商人经手，折合成卢比汇出。待付之二十万元，则以孜仲·洛桑次旺作为人质抵押，将他羁留青海。后因他设法逃回，欠款也就不了了之。洛桑次旺后任江孜总商务堪穷和噶厦驻噶伦堡仁细商务代表。

一九三九年(藏历木兔年),四岁的达赖喇嘛转世灵童,由格乌昌活佛等人陪伴和他的父母亲一同进藏。噶厦政府派遣以噶伦本雪·次旦多吉为首的僧俗官员以及司膳等人,专程前往那曲迎接。紧接着,热振摄政王也亲自率众前往当雄乌麻扎西唐迎接,他首先将十四世达赖灵童迎请到热振寺歇息,再依次经澎波、吉雪日加桑旦、岗堆古唐来到拉萨。

八月二十四日,噶厦全体僧俗官员、三大寺喇嘛、西藏各地大小寺庙的僧侣、藏军各兵营均列队夹道迎接,人民群众,盛装歌舞,迎请神童降临。僧俗人民都以最崇高的宗教礼仪,举行最隆重的欢迎仪式。又到大昭寺朝拜佛祖释迦牟尼像。后,将神童迎接到罗布林卡的格桑宫。

热振活佛应噶厦政府和“春都杰错”的请求,于一九三五年十月十三日,身穿袈裟,头戴尖顶黄冠,在庄严隆重的大典仪式上,敬献十四世达赖喇嘛尊号:达赖喇嘛·吉尊江白·阿旺洛桑·益西登增嘉错·斯松旺久·宗巴米巴·德白桑布。并亲自领诵达赖喇嘛“长寿永生”的祝词,以示衷心祝愿。

一九四〇年(藏历铁龙年元月十四日),噶厦择黄道吉日在布达拉宫大殿中举行盛大的庆贺宴会,大殿里摆着各种精美供品。十四世达赖喇嘛端坐在由五个无畏大狮子伏驮的黄金宝座上,全体僧俗官员、全体喇嘛在宝座前面向十四世达赖喇嘛叩拜祝福。印度、尼泊尔和不丹等国的驻藏代表也前来庆贺。这一天,全西藏的僧俗人民都穿着节日的盛装;寺庙和居民屋顶上都竖起经幡,香烟缭绕,诵经祈祷,尽兴欢唱。

南京国民党政府派遣以吴忠信为首的代表团,于一九三九年来藏主持十四世达赖喇嘛坐床大典。

关于九世班禅活佛返藏的问题,据班禅堪厅副官长沙龙·洛桑土登提供的情节是:在一九三二年年底,班禅大师派安钦大喇嘛登增晋美旺秋和堪仲达庆·洛桑坚增等人,携班禅致达赖的亲笔函,经印度于第二年四月到拉萨,晋谒达赖,报告班禅大师愿率员回藏。达赖、噶厦表示欢迎,但提出不能带“汉官汉兵”入藏。事缘一九三一年七月,国民党政府正式册封班禅为“护国宣化广慧大师”,并赐给玉印一枚,册文一本。对此,达赖及噶厦甚为不满,对国民党政府曾提出异议。而拉萨民众对国民党政府派武装护送班禅入藏,也有反感。热振活佛为了不使班禅活佛长期留居他乡,在同噶厦进行磋商后,决定迎请班禅活佛返藏。并向他致函:“班禅活佛尊前,请急速起驾返回,主持扎寺教务,噶厦至诚迎接。”同时电令西藏驻南京办事处官员亲谒呈报,一面派近侍官仁细·噶细娃等人专程前往迎接;一面派信差知照昌都、丁青、那曲各地总管和驻防部队,班禅活佛及其随从经由路站,务必妥善安排,尽礼恭迎。

热振活佛初任摄政王时,尧西朗堆是在政司伦,不久卸任,其原委是这样的:寻找达赖转世灵童及迎请来藏一事,至关重要,但在关键时刻——一九三八年(藏历土虎年)新春,热振活佛突然提出辞职。当时诸噶伦甚感震惊,随即觐见热振活佛恳求:我佛正值英年,政躬无恙,全藏臣民乐享太平;况达赖灵童刚刚选定,正要迎请,恳请我佛以大事为重,在达赖灵童尚未迎进之前,继续执掌政务。如属下有不称职者,请明白示知。经“春都杰错”的代表联名上书:“我等全体僚属保证,忠诚勤奋供职,请我佛收回辞意。”热振活佛回示鉴:于全藏许多内外重大问题,都得经与司伦朗堆磋商,但有时不能聚会,延误工作;甚至在重大问题上存在分歧,不能协调,给处理政务造成很大困难。噶伦们认为:所示是否属实,不详,但摄政王总算有了明显指示。据此,通过“春都杰错”商定,由噶厦提交一份请朗堆辞去司伦职务的公文,呈递司伦朗堆。

一九三八年(藏历土虎年),尧西朗堆·贡嘎旺秋迫于形势,辞去司伦职务。随着他的下野,社会上流传说:热振佛的本意是:以往曾有过若干历任司伦,除我之外,未曾有过“一教二佛”之事。

“醉翁之意”在于热振要一家独揽政权。可是,时隔不久,热振活佛又重新提出辞呈,并推荐达扎活佛接任摄政。社会上又议论纷纷,说:在一九四〇年(藏历铁虎年)的一天,热振对噶厦、基巧堪布、“春都杰错”提出:我经求神占卜,预言有极大凶兆,故请辞政务,应闭门静修。热振甚至公开向噶厦和“春都杰错”索取保证文书;还要“春都杰错”重新封呈蒙文印章一枚(这是掌握的唯一印章)、印鉴一个、批章一个;同时提交一份今后报告公文的式样。还要通令全藏人民一体知照。噶厦、基巧堪布、“春都杰错”等,均迷惑不解其意。且私下议论道:“司伦朗堆已被排斥在外,这下恐怕要轮到我们头上了吧!这且放在一边,目前政教正在兴旺时期,十四世达赖喇嘛未执政前,还是要请热振活佛继续摄政。”于是,噶厦、基巧堪布、“春都杰错”等,又向热振活佛恳求:我们僚属,如有不当之处,请坦率示知;至于为消除不祥征兆,我等愿为之祈祷,祝福消灾。热振表示:我已发誓辞职,决不改变。我已向达赖喇嘛陈明情由,也征得了经师达扎的同意;并当着达扎活佛向达赖喇嘛呈上了辞呈,也请求明令达扎接任摄政。至此,噶厦政府、“春都杰错”代表才前去觐见达扎活佛,恭请接任摄政。

据悉,热振和达扎二位活佛在私下商定:热振活佛在静修期间,请达扎代行摄政三年,到期仍须将政权奉还热振。于是,在藏历铁龙年(一九四〇年)十二月份,热振正式下野。铁蛇年(一九四一年)元月一日,经师达扎·阿旺松绕土多旦巴杰增正式代热振上台执政了。现将达扎活佛上台执政起,到藏历铁虎年(一九五〇年)十月七日止,整整十年执政时期大事记述如下:

1. 一九四二年(藏历水马年)元月十日,达扎活佛在大昭寺释迦牟尼佛尊前,敬献达赖喇嘛为“剃度书家”(佛教学位)。

2. 一九四三年(藏历水羊年),恢复了“西藏外事机构”,委任僧官扎萨土旦曲登和俗官扎萨索康苏巴·旺钦次登(噶伦索康·旺清格来的父亲)二人为总管。此举系所谓恢复十三世达赖喇嘛曾设有的“外事机构”。那时的外事机构负责人是扎萨凯墨·仁钦旺杰和堪钦巴康·格顿平措。

3. 一九四三年(藏历木鸡年),于拉萨仲吉林卡成立英文学校,并通过英国驻锡金总督从印度聘请巴嘎尔为英语教师。后来,因三大寺喇嘛激烈反对而停办。

4. 一九四五年(藏历火狗年),第二次世界大战结束。以所谓向美、英、中国“致敬”,派遣僧官扎萨绒白伦·土旦桑培(别名土旦曲登,后任扎什伦布寺扎萨喇嘛)和俗官扎萨凯墨·索朗旺堆(后任藏军司令)赴南京,同时参加了南京的“国民大会”。

5. 一九四七年(藏历火猪年),派出以台基桑珠颇章·次旺仁增(该员后任噶伦)和堪穷·洛桑旺杰二人为首的西藏代表团出席印度召开的“泛亚洲会议”。

6. 一九四七年(藏历火猪年),派遣所谓西藏商务代表团,以孜本夏格巴·旺秋德典和堪穷强钦·土旦次白、代本索康·拉旺多杰三人赴印、英、美等国活动。

7. 一九四七年(藏历火猪年),爱国活佛热振被达扎集团害死。

8. 一九四九年(藏历土牛年)七月八日,从全藏各地驱逐了国民党政府驻藏办事处和其他机构的工作人员;巴塘籍的平措旺杰等人,也因涉嫌被驱逐出境。

从热振活佛的卸职到达扎执政的始末,我们不难看出其间的症结所在。最初热振、达扎之间,师徒情谊颇重,故而热振活佛在当年请辞摄政王位时,对达扎寄以极大的信赖和期望,深信达扎是唯一能够代行摄政而又能理解自己的人,孰料事物却朝着相反的方向发展,其结果是以怨报德。“人往往把希望寄托于神,其生命却为魔鬼所索”;“虎兔为朋,虎食兔肉”,这谚语已为热振活佛亲身所体验。这就是我个人对达、热间所演的这场悲剧的一孔之见。

本文在撰写过程中,难免有不当之处,恭请各位长辈指教,深表谢意。若有错误和遗漏之处,亦请予以纠正和补充。同时,我在这里衷心地期望凡了解热振和达扎这一事件原委的长辈们都来动手，以各个不同的角度撰写热、达事件的文章，以惠后人。

一九八三年十一月十日(马玉贵译)

《西藏文史资料选辑》第3辑
西藏自治区政协文史资料研究委员会编 第1—10页

我参与"龙夏事件"的经过

拉乌达热·土丹旦达

十三世达赖喇嘛圆寂后，三大寺代表和噶厦僧俗官员会议决定：在十三世达赖喇嘛尚未转世、十四世达赖喇嘛未执政前，特请五世热振·土丹江白益西坚赞活佛出任摄政王，代理达赖喇嘛，掌管西藏政教事务。国民党政府行政院对三大寺的上述请示，于一九三四年一月三十一日复电批准。热振活佛任摄政王，同时委任贡觉朗顿·贡嘎旺秋为助理司伦。当时噶厦的四位噶伦中，赤门·罗布旺杰比较熟悉政情，也了解民情，是个有实力的人物。

土丹贡培、龙夏·多吉次杰两人曾经是十三世达赖喇嘛的亲信，宠臣。对一些重大政事是当然的参与者和决策者。龙夏·多吉次杰又是这次主张改变西藏政事的头面人物。十三世达赖喇嘛在生前的一些施政多有不当，所以西藏僧俗人民对噶厦政府非常不满。十三世达赖圆寂后，这种不满情绪仍未消除。因而，西藏地方政府的政治趋势动荡不定。在这样的历史背景下，以赤门·罗布旺杰为首的噶伦们，势所必然地要采取稳定政情、安抚民心的措施。

那时噶厦对土丹贡培以失职论罪(是因他对达赖喇嘛的病情未及时上报，以致没有得到有效治疗)，被流放到洛渝地区去了。土丹贡培被判流放，龙夏·多吉次杰深为不安，大有祸已临头的恐惧。于是于一九三四年(木狗年)秘密组织政变。其主要成员有管理经书官孜仲·土丹格登(通称公秋)。不期,事败露,政变未遂,龙夏·多吉次杰被司伦朗顿·贡噶旺秋处以挖眼下狱。下面略述我参与这一事件的经过。

按惯例,僧俗官员每天都要到布达拉宫朝会。龙夏·多吉次杰的干员公秋就利用这个机会,经常在官员中散布"将要出现经塔无顶之灾"的预言,和"现在若不着手修建十三世达赖喇嘛灵塔,恐怕会引起意外事故"。他又号召:"为了保全政教宏业万古长青,目前最重要的事是寻访十三世达赖喇嘛的转世灵童。吾辈理应全力效劳。"在他制造的预言和号召影响下,有一部分僧官表示:"理当全力效劳"。于是,每当朝会后,就三三两两地到公秋家议事。他便利用这种机会请官员们在自己已经准备好的誓约上,以所谓"自愿方式"签字。

有一天,我和孜仲江阳墨朗(别名古班久)在散朝后返家途中,碰到公秋。我们一同走到他家门口。公秋邀请进屋用茶。到家中坐定后,公秋说:"关于顺利完成修建灵塔和寻访灵童,以及保全政教万古长青大事,在我们僧官中有堪穷、雪仲,还有普通僧官等四十多名,已在誓约上签了字,请你们过目。如认为合宜,就请在誓约上签个名。我同江阳墨朗同阅了誓约,认为其精神内容和措辞并无隐晦含糊之处,也就答应协助。那誓约上签字的总计已有八十多名。

一天,我们按通知都聚集到公秋家。他宣称:"关于政教事业的问题,现吾等拟呈报请示,大家有什么意见?"又说:"热心公务的俗官,获悉这一情况后,也要求加入。这事在后天大家来时,再聚会商议。"当时,就有些僧官议论:"俗官参与,可能会影响我们的团结,弄不好会出现四分五裂的局面。"第二天,俗官嘉康朗巴(审判官)和米日娃、扎吞巴等也来参加聚会。米日娃发言:"我们是世袭俗官,辈辈安享俸禄,生活无忧无虑,但也有安居不忘危的思想。

现在政教处于如此衰危时刻,本应由我们来承担分忧,既然僧官们一手承担了,我们对此表示感激!我们俗官共有二十三人,今天,没有能够宣布名单。暂以代表身份出席,也不是不可以的。再者,关于政府任免官职一事,我们认为是极端不公平的。例如:一、僧俗官员在任职期间,噶厦规定轮流担任管理糌粑、饲草、柴薪等各项事务,并负责摊派支应。可是我们俗官均有世袭的领地、庄园,一切都有来源。而僧官虽担任助理人员,却两手空空,不好办事,二、掌握政权的四位噶伦中,僧官只有一位。因此,我的意见,拟呈文建议,噶伦名额再增加一位僧官,这样,僧俗双方各有两位噶伦主持政务。"最后他还谈到:目前噶厦政事由噶伦赤门·罗布旺杰一人独断专行,从各方面都表现着极端的不公道。孜仲罗桑扎喜(后来任司伦)发言:"刚才诸位俗官提议,增额一位僧官噶伦。说来别人未必相信,我们僧官中没有那样有才干的人能担当噶伦重任。谢谢各位好意,不必建议。至于噶伦赤门公道与否,我是没有根据的,若你们有什么依据请提出来。"与此同时,许多僧官也表示:"我们的官职是译仓列空(秘书处)直接任免的,与噶厦无关。赤门公道与否,我们提不出根据。如果你们有凭有据,就请你们俗官酌情呈报,我们不介入。"一时议论纷纷。在此情况下,我也凑上去说:"我认为,即使是噶伦赤门不公道,必然会牵扯到热振摄政王,万一触犯了摄政王,如何是好?"公秋说:"我们已进谏过摄政王,禀明了此事。你在这里插此言,万一露出去,发生意外,你承担得起吗?"我无言对答,只好默然。议论仍在继续。最后公秋宣称:"这事是否有必要呈报,待今晚我请教孜仲·旦巴江阳后再作决定。关于赤门噶伦公道与否?与我们无多大相干。"这就无形中形成了三派:即追随公秋者有十五名;反对者有四十多名;中立者有三十多名。三派之间依然各持己见,意见不能统一。

第二天,大家又来聚会。公秋说:"昨晚没有见到旦巴江阳,今晚我再去。明天仍在这里继续开会"。

看来，情况复杂，次日的会上，风险一定不小。我考虑到增加几位信得过的人参加要稳妥点。经孜仲·洛桑格登和孜仲·乃穷土登、增列三人来到我家共同商议，一致同意邀请孜仲·江阳墨朗（古班久）、孜仲·土丹江秋（后来任大秘书长）和学生洛桑次旺共图此事。为了避免人们的注意，我们以玩竹牌为名，相约会聚。并商量好分头参加各小组的会议，探索公秋等人的真实意图。利用年幼人洛桑次旺不为人所注意，可任意去各组刺探情况。

在全体会议上，公秋发言："昨晚请教了孜仲·旦巴江阳，他同意呈报文书。"紧接着他宣读了预先准备好的文书草案。主要内容有三点：一、请准予修建灵塔；二、尽快寻访十三世达赖转世灵童；三、保全政教宏业万古长青。其次还宣布了噶伦赤门许多不公道的事实，以及呈报人的名单（其中也有我的名字）。我们六个人和其他一些僧官私下议论有关赤门的问题，以探索他人的用意。对于上述三点，我们都丝毫未提。学生洛桑次仁把阿旺桑登和土丹旦达二人的名字打了暗记，意予"撤换"。我们六个人当中决定由我去出席会议。考虑到情况错综复杂，难免出事，其余五人隐蔽在共麻林卡附近，并约定若是出事，一听到枪炮声，就一齐奔来探视。我在离家时，也给家中留了纸条，告诉家里人，如不见我返回，就是我可能被暗害了，应立即报告译仓列空。是日，共麻林卡聚集处，在未正式开会前，佣人突然跑来报信，说："司伦朗顿在布达拉宫用望远镜看见了，要我们赶快解散为佳。"于是我们六个人各自从林中返回，其他与会人也从不同的路径返回了。不一会，洛桑格登等来到我家，谈到应该早点揭露他们的阴谋。

我紧随向上呈文的代表们，一同前去噶厦会议厅门口处。当晚我就向赤门少爷恰佐·旺堆晋美通气。赤门少爷恰佐说："此事仁细嘎雪巴已经来报告过了。听说你也参加了这一活动，是否属实？"问得我张口回答不出，很感羞愧。因为别人已先于我向他报告了情况。

几天后,孜本龙夏·多吉次杰被召到摄政王侍卫处。当即宣布除去官服,撤职查办。龙夏·多吉次杰立即从鞋中取出一张纸条吃进口中。侍卫官马上挤压他的面颊,但已吞下肚去,侍卫们从他另一只鞋中又搜出一张纸条,上面写着制伏赤门·罗布旺杰的咒语。自此,龙夏·多吉次杰被管押在布达拉宫夏钦角监狱。另外江金·索朗杰布、嘉康朗巴、米日娃、扎吞巴、藏军警卫营长恰巴少爷·旺庆玉达、祭品官孜仲·喀绕曲培、孜仲·公秋等也被关入监狱。仁细嘎雪巴也被撤职管押在夏钦角监狱中。

尔后,组成了一个审判小组。其成员有:堪仲·喀绕旺秋、藏军司令朗噶娃、拉尼德克娃、孜仲·旦巴江阳等。初审讯时,龙夏·多吉次杰拒不承认。当嘎雪巴出面对质,一一揭发重大问题后,龙夏·多吉次杰才低头认罪。

龙夏·多吉次杰被判处挖掉眼珠的刑法,呈报请示。摄政王热振活佛以违犯“比丘戒律”而未予签书,命司伦朗顿·贡嘎旺秋批示执行。龙夏·多吉次杰被挖掉双眼后,关进“雪”监狱。宣判江金·索朗杰布和恰巴·旺庆玉达、祭品官孜仲·喀绕曲培三人流放到工布地区服支差役。对公秋·土登格桑、嘉康朗巴、米日娃、扎吞巴四人也分别作了流放处理。

译仓列空宣布:曾在公秋家开会在誓约上签名的孜仲,一律宽恕,不咎既往,从轻按级处以罚金。堪穷级各罚四两黄金;孜仲、雪仲、来村巴级各罚二两黄金;普通僧官各罚一两黄金。当时我是御词官来村巴,因而也受到罚二两黄金的处分。我追悔自己参与龙夏事件,罚金事小,可是庸人自扰,落得个不好名声,被载入了西藏史册。

一九八三年十月

《西藏文史资料选辑》第3辑

西藏自治区政协文史资料研究委员会编 第30—35页

西藏从政纪略

陈锡璋

我于一九四四年八月到达拉萨，在国民党政府蒙藏委员会驻藏办事处任职约有五年。现将在藏经历，依照时间先后记述如下。

沈宗濂进藏之原因

一九四四年春，国民党政府委任沈宗濂为驻藏办事处处长。驻藏办事处系蒙藏委员会（以下简称蒙委会）之附属机关，其处长人选例由该会提出。此次蒋介石破例从侍从室中提出沈宗濂来加以任命，有其特殊原因。

（1）自一九四三年来，日本侵略军窜入缅甸。矛头指向印度，印度人心惶惶，不可终日。英国对于印度，向来不许他人染指，此次情势紧急，不得不求助于美。美帝在援助盟邦的前提下，指使蒋介石派兵支援印度，并由美机空运至缅甸、印度边境地带，参加作战。据当时消息，中国军队作战能力，远胜于英、印和美国的军队。同时有消息：印度于必要时，将以我国西藏作为其后退地步。

（2）蒋介石见印度局势动荡，英人态度稍有转变，所以拟就援印之便，乘机修筑康藏公路，便利调遣军队，运输物资，对外可以援助盟邦，对内可以拉回西藏，同时也可安定抗战后方。

（3）原驻藏办事处处长孔庆宗，在藏四年，与原西藏地方政府感情不甚融洽，活动能力亦不甚强，居住边疆日久，对于国内外情势，不免有所隔膜，且与蒋素无关系，当此非常局势，有更换之必要。沈宗濂曾与戴传贤等访问过缅甸和印度，对印度情况亦较熟悉。

沈本人之任命已是打破成例，处中人员，亦可由他推荐蒙委会加以委派。而且沈可不通过蒙委会而直接言事，俨然是一特派大员。所以名义仍为处长而不变更者，是恐怕引起英人和西藏的怀疑，故以处长新旧交替之形式出之。

蒋介石以沈宗濂此行关系重大，曾对沈切嘱：在不与英人抵触的条件下，慎重从事。

我与沈宗濂素无渊源。郭泰祺任外交部部长时，沈宗濂为总务司司长，我们始相识。约在一九四二年，郭泰祺突被免职，蒋介石自兼外交部长，派李维果为总务司长。那时原总务司长沈宗濂，因赴菲律宾查案，陷在香港。李维果到部就职，问谁替郭部长办理移交。当时为首的帮办不敢担任，其余诸人也默不作声，最后我以会计主任自告奋勇，为郭泰祺办了移交。嗣沈宗濂由香港返回重庆，认为我忠实可靠，颇表好感。迨他奉派赴藏，就来约我帮忙，我表示同意。沈将我介绍给蒙委会，派为驻藏办事处主任秘书。

沈宗濂等经印度进入西藏

沈宗濂等一行，决定由重庆乘飞机至印度采购物品，兼作短时间访问，而后进入西藏。应备护照，送英国驻华使馆签证。英帝对于签证护照这样例行手续，亦施展阴谋，与西藏地方政府串通一气，有意为难：(1)英驻重庆使馆坚持要先取得西藏地方政府的同意，而后签证，这是为西藏搞“独立”，制造借口；(2)由西藏地方政府向中央表示，沈处长带进藏人员以少为宜。一唱一和，极尽刁难之能事。兹将送签护照人员列下：

1—2　处长沈宗濂及一仆陈长生。

3—5　主任秘书陈锡璋夫妇及一女。

6　英文秘书柳陞祺。

7—8　科长李有义夫妇。

9—10　医生葛成之夫妇 准备在藏成立医疗所。

11　专员李茂郁　蒙委会职员调处办事。

12　专员李唐晏　中央信托局职员，派往拉萨调查情况能否设行。

13　专员刘毓珙。

14　专员廖鲁芗。

15—16　专员二人，忘其姓名，均系公路局的工程师，派往西藏，准备勘测康藏公路路线。

结果英使馆只签证了护照十二份，是它认为处中办事必需人员；自13号以下专员四人，则以依照西藏地方政府意见，在未得到同意以前，暂缓签证，借口推诿。刘、廖二人迟至一九四五年秋，始得到签证。两工程师事无形取消。

一九四四年四月中旬，沈宗濂、陈长生、柳陞祺、李有义夫妇、葛成之夫妇、李茂郁和李唐晏共九人，由重庆乘飞机赴印度之加尔各答。到加埠后，沈用当时在该地经商的丁武始，采购礼物和各种应用物品。并在噶伦堡租屋一所，先遣李有义、葛成之等前往居住，接运货物。

在加埠购物期间，沈宗濂前往新德里访问，会见印度外交部长卡罗爵士（Sir Olaf Caroe）。谈到西藏，卡罗承认中国有宗主权。再谈到宗主权之定义及宗主权与主权有何不同之处，他约沈一同查阅大英百科全书，检出宗主权之定义，极富伸缩性，看不出与主权有何明显的区别。最后卡罗说："总而言之，当国家实力强大时，宗主权可说是与主权相等，并无分别，否则就另当别论了。"

我将外交部会计事务交代后，于一九四四年五月底由重庆飞加尔各答，与沈宗濂、柳陞祺会齐。六月中旬，我们乘火车至西里古利，换乘汽车至噶伦堡。此时由拉萨出来迎接新处长的李国霖亦到噶伦堡。大家会齐，于七月中旬赴岗多，锡金王设宴招待。即由该地启程入藏，乘骑驮运皆用骡马等畜力，按站而行，每日只上半天走路，下半天住歇，放马野外吃草。其各站名称距离如次：

出发地点	英　里	住宿地点	出发地点	英　里	住宿地点
岗　多	10	达斯迈里	锁　岗	14	江　孜
达斯迈里	12	错　郭	江　孜	16	古　喜
错　郭	12	春丕塘	古　喜	15	热　龙
春丕塘	12	卓　木	热　龙	15	札　拉
卓　木	12	高　物	札　拉	15	浪卡子
高　物	±5	帕　里	浪卡子	12	白　地
帕　里	21	吐　纳	白　地	18	喜马康穷
吐　纳	13	多　金	喜马康穷	10	曲　水
多　金	26	沙马达	曲　水	25	业　塘
沙马达	14	康　马	业　塘	15	拉　萨
康　马	15	锁　岗			

以上共计二十一站。于一九四四年八月六日抵拉萨。

古德追踪而至

沈宗濂到达拉萨后一个多月，印度驻锡金的行政官英国人古德（Sir BasiL Gold，Political officer of Sikkim）追踪而至，到拉萨作友好访问。随同前来的有驻亚东商务代表锡金人索南叨登（Mr. Sonam Doden，Jrade agency，Yatung），还有翻译人等（皆是锡金人），带着大批礼物。

当此时期，日本武力威胁印度，由中国出兵支援，西藏上层集团一些人正在观望。沈宗濂来到拉萨，凭借悠久深厚的历史关系，使西藏与祖国密切联系，英人当然放心不下，所以古德携带厚礼，追踪而至,探察西藏对沈的态度和沈的动静,以及沈有无从藏方得到新的便利,他好援例要求。比如过去黄慕松留刘朴忱参议等常驻拉萨,设立无线电台,当时英人就将驻江孜的商务代表移进拉萨,在代表处中也设立无线电台,即是一例。当时英人驻拉萨的代表是显列夫(Maj. Sheriff)。

驻藏办事处之组织及成员

前清派有驻藏大臣驻扎拉萨,行使主权。民初,十三世达赖由印度回藏,关系断绝。约在一九二九年,十三世达赖遣使至南京,虽云恢复关系,而自命独立自主,不接受中央政令。一九三四年,黄慕松进藏祭吊十三世达赖。事毕内返,留参议刘朴忱及蒋致余常驻拉萨。并设立无线电台,归交通部管辖。关于西藏地方的事务一概不能过问。一九三九至一九四〇年间,吴忠信入藏,主持十四世达赖坐床典礼,事毕,在拉萨设立驻藏办事处,当时刘朴忱已病故,蒋致余调回内地,遂派孔庆宗为处长。对藏关系并未改进,仅能维持关系未断而已。一九四四年,沈宗濂继孔庆宗为处长,其组织及成员如次:

处　　长　沈宗濂

主任秘书　陈锡璋

藏文秘书　李国霖(孔任旧人)

英文秘书　柳陞祺

第一科科长　陈锡璋兼　职掌:总务。

第二科科长　李有义　职掌:政治文教。

第三科科长　左仁极　职掌:调查情报　左系孔任旧人,驻在昌都,未到拉萨。

专员　李茂郁　因人地不宜,于一九四四年十一月内返。

专员　李桂楠　孔任旧人,一九四六年初,随沈宗濂内返。

专员　李唐晏　中央信托局派来调查情况,因见不能开展业务,于一九四五年夏内返。

专员　余敬德　本是旅印华侨,土木工程师,戴传贤介绍沈宗濂用的。

专员　刘毓珙　办理文电稿件及缮写译电等事。

专员　廖鲁芗　职务与刘毓珙同。

医生　葛成之　办理医疗所。

驻藏办事处之任务

驻藏办事处之任务,按照预定计划,主要是:(1)宣扬中央德意,联络感情;(2)沟通文化;(3)勘察康藏公路;(4)设立无线电网;(5)设立医疗所;(6)作电影宣传;(7)探察英人对藏的活动。

沈宗濂到任伊始,首先着重联络感情。开始是演剧三日普遍招待,随后对于贵族行政官员、三大寺和上下两密院的堪布、各个大小活佛,分别访问、宴请、赠送礼物,对三大寺和两密院的僧众发放布施,交际频繁,一时颇为活跃,感情较前确有好转。

关于沟通文化,在热振摄政时代,成立拉萨小学一所,学生以拉萨川邦、回邦的子弟居大多数,间有尼泊尔人,学生最多时达二百人以上。西藏贵族子弟亦有来学者。嗣后达札摄政亲英态度日渐明显,贵族子弟来学者逐渐减少,以至于无。英代表处亦曾援例设一小学,因喇嘛反对外教,旋即停闭。蒙委会有时派遣内地僧人到三大寺学经,发给公费。这种僧人,多半是跟着康藏路上的骡邦混进来的,到了拉萨之后,三大寺中无论进任何一寺,无不收留。

关于勘测康藏公路,自始英国驻重庆使馆对于两工程师的过境护照就未予签证。迨印度局势缓和下来,西藏对祖国的闭关主义又恢复如故,筑路问题无形取消。

无线电台在拉萨设立伊始,即言明西藏地方政府向中央发电免收报费。至于商人,则向印办货者多,均走西藏有线电台;向内地办货者少,且每字收藏银三两,报费过昂。沈宗濂曾建议减低报费,但电台和交通部均抱着自给自足维持现状的主张,未予采纳。

在拉萨设立了医疗所一处,租赁佛公(十四世达赖之父)的房子,每日施诊,来看病者每天在五十人上下,与英代表处医疗所的情状大致相同。

电影宣传,因片子旧,未出有宣传意义的片子,向内地或印度采购片子运进拉萨又甚为困难,因此只放映过几次。

关于探察英人对藏活动,因种种关系,未能派出人去调查。

沈宗濂活动之主要对象

沈宗濂到拉萨后,其活动主要对象是:(1)佛公,(2)摄政,(3)噶伦,(4)孜本,(5)仲译钦波,(6)札萨和台吉,(7)三大寺堪布,(8)活佛。

上述各方面,可将教政各界人员包括无遗,由此纵横交错,可以遍及各个阶层。沈将处务作了一番安排之后,为庆祝国庆,借无线电台地点,演唱京剧三日,备具酒席,普遍招待教政两界人员。英人古德和英人驻拉萨的代表,尼泊尔驻拉萨的代表,亦均在邀请之列。

普遍招待过后,是分别拜访、送礼和宴请。按西藏风俗,登门拜访,必带礼品,不宜空手而去。贵的如古玩玉器、金银器皿,穿的如绸缎丝绒、哔叽氆氇,吃的如鱼翅、海参、茶叶、酥油,用的如收音机、钟表、钢笔、打火机之类,均可作为礼品,各视其人之身份喜尚,酌量赠送。请客宴会,总是整天,即中午面席,下午牛奶甜茶、西式糕点,晚间正式筵席是依照前清传下来的形式,与内地大同小异。西藏贵族官员娴于礼节,善于辞令,貌为恭谨诚恳,而实际圆滑虚伪。喇嘛比较单纯,不过,作到堪布,年事已高,阅历亦深,沉默寡言，与贵族迥然不同。

西藏本是以“教”为上，以“政”为下，宗教势力可以支配政治。惟自民元以后，十三世达赖由印度返回西藏，受了英人的蛊惑，对祖国心怀疑贰，其传统的教政观念，逐渐发生转变。热振摄政时，比较倾向中央。迨达札取得摄政地位，亲英色彩日浓，贵族为保全禄位，亦随之相率亲英。一贯倾向中央的喇嘛，既受达札摄政压制，又受知识比较丰富的贵族之欺蒙和挟持，势力日渐削弱。近年以来，遇有倾向中央，在开会时敢于说话的堪布，辄被排斥，故相率噤若寒蝉。

拉萨社会上身份最高的是佛公，汉姓祁，名祁才郎。此人心直口快，乡土观念极重，真心倾向中央。他是前任摄政热振将十四世达赖和他夫妇一起，从青海接来的，故与热振特别交厚，而对当时的摄政达札则颇为不满。他常说“我是从中央来的，这里待我不好时，我就回中央去”。达札对他甚为猜忌。他对沈宗濂颇为亲近，肯说实话。沈对他亦颇尊敬，但为他个人安全计，形迹上倒不敢十分接近。

札萨阶层中有二人潜力颇大：一为擦绒·达桑占堆，负责工务局（造币、修械），一为老索康（为逃往印度之噶伦索康·旺清格来之父），负责外交局。此二人年事较高，资望较深，经验较丰富，交游也广，亲戚故旧遍布各个阶层，且多占据要津，其潜在势力颇能左右政局。故沈宗濂对此二人特别注意，希望从他们身上能摸索出西藏的政治动向。他们对沈亦抱有相似的心理，所以双方尚称接近。

台吉阶层中资格老的是桑珠颇章，他是第七世达赖的后裔，家道殷富，藏人称他精明强干。他是邦达昌（商务总管，富商）的女婿。平素深居简出，不大和人来往。他与沈宗濂尚属融洽，沈宗濂租赁邦达昌的房子，就是他主持的。但他不满现状，态度消极不谈政治。

其他机关之概况及其与办事处之关系

驻藏办事处之外，尚有以下机关：

(1)交通部无线电台。该电台系由黄慕松设立，原有台长一人，报务员、技工、事务员各一人。一九四七年以后，只有台长和技工各一人。台长席裕翼无党无派，技工颜俊兼作国防二厅特务。业务仅能维持现状。

(2)拉萨小学校。设校时，因恐藏人搅扰，设在办事处二楼，以便维护。校长第一任是王信隆，一九四六年起为邢肃之（中统特务）。事务员一人，教员有十人上下，特务约占半数。

(3)拉萨测候所。该所亦设在办事处内，占屋二间。主任曹巽兼作保密局特务。助理员前为邓明渊，兼作军统特务；后为钟善化。

上述三机关各自对其上级——交通部、教育部和中央气象局直接负责，不受办事处节制。

驻拉萨特务人员

(1)军统头目胡明春，有电务员、助手各一人。

(2)国防部保密局　这邦人的主要分子原属军统，后改归保密局。萧崇清是头目，他原是拉萨回族，生长北京，中央军校毕业。张知重，徐州人，与萧是同学，到拉萨是同事。萧重返拉萨，有他的老亲旧友帮助。他见西藏上层集团不易接近，遂从基层社会活动。拉萨基层社会有三种消息灵通的人，即川邦、回邦和过街娃。

川邦和回邦大部分是前清驻军小官吏及士兵的后裔，在拉萨落户，与土著无异。西藏地方政府于每邦中指定二人，充当保正，替它当差。“过街娃”是藏族平民，形同乞丐，谁家有婚嫁喜庆之事，他们就成群结伙，前去念喜歌，讨赏钱；地方官吏对居民传达命令，征调差役，或施用酷刑，均假这些人之手。

萧崇清有回邦的根底，推而至于川邦和过街娃，自是容易，拉萨地面上公私大小之事，可以知道不少。

一九四七年冬，国防二厅特务罗桑团月在拉萨被人暗杀，汉藏人士均谓萧崇清有重大嫌疑，萧无法立足。一九四八年，保密局将萧崇清和张知重调回南京，萧崇清在拉萨的职务由谭兴沛接任。

（3）国防部二厅　这邦特务，不像保密局有个萧崇清作总头目，他们是各自为政，不相统属，而且互相矛盾。其主要人员是：江新西、谭熹、江镇西、颜俊、罗桑团月、欧阳鸷……。

江新西，巴塘藏族，中央军校学生，又在陆大毕业，在一般特务中，他的资格最老。谭熹，广东人，是江的电务员，但与江不和。江镇西是江新西的胞弟，与其兄出入相随，但他是否经过二厅正式委派，始终不明。以上三人是一九四五年到拉萨的。江新西对他的上级国防二厅不满，常发牢骚，说二厅歧视藏族人。

西藏三大寺喇嘛中，西康藏族人数众多，江新西均可拉拢得上。那时西藏宗教界地位最高的“甘丹赤巴”是西康木桠乡人，江与他相识。其次三大寺堪布，西康人也不少。再次各堪布的管家（为堪布管理财产及经营商务）和“多夺”（寺中打手），均以西康藏族居多数。这些大小喇嘛对教政两界和社会方面均有相当联系。再如邦达昌和桑多昌，亦是资本雄厚、交接西藏贵族的大商家，均与江新西有相当关系。此外江新西租住佛公的房子，收租的是佛公的女婿黄国桢，与江颇为熟识。又如号称通晓内地情况的老索康也与江相识。所以江新西探访消息，不愁没有门路。

颜俊、项怀楚，自成一组，不受江新西节制。颜俊为首，项怀楚为电务员。

罗桑团月，巴塘藏族，从前他曾到南京冒充三大寺代表，蒙委会见其形迹可疑，置之不理，而中央组织部则予以招待。嗣由军统派他到拉萨，在萧崇清部下。萧曾遣他赴噶伦堡做生意，后来发现他账目不清，吞没款项，将他遣回南京，受了惩罚。一九四七年，国防二厅派他为组长，带着组员，由云南前来拉萨。自吹在中央作了大官，并扬言必报萧崇清当年陷害之仇。同年十二月，罗桑团月赴江新西家作客，晚饭后回家，行至中途小巷内，被人用手枪击毙。当时藏人和汉人均认为萧崇清有重大嫌疑。我据此情形报告蒙委会，该会命我秉承国防部意旨办理。这时萧崇清、江新西、颜俊均各有电报告其上级，萧说罗桑团月是被其西藏仇家所害，江、颜则均指明萧崇清嫌疑重大。保密局直接来电给办事处，嘱为"妥善办理"。此事一直纠缠到一九四八年春末，由办事处约人调解，给了罗桑团月的弟弟藏银二万五千两，作为抚恤金，才算了结。

欧阳鸷，东北人，约于一九四九年初来到拉萨。他从前是由黎丹从青海带至拉萨，送入哲蚌寺当喇嘛的，所以通晓西藏语文，与索康·旺清格来、柳霞·土丹塔巴等相识。此次旧地重来，他自称是作私人游历，据说已是少将阶层。旅居拉萨的人一时纷纷揣测，有的说他是来接江新西的手的，有的说他是来统一拉萨特务组织的，有的说是来作办事处长的。因他到来不久，西藏即与国民党断绝政治关系，所以他的目的也无从证实，而以上三说亦均不为无因。我们一班人离藏时，独他未被藏方遣送赴印，仍留住哲蚌寺中。听说直到和平解放西藏时，他始逃往印度之噶伦堡。

(4)中统　邢肃之，镇江人，原在哲蚌寺当喇嘛，法名碧松。一九四五年回重庆，拉拢上陈果夫，一九四六年回拉萨，当上拉萨小学校长。

驻藏办事处组织法中有一条是："对中央驻藏人员有指挥监督之权。"沈宗濂初到拉萨时，在欢迎会上曾经提出。当时胡明春、萧崇清、颜俊（那时江新西尚未到拉萨）等听了，均有反感。会后，他们商量决定：假如沈果真干涉他们的行动，大家一致反抗，秘密工作不能受行政机关之监督指挥。沈宗濂得到此项消息，无可奈何。

庆祝抗日胜利

一九四五年八月十四日，日寇投降，消息传到拉萨，各界人士，尤其是旅藏汉人，奔走相告，欢声雷动。办事处在屋顶升起国旗和纸制万国旗，表示庆祝。仲译钦波·群培土登见了，大为惊异。那时达赖和摄政正在罗布林卡避暑，群培土登骑马跑到那里报告情况，说汉人扯起大旗，不知将有何意外举动，后知是庆祝胜利，方始释然。

当时因我国海运不通，商人办货皆赖驮运。由印度购进的，从拉萨分别由西康和云南两路运入内地；由内地运出的亦复如是，先到拉萨，转运印度。因此拉萨汉商，除原有北京邦外，新增不少云南人，缅甸侨商也来了几家。当时北京邦和云南邦（包括缅甸侨商）一共不下四百余人。一闻胜利消息，大家非常兴奋，认为外患已平，有家可归了。

北京及云南两邦商家倡议，由大家摊钱举行宴会，以表庆祝，参加者甚为踊跃，计有办事处、电台、测候所、小学校及特务人员，北京和云南两邦的商家，及在拉萨落户的川邦、回邦人士。宴会罢后，举行火炬游行，环绕大昭寺一周，夜深始散。

接着由办事处举行公宴，并表演京剧，连续三日，招待西藏人员。主要客人有：佛公全家，司伦全家，四噶伦及其家属，四孜本及其家属，四仲译钦波，各大寺堪布及大小活佛，各札萨、台吉及其家属，各基层机关的主管及其家属。驻拉萨的英国代表及尼泊尔代表，亦均在邀请之列。

沈宗濂建议改进中央与西藏的关系

沈宗濂自到拉萨，目睹西藏地方政府与中央的关系暧昧不明，是一根本的严重问题。他认为：自一九二九年恢复关系以来，中央对西藏迄无明确的方针政策,仅仅有一个驻藏办事处驻在拉萨,西藏有一个驻京代表处驻在南京,至多只能说是走了恢复关系的第一步,时间过了十三四年,现在应当积极准备,相机与西藏地方政府协商改进关系。另一方面,应向英国提出西藏问题,进行交涉,解决两国间的悬案,然后对藏进行工作才有轨道可循。沈认为:欲进行协商和交涉,应先整顿内部,最关重要的是西康一省。西康所处地位及历史关系,对西藏最为密切,影响亦最大。现在西康到西藏邮路尚且不通,连寄一封信都须通过印度,别的事更谈不到。中央应该彻底整顿西康,更换大员,并选拔人才,充实机构,对藏方能有所作为。

沈宗濂本着上述意见,直接致电蒋介石提出建议,侧重在更换西康省主席一点。蒋交戴传贤和陈布雷两人出名回沈一电,大意是主张维持现状,不宜多事更张。电文中有"以无事为大事,无功为大功"之语,沈见后大为愤慨。

迨抗战胜利,沈还希望中央对西藏问题将有所举动,因为这是解决国内外问题的机会。但他不敢再行建议。嗣后听他说:宋子文到伦敦时,曾向英方提出西藏问题,英方以目前国际重大问题急待解决者甚多,无暇顾及此事,轻轻一句,就给挡回来了。

沈宗濂晋京

沈宗濂感觉藏事棘手,亟思早日脱身。他自到拉萨以来,每于公私函电中,说他有心脏病、血压高、失眠、晕眩等症,不宜久居高寒地带,预作遇机运动离藏的地步,一九四五年抗日胜利,国民党决定召开国民大会,沈宗濂见时机已到,极力活动,劝导西藏地方政府派遣代表向中央庆祝胜利,并参加国大会议。

西藏地方政府自十三世达赖以来,一方面拉着中央,一方面拉着英国,自己坐在墙头,看风驶船。闻十三世达赖临终遗言:务须与中央维持相当关系。以后的西藏当政承受衣钵,皆以此项骑墙主义作为大政方针。

一九四五年抗日胜利,决定召开国大会议。西藏为自身计,亟思了解中央情况,以及中央对西藏的方针政策,好作自己的打算,所以对沈宗濂的活动,原则上表示赞同。英印方面,对西藏派遣代表赴中央庆贺胜利,并无异议,但希望不沾染政治意味。结果,西藏地方政府派出两名代表:一为僧官札萨土丹桑培,一为俗官札萨凯墨·索朗旺堆。土丹桑培是拉萨电报局局长,粗通英文,是僧官中之维新人物。凯墨是盐茶局局长,能说汉话,熟悉内地情形。

这里介绍一下嘉洛顿珠。佛公是倾向中央的,前文已经提过。他的长子是塔尔寺的一位活佛,称为"达采仁波其"。第二子即嘉洛顿珠,是一俗人。按照西藏成例,达赖家中俗人,应有一名得封公爵,位列噶伦之上,但无实权,然公爵也可任噶伦。在十四世达赖家庭的男子俗人中,嘉洛顿珠为得封公爵的当然人选,时年方十五六岁。沈宗濂与佛公商妥,遣嘉洛顿珠赴南京求学。于是佛公派其女婿黄国桢陪嘉洛顿珠先期秘密赴印,在那里等候沈宗濂到后同行。沈办此事,极守秘密。

沈宗濂诸事布置就绪,发电报告中央,说明西藏决定派大员二名前往中央庆贺胜利,并参加国大会议,事关重要,应由他陪同照料。旋得复电照准。沈遂于一九四六年元旦,由拉萨启程赴印。西藏代表土丹桑培和凯墨又过了一个多月,方始成行。他们到了印度,与沈宗濂会齐,一同登上飞机。这时西藏代表才知嘉洛顿珠也是乘客之一,是同往南京的。

嘉洛顿珠与西藏代表由印度同飞南京之后,消息传到拉萨,大家方始了然。西藏政界从达札和噶伦等起,对沈之活动均感惊奇。英人则认为这是沈宗濂的政治胜利,以后更应密切注意。

邦达饶嘎事件

邦达饶嘎,西康江卡人,藏族。他是西藏卓木总管邦达养壁(简称邦达昌)之二弟,养壁的机关设在卓木,他本人常住噶伦堡,一面为地方政府办理通商事务，一面自己经商。邦达饶嘎藏文有相当程度，因在拉萨失意，避居印度之噶伦堡，从事写作，与养璧各自为谋。蒙委会聘他为联络员。

一九四六年，沈宗濂与西藏代表飞往南京之后，驻加尔各答总领事馆听到风声，说印度警察局将对邦达饶嘎有所不利，就带信嘱他注意，并提醒他预将所写文稿，凡与印度或西藏有关者，存放于秘密处所，或送存总领事馆，或由该馆置于外交文袋中，寄往南京蒙委会，以免发生意外。饶嘎失于大意，行动迟缓，噶伦堡警局突然往他家中检查，初无所得。据说：饶嘎曾将所写藏文稿件托噶伦堡开照相馆的李之扬代为保存，适于警局检查无获时，李之扬将该项文件一小箱送还饶嘎，遂被噶伦堡警局攫去。闻稿件中有为西藏农民叫苦，主张平均地权的文章，并有印着苏联国旗的其他印刷品。

英、印得到此项稿件，将原稿及印有苏联国旗部分，拍成照片，送与西藏噶厦。英印警察当局对邦达饶嘎并未作何处置，听他自动离印，前往南京。西藏噶厦愚昧无知，以为英印送来的材料当然关系重大，遂给邦达饶嘎加上一个风马牛不相及的罪名，说他是宣传共产主义，企图颠覆西藏政府。

当时我认为这是英人对沈宗濂陪同西藏代表并带嘉洛顿珠进京，必怀嫉恨，借此挑拨离间。当即向在南京的沈宗濂报告，并请其转呈蒙委会，将饶嘎被搜实况及稿件内容通知本处，以便据以向西藏官吏作非正式的解释。后未得答复。

佛公逝世之谜

约在一九四六年，佛公突然病故，我和李国霖前往吊唁，而见佛母，询及病况，佛母只说：“忽然得了急病，医治无效而亡。”此外不再多说，顾左右而言他，我们当时均感觉惊异。见到佛公的女婿黄国桢以及家下人等，提起佛公病况，也都和佛母的回答一样，好像是“讳莫如深”。

佛公五十余岁，身体壮健，一向很少病痛。前文曾经提过，达札摄政对他猜忌。那时年方十三四岁的达赖，对其父素不满意，听说他回转家庭时，常有骑在佛公身上殴打之事，这当然是受了他左右的影响。达赖的首席经师就是达札摄政，首席侍读是赤江活佛，出入必从的贴身服侍是基巧堪布，这个小圈子的人沆瀣一气，包围达赖，朝夕浸润灌注，一个幼年人，思想上当然不能不受到极大的影响。

佛公因出身寒微，爱贪小利，然这是微不足道的问题。主要的是：他倾诚中央，怀念热振，不满达札，又因心直口快，往往于无意中流露出来，这是深中达札摄政之忌的。佛公知识有限，藏语也说不好，不善交际，又无政治眼光和手腕，对于一班当权的贵族，很少联系，以致耳目不灵，完全陷于孤立。

自从热振想恢复摄政职位未成，达札对他日益敌视。佛公地位高崇，心向热振，而又处在排除异己、不择手段的达札小集团掌握之中，尽人皆知，他随时有性命之忧。

佛公死后，过了些时，传说佛公偶有小疾，摄政达札的大管家送来一剂汤药，他服后就死了。因他家中始终守口如瓶，无法印证。而佛母因处在恶势力之下，为保持他爱子达赖和全家的安全，是否忍痛在心，留作后图，一时无人能够断定。但是从前因后果，蛛丝马迹地细想起来，这一传说亦关重要。

热振事变

溯自一九三三年十三世达赖逝世后，西藏地方政府召开大会，议决以大活佛热振·土丹降白益西坚赞为摄政，在转世达赖尚未成年以前，主持宗教和政治事务。按西藏惯例，重要问题都以会议方式解决。形式最大的名为“春都杰错”，“春都”意为“会议”，“杰错”意为“大”，可意译为大会，形式最小的名为“春都社堆”，“社堆”是要人集合之意，可译为“机要会议”；介乎两者之间的，名为“春都社堆杰巴”，可意译为机要扩大会议。最近藏人每喜将“春都杰错”改称“春都米芒”，依照字面可译为“民众大会”，而实际是官员大会。热振之任摄政，就是由“春都杰错”产生的。

热振本是一大活佛，籍隶色拉寺“杰”札仓，为摄政当然候选人之一，那时不过二十余岁。他平素所熟悉的，不过是一套宗教仪式，既无政治思想，又无处事经验，一旦执掌大权，确是大为不易。他的思想可说是代表一般喇嘛接近中央的传统观念，同时也是遵循十三世达赖的遗策：一面靠拢中央，一面拉着英国，依违两可，以为苟安之计。

关于十三世达赖转世灵童之寻访、迎接，均是由他总其大成。一九三四年黄慕松进藏吊唁十三世达赖，一九四〇年吴忠信主持第十四世达赖坐床仪式，均是由他欢迎招待。驻藏办事处和无线电台均先后成立。藏人亦未在康、青边境生事。总的说来，在热振摄政期间，是民国以来中央与西藏地方感情较好的一个时期。所以在西藏谈起拥护中央的，皆以热振为领袖人物。热振摄政数年，因知识与经验均患不足，引用一班少年新进，左右缺乏老成持重的人，藏官贪赃枉法，加以英人忌他接近中央，对他施加压力。内外压力重重，热振难以应付。自己占卜，认为目前星宿不利，需要静修一个时期，遂自动于一九四一年将摄政职位让与达札·阿旺松热脱多活佛。达札是业塘寺的住持，不是大活佛，并无担任摄政的资格，热振何以让位与他？想来不外以下几点：

1. 达札是热振的教经师，关系相当密切；

2. 达札年届古稀，风烛残年，权利思想应较淡泊；

3. 热振将最高职位相让，达札应感他的恩情，不致相负；

4. 达札不过一小活佛，财产不丰，交游不广，在宗教和政治两方面，均无雄厚的潜力。因此，热振自以为可以指挥如意，进退咸宜，于是将重大职权就拱手奉让了。

一九四四年冬，热振由寺来到拉萨。他本是一位大活佛，又是让位不久的摄政，扈从甚盛，排场甚大，礼节隆重，凡西藏教政两界人员均排班迎接。驻藏办事处人员亦随班迎接，约期谒见，热振为办事处全体人民举行了一次宴会。英、印和尼泊尔代表亦均随班迎接，分别谒见。一切仪式，与现任摄政不同者，只是不能坐殿受人参拜而已。

热振此来的目的是意欲复位，而达札佯作不知，避而不谈。热振继而向他示意，达札仍是一味假装痴呆，不作理会。至于达札左右亲信，恋栈不舍，更不待言。一般喇嘛对于热振均有好感。色拉寺因为热振是它寺中的大活佛，表示积极拥戴；最大而人数最多的哲蚌寺，则因达札是它寺中的活佛，加以当局对该寺控制较为严密，因而未作显明的表示；至于甘丹寺，因距拉萨市较远，一贯追随哲蚌、色拉两寺，现在该两寺既尚无一致的表现，它也就抱着观望态度。因此，色拉寺就落了孤单，发挥不出很大的作用。关于贵族方面，则以热振年少气盛，不好伺候，而热振所接近的中央，又不足恃，所以不肯出力支持热振，与其说他们是观望中立，毋宁说他们侧重在维持达札职权的一方面。

由于以上各项原因，热振在拉萨住了些时，不得要领，怏怏回寺。从此达札与热振的矛盾愈来愈大，成了势不两立的政敌。

约在一九四六年，热振派他的管家前往内地经商，到了南京，与蒙委会有所接触。那时西藏贵族或寺庙派往内地经商的人与蒙委会联系，是常有之事。一日，我接到蒙委会来电："中央发给热振佛印币拾万卢比，希通知噶厦。"当时我因电文过于简单，并未说明用途，在这达札与热振矛盾日趋尖锐化的时候，向噶厦传达此电，应如何措词方不致引起误会，而且噶厦如果问起我来，我应如何答复，亦应预作准备，当即电询在南京的沈宗濂，请他查明用途，并指示措词原则。沈复称："不必转达。"我虽然遵办，但仍不知是何用途。

一九四七年春，西藏传昭将近结束之时，拉萨出了一件新闻：据说仲译钦波·阿旺朗杰（原是近札摄政的传达，新任仲译钦波）收到热振派人送来给达札的一份礼物，装在一个匣内，请他转献达札。阿旺朗杰收下置于室内桌上，即出去办事。过了些时，他的佣人进室，看着匣内冒出黄烟，连忙将匣拿到室外廊下，一瞬间轰然爆炸，乃是一颗定时炸弹，幸未伤人。当时拉萨人士认为：不论此事真相如何，将为达札与热振公开冲突的前奏。

约在一九四七年四月间，达札密派索康·旺清格来和拉鲁·次旺多吉两噶伦前往寺中拘捕热振，热振寺距拉萨按站约三天路程。两噶伦率领军队前往，虽说行动极守秘密，拉萨市上已尽人皆知，色拉寺僧众首先起来反对。色拉寺杰札仓堪布丹达尔欲行压制，被喇嘛杀死。喇嘛集合起来，反抗达札摧残活佛的举动。色拉寺喇嘛要求哲蚌寺一致行动，哲蚌寺口头敷衍，而不作实际行动。达札又派噶伦嘎雪·曲吉尼玛带领军队将色拉寺包围，喇嘛依然不肯屈服，藏军士兵亦不愿攻击寺庙，残害喇嘛，两下相持月余，喇嘛始行逃散。

自此事发生，办事处即将所得消息，陆续电告沈宗濂转呈蒙委会，请其注意尽速策划有效方法，解决此项纠纷，因此次达札与热振之争，亦即我国与英帝在藏势力消长之关键，不可忽视。

在色拉寺与嘎雪巴相持中，喇嘛一面抗拒，一面以全体僧众名义写信给办事处，请转呈中央，速派军队和飞机进藏，援救热振。在藏汉人则要求中央，无论如何要设法保护热振的生命安全。我一并向南京报告，同时建议：一面设法调解，一面派军队在西康境内，附近昌都一带地方，往来游弋，遥为声援。一时均未得到蒙委会或沈宗濂的答复和指示。

据西藏官方说：两噶伦率领人马一路通行无阻，到达热振寺后，热振尚徘徊于花园之内，一切毫无准备。索康和拉鲁请热振上了马，夹辅而行，来到拉萨，连去带来，前后不出旬日。热振寺在拉萨之北，即使在索康等在拉萨启程往捕之时，得到消息，上了马即可驰入青海境内，何至束手被擒！其少不更事，左右无人，可以想见。

热振到拉萨后，达札避不见面，一再要求，亦未获准。由一班僧俗官吏，以开会方式加以审讯后，将热振下于布达拉石牢之内，当时袭封公爵而已经退职的噶伦彭康，因其第二子喇嘛孜仲（那时已病故）曾与热振关系密切，亦被逮捕入狱，经其长子妇，锡金王之女，四出奔走运动，幸得释放。

热振入狱时，蒙委会致噶厦一电，主要大意有：热振活佛维持中央与西藏地方的关系，立有大功，请予宽待等语。我当即亲送噶厦。当时的首席噶伦然巴·土丹恭杰面称：一定从宽办理。随后蒙委会又先后致噶厦两电，大意与第一电相同。五月间热振被害于狱中。热振是如何被害死的，传说不一。热振死后，西藏地方政府将他尸体装扮起来，舁至喜德林寺中，任人参拜，以图遮掩众人耳目。

西藏地方政府事后张贴告示，宣布热振罪状，中有“热振勾结中央危害达赖摄政”之语。热振只是与达札争权，毫无危害达赖之意，这是一般藏官所公认的。西藏地方政府任意颠倒事实，其目无“中央”，不惜与之决裂，则是昭然若揭。我曾致函沈宗濂痛论此事，并提出辞职，未得答复。

西藏商务考察团

约在一九四七年十月间，西藏地方政府组织了一个商务考察团，以达札摄政最亲信的孜本夏格巴·旺久典旦为首，下面有一僧官堪穷和一俗官代本；堪穷系夏格巴之弟，代本系索康噶伦之弟。

该团拟定路线是先往内地，继至美国，后到英国，然后由印度回藏。该团名为考察商务，实际是要出去作一番政治活动，主要原因是看着印度取得自治领地位，号称独立，西藏当政亟思仿效，并欲取得世界公认。幕后主谋的是英人，帮衬的是印度人。夏格巴等由拉萨先到印度新德里住了些时，于一九四八年二月间到达南京。据我所知，夏格巴等向蒙委会联系，提出要求：将西康、青海和甘肃三省藏族人民聚居之地，划归西藏管辖。这是西姆拉会议时，中英两方争持的问题，此次重新提出，企图趁国民党政权摇摇欲坠的时候，得到正式允许，结果未得要领。蒙委会看出夏格巴等出国考察企图，故阻止其赴美之行，对其出国手续拖延不办。夏格巴等见情势不对，遂秘密离开南京，前往香港，由英人代他们办理手续，前赴美国，约于一九四八年七月到达华盛顿。夏格巴等在美活动，主要是宣传独立，宣传西藏在事实上早已独立，请美国在联合国中帮助西藏得到公开承认。美国当时不愿为西藏公然得罪中国，因小失大。英人和印度当政也绝不愿意西藏直接拉上美国，取而代之。美国了解这种情况，亦有所顾虑。所以夏格巴等在美未见有何成就。最后夏格巴等前往伦敦逗留些时，回到印度又逗留些时，一九四九年三四月间才回到拉萨，说是在美国买回农业机器，并未听到有何发展商务的说法。

西藏举行“扣锅”的宗教仪式

一九四八年，西藏地方政府举行“扣锅”仪式。按西藏密宗喇嘛有一种扣锅的作法，即对其所恨的对象，先在佛堂内，求神作法，诵经念咒，一切程序作完，由喇嘛打着法器，口诵经咒，扎一草人，放在空场上，旁边架起铁锅，装满酥油，用木柴燃烧，将油烧沸，再由喇嘛们围绕油锅念一遍经咒，然后燃着草人，将油锅翻扣在地，三天之后，掀开油锅，验看油上出现何种迹印形象，据此推算其所咒的对象日后所得的报应。

西藏地方政府此次扣锅，是先将密宗喇嘛召集于大昭寺内，诵经念咒，然后将草人和油锅舁至旷场，举行仪式，并邀我们和尼泊尔代表参观。英人因不是佛教信徒，未被邀请。

据说此次咒的是共产党。惟据李国霖所闻，是对共产党和国民党一起咒的。因为从前十三世达赖在辛亥革命时，举行扣锅诅咒革命党，是和清廷一起咒的。达札等亲英分子，希望祖国内战延长，以为内战越久对他们愈有利，可以有时间宣传和策划独立，所以一起诅咒。此说确否虽不得知，然揆诸达札小集团的心理是相符的。

闵志成的情况

闵志成，巴塘藏族，原名平措旺阶，约于一九四六年到拉萨，投奔江新西。闵志成是江新西的外甥。江新西介绍他到拉萨小学当教师。过了不久，蒙委会来电查询，其文曰："据报藏东青年自治同盟闵志成前往拉萨确否仰查复。"我当即复电略谓：闵志成确来拉萨，言行尚好。接着国防二厅也来电查询，我就面告江新西，让他向上级自行答复，以后未再来电查询。

关于藏东青年自治同盟，有人说是巴塘一带藏族企图自治的一个组织；又有人说是反对刘文辉的一个组织。据江新西说：闵志成不能安居巴塘，是由于刘文辉不能相容。由此看来，该自治同盟与西康当局矛盾甚大。

西藏贵族说闵志成与江新西他们是共产党。一九四九年七月八日，西藏噶厦宣布：西藏与国民政府暂时断绝政治关系。首席噶伦然巴在对我谈话中曾说："在拉萨的汉人和康巴中有共产党，我们是不容他们居留的。"虽未指明何人，但所指就是闵志成和江新西等。

闵志成是否共产党，蒙委会来电，只说藏东青年自治同盟，而未提共产党。西藏官吏虽然对闵等加以共产党称号，并未指出事实。在该时该地，对于所厌恶的人随便说他是共产党，亦属常有之事，我没有根据说闵志成是共产党。

一九四八年冬，江新西等因经费不来，维持日常生活已成问题，初拟呼吁办事处、小学校和无线电台给予援助，嗣见各单位均处境相同，无能为力。江拟开一甜茶馆，以为暂时糊口之计，请大家入股。大家无法推脱，各自出了一点钱作为股份，实际就是奉送了。

一九四八年底或一九四九年初，江新西等在大昭寺东边开设了一个甜茶馆，对外出面的是江新西，主持内部的是闵志成，工作人员是贺丹增、周铭、曾天材。开设了两三个月，西藏贵族说他们是共产党。一九四九年七月十一日，江新西等被迫离开拉萨，前往印度。

一九四六至一九四九年之办事处

一九四六年元旦沈宗濂离藏之前，曾对同来诸人表示，藏事已无能为力，他决不回任，并约定他到南京后，设法将同来诸人陆续调回内地。沈临走时，请蒙委会派我"暂维处务"，遇事均报由沈宗濂转呈蒙委会处理。在此一段时间，消息尚属通达。

一九四七年七月沈宗濂辞职，蒙委会派我为副处长兼代处长职务。我们困处边疆，一筹莫展。葛成之、李有义、廖鲁芗均辞职获准，先后离藏。柳陞祺因研究资料尚未结束，准辞后未即成行。独我则非有替人，不能言去。

一九四八年，蒙委会因我辞意坚决，派熊耀文为驻藏办事处处长，将我内调为蒙委会藏事处处长。但熊迟迟不来接任，实因在那国民党朝不保夕的时候，不肯远来边疆。

一九四九年开始，我照例发放布施。事毕，一日与噶伦索康闲谈，他以私人资格告我，南京已甚危急，并劝我如急欲回去，不妨先走，留李国霖维持处务。我回来告诉李国霖和刘毓珙。李国霖认为：照索康语意看来，南京国民党已濒崩溃，我们全体离藏之期，即在目前，不必单留一人受罪。我当时也不愿来个“擅离职守”。

有一天，札萨擦绒在闲谈中对我说：“国民政府眼看就要垮台，熊处长也不会来了，我看你最好住在这里，过几天太平日子，共产党来了，我们可以同往印度躲避，将来局势好转，有你在这里，也不致像民元时，汉藏关系中断。”

又有一天，老索康在他的花园中盖了几间新屋，请我参观，对我说：“这几间房你可以住，且与我住在一起，诸事均有照应。现在内地太乱，你回去也不能过太平日子，不如在这里住着，你给我藏银五万两，我就将此屋相让。”

又有一天，与噶伦嘎雪巴闲谈，谈到共产党。我说这是一个新潮流，以眼前的东西作比，现在拉萨河正在涨水，潮流所至，滩石均遭没顶，这是无法阻止的。嘎雪巴听到这里，拍着胸膛说：“我们西藏是佛教圣地，绝对不容共产党渗入，虽战至最后一人，也绝不屈服。”我说：“我是泛论潮流的趋势，并不是讲哪个主义的好坏，不要误会。”相与一笑而罢。我将与擦绒、老索康和嘎雪巴的谈话，与李国霖、刘毓珙共同研究，一致认为：南京国民党政权已到垮台地步，西藏地方政府的态度将有重大变化。至于擦绒和老索康对我们的表示，只能看出对我们办事处人员，尚未敌视而已。但是他们这种主意，我们无法接受。因为国民党一旦垮台，中间须经一青黄不接时期，这时间长短难以预料，我们留在这里等个什么？若依靠亲近英印的西藏当局，那无异间接投降英印，我们所宁死不为。再说拉萨汉人，尤其是一班特务，一旦局势变化，藏人对他们将有一番处置，那时假如我们还留在这里，坐视他们受人处置，他们将说我们出卖了他们，我们在责任方面说不过去。前后大家认为，还是维持最后一日，同进退，共患难。

“七·八”事变

一九四九年开春以来，驻藏各单位的经费杳无消息，邮电亦日渐稀少，大家感觉到国民党政权崩溃在即，各自准备结束。夏格巴于三四月间回到拉萨，带来外边不少消息。听说英帝和印度正在酝酿承认中国新政权，同时英帝操纵印度运动喜马拉雅山系各国组织防共阵线，西藏执政亦有意追随它们之后。那时我们遇到西藏贵族官员，总是对他们说：西藏之所以见重于英国和印度者，只因有中国在，倘一意依靠它们，放弃了自己立场，则它们将变为另一面目。为西藏自身计，无论中央政治如何变化，应保持现有关系，万不可听信外人。那时驻藏的尼泊尔代表凯西尔曾说：西藏要人目无祖国和邻邦，总认为白种人高人一等，实是不可救药。此言可谓一针见血。

一九四九年七月八日，噶厦派员请我去有要事面谈。我去到那里，在座的有三噶伦，即然巴、索康和嘎雪巴，还有基巧堪布。由首席噶伦然巴发言，大意是：共产党和国民党内战甚烈，国民党的军队或官员走到哪里，共产党就追到哪里，藏政府对贵处人员的安全，实在不敢负此重责。现在西藏民众大会（实系官员大会）决议：西藏政府对国民政府暂时断绝政治关系，而宗教关系还是存在的。请你并转告其他机关准备于两星期之内启程赴印，噶厦已派定一名乃兴（引导员）和一名代本（军官），带领军队妥为照料和护送至印度边境。再者住在西藏境内的汉人和康巴中有共产党，我们也分不清究竟是谁，不过西藏是佛教圣地，是绝对不容留共产党的。我说：“我即电蒙委会请示，俟得复电，当再答复。”然巴说：“国民政府方面，噶厦已直接去电通知，你不必再行去电，现在所有电报邮件均已封锁，你也无法通信了。”我说：“我没有得到上级命令，就这样一走，是不对的，等我考虑一下再谈吧。”我由噶厦出来，时已傍晚，只见办事处和我的住宅均有藏兵把守；同时交通部无线电台亦为藏兵把守，并由噶厦派员将发电机拆卸。夜晚我与李国霖、刘毓珙三人研究，对于藏政府此举动应如何对待，结果我们认为：第一，西藏是我们的领土，虽然他们目前和我们断绝关系，我们始终看他们是自己人，所以此刻我们不宜以对等方式，向藏方提出什么抗议和保留什么条件，自己家里的事，将来自己会有办法解决。第二，国民党是何情况，我们不知，从藏方此次举动看来，想是已经垮台。西藏的驻京代表早已撤退到印度的噶伦堡，尚无回拉萨的消息，而藏政府亦拟将我们送到印度，未尝不是还保留双方一个犹豫期间和地步。因此，我们还是到印度向驻该地使领馆探明内地情况，再作计议，较为相宜。

七月九日噶厦所派的“乃兴”和“代本”前来，表示他们是被派护送我们赴印的。这时被迫赴印的人纷集处中，以特务居多。特务们有的要走西康路，有的要走青海路。我叫乃兴去和噶厦商议：原从西康来的，叫他们仍由西康路回去；从青海来的，仍青海路回去，若办不到，叫他们和我同走印度一路，不必分批，以免失散。乃兴回来说：噶厦顾虑到西康和青海两路都不平静，所以采取印度一路，至于分作三批，实因沿途住房不够，到卓木后，由乃兴负责交物，代本负责交人，决不会有差错。大家听了，始各散去。是日傍晚，江新西送来无线电机两箱，汪藻送来无线机三箱，托我代为带至印度。

约在七月十一日，第一批赴印人员启程，计江新西、江镇西、闵志成、贺丹增、周铭、曾天材和他们的家属及佣人等，护送的藏兵有十五至二十人。当时联想起来，然巴所谓汉人和康巴中有共产党，盖即指开甜茶馆的这几个人而言。最奇怪的是在拉萨住了多年的裁缝刘云峰亦与江新西等同批出境。刘云峰，四川人，五十余岁，喜欢在汉人团体中活动，遇有公共集会，亦爱发言，因做衣服的关系，认识西藏贵族不少，他的被逐，只能说是因不忘中央而遭藏方当局之忌。约在七月十七日，第二批出境人员由拉萨启程。

噶厦叫乃兴来说，如存有藏银，现在市面上不易兑换印币，噶厦可以代办。我们遂将余存藏银票约二万余两，交付乃兴，噶厦给换了印度纸币，是按每印币一卢比合藏银五两折合的。当时拉萨市面上，因受尼泊尔商人操纵，每一卢比要合藏银八两以上，而平素总是藏银三两左右换一卢比的。噶厦派一噶学（即地方政府的办事员）来到驻藏办事处，以噶厦名义馈送程仪，我们坚辞不受。噶学说："三位噶伦说了，数年以来，彼此相交至好，现在不得已而暂时分手，若并此区区之意，亦不肯接受，未免太相绝了，我也无法销差。"我们只得收下。送我的是藏银五千两，印币二千卢比。送李国霖的是藏银一千五百两，印币一千卢比。送刘毓珙的是藏银一千两，印币三百卢比。其余小学校长邢肃之、测候所主任曹巽、电台台长席裕翼均有馈送，数目均次于李国霖。乃兴告诉我，噶厦定于十九日为大家饯行。我于十九日上午向达赖辞行。中午赴噶厦饯行之宴。主人是三噶伦，即然巴、索康和嘎雪巴。客人是我、李国霖、刘毓珙、小学校长邢肃之，测候所主任曹巽，无线电台台长席裕翼，还有谭兴沛、汪藻、颜俊等。

七月二十日，我们最后第三批由拉萨启程。这批以办事处、学校、测候所和电台人员居多，此外还有潭兴沛、颜俊、罗坚、汪藻和项怀楚等，乃兴和代本同行照料。总计三批人员有二十七八人，妇女小孩约四十余人，连同佣人、夫役共二百余人。

此次我们走的路线，不是惯走的由卓木到岗多的那条路，而是从卓木经龙头山到噶伦堡的那条路。这是藏方布置的，因美国汤姆斯父子二人从岗多入藏，不愿使我们与他们中途相遇；同时也因有大批军火从岗多运进西藏，不愿让我们看见。此次所走路线有表如下：

出发地点	英　里	住宿地点	出发地点	英　里	住宿地点
拉　萨	15	业　塘	沙马达	26	多　金
业　塘	25	曲　水	多　金	±3	吐　纳
曲　水	10	喜马康穷	吐　纳	±2	帕　里
喜马康穷	18	白　地	帕　里	15	卓　木
白　地	12	浪卡子	卓　木	18	果　布
浪卡子	30	热　龙	果　布	8	纳　塘
热　龙	12	尼如迈	纳　塘	10	沙塘浸
尼如迈	12	尼如堆	沙塘浸	12	荣　里
尼如堆	13	康　马	荣　里	12	白　洞
马　康	14	沙马达	白　洞	12	噶伦堡

我们行至尼如堆，因李国霖、刘毓珙有病，歇了两天。乃兴得到拉萨消息，嘎雪巴犯了严重罪行，被革职拿问，并剥夺一切贵族权利，发往山南囚禁，还说嘎雪巴罪状之一是“亲汉”。我们听了非常诧异，嘎雪巴是亲英分子，怎会犯了“亲汉”罪名？据我们所知，索康自始对他又恨又怕，必欲除之而后快。在嘎雪巴运动噶伦时，曾由达札摄政的大管家经手，应许出运动费印币五十万卢比，三四年以来迄未兑现。但这都与“亲汉”无关。或许在热振事变时，嘎雪巴玩弄过什么手段，现被查出，与“亲汉”还拉扯得上，那我们就不得而知了。

我们在尼如堆停了两天，复又登程，过了四五天到达帕里，市面较大，电局亦未封锁。我分别致电驻德里大使馆和驻加尔各答领事馆，报告离藏情况，请领馆预备收容，并向印方办理临时居留手续。继由帕里到了卓木之春丕塘，与由拉萨先走的两批人会齐，由春丕塘起行。至西藏与锡金交界处，乃兴与代本告辞回转拉萨，由锡金警察两名引路进入锡金地面，又走了五天到噶伦堡，时在一九四九年八月二十四日左右。

驻德里大使馆和驻加尔各答总领事馆接到我由帕里发出的电报后,即分别派员至噶伦堡迎候。我们走到噶伦堡,他们已先到那里。

大使馆派的是秘书薛镏森,总领馆派的是主事刘铭汉,他们的任务是迎接人员,照料公物。柳陞祺和我的妻女亦由加尔各答来到噶伦堡帮同照料。当将公物存放于噶伦堡华侨小学,薛镏森先回德里,刘铭汉带领我们前往加尔各答,八月底行抵该地。

当时驻加尔各答总领事无人,由该馆领事何棉山代理馆务,已向华侨借好会甜,安顿由藏出来之人,并为这些人向印度警察局办理临时居留手续。江新西等住在会馆,其余有自住旅馆的,有自己赁屋的。

一九四九年九月三日,由总领馆转给我藏委会来电一件,内容是:“该处公物卷宗移交总领事馆,人员留印候命。”来电出名的是关吉玉,我始知关吉玉是蒙委会的新委员长。我听说当西藏宣告与国民政府断绝政治关系时,李宗仁曾出名给西藏地方政府一电,希望维持现有关系。问起何棉山,他不知道。何棉山并告我,当西藏地方政府强迫驻藏办事处人员撤退时,他们领馆先得消息,即电告驻德里大使罗家伦,罗旋即来电询问“是否咱们的办事处”,引为笑淡。

我向何棉山询问国内情况和他的态度,他说国民党已经垮台,英国和印度已承认新政权,他自己是维持领馆至移交为止。我表示赞同他的态度。

再说一九四九年六月,我遣爱人与柳陞祺结伴由拉萨赴印,她于七月中旬行抵加尔各答,忽然遇见沈宗濂,不知他到印度有何公干。这时西藏驱逐汉人的消息已传至加尔各答,沈宗濂留下一封信,离印而去。我爱人就折回噶伦堡接我。同年八月底,我们一同来到加尔各答,我爱人检出沈信交我,原来是沈宗濂致加尔各答中国银行的信，请中行将他账户的存款四十万零三千八百三十九卢比二安那拨入我的名下，更换我的印鉴，此外并未给我留信，只是在信封背面写着："政府已毫无希望，可自决行止，中行存款最好陆续提出，存入外国银行。"亦未签名。九月十三日，我打听出沈在香港的通讯处，去电问他，中行存款，将来开支结束，余款如何处理？他电复："统由兄支配。"于是我们决定除清发人员积存薪水、应领川资及必要公务开支外，绝不动用。我到中行换了印鉴，得知该行已经起义。我不但未将存款提出，又将由拉萨带出的印币三万卢比和沈宗濂留在拉萨的金块十一枚换了印币三万一千零七十五卢比，陆续存入该行。

九月五日，驻新德里大使罗家伦来到加尔各答，问了一下出藏经过，他说即日飞广州报告，并说如有给蒙委会的报告，他可带去，我说时间恐来不及，以后通电吧。适有一国民党货轮此时开来加尔各答，罗家伦叫何棉山与船长接洽，将由藏退出人员带到台湾，罗就飞往广州。九月十日左右，罗由广州飞回，垂头丧气，什么话也不说。这时何棉山已与船长洽妥载人，定于九月十六日开行，由领馆通知各人届时上船，自愿单走者听便。到了那天，罗家伦、何棉山和我均到船相送。后来领馆得到消息，该轮行至香港，改变航线，不去台湾，那些人都在香港登陆。罗家伦将人送走就回德里去了。

一九五〇年，我由西藏带出的公物已由领馆收去待运，我亦准备离印回国。

我们在拉萨时，经费和各人应得薪水均存在加尔各答中国银行帐户，随用随支，故各人所积薪水都有相当数目。结至一九五〇年一月底，中行帐户实存印币三十七万四千九百七十四卢比三安那十一派司(374,974—3—11)。当与中行结清账目时，一位出纳员对我说："国民党的官像你这样的，还是第一个。"尔后，该款本息如数上缴我中央金库。

一九五〇年二月下旬，我同爱人飞香港，同年八月十六日回到北京。（一九六三年）

《西藏文史资料选辑》第3辑

西藏自治区政协文史资料研究委员会编

嘎然喇嘛和邦达多吉与原西藏地方政府的摩擦始末

仲麦·格桑扎西

嘎然喇嘛索朗绕登出生于昌都地区类乌齐县龙桑地方有名望的嘎然家，系七世吉仲·赤列强白久列的姑母所生。

嘎然·索朗绕登从小被授予活佛称号，在类乌齐寺宁玛扎仓当喇嘛，拜吉仲·赤列强白久列为师。他自幼聪明、勇敢。据说，他后来在从事宗教活动和行医时显过神通，群众对他甚为深信。吉仲·赤列强白久列娶妻后，征得嘎然喇嘛同意，由吉仲活佛主持类乌齐寺的教务，嘎然喇嘛则负责分寺拉章的政务。

1908年（宣统元年，藏历土猴年），清大臣赵尔丰的军队路经昌都寺时，昌都寺、八宿寺和察雅主、分两寺，因没有很好地接待他们，使得四处寺庙被他们烧为灰烬。类乌齐寺得知这一消息后，立即派卓尼（秘书）次臣赶了牛羊各千头，及川白银元去昌都犒劳赵军，得到赵尔丰书面嘉奖，说类乌齐寺吉仲活佛乃是热爱祖国的好人。因此，该寺得以保全。

1909年（藏历木鸡年），清军统领彭日升率领清军将要到达类乌齐寺时，吉仲活佛和夏仲·洛桑楚臣在类乌齐密商接待彭军之事，双方发誓立盟，要站到中央政府一边，不论发生任何艰难险阻，绝不动摇。但夏仲活佛回去后，私下与家人和亲信们共商后违背誓言，立即携亲信随员潜往拉萨，向噶厦政府揭露类乌齐寺吉仲等人投靠汉人背叛噶厦的真情。因之，噶厦拨给他们彭波年瑞庄园，暂作生活依靠，并答应汉藏纠纷解决后，从优奖赏。

自1909年彭日升军队驻扎在类乌齐的七年间，吉仲和嘎然信守誓言，为彭军支应粮、油、肉等等。

1912年（藏历土鼠年），噶厦政府特派文武总管噶伦喇嘛强巴丹达前往解决朵麦（昌都地区）事件。藏军抵达洛隆宗后，吉仲先后收到总管的几封信，信中说为解决汉藏纠纷请嘎然喇嘛亲自前来商讨为盼。同时也收到达赖喇嘛几封内容相同的信，内称：关于类乌齐寺投靠汉人一事，有人已报噶厦，无论情节是否属实，为了佛教宏业和众生利益，佛上（达赖）并不责怪他们。

彭日升不同意嘎然喇嘛前去，认为这是一个有计划的阴谋。但嘎然喇嘛不顾生命危险，于1914年带着佣人卓多格列前往洛宗。强巴丹达设宴欢迎后将他软禁起来，并派驻玛日地区的藏军代本朵卡娃抢掠嘎然喇嘛谿卡财物，沿途百姓也被抢劫一空。

由于夏仲拉章的人搞了阴谋，嘎然喇嘛感到生命受到威胁，他吩咐佣人卓多格列在附近准备两匹好马。晚上喝了浓茶，又将山羊尿合于本人尿水以备验尿。一切准备妥当后，即派佣人向噶伦喇嘛强巴丹达报告，说病情严重。强巴丹达派他私人医生去看病。医生查脉验尿后，向强巴丹达报告，病人患的是严重神经麻木症。待强巴丹达放松警惕后，嘎然喇嘛主仆二人趁机骑马逃走，越过怒江到类乌齐边界的白托村隐藏起来。强巴丹达急忙派兵追赶，但因群众不满藏兵的抢掠，佯说汉军的侦察兵已到达波拉山，从类乌齐来的汉军已过扎拉山，很快就要来到这里，追兵听说后都极为害怕，各自逃命去了。嘎然喇嘛得知藏军已逃走，就在当地人的护送下于1915年回到了类乌齐。

嘎然喇嘛在洛宗被软禁期间，彭日升以为是吉仲派去投靠噶厦,便对吉仲施加压力,警告他说,如嘎然喇嘛不回来,就火烧类乌齐寺,并用柴火围了柱子,留一班人看守。嘎然喇嘛回来后,彭统领很尊重他,委任他为昌都北部指挥官,并答应上报中央,将来委任他为昌都总管。还写了一个类似具结性质的文书,盖上他本人的印章交给嘎然喇嘛。

嘎然喇嘛回到类乌齐后,加强自己的势力,把反对噶厦的丁青嘎堆江仓拉到自己一方,联合彭日升的清军攻打驻丁青的藏军进巴代本团,打死了进巴代本,打死打伤了一部分藏军官兵。

噶厦政府用英式武器装备藏军,派詹东·晋美加措第四代本的1000人和唐本·郎杰旺堆第五代本的500人坚守加桑渡口,布署了丁青麦加寺的普龙代本的藏军和夏仲拉章的人取得联系后攻占了类乌齐上部(吾孜)。嘎然喇嘛立即召集本拉章100多名僧俗志愿敢死队,亲自带领攻打普龙军。一部分藏军官兵被打死打伤,其余退至孜桑桥。嘎然喇嘛趁势发起猛攻,打死代本普龙,藏军把代本尸体从桥下捞起后退走。崔果代本军队进攻驻守在察雅吉唐的清军,清军1000余名投降藏军。堪穷达娃率领洛、硕、边(洛隆、硕版多、边坝)三地敢死队300名士兵,扼守类乌齐通往昌都的要隘。从洛隆方面增援而来的唐本、詹东两部与普龙军会合后,全力向类乌齐发起猛攻,击退了彭日升率领的清军。除嘎然喇嘛带上20多名亲信随从及嘎堆江仓属下的10多个人从小路逃往昌都外,其余的人都陷在类乌齐。因此噶伦强巴丹达急速前来类乌齐,专门处理类乌齐事件。宣布吉仲和嘎然喇嘛背叛噶厦,投靠汉人的罪行,吉仲活佛等人不得坐寺院首席法座,剥夺发言权,永远不得转世为佛,吉仲充军到洛宗;后来,主持达垅寺的活佛孜珠阿旺班登向噶厦请求允许吉仲住达垅寺,最终获准。1923年,吉仲死于达垅寺。

1917年(藏历火蛇年),嘎然喇嘛主仆40多人逃到昌都寺。这时昌都清军战败,彭日升统领被俘。嘎然等人正乘坐木船欲渡过杂曲河逃往西康时，被附近藏军发现，双方交火后，嘎然一方弹尽无援，主仆全都被俘。除妇女小孩外，每人被鞭打一百，然后判刑，嘎然喇嘛大弟被挖掉膑骨，二弟桑益、孙子次仁拉加和贡布 3 人被割鼻，交给硕版多宗管押。嘎堆江仓属下的阿加班登等 28 人被割鼻，交给边坝县管押。一个月后，嘎然由一个藏兵班押送到拉萨关押。过了几年铁窗生活后，时逢十三世达赖喇嘛年关大赦，就把嘎然喇嘛关在站笼里，贴上布告，推到"雪"外面雪碑前的大路旁示众。7 天后，让他骑上牦牛充军到隆子宗，交给庄园管事僧俗官监督管制。时间久了他们之间成了供奉师与施主的关系，嘎然趁不防之机，终于逃到了康定。最后辗转来到北京从事宗教活动兼行医谋生。后刘湘驻北京代表李公度与嘎然喇嘛结成供奉师与施主关系，李某极为欣赏嘎然的为人和他的爱国热忱，故推荐嘎然给刘湘。嘎然深受刘氏欢迎，遂移居重庆。

当时国内政局动荡，内战频繁，无力顾及边远地区。英帝国主义利用这一时机，勾结西藏上层中分裂主义分子，对西藏加紧政治渗透，提供武器和通讯设备，培训军事人员，装备藏军。噶厦政府中的黩武主义者向康青进犯，调动前后藏驻军及硕、边、洛三地区士兵集中全力攻打类乌齐、昌都、察雅，驱逐了清军，镇压了爱国力量。于 1918 年(藏历土马年)建立了朵麦基巧(即昌都噶厦)，以噶伦喇嘛达巴降央为首任总管，统治昌都地区达 30 年，直到 1950 年解放。

1927 年，嘎然喇嘛被刘湘举荐给南京国民政府，送往南京，深受国民政府和蒋介石的欢迎和重视。国民政府任命嘎然为中央蒙藏委员会委员，并赐封诺那呼图克图称号，批准设立诺那呼图克图驻京办事处。(以后嘎然喇嘛改称为诺那活佛)。

30 年代初，藏军大部调集于昌都和金沙江岸边，有过江进犯康区之势。1931 年，藏方以调解大金寺和白利寺之间纠纷为名，公然派兵越境到达邦达金寺，行攻打甘孜刘文辉驻军之实，分兵夺据詹化县，且进犯康南巴、理二塘。1932 年，芒康第一藏军西瓦岭巴悍然攻打巴塘，围城战历经三月之久。在历史上，凡青康藏三方军队之间冲突，实为国内局部之争端，非外人所能干预的，但西藏方面对青康区的武装进犯，往往是由英帝国主义心怀阴谋暗中策划而进行的。可是失道寡助，藏军在各战区先后遭到可耻失败而不得不撤退到金沙江以西。当时西藏内部谣言四起，谓川、康、青联军将直捣拉萨，各方多主从速议和，唯噶厦权威亲英派力主决战，加紧征兵勒捐。三大寺及人民对噶厦此举深怀不满，加之因连年战争民穷财尽，人民的反战情绪日趋高涨，随时都有可能发生哗变的危机。此时，达赖借各种法会对僧众说法，以维护佛教为重，谕以团结一致，防止赤化入侵，共挽时艰等寄语来转移人民不满情绪，局势稍有缓和。

噶厦政府深感康藏军事冲突造成的复杂局面，对西藏政局实为不利，为恐齿寒自不能不先防唇亡，必须加强昌都沿江各县之驻防军，防患未然。但又考虑到若增调部队，藏军军纪松弛，军民关系素为不睦，万一民众情绪激愤以致哗变，不但不能稳固边防，局势恐更难收拾。噶厦政府遂遵照达赖旨意，为使局势逆转，缓和康巴人对贵族独裁的不满，特委任康区势力派邦达多吉为芒康、察雅两宗之基巧（总管），并可在两宗征兵千名，装备薪饷由昌都噶厦拨发，原驻两宗藏军一律调回昌都，加强东北两线，严防刘文辉和马步芳两军侵扰。并责令邦达多吉确保昌南边界不受西康和云南方面的军事干扰，以及内部民众无端骚乱，实现社会长治久安的局面。

噶厦政府对邦达多吉的破格委任，在近代西藏史上可称新的大胆创举，以此表明康人在军政地位上之平等，骗取民众信任。其实西藏贵族统治阶级以当然统治者自居，对康巴人历来鄙视，又畏康巴人起来造反。因此康人在西藏政治舞台上无立足之地。

1932 年冬，邦达多吉从拉萨来昌都就职。驻昌都朵麦基巧詹东，基于保守思想支配，对邦达多吉的到来感到有一种难以承受的压力,认为这也许是形势逼迫的产物。在分发枪弹时,不按指示规定即按征兵名额计数分发,一再借故刁难,只发给300条英式老步枪。还流露出待机求其痕疵之意,妄图策划康藏两军摩擦,以达吹毛求疵大作文章之目的。邦达多吉亦意识到詹东别有用心,暂且逆来顺受,将已征察雅兵600余人精简老弱、病残200名后,将400名精兵带到芒康,并接管原芒康"色锐马"地方武装300名,着手整编、训练工作,并准备驻防移交、接管手续。

昌都总管詹东果然拖而不调遣驻芒康藏军第六炮团。洛吉岭巴代本和驻察雅第二代本西娃岭巴代本(该两团曾进攻巴塘之藏军英帝装备的精锐部队)对此深为不满,邦达多吉深感西藏地方政府对他的破格提升实属暂时利用转移斗争矛头的一种政治手段。而邦氏胸怀雄心大志,素怀改变不平等的贵族封建世袭专政的决心。在每次大小场合谈及这方面的问题时,他都强烈表示西藏人民要争取民主、和平等之自由,必须加强团结,努力奋斗,为共同目标勇于大胆尝试,树立不怕牺牲、百折不挠、坚持到底的大无畏精神,扭转贵贱不平等的政治局面。

暂以芒康、盐井、察雅三宗民众作为社会基础,进而发展昌都各地有名望的僧俗头人,团结一致,发展成为地区性的阵营。为了达到这一目的,邦达多吉采取了秘密联络与公开宣传相结合原则,以拥护达赖为宣传活动的重要内容,扩大影响,并加紧与西康和云南藏族各界头人的联系,争取各方面的大力支持。正当各方面的工作顺利开展之际,1933年(藏历水鸡年)10月3日,达赖因病趺坐圆寂。国民党中央政府对达赖的逝世也很重视,发布了追封达赖的命令,并在南京举行了隆重的追悼大会。

达赖逝世后,噶厦政府内部的矛盾日益激化。首当其冲的是因为达赖最宠信而有相当权威的内侍金色公培纳(非贵族),该内侍一贯仗义执言,而噶厦却斥责他仗恃特权凌驾于噶厦之上干预政事等等,因而将他逮捕囚禁,后充军到林芝地区交恰郎宗监管。

接着召开噶厦僧俗官员全体会议,决定罢免擦绒噶伦和龙夏的藏军总司令职务,指责他二人系亲英派好战分子。于是引起了西藏统治阶级内部互相倾轧、排斥异己、争权夺利的小政变。这一政变也涉及到邦达昌。其总因无疑是,1910 年 2 月(宣统二年),川军抵达拉萨时,正直大昭寺举行一年一度的祈祷大法会。驻藏大臣联豫派卫队去欢迎川军,川军在进城途中开枪击毙藏方巡警一名和大昭寺济仲大喇嘛,并向大昭寺和布达拉宫无故开枪射击,伤者不少,一时全城震动,秩序极为混乱。十三世达赖为势所迫,不得不暂往印度避乱。邦达列江(邦达养壁和邦达多吉之父)将生死置之度外,紧随达赖竭力保护其安全。在印期间之保卫工作和尽地主之仪(邦达昌在噶伦堡设有商业机构)无微不至,鞠躬尽瘁,深受达赖表彰。1912 年 5 月,达赖返回西藏后,鉴于邦达昌有效命之功,对其另眼相待,殊以重用。遂赐封邦达尼玛(邦达养壁表兄弟)为达赖内侍(金色),享有一定特权;并授权邦达昌独家垄断经营全藏羊毛和贵重药材出口,他商一律不许套购偷运出口,违者严惩,令各宗严格执行等。

委任邦达多吉为察雅、芒康两宗基巧(总管),实属达赖旨意。而贵族保守派对待康人之准则是迫使他们卑躬屈膝,唯命是从,认为康巴人所处的地理环境诸因素,接近于汉族,耳濡目染受到汉族思想熏陶,不可信用,必须清除异己。即派审计处和秘书处各一人及拉萨市长共三人率领藏军前来逮捕邦达养壁,并查封邦达昌之家。此消息事前因有关人士透露,邦达昌思想上已有了应变的戒备和突围的一切准备,并与在拉萨康巴商人暗中联络,一致关注这一事态的发展。噶厦派来的三名官员认为这是一桩肥差,定能一举而成,但一见邦达昌大门紧闭,两边炮眼重重,观察外面情况,社会秩序极为混乱,人人横眉冷对,方知情况不妙,不敢轻举妄动,即令藏军包围邦达昌,有关官员速去汇报。三大寺各堪布和帕邦卡呼图克图认为邦达昌是三大寺上、下两院和萨迦寺等的大施主,不能坐视旁观，立即出面从中斡旋，问题终于得到解决。但邦达多吉接到拉萨兄之紧急信件后，预感情况不妙，于是先发制人果断采取军事行动，将驻防芒康藏军第六炮团及派驻沿江8处各守防军，在预定期内完成了全部缴械任务。共缴获了英式马枪500余支，英式无弹壳野炮3座，原清军彭日升统领在昌都战败被藏军缴去的德式野炮1门。这一军事事件，在西藏近代史上实属空前，轰动了西藏和川康、云南藏族地区。各地各阶层人民拍手称快，欢呼胜利，纷纷来信表示祝贺，刘文辉驻巴塘刘团副和县府及地方各阶层僧俗代表也纷纷前来芒康参加庆祝活动。

30年代初，西藏地方政府在英帝策谋下，肆无忌惮地疯狂侵犯西康南北，人民饱尝了战火灾难，因此西康军政各界及民众对西藏地方政府深恶痛绝。邦达多吉利用康藏之间的矛盾大肆宣传：西藏噶厦政府不仅是封建世袭贵族阶级政权的工具，也是一个媚外残民的民族败类总代表，它所掌握的印鉴、军队、法鞭只不过是用来维护少数统治阶级利益，残酷地杀害无辜藏族人民的工具而已。所谓神圣的观世音怙主佛地上，竟存在着疮痍满目而毫无悲悯的最残酷的封建农奴制。他们利用宗教强调“理”作为封建社会的本体，说这是先于一切事物而存在的；天下只有一个理，人与万物混然一体；但人有各种身份上的差异，须各自尽到应尽的责任，才算是合理。其现实意义是要人民大众安于贫困和屈辱，服服贴贴地遵守封建秩序，好让他们祖祖辈辈吸吮劳动人民的血汗，享其骄奢淫逸的生活。这些贵族行同狗彘，实属行尸走肉的无耻之辈。

在此基础上，邦达多吉号召各地僧俗奋起反抗藏政府，免受灾祸，并宣布了八项政纲：1. 实行地方自治，逐步实现康人治康。2. 领导成员通过民选产生，并有罢免权。3. 废除贵族封建世袭制，主张民族一律平等。4. 彻底废除无偿乌拉差役。5. 发展民族经济文化。6. 各地兴办民族学校，大力推行双语教学。7. 加强川康滇各民族的团结。8. 坚决抵抗西方殖民势力的入侵。这些政治纲领，富于感染力，颇有号召力。遗憾的是前进的道路并非平坦，充满着艰难曲折。西藏噶厦政府获悉这一前所未有而耸人听闻的消息后，一时惊慌失措，认为邦达多吉此次军事事变，实与藏政府形成鼎足之势，其政治背景必将是川康方面，局势必然更为严重。为了力挽狂澜，饬令昌都基巧公署立即先调遣4个代本兵力，火速前往芒康进行讨伐。并利用宗教旗帜从拉萨三大寺抽来百余僧兵前来助战，以分化各寺反抗势力。邦达多吉亦感到局势对己不利，昌南又是偏僻之地，财力枯竭，军备薄弱，前方作战易，而后方勤务吃紧。更重要的是身旁没有具备军事、政治素质和智囊人物的协助，实有孤掌难鸣之虞。藏军压境时，社会气氛顿时紧张起来，各地百姓极为愤慨，纷纷表示决战到底。人民虽有殊死斗争精神，然而各地寺院在紧要关头受三大寺僧兵的宗教影响，背叛盟约，采取中立。而西藏地方政府对芒康的军事行动，在英帝唆使下，不论枪械、装备还是后勤、物资等等，都有计划、有步骤、有目的地进行着布置。并策划速战速决，以免川康滇的军事干预。邦氏经过分析事态的发展及其后果，知己知彼，感到尴尬；更意识到西藏长期处于封闭状态，以政教合一为特征的封建农奴制度长期遗留下来的社会影响，不仅很深而且很广，一个民族、一个宗教形成的心理素质，在各方面留下了很深的影响，加之文化极为落后，不会区分政治与宗教之间的本质，因而造成了错误的观念形态。若坚持抗击藏军，势必带来民众遭受战火灾难，不如保持实力，多做民众思想工作，待机而动。

事变虽受挫折，但教育冲击了康巴人在精神世界领域里祖祖辈辈将西藏地方政府中的贵族官爵视为不可触犯的当然统治者的天命观，大大增强了只要齐心协力，团结一致，命运不是绝对不变的神秘东西，通过人的主观奋斗可以创造美满幸福前途的信念。广大民众的自信心，使得噶厦专权派一贯鄙视和奴役康巴人的自负心，从此有所收敛。

1933年藏历12月,邦氏放弃芒康,率领全军投巴(塘)避乱。到金沙江边后,考虑到人马过多,出于对部队生活给养之虞,决定视情应付藏军,将芒康民兵全部遣散回家,以免家庭被株连洗劫。察雅兵近400人全部带到巴塘,供给除巴塘县府供应粮食外,其余全部由邦达多吉私人负担。邦氏只带随从数人经云南丽江辗转康定前往南京,再乘船经海路前往印度加尔各答与兄邦达养壁密商今后事宜,随即返回南京向国民党中央求援。在南京恰与同病相怜的西藏昌都地区类乌齐诺那喇嘛不期而遇,双方共商如何对付西藏噶厦政府的有关问题,并联名致信国民党中央政府,为维护祖国统一,驱逐帝国主义在西藏的势力,请求从物质到军事上给予大力支持,并呈上进藏行动计划。蒋介石对此极为重视,特指示:鉴于英帝国主义勾结西藏上层中的分裂主义分子,对西藏加紧政治渗透,提供武器装备给藏军,图谋再次进犯川康,决定借西藏爱国势力,先定川康,后图西藏。所谓先定川康,是蒋介石别有用心的一个不可告人的阴谋,是有历史根源的。早在1930年刘文辉公开通电反蒋以后,蒋就一直怀恨在心,他利用川战把刘压到川康边境后,刘担任了西康省主席,蒋便在西昌设立了委员长行辕,加以控制监视,对刘不择手段,采取直接和间接的卑鄙手段,妄图削弱或挤掉刘在西康的势力。

1935年,国民党设西康宣慰使公署,任命诺那为宣慰使,分设宣慰、秘书、总务、地方武装四个组(邦氏为宣慰组和地方武装组组长),以政治宣传和联络各地方势力紧密配合,扩大地方武装势力和社会基础。同年4月,诺那等人由南京启程入康。到成都时,国民党军委会驻渝别动总队派了一个别动中队协助工作,由江安西指导员(巴塘人)率一个分队随诺那进康,另两个分队驻康定培训地方武装。刘湘因与诺那原有施主关系,加之政治斗争需要,特调拨两连人编为宣慰使公署特务大队,秦伟琪为大队长(原刘湘的旅长)。在蒋介石的策划指使下,诺那在康定召开宣慰大会,召集西康南北各土司头人和各寺庙主持人举行秘密会议，矛头指向刘文辉24军，开展军事斗争。诺那亦意识到这是蒋介石借刀杀人之策，但在别动队的压力下，此举不为不行了。在康北、道孚、炉霍、甘孜等地，相继缴获了24军共一个多团的武装。

公署以康北胜利之余威，决定派邦达多吉前往康南巴塘，对24军42团傅德铨部采取军事行动。枕戈待旦，绝不可轻举妄动，邦氏感到巴塘驻军与邦部相处甚好，并得其大力支援，决定通过和平协商方式解决巴塘问题。但事与愿违，邦部下属甲本以上负责人与巴塘康宁寺包昂武呼图克图为首的僧俗人士密商对付傅部事宜，与会者原则上表示采取一致行动，并立据盟誓。他们在邦达多吉尚未到达巴塘时就贸然采取了行动，于藏历十月二十五日，趁宗教节日之机邀请傅团长到康宁寺，并将他拘押，强令缴械。傅团长此时感到孤掌难鸣，就在护法神前发誓缴械，以骗取信任。但一旦将他放回团部，他便将几百条枪支集中于空房隐藏起来，并请地方绅士派人监管防守。次日，傅团长邀请包活佛莅临团部磋商缴械后有关善后事宜，包活佛信以为真，应约前往团部，被宽待拘留，威逼利诱。29日拂晓，邦傅双方展开激烈巷战。时至中午，傅方因伤亡惨重，强令包活佛立即派人通知僧俗青壮人员到团部协同驻军作战，否则死路一条。因战事突然，情况发生意外变化，邦达多吉抵达城郊观察战局后觉得战况对己不利，遂立即下令退到城外，带上拘作人质的傅德铨妻子及养子，到巴塘北区一带休整。

1936年3月，邦达多吉动员了巴塘北区及义敦县洛卡甲本呷松和白玉县直白拉加等地方武装千余人，加上别动队指导员江安西也已从德格来巴塘，于是再度联络包活佛和康宁寺，联合发起攻城战。傅部两个正规营加上已掌握和收买的城镇地方武装近千名，严守城堡要地。经月余激战，双方处于胶着和消耗状态。

时值国民党中央16军李抱冰军长从康定派来一个工兵营四个连来巴塘，以防红军攻城。同年5月中旬，红二军团进入巴塘东区，沿途休整兼搞群众工作，宣传中共的方针政策以及北上抗日的重大意义。红军军纪严明，处处以身作则，群众从内心仰慕如此不损人民分毫的队伍。当时巴塘情况愈显复杂，邦氏分析局势后，意识到攻城战不能一意孤行，应适可而止，故主动撤至义敦冷卡石及白玉盖玉一带。驻巴塘傅部对中央军（即前述16军工兵营）明尊暗防，该中央军军纪松弛，无所不为，与地方的矛盾日益激化，处于一触即发之势，不久调回康定。红军并未攻占一城一镇，经巴城东山而顺利地到达甘孜，北上抗日。同年诺那活佛在甘孜逝世，公署也就自然撤消了。傅德铨为缓和局势，几番派人与邦氏洽谈，要求放回人质，退还被抄的财物及弹药，邦氏亦一一照办。傅邦之间言归于好，关系日趋和睦。刘文辉深明大义，认为诺那事件乃是蒋介石一手制造的，而非他人之意。为稳定康南局势，刘文辉委任邦达多吉为川康边防军总指挥部骑兵大队大队长，在康定设办事处，军饷按规定照发。邦氏从巴塘北区移防巴塘东区中咱，常派部队渡江分散伏击芒康驻防藏军，弄得藏军第八代本晕头转向措手不及，大大减轻了人民的乌拉差役负担。1939年，国民党中央第31集团军宋希濂部驻防云南大理，视察康区情况时，称日寇节节推进，我国大片土地已沦陷，抗战是中华民族生死存亡的反侵略战争，地无分南北，皆有守土之责，康藏地势险要，应为共谋抗战积极合作，争取抗战早日胜利，并派人与邦氏联系。邦氏积极表示，国难当头，匹夫有责，一旦日寇魔爪深入康藏区，愿赴疆场作殊死斗争（此话是本人在场翻译的）。1940年，邦部移防义敦波密地区。该地区地广人稀，百姓生活艰苦，负债累累，邦氏便将荒山荒地议价收买，帮百姓将所欠各寺商债务近三万银元全部付清。从此，他便在此建房开垦，购买大批牛羊发展农牧业，兼营商业，兴办小学，并大力复置义敦县。

邦达多吉与西藏噶厦政府之间的遗留问题，经西藏各方僧俗上层人士的努力，由邦达养壁出面终于得以妥善解决。在此之前，噶厦已任命邦达养壁为亚东总管。

报国赴行难，古来皆共然。“七·七”事变后关于康藏商业界支援抗战亲历记，已由云南出版社出版，不另详述。

《西藏文史资料选辑》第18辑
西藏自治区政协文史资料研究委员会编 第23—35页

西藏地方政府要政见闻

拉乌达热·土丹旦达

第十三世达赖喇嘛圆寂

至尊第十三世达赖喇嘛土旦加措，于藏历十五绕迥木羊年（光绪二十一年，公元1893年）18岁亲政至十六绕迥水鸡年（民国二十二年，公元1933年）十月止，善扶政教社稷37载。

十三世达赖喇嘛的御医为堪穷·钦绕诺布。平时，由其徒弟多扎寺僧伽医算专家强巴和拉鲁村次旺二人常住罗布林卡为佛座号脉献药，精心服侍。1933年某日，达赖喇嘛就医算之疑难问及御医钦绕诺布院长（藏医院院长）时，院长未能及时答出，言称待查医书后禀告。达赖喇嘛油然而气，云将学问束之高阁，不能用于实践，留其何用！随即命寝宫侍卫官传令，撤掉钦绕诺布的御医职务，保留五品医算总管一职，令其专门从事藏医院医学星算的教学工作。

某日，十三世达赖喇嘛召唤藏医院学员拉鲁村的次旺于寝宫，赐予护身结、加持物以及白银三品，让其用功自学，钻修医术，暂不必前来号脉拿药，听候调用。达赖喇嘛的保健工作暂由藏医院学员、具有高超医术的强巴担任。

水鸡年藏历十月十五日左右，十三世达赖喇嘛身患感冒，医生强巴号脉后给了药。十月二十日,上密院众僧伽按惯例前来“冬朝”,达赖喇嘛接受朝拜并摩顶祝福。十月二十五日,下密院众僧伽前来参加“二五朝拜会”,达赖喇嘛因日前疲劳过度,未能到会,只好按例迎请佛衣模拟朝拜。

十月二十七日,达赖喇嘛病情日益严重,作为内侍官的土登贡培竟然未及时向司伦和噶厦报告。当布达拉宫财务局值班五品官羌钦·土登夏佳将此情禀报噶厦后,首席噶伦格顿曲塔、噶伦赤门·诺布旺杰、噶伦朗穷巴等人立即约同卸任甘丹寺法主强巴曲扎去罗布林卡坚色颇章宫西侧之寝宫念经祈祷,遭内侍官土登贡培拒绝,未能进入,无奈返回。

十月二十八日,内侍官土登贡培着布达拉宫财务局五品官土登夏佳邀请乃穹神汉,让其于次日前来佛座前简易降神。乃穹神汉洛桑索南向手下的喇嘛秘密叮咛带上藏药“祛感英雄十四味”,于二十九日前来罗布林卡达赖喇嘛卧室,随即作发神状,喊道:“敬服‘祛感英雄十四味’”。在旁的达赖喇嘛保健医生强巴应道:“这里没有此药。”神汉接着说:“我的佣人有此药。”然后从佣人所带的布袋里取出“祛感英雄十四味”,让达赖喇嘛服下。达赖喇嘛服下此药后,竟然丧失说话能力。达赖的保健医生立即走向神汉的佣人处厉声说道:“刚才让佛座服下的药绝对不是‘祛感英雄十四味!’”佣人惊奇地答道:“啊?那怎么得了!”

十月三十日,噶厦政府成员和所有僧俗官员除集中在布达拉宫释迦牟尼佛前磕头念经、祈祷佛祖保佑外,一筹莫展,毫无任何办法。就这样,十三世达赖喇嘛土旦加措于当晚10时左右圆寂于罗布林卡坚色颇章宫西侧的齐美却且卧室。直到此时,内侍官土登贡培才不得不将这一情况向司伦和噶厦政府报告。

藏历十一月一日,司伦、噶厦成员、三大寺堪布执事以及所有僧俗官员在罗布林卡坚色颇章宫集会,决定向全藏宣布这一噩耗,并要求西藏所有城镇乡村居民一律身着孝服。寺庙一律将胜利幢取下，市民也将各自屋顶上的经幡降下，以表哀悼。会上，三大寺的堪布执事、全体僧俗公职人员对达赖喇嘛患病期间未能组织有效的诵经禳灾活动表示强烈不满，他们纷纷大声哭喊说："穿黄色锦衣的这伙饭桶们，平素只知道饱肥私囊，除此什么事也干不了！"等等，对司伦和噶厦成员进行了直接和公开的抨击。

十一月四日，将达赖遗体从卧室转移到坚色颇章宫大殿的宝座下，让公职人员瞻仰，所有僧俗官员嚎啕大哭，无限悲痛。当拉萨市民前来与遗体告别时，许多老太太、老爷爷泣不成声，悲痛欲绝，有的昏倒在地，被大卓尼和侍卫官搀扶起来，安慰一阵后送出殿外。

司伦和噶厦政府开始举行祭奠活动。司伦朗顿·贡噶旺秋向西藏地方政府驻南京办事处处长公觉琼乃和曲沛土登致电，让其向国民党中央禀报达赖喇嘛圆寂之事。国民党中央政府得知这一消息后，为十三世达赖喇嘛举行了隆重的追悼大会，并专电向朗顿·贡噶旺秋本人和全藏僧俗民众表示慰问，告之将派要员入藏致祭。

关于施政方针之争

向达赖喇嘛的遗体告别活动结束后，立即在坚色颇章宫大殿里召开了全藏代表大会。会议主持人是大喇嘛洛追加措、钦绕旺秋、然巴·土登贡钦、欧歇·土登贡青、仔本缀噶娃、西林公子和哲玉等。根据他们的提议，司伦朗顿·贡噶旺秋首先讲话。他提出鉴于今后祭奠活动、寻找灵童、执掌政教大业等重担落肩，我一人恐难以胜任，要求推选一名助手辅佐。并将在达赖喇嘛患病期间，因不了解情况未能及时组织诵经禳灾活动，以及此后他本人和噶厦成员召请卸任甘丹台主强巴曲扎前往罗布林卡准备祈祷念经而遭拒绝，及达赖喇嘛圆寂后立即向国民党中央政府致电禀报等事项，一一作了汇报。当场三大寺的堪布执事等一部分人表示，西藏是政教合一的圣地，理应有一位受朝拜、施灌顶仪轨的活佛。在讨论究竟推选谁最为适合人选时，四品官噶雪·曲吉尼玛说："原达赖喇嘛的心腹人（指土登贡培）是现成的助理，我们拥护，不用再选别人。"紧接着江乐金·索朗杰布公子说："我同意这一人选。如果另外选一个连自己的鼻涕也擦不干净的小喇嘛扶上宝座，宝座之下的所谓札萨、管家全是一群只会大口吸鼻烟的废物，根本无任何经验，何以执掌噶丹颇章的政教大权？！不如让刚才提出的人选担任最为妥当。"但僧官们趋向三大寺的意见，要求选派一名僧职助理，于是两种意见争执不休，发生了激烈的争吵。后在大卓尼的鼓动下，所有僧官退出会场，集中到坚林宫阳台上单独商讨僧职助理的提名，大家一致认为应推举一名活佛来担任代理藏王。这时彭雪公子次旦旺杰等 11 名俗官来到坚林宫阳台上，表示赞成僧官们所提的建议，最好选一名活佛担任代理藏王。于是所有大小僧官和 11 名俗官签名的意见书呈送于大会主持人。三大寺的堪布执事们还口头强调推选一名活佛为代理藏王的重要意义。这时所有僧俗官员分为三派：倾向于推选土登贡培的 20 余人为一派，完全倾向于僧官的为一派，绝大多数保持中立的为一派。

内侍官土登贡培将达赖喇嘛所有卧室的钥匙交出后，跑到司伦和噶伦办公处对他们指手划脚，态度仍然十分傲慢，激起了全藏代表会议多数成员的强烈不满，成为他此后被逮捕和判逐的直接原因之一。

藏历铁羊年（公元 1931 年），十三世达赖喇嘛在世时，内侍官土登贡培将一批尚未担任地方政府官员的年轻贵族少爷、大商子弟以及拉萨富裕人家的男青年组建成一支千余人的所谓第二藏军"富户军营"的军队，集中在拉萨北郊折吉营盘进行军事训练。这支过去曾深受达赖喇嘛重视和信任的军队，现在看到他们的靠山内侍官土登贡培即将倾覆，大势已去，其中一部分官兵利用十三世达赖喇嘛去世的机会，脱去军装闯入罗布林卡噶厦办事处诉说大家都是被强制参加军队的，要求解散“富户军营”，放回家中。司伦和噶厦研究后决定，这将是直接削弱内侍官土登贡培势力的一个良好机会，可沉重打击土登贡培的嚣张气焰，故予解散。

内侍官土登贡培等被逮捕

全藏代表会议在达赖喇嘛寝宫的走廊里开会，传讯内侍官土登贡培到场，令其招供在十三世达赖喇嘛生病时，对司伦和噶厦负责人密而不报病情，致使政府主要负责人都一无所知。幸布达拉宫总务处司库羌钦·土旦夏佳报信，司伦和政府主要负责人立即宣召卸任甘丹寺法主强巴曲扎一同去罗布林卡探视佛座病情，兴诵经活动，然又被其拒绝，不准进入，致使对佛座祈祷长寿的诵经会一次也未能举行便圆寂升天，使全体僧俗民众陷入十分沉痛和黑暗之中等罪行，土登贡培罪恶滔天，于法难容，非彻底招供，以法惩治，不足以平民愤！但内侍官土登贡培态度十分顽固，不仅不脱帽躬身承认罪行，反而巧言辩解说：“当佛座从玻璃窗看到甘丹寺卸任法主和噶厦几位负责人前来卧室时，立即指示我‘不要让穿黄缎子的那些人进来，把他们送走！’所以我未让大家进去。至于未向司伦和噶厦负责人报告病情，是因为我希望佛座的病情能逐渐好转，暂不要惊动大家。说及未给佛座念祈祷经一节，请问，过去布置给你们的诵经活动是否全都进行了？”态度依然十分强硬。这时负责外加念经活动的译仓管家僧官土登旺秋（后任台吉）站起身来，走到土登贡培跟前说，根据诵经簿上的安排，我们一一遵行无误。语言激昂，两手在土登贡培的眼前拍打挥舞，表现了十分恼怒的样子。接着会议主持人说：“今天在这样严肃的会议上，你土登贡培态度十分傲慢，不仅不躬身脱帽，而且不愿如实招供，毫无认错之意，不知你有何后台。今晚回去好好想想，明天彻底招供！”旋着土登贡培回去。

土登贡培出门以后，三大寺的堪布执事等纷纷提议说："土登贡培无视大会威严，正如谚语所说'风往那边吹，草往这边倒'，根本没有认错的样子，肯定他还有什么仗恃！既然如此，非将他逮捕惩治不可！"对这一建议除个别人低头不语外，绝大部分人都纷纷表示一定要严惩他。

第二天全藏代表大会继续开会。会议命令第一藏兵团警卫营营长恰巴公子旺青越拉率领25名藏军，将土登贡培逮捕解押会场，让其跪在地上。搜身时发现十三世达赖喇嘛生前用的念珠用缎子包裹着揣在怀中，还有几个护身符等物，便尽行没收。

审讯开始，问土登贡培是否愿意供认罪行？此时土登贡培前些日子那种目中无人的傲慢态度早已不复存在，连连给大家磕头作揖，承认自己犯有严重错误，并求大家念及过去曾竭尽全力侍奉达赖喇嘛，效过犬马之劳，望以慈悲之心，乞请免其一死。会议主持人宣布以后继续审讯，至于是否免其一死，要看其态度如何。说完将土登贡培关进布达拉宫"夏钦角"监狱。

随即，将在罗布林卡的土登贡培的父亲逮捕，派僧官阿旺桑旦和一名俗官（姓名记不清）查封其在尼木地方的私人庄园。将平时依仗土登贡培权势，欺压别人的一名亲戚色拉寺"且"僧院的司库查穷，马厩清扫员热杰、拉萨郊区法院的小管家阿旺等一伙先后逮捕，关进牢房，并派法院管家僧官塔青、奴马、穆霞和我等6人，把住在加热林卡里的热杰住家查封。然后将住在藏热地方的色拉寺"且"僧院的司库查穷的一处租来的庄园和小管家阿旺的郭仓庄园查封。

乃穹神汉罗桑索南被撤销其大喇嘛职务，派人将其房产查封，令第一藏兵团团长帕拉·多吉旺秋负责拍卖其所有家产财物。

对达赖喇嘛的医生强巴，就其曾开过何种药物，为何不及时向司伦和噶厦报告病情等进行了审讯。医生强巴叙述了乃穹神汉亲手向达赖喇嘛口中灌服藏药"祛感英雄十四味"，以及未经内侍官土登贡培的允许不得外出，故未向司伦和噶厦汇报等事情。会议最后决定，没收强巴的所有财产，暂押布达拉宫“夏钦角”监狱，听候处理。

全藏代表会议负责人扩大会议最后裁决并报噶厦转呈司伦·朗顿批准，将土登贡培流放工布则岗宗（今林芝专区林芝县境内）属下，将御医强巴流放到加查宗（现山南加查县）属下。其他如土登贡培的父亲、司库查穷、小管家阿旺、乃穹神汉罗桑索南等也被流放。土登贡培集团被流放那天，正遇年终二九日送鬼节，全拉萨市民和各寺庙除魔送鬼，庆贺土登贡培集团的倒台，群众高喊：“让所有魔鬼和灾祸跟着他们一起去吧！”

多年以后，卸任御医堪穷·钦绕诺布谈起强巴医生被流放一事时，曾对我讲：“至尊十三世将我革职的初期，我感到十分痛苦和遗憾。但如果没有当初的这一决定，我肯定也遭流放，那就没有今天的我，也不会有今天的藏医院了。至尊十三世审度三时，卓有远见，实际上是保护了我，才使我在藏医院的医学发展、天文星算，以及占卜、算术等方面，为僧俗民众作出一点贡献。想起这些，才感到至尊十三世对我个人和藏医院真是恩重如山啊！”说到此，老院长双手合十，举过额头，流下激动的泪水。

热振呼图克图被举为摄政王

半扩大的全藏僧俗民众代表会议提出要在热振呼图克图·土登坚贝益西丹白坚赞、甘丹赤巴·益西旺旦、普布却活佛强巴土登楚臣三人中推选一名为摄政王。经在布达拉宫观音菩萨佛前金瓶掣签，决定热振最为合适，于是决定派专人从藏北热振寺将热振请到拉萨，就任西藏政教大业摄政王，藏王朗顿·贡噶旺秋辅佐。

1934年（藏历木狗年）新年开始，热振呼图克图登位，与藏王朗顿·贡噶旺秋共同掌管全藏政教大业。这时，以藏军司令顾问孜本龙夏·多吉次杰为首，成立了一个反政府组织，伺机政变，企图推翻政府。家住在色新地方的僧官土登格列，以筹建十三世灵塔、尽快找到达赖灵童、维护政教不致衰败、造福百姓为名，发起向掌权阶层请愿的签名运动。他在路旁叫住去上“早朝”的80多名僧官在请愿书上签了名，我也是其中之一。

一日，凡是在请愿书上签了名的僧官召开会议，僧官杰卡昂巴、曼日娃、禅屯等3人走进会场，说：“僧官们对雪域政教的正义事业如此关心，我们深表敬佩。我等23名僧官与各位志同道合，今天以代表身份前来参加会议。现政府的一切举止颇为不公，尤以官职分配不公为甚。今后僧官要与俗官一样享受赐封庄园的权利。现掌握实权的4名噶伦中，仅只1名僧官，今后应增加1名噶伦喇嘛。噶厦政府中，噶伦赤门·诺布旺杰办事极不妥贴，建议两位藏王考虑罢免其职务”等等。

僧官洛桑扎西说：“我们这一批僧官的任命均由‘译仓’(管理僧官的最高机构)定夺，无关于噶厦。噶伦赤门·诺布旺杰办事公道与否，我们僧官无事实根据。”会议上僧俗官员相互指责，争吵不已，最后形成以僧官土登格列为首的一派，对提出办事不公持否定态度的为另一派，还有一批人持中立态度。我当时属于持否定态度的一派。

后来这批僧俗官员开会，共同起草了一份奏文，明确写明西藏的政治大权操纵在少数几个人手中，办事极为不公，要噶厦改组。我当时被推举为呈禀奏书的代表之一，因我和赤门·诺布旺杰的儿子赤门·索南诺布是“草官”同事，故当晚便去赤门·索南诺布家报信，谁知赤门·索南诺布早已得知此事，已去哲蚌寺躲避，我落人一步，羞惭万分。

一天，摄政王侍卫处传令，将藏军司令顾问孜本龙夏召去，免了其职，在令其脱去官服时，听说孜本龙夏从鞋里拿出一张字条吞咽了。在检查另一只鞋时，发现一张纸上画有一个诅咒轮，上面写着“镇压噶伦赤门·诺布旺杰！”字样。

龙夏·多吉次杰被押在布达拉宫“夏钦角”监狱，并将法器保管僧官钦热塔青、僧官土登格旦、江金公子索郎杰布、俗官噶江·丹巴、俗官查困巴、俗官门热瓦、警卫团营长恰巴公子旺钦玉拉、噶雪巴·曲吉尼玛等逮捕入狱。在由秘书长钦热旺秋、孜本鲁康巴、藏军司令堪穷丹巴加央、藏军司令朗噶·旺秋塔青等4人组成的审问组共同审讯时，噶雪巴·曲吉尼玛当场站出揭发了龙夏·多吉次杰的种种罪行。审讯结果，决定将龙夏·多吉次杰挖除双目。在报告呈给摄政王热振时，由于他本人是比丘僧，截割人身器官与教理不合，故由司伦朗顿·贡噶旺秋批准，将龙夏·多吉次杰的双眼挖去。江金·索郎杰布、恰巴·旺钦玉拉、杰卡郎巴、查困巴、钦热塔青、土登格旦等被流放到边远的各宗豁，拉鲁公子次旺多吉和噶江被撤职，噶雪巴·曲吉尼玛被宽大释放。凡在奏文上签了名的官员，均由译仓(秘书处)提审，对堪穷级官员各科罚黄金4两，五品级官员各科罚黄金2两，一般官员各科罚黄金1两。我时任“草官”，也被科罚黄金2两，藏军司令堪穷丹巴加央虽未加入该组织，实际上在如何向摄政王呈禀奏文等问题上，曾与他密商，但这次他却成了审讯组的成员，其中必有阴谋。

朗顿被解除司伦职务

热振摄政王同司伦朗顿·贡噶旺秋之间产生了矛盾，热振摄政王在噶厦提出辞职要求，说:“吾年纪较轻，又无实际经验，无力胜任教政两务之重担。再者，属下多不从吾使唤，愿辞去摄政职务”等等。噶厦一再请求其不要提出辞职，并以全体僧俗官员、三大寺堪布名义立约为据，保证今后愿听从一切指令，不得相违，事始消弭。嗣后，摄政王热振出尔反尔，处处对司伦朗顿·贡噶旺秋冷嘲热讽，又提出辞职要求。故此，噶厦和西藏全体僧俗官员会议对全体官员和三大寺堪布一一进行信任签名，司伦朗顿·贡噶旺秋也被要求签名。

1939 年(藏历土兔年),噶厦收到去青海寻访达赖喇嘛转世灵童的格吾仓活佛来电,召集全体官员会议研究灵童认定的各项问题时,三大寺堪布提出建议说:“我们对司伦尊下无什么话可说,摄政王在执掌政教方面如有所不便,我们可去摄政王处问个明白。”与会者大多数还没弄清楚究竟是怎么回事,便跟同其他代表一起拥到了热振拉章。大家向热振摄政王禀奏说:“摄政王在执掌教政大业上似有不便,乞求能明言赐教。”摄政王热振仍以年轻无知为由,坚持原意,与会者立即跪拜再三乞求明言。热振始开口说出心里话:“以往历届摄政王均无设助手之先例,而唯独我任摄政王时,却由司伦朗顿辅佐,遇有不是之处,都落在我头上,还是辞去的好。”会议代表一致表示,关于司伦朗顿一事由会议解决,乃乞请热振继续执掌摄政大业。于是与会者退下,直奔大昭寺门庭楼上开会商议对策。三大寺堪布以司伦朗顿·贡噶旺秋不尊重摄政王等种种罪名,要求惩办治罪。其他与会者提出了一些温和的意见,经讨论,决定解除朗顿·贡噶旺秋的司伦职务,念及系十三世达赖喇嘛的亲属,给予“卸职司伦”之空名,维持原有薪俸。最后将盖有四方(全体僧俗官员以及三大寺堪布)印章的会议议定书呈送给噶厦。诸噶伦到司伦朗顿之官邸,向朗顿出示四方印章会议议定书后,告诉他从即日起不必前去摄政处办公。从此朗顿·贡噶旺秋的司伦职权被解除。

从青海迎请十四世达赖喇嘛
入藏并举行坐床典礼

在青海省当孜地方出生的第十三世达赖喇嘛转世灵童拉莫顿珠,与从山南曲科杰神湖中发现的藏文字母“阿、噶、玛”三字的幻影所预示,与神佛预言均相一致,灵童灵异卓著。但为了证实拉莫顿珠是否是真正的灵童,将“乃穹”神汉洛桑朗杰邀请到摄政王热振私宫的内卧室里,令其降神预示。当地方政府译仓(秘书处)的秘书长正要准备宣读请问书时,“乃穹”神汉一把夺过请问书,插进戴在自己头上的神帽边上,有条不紊地说出了“青海当孜地方出生的拉莫顿珠是真正的灵童,重要的是想办法做好汉区工作,此事暂要保密,不可外传”等三句预言。很清楚,达赖灵童早已内定稳妥,只不过在大家面前做了一个表面文章。神佛意见一致,在西藏地方政府官员会议上,全体官员作出了用生命财产担保、不向外泄漏的决议。

嗣后,地方政府便向国民党中央政府和青海省政府主席马步芳请求准许迎请十三世达赖喇嘛转世灵童拉莫顿珠至藏供奉。国民党中央政府欣然应允,但却遇到了马步芳的多方阻挠和刁难。最后议定西藏地方政府以40万英镑之价赎买灵童至藏,并负责为青海塔尔寺无偿地赠送一套熔金手写《甘珠尔》大藏经。为保证协定不发生变化,马步芳暂将僧官洛桑次旺留作人质。格吾仓活佛等一行将达赖喇嘛灵童妥善迎请进藏。摄政王热振向全西藏僧俗民众宣布第十三世达赖喇嘛转世灵童已寻明无误,并已决定迎请来藏供奉。于是地方政府先后派人前去迎接,在岗地方的堆廓滩专设行辕,举行了庆祝大典。十三世达赖转世灵童来藏后,在未举行坐床典礼前,暂在罗布林卡的格桑颇章宫下榻。

青海马步芳为了预防赎买十四世达赖的40万英镑不致落空让西藏地方政府在西宁设立办事处,名曰为密切联系。地方政府同意后,任命我和僧官多吉平措为驻西宁办事处正、副处长。但后来,达赖灵童已迎请至拉萨,赎金也已付给马步芳的官商康副团长,故我二人经活动后未去西宁。至于被马步芳留作人质的僧官洛桑次旺借口去甘肃夏河治病获准,在夏河居住一段时间后逃回拉萨。

1940年(藏历铁龙年),国民党中央政府派蒙藏委员会委员长吴忠信来西藏，参加了在布达拉宫举行的十四世达赖喇嘛丹增加措的盛大坐床典礼。

嘉奖寻找灵童的有关人员

噶厦政府召集小范围全藏代表会议，就应否嘉奖寻找灵童的有关人员格吾仓活佛、雪尼·凯墨公子索南旺堆、那曲头人钦热旦增（僧官）、随行人员洛桑次旺（僧官）等进行讨论时，哲蚌寺杰巴堪布益西久乃首先说，能够正确无误地寻找到达赖喇嘛的灵童，归功于摄政王热振活佛在曲科杰观海后的正确预言，成绩卓著，应该嘉奖。之后，三大寺的堪布纷纷说，摄政王热振活佛贡献颇大，应该赏以规模可观的寺属庄园，还应维修热振寺等等。色拉寺堆巴堪布加措森格还提议应给热振摄政王奉献宗谿50处。僧俗官员代表洛桑扎西（僧官）、经书管理官阿旺塔巴、代理孜本鲁康哇、孜本夏格巴·旺秋代典与我商议后，由代理孜本鲁康哇提出："至尊全知（指达赖喇嘛）的认定工作完成后，理应依照先规，向经师摄政王奉献宗谿，但如果我们献出50处庄园，显然是仆人拆主人的台，还有摄政王热振拒收而怪罪下来的危险。不如由三大寺和僧俗官员收集相当规模的现金送上为好。"鲁康哇这一席话，在全场争论激烈。台吉穹然巴对如何嘉奖一事作了长篇讲话，其中说道："有了成绩后，大山吃不饱，大海喝不足啊！"话音刚落，色拉寺堆巴堪布坚赞森格立即站起来质问道："你有什么证据指控热振摄政王是大山吃不饱，大海喝不足呢？"两人激烈争吵。会议最后决定，或给热振摄政王奉献既不使政府受损，也不会遭别人反对的一定数量的俸地，或由政府出资修缮热振活佛的驻锡地热振寺，或公积相当数量的现金奉送之。会议通过了上述内容的《决议书》草案，会议主持人宣布了次日前来缮写《决议书》的6名僧俗官员的名单，以及次日三大寺各派堪布代表1人将寺庙公章送来的通知，会议结束。

第二天，除了各僧俗官员、三大寺代表以及前来缮写《决议书》草案的6名工作人员外，代理孜本鲁康哇也主动前来参加会议。大家到齐商议后，将犒赏格吾仓活佛的两份决议书草案由仲译钦莫和孜本交工作人员誊写。对嘉奖热振王功绩的《决议书》草案迟迟未交誊写，他们交头接耳地商量了一阵之后，秘书长青热旺秋大声问到："昨天大会上公众一致讨论通过的决定，孜本噶雪巴又提出要进行修改，这究竟是怎么回事？"色拉寺堆巴堪布坚赞森格回答："望请按孜本大人的意思办理！"这时秘书长青热旺秋和誊写决议书的6名工作人员一致呵斥了堆巴堪布，最后仍按原决议书草案交与誊写，加盖4枚公章后呈报噶厦。

不久，那曲三十九族群众向噶厦政府控告藏北总管琼然巴敲榨勒索藏北牧民百姓极甚。噶厦成立4人调查组（秘书长群沛土登和洛桑顿珠、孜本谢林公子和噶雪巴）负责查处。但由于琼然巴无视传讯，无故拒绝到场接受查问，惹恼调查组，随即派藏军警卫代本的扎拉丹增营长率士卒若干，强行逮捕琼然巴，关入牢房，其财产也被查封。布达拉宫知宾代表查抄琼然巴的家属时，发现一份《告达赖喇嘛、三大寺代表、全体僧俗官员书》草稿，大意是说，办公事私人落难，实难应传受审……等语。此草稿由噶章·丹巴进行过修改，噶伦彭雪也修改过数字。后来，将琼然巴严刑鞭笞后，令其倒骑黄牛绕八廓街一周，被流放到后藏宇妥县。噶章·丹巴也被流放到山南地区桑阿曲林宗。

噶伦彭雪·次旦多吉涉嫌此案，极有可能被撤职处理，于是黑夜秘密去噶伦喇嘛·旦巴加央府上，央求他向摄政王热振说情，不要撤销噶伦职务。噶伦喇嘛·旦巴加央向热振摄政王禀奏说，彭雪噶伦熟悉政府工作，学识渊博，十分能干，此次请不要撤职。最后，彭雪噶伦被罚10两黄金了事。在噶厦，由于彭雪·噶伦对噶伦喇嘛·旦巴加央唯命是从，推崇备至，故噶伦喇嘛的影响得到了极大的提高。

热振引退，达扎代摄政

1940年（藏历铁龙年），摄政王热振活佛向噶厦提出，由于神佛一致预言，将有灾难降身，威胁生命安全，需要修行禳灾，故需辞去摄政王职务。已商定由经师达扎活佛代理。噶厦就此召集全藏僧俗民众代表大会征求意见。会上无人提出反对，一致通过。1941年（藏历铁蛇年）藏历新年，热振经师达扎阿旺松绕·土多丹白坚赞升任摄政王。达扎摄政王家庙出面以厚礼酬谢卸任摄政王热振，并筵请和犒赏了热振家庙所属的大小人员。但是，当卸任摄政王热振返回他在藏北的寺院时，身为摄政王的达扎活佛竟未表示任何欢送之意，致使热振家庙中的主要负责人十分气愤和不满，甚至颇有懊悔之意。据说热振与达扎之间的不和也始于此时。当时社会上很多人认为，现正值第十四世达赖喇嘛剃度授戒之时，卸任摄政王热振总有什么不敢向达赖喇嘛授戒的亏心事而躲避，他狡猾地先将政权让给达扎活佛，企图三年过后，重新收权。根据以往惯例，摄政王只有自己辞职的权力，而无任命他人担任摄政王的权力。谁担任摄政王，要由全藏会议讨论选出，禀报皇帝批准后才能执政。从事实分析，热振之所以私下任命达扎任摄政王，大概认为达扎活佛时已69岁高龄，其家庙势力又很弱小，再过三年后不难收回政权。热振担任摄政王期间，曾逐渐加强了西藏地方与内地中央政府之间的联系。而达扎执政后，少数上层分子充当了英帝国主义的走狗，在其唆使下，妄图把西藏从伟大祖国中分裂出去，沦为帝国主义的殖民地。1943年（藏历水羊年），在帝国主义的策划下，达扎摄政王命令噶厦政府成立了所谓“外交局”进行联系。噶厦政府竟然发出“国民政府蒙藏委员会驻拉萨办事处的负责人必须通过‘外交局’才能与西藏政府发生关系”的命令，后由于受到了全国人民的一致谴责，这一阴谋才未得逞。

1944年(藏历木猴年)某日,热振呼图克图来到拉萨。当时社会上流言四起,说“热振活佛是来收回政权的……”;“达扎摄政王已下命令,暗中派人监视僧俗官员中有谁去热振家庙联系,故而贵族中无人敢去热振家庙”,“卸任摄政王热振向达赖喇嘛行了禀到礼后,路经达扎摄政王卧室时,与达扎会了面,当他提出收回政权的问题时,达扎摄政王手抻着耳朵装聋作哑,未作回答”等等。热振活佛在拉萨居住的一个多月内,亲眼看到自己过去所培养起来的一些上层当权者们,都倾向了达扎方面,于是在向达赖喇嘛辞行时,表示欲返热振寺,并在他自己敬祝达赖喇嘛长寿的诵经会上十分忧愤地说:“由于达扎摄政,竟没有一个僧俗官员敢来帮帮我热振。”后来大卓尼强巴曲桑和尼仲阿旺朗杰对我说:“卸任摄政王热振为达赖喇嘛献诵长寿经,因为热振寺的人员不准去佛座的卧室,也无这方面的经验,所以请您负责协助一下。”于是我受他二人的委托,帮助热振活佛完成了诵经活动。当晚,热振寺的司库扎巴坚赞带着一包酥油等礼物来到我处说:“佛爷前几天就让我来送礼,因事未能顾上。今天亲自帮助诵经活动,佛爷十分感谢。”第三天,我带了点礼物前去送行,热振活佛对我说:“过去我提携的贵族不少,但现在用得着的一个也没有。过去我没有给您什么好处,但您这次帮助诵经会活动出力不少,很谢谢您。我已叮嘱弟弟,让寺院向您提供一切可能的帮助,也希望您今后一如既往,多支持我们。”我说是主动来帮忙的,并表示今后将为热振寺效劳。

日后卸任摄政王热振与达扎之间的矛盾日趋紧张。热振活佛派阿图普和拉噶鲁二人以经商名义,直奔南京国民党中央政府,请求勒令达扎摄政王将西藏政权归还热振掌握,如达扎不听命令,请派飞机来藏支援,等等;国民党中央政府接受请求,正准备电报责成全藏代表会议,将西藏政权交由西藏人民拥戴的热振活佛执掌时,因达赖喇嘛驻南京办事处负责人堪穷·土登桑布得知此情,立即电告噶厦。此时,一名康巴人给尼仲阿旺朗杰家里送来一个小木箱，说是昌都总管宇妥老爷送给达扎摄政王的，请管家更登暂为保管。康巴人走后，尼仲阿旺朗杰的管家更登擅自将送给达扎摄政王的小木箱打开，不料一声巨响，箱内所装手榴弹爆炸，人员伤亡。摄政王达扎和4个噶伦研究，认定此事乃热振所为，决定立即逮捕卸任摄政王热振。噶伦索康·旺清格勒和噶伦拉鲁·次旺多吉二人率藏军官兵200人，于当晚秘密出发去藏北热振寺逮捕热振；噶伦噶雪巴·曲吉尼玛去藏军警卫团进行部署说，色拉寺“且”僧院喇嘛如图谋不轨，立即以武力消灭之。自己并担负起临时藏军司令的职务，在布达拉宫前后围城的正门、东门、西门等都部署了藏军及部分僧俗官员。

次日，热振家庙被查封，热振扎萨绛白坚赞等热振家庙的主要工作人员均遭逮捕。热振远房亲戚益西楚臣主仆4人从拉萨出发赶往出事地点热振寺报信，路上遇阻未能赶到，只好在热振河南岸躲藏起来。噶伦索康和拉鲁将热振活佛逮捕后，先由索康将其押至达隆地方等候，噶伦拉鲁留下将热振寺查封，并令藏军警卫团罗桑班长选藏军20名留守热振寺。二噶伦会合后，将热振活佛解押到拉萨，关入布达拉宫东侧的牢房，命僧官格桑阿旺和梅如·图登尼玛看守。后又改换为僧官益西土登(绰号尼泊尔人)和俗官龙夏·乌金多吉看守。委派专人组成审讯团，对热振活佛进行了两次审问，据说，有一天热振病了，噶厦委派御医堪穷土登伦珠去看视。当晚，热振忍受不了剧痛，大声呼喊，在门外远处看守的藏军士兵都听得很清楚。第二天便传出热振活佛病死的消息。当时拉萨社会上传说热振是如何如何被杀害的，但内情不得而知。据希德寺卸任罗苯(轨范师)土旦南忠说，热振活佛的尸体交希德寺处理时，虽未发现什么伤痕，但口鼻流血，一只睾丸肿胀得相当大……等等。

时值我任藏北总管，接到噶厦的电示说：“热振一派人员，企图杀害摄政王，背叛政权，罪大恶极，有可能经藏北外逃。彼等严加防范，不得逃漏一人。”我接电后，立即纠集了当地全副武装的骑士

800余人，并同驻防藏北的第六藏兵团的士兵一起，命令分别把守热振寺后方和那曲各要道口以及所有的桥梁。但热振远房亲戚益西楚臣主仆4人昼住夜行，巧妙地通过了铎纳桥逃往内地，驻防该桥的藏军无丝毫察觉。此后我又收到噶厦电称："现派邮政总管僧官洛桑曲沛和邮政总管俗官乃堆·仁增曲沛率藏军警卫团官兵前往藏北增援。彼立即派驻藏北守军25名官兵去佩多护送。"我随即派驻藏北守军连长白玛多吉带领25名士兵直赴佩多。该部到达俊多后派两名藏军前去佩多向二位邮政总管报到请命，不料二士兵过佩多吊桥时失脚落水丧命，另一士兵行至佩多时，听说二邮政总管今天一早就逃回拉萨去了，只好返回。

对遭逮捕的热振扎萨绛白坚赞和卡尔多活佛施行了极其残酷的刑法后，被判处无期徒刑，押解到罗布林卡警卫营监狱服刑。刘·噶伦彭康·扎西多吉、拉尼彭康·坚贝念赛、第六藏兵团团长贡先巴·益西群沛、卸任政府管家觉哲、僧官维色坚赞等人，以热振支持者的罪名，进行了无端的打击和敲诈。

摄政王达扎被迫交出政权

1950年（藏历铁虎年）农历八月，摄政王达扎、噶厦以及总堪布等听到昌都解放的消息后，惶惶不可终日。噶厦、总堪布、四大秘书长和四个孜本以三大寺代表开会研究对策，但始终未对如何使政教事业不致受到威胁、达赖喇嘛的生命不致受到侵害等问题提出任何卓见，只好求助于乃穹和噶东两位神汉显灵预言。于是在罗布林卡的格桑宫达赖喇嘛的日光寝宫中，面对达赖喇嘛和摄政王达扎的宝座，由乃穹神汉降神。当噶东神汉发神即将消失时，我和其他三位秘书长土登诺桑、曲沛土旦、阿旺扎巴交头接耳了一阵后，在噶东神汉的耳边禀道："政教处于生死存亡关头，我等世人不知所措，请求持教大神明示。"噶东神汉又一次发起神来，起身将法器桌上的宝剑拿起拔出一半,两眼直瞪住三个噶伦。然后又将宝剑插入鞘中,双膝跪在达赖喇嘛的宝座前,两手合十,用哭泣声禀道:"轨范师长名符实,只等您来执政急,您若执掌政教业,天地神佛均无灾,但需参问乃穹神。"噶东神汉此言说出后,摄政王达扎、大管家和扎萨丹巴塔青等人脸色立刻阴沉下来。

在噶厦和秘书处共同书写请求乃穹神降旨的请条时,其中明文注明请乃穹神对噶东神汉所降预言作一次重申和解释,以免刺激达扎摄政王。于是乃穹神汉面对达赖喇嘛和达扎,重读了噶东神汉的预言,并补充说:"伴友噶东神的预言,鬼魔吾早有叙说。"秘书处在请条头上注写了乃穹神汉的预言词,加盖了公章后呈送于达扎摄政王。过了几天,达扎摄政王对噶厦说:"吾早有将政教呈献给圣上(达赖喇嘛)的打算,但由于政教大业面临灾难,不敢妄自交出。现乃穹和噶东二位护法神已明降旨意,乞请至尊(达赖喇嘛)接受我所献三佛田,执掌政教大业。我辞去摄政职务,望在全藏代表会议上宣布周知。"噶厦奉命在布达拉宫德典且宫召开全藏僧俗官员民众代表大会,宣布达扎辞去摄政职务,由达赖喇嘛亲政。与会代表兴高采烈,完全拥护。遂将一致拥护上述决定的意见书加盖了四方公章后呈于噶厦。

达扎交出摄政王大权,大快人心。众多僧俗官员纷纷说:"从今天起,我们不再向达扎的管家丹巴塔青哈腰吐舌了……"僧官土登格典甚至对着达扎的管家拍打了衣袖(西藏习俗,对人拍打衣袖,表示对其的蔑视)。

十四世达赖喇嘛亲政

全西藏所有僧俗民众和神佛都一致启请和拥戴第十四世达赖喇嘛执掌西藏政教大业。1950 年藏历十月八日,在布达拉宫大殿举行了达赖喇嘛亲政大典。拉萨城充满节日景象,广大僧俗群众笑逐颜开。

登基大典当日，达赖喇嘛颁发特赦令，噶厦政府立即通告各宗谿负责人释放所有在押犯人。关在拉萨市政府和布达拉宫前面“雪”监狱的犯人一概释放回家。此举使西藏政府与色拉寺“且”僧院之间的矛盾消失，双方又重归于好。社会上一度十分紧张的局面也趋于缓和。

达赖喇嘛应广大僧俗之请求而亲政并举行登基大典一事，当即禀报了中央人民政府毛泽东主席，毛主席也复信祝贺达赖喇嘛亲政。

《西藏文史资料选辑》第12辑
西藏自治区政协文史资料研究委员会编

我参加接待国民政府专使黄慕松的经过

色新·洛桑顿珠

1933年藏历十二月三十日，十三世达赖喇嘛圆寂，司伦（西藏在清末民国时期新设的一种官职，位在噶伦之上，在特殊情况下可代行摄政王职权）朗顿·贡嘎旺秋立即电告达赖驻南京办事处处长贡觉久乃和孜仲·曲培土登，令他们火速向国民党中央政府报告。国民党中央政府对此极为重视，在南京为达赖喇嘛举行隆重的追悼大会，并复电朗顿·贡嘎旺秋，向全藏僧俗官员并人民表示慰问。同时，准备派出代表团来藏致祭。

1934年4月，以参谋本部次长黄慕松为专使的国民党中央政府代表团，由南京出发，到成都又做了一番准备，经康定、甘孜、德格、太昭，于8月28日抵达拉萨。

我当时是噶厦政府的见习秘书。在代表团即将到达拉萨前的一次噶伦会上,噶伦们向我交待:“中央政府派遣黄慕松为专使的代表团来藏致祭,即将到达拉萨。孜森穹噶委派曾谆(布达拉宫知宾)勒丁·阿旺扎巴,雪噶委派卓尼(秘书)哲阿·洛桑顿珠,噶厦委派你,由你们三人为代表,明天出发到墨竹工卡等候迎接。向黄专使行过见面礼后,立刻回拉萨汇报。”

我们三名代表及佣人一行,于第二天从拉萨出发,夜宿蔡德庆(今达孜县所在地),次日黎明即到达墨竹工卡。到了以后就指令墨竹工卡宗本派人到几十里路以外察看情况。下午,派出去的人回来报告说:“代表团业已到达仁青岭,明日中午左右就可以到达墨竹工卡。”第二天上午10点,我们三个机构的代表和宗本都穿戴礼服。孜森穹噶和雪噶代表身着僧官服饰,内着马蹄袖短褂,腰系红色缎带,挂笔套,脚穿紫红色朝靴;我身着噶厦七品官礼服,头戴碗口大小的黄色礼帽,穿紫红色长外套,系腰带,挂笔套,脚着枣红色朝靴。我们束整衣冠,携带阿细哈达,乘快马到墨竹工卡外两公里处恭候代表团。

12时许,远方出现了一列整齐的轿队,前拥后簇,威武异常。渐近再看,共有轿子10多顶,最前面的一顶大轿用绿色缎子围裹,轿檐四周缀有丝线红缨,轿窗嵌有玻璃。轿夫是由四川雇用的汉族人,身穿毛蓝布便衫,头戴斗笠,脚穿黑布鞋,步调整齐,轿身平稳。轿队后面有大队人马,驮运和肩挑大批物资。轿队到后,我们立刻将手中哈达高高举起,以示欢迎。代表团翻译官询问我们来此之意,我们回答:“我们是西藏地方政府三大机构的代表,特奉命前来迎接代表团,求见黄专使。”翻译官禀报后,我们三人手捧哈达,稳步行至第一顶轿前。翻译官向我们介绍:“这位就是代表团团长黄慕松先生。”黄专使下轿后,其他官员也相继下轿,我们依次向他们敬献哈达。黄先生大约50多岁,言谈平静深沉,颇有气魄,俨然一位要员。他接过哈达,点头微笑,让翻译官对我们说:“谢谢西藏地方政府。”话毕上轿。随同黄专使来藏的卫队约在两个排,

50 多人。此外还有一个杂技团随行。

我们三位先策马赶回墨竹工卡,令该宗速备人马食宿,然后便赶回拉萨,向噶厦汇报前往墨竹工卡迎接中央政府代表团的情况,禀明代表团后天到达。噶厦立刻派官员在拉萨东郊的贡本塘搭起一顶十分华丽的大帐篷,铺上色彩绚丽的卡垫,陈设精美的茶具,黄专使和摄政的席位设在正中,四品和小四品以及五品、七品官员等,也按常规安排了座位。

8 月 28 日上午,噶伦朗穷巴和彭雪以及各级俗官,穿着礼服,佩带整齐,按各自的品位,在贡本塘恭候黄专使的到来。11 时许,黄专使衣着整齐,仪容庄重地到达贡本塘,噶伦们将他迎进帐篷之后,黄专使和噶伦互献哈达,互致问候。接着苏德巴(噶厦大司膳)恭献人参果茶饭。食毕,黄专使起立,全体官员也随之起立。这时,军乐齐鸣,迎接中央政府代表团的藏军列队向黄专使行军礼。黄专使满面笑容,点头回礼,然后上轿。

黄慕松一行到达拉萨后,下榻于八廓街南侧的吉堆巴大院,就是后来国民党蒙藏委员会驻藏办事处的所在地。

第二天,噶伦赤门巴、朗穷巴、强金·土旦夏加和彭雪巴等高级官员,代表西藏地方政府前往谒见黄慕松专使,黄专使和部分官员在门口迎接,进屋后互献哈达,地方政府代表把酥油、肉、米、面、鸡、鸡蛋等礼物敬献给中央政府代表团。双方会见时,为西藏地方政府代表担任翻译的,是曾在北京雍和宫当过方丈的大喇嘛,他在北京住过很长时间,能讲一口流利的北京话,而且和国民党中央代表团的一些官员素有交往。

几天后,黄专使一行到摄政热振和司伦朗顿·贡嘎旺秋等官员府上回拜,赠送了丝绸、锦锻等礼物。同时派代表向地方政府各机关和官员分赠了礼物,这些礼物除丝绸、锦缎外,还有黄专使身着国民党官服的照片及搪瓷制作的国民党党徽。

9 月 23 日上午,举行了隆重的授礼和册封仪式,由总堪布代受玉印、玉册。接着黄专使同各位噶伦共商致祭十三世达赖喇嘛的日期、仪式及其他事项。

1934年10月1日，在布达拉宫达赖喇嘛灵堂举行了致祭仪式。参加人员有国民政府代表团成员，地方政府摄政热振·土登江白益西丹巴坚赞、司伦朗顿·贡嘎旺秋、各位噶伦以及地方政府各级僧俗官员和三大寺活佛、堪布等。黄专使与司伦平坐，其他官员按品级依次就坐，坐毕，即进茶饭。

黄专使和国民政府代表团的其他官员，身着藏青色大宫花缎的长袍马褂，头戴礼帽，脚穿黑布鞋。灵堂内设有十三世达赖喇嘛生前宝座，宝座上供奉着十三世达赖喇嘛披氅，宝座右面放着金茶几，茶桌边沿镶有贵重的珍珠宝石。大厅中央的木柱上挂有金丝缎做成的各式挂幡，四周墙上挂有佛像和唐卡画……大厅富丽堂皇，庄严肃穆。

11点，开始举行致祭仪式。黄专使起立，全体也随之起立。仪式第一项是黄专使将一包捐助修建达赖灵塔的黄金敬献在达赖宝座的金茶几上，同时敬献金质茶架和茶碗盖等器皿。全场脱帽，司仪高呼一鞠躬、二鞠躬、三鞠躬。接着黄专使代表国民政府追封十三世达赖喇嘛为“护国弘化普慈圆觉大师”。仪式完毕，全体人员依次走出大厅。

随后，噶厦举行盛大宴会招待国民政府代表团全体人员。黄专使也设宴答谢。我参加了宴会，黄专使的随从翻译与我同桌，他是一位20多岁的汉族青年，说一口流利的拉萨话，他让我们不要客气，请多吃一些。我对他产生了仰慕之情，于是问他是从哪里学的藏话。他说：“我生在拉萨，后随父母回到内地，现在在军队任连长。”

第二天晚上，代表团举行晚会，为大家演出杂技。后来杂技团也常为噶厦官员们演出，据说很精彩。我因为忙于各种事务，一次也未看成，很是遗憾。

黄专使在藏期间,组建了国民党驻藏办事处,设立了电台,建立了国立拉萨小学以及诊疗所和一所气象台。

1934 年 11 月 28 日,黄慕松一行结束了在西藏的使命,准备返回内地。西藏地方政府在西郊吉采卢定(清代建立的接官厅)举行了隆重的欢送仪式,参加欢送的有两名噶伦以及七品以上的僧俗官员,黄专使一行在雄壮的军乐声中启程,取道印度返回南京。

《西藏文史资料选辑》第 2 辑
西藏自治区政协文史资料研究委员会编 第 35—39 页

忆吴忠信来藏主持十四世达赖喇嘛坐床典礼片断

夏扎·甘丹班觉

1939 年(藏历土兔年)夏季的一天,我和吞巴吉仲·强巴克珠(负责祭品的僧官),应召到喜德寺聆听首席知宾传达摄政王热振的命令。内容是蒙藏委员会委员长吴忠信将经水路从印度来藏主持十四世达赖喇嘛坐床大典,委任我们二人为其在藏期间的接待官。关于筹备食宿等具体事宜,可与噶厦商议进行,不得有误。10 天后,噶厦又增任詹东·索朗多杰为接待组成员。接待组还有一名助手和勤杂人员数人。去噶厦请示工作,均是我们 3 人同行。噶厦对吴委员长来藏主持十四世达赖喇嘛坐床典礼一事,很为重视,专门召开会议研究各项筹备工作,以求万全。国民党政府驻拉萨办事处新任处长孔庆宗,也与会共商接待事宜。

会议决定,借用贵族色新家的别墅,即行修缮粉刷,新制桌椅床铺和炊具,并按以往惯例向各寺庙、各大贵族借用所需之高级器皿；所需柴草，由我们提出预算，由噶厦命令各宗、谿，限期向指定地点支送；所需经费、木柴，向噶厦支领等等。会后即领现金500平(一平为50两藏银)作为日常开支。经我们三人商议，还刻制公章一枚，以利工作。当色新家的别墅交接完毕后，我们即动工修缮粉刷，整个院子还安装了电灯。吴委员长宅院的正房柱子上，挂了一面桔红色底、黑色金丝绒镶边的三角旗，旗正中写一汉字。旗下挂一根鞭挞犯人的红色木棒，以示吴委员长的权威。从整个筹备工作来看，无不表现出对吴委员长的恭敬。国民党驻藏办事处还特地为吴委员长制作了一顶大轿。幔帐系用草绿色厚呢做成。经过一段时间的紧张筹备，各项工作基本就绪。

秋末，吴委员长抵达亚东。噶厦令第二藏兵营抽出20名官兵组成卫队，专程赴亚东护卫吴委员长一行。又命令亚东总管(四品官)策松平康陪同吴委员长前来拉萨。

西藏噶厦派官员欢迎国民政府代表

当吴委员长一行到达拉萨时，国民党驻藏办事处孔处长和其他官员、噶厦官员以及我们三名接待官一同前往堆龙赤桑桥迎接。委员长从滑竿上下来，陪同吴忠信来藏的达赖驻南京办事处译员土丹桑杰为大家作了介绍，然后互献哈达。我当时年仅17岁，也是第一次担任这种差事，很紧张，也很好奇。吴委员长约50岁左右，中等身材，圆脸细眼，举止谈吐，文静慎忱，给我的印象很深。随吴委员长同来的有姓曹的和姓席的两位顾问、两位秘书。三四名保管员、一名听说是从德国回来的医生和一名医助，两名摄影师和其他工作人员。吴委员长从赤桑桥来拉萨时，改乘轿子。到达哲蚌寺下面的塔巴村时，受到拉萨的穆斯林人们的迎接。在西郊接官厅里，噶厦政府的噶伦、达赖喇嘛和摄政的首席代表知宾以及七品官以上的僧俗官员，均肃立恭候，举行仪式。在江当那噶，藏军仪仗队也列队接受吴委员长的检阅。此后,吴委员长一行到色新别墅下榻。接着4位噶伦代表噶厦,携带米、面、酥油、糌粑、鸡蛋等礼物,前往色新别墅向吴委员长等行见面礼。噶伦私人也向吴委员长及其随行官员送了礼物。当晚,地方政府在色新别墅设宴为吴委员长一行洗尘。几天后,各大活佛拉章、政府官员、三大寺的拉吉、各扎仓代表、在各大寺学经的汉、蒙族喇嘛、穆斯林、汉商以及英国驻拉萨商务代表、尼泊尔领事、不丹官员等,都陆续拜见了吴委员长。

吴委员长为大昭寺、小昭寺的释迦牟尼像各献了红、黄、蓝三色长绫哈达一匹。并在大昭寺的释迦牟尼像前,以汉族佛教徒的供奉仪式点灯、烧香。在布达拉宫观世音菩萨像前、十三世达赖喇嘛的灵塔上,献了三色长绫哈达。当吴委员长一行到达色拉寺和哲蚌寺时,僧众在措钦大殿上举行了隆重的欢迎仪式。吴委员长举行了佛事,为每个僧人布施藏银15两,给寺庙布施了茶叶,并赠中华民国国旗一面,给各位堪布赠送了绸缎。由于路程较远,吴委员长未能亲赴甘丹寺,委托其属员和我前往,布施了同等数量的藏银、茶叶等。

吴委员长在扎西曲林小山庙接见了帕波卡活佛,并赠送礼物,帕波卡活佛请吴委员长吃了午饭。稍息片刻,吴委员长又到藏热地方的汉人墓地和夺底沟的穆斯林墓地祭奠。居住在拉萨的回族,在穆斯林墓地林卡里,特意为吴委员长搭起帐篷设宴款待远道而来的贵宾,以示乡土之情。吴委员长也赏赐他们大笔银两,并发表演讲。随后来自内地的穆斯林在河坝林清真寺盛宴招待吴委员长一行,吴委员长发表了讲话,并赐给清真寺一条红色缎底绣字横幅。吴委员长还到回民学校参观,捐助了大量银两。

吴委员长委托随行官员由接待官陪同前往普布觉、日加、才觉林等小寺庙布施。当时要求布施的大小寺庙很多,吴委员长均酌情一一布施。在传昭期间,吴委员长向传昭献了厚礼,并给每个僧人布施藏银七两五钱。

吴委员长给达赖喇嘛送的礼物是绸缎、茶叶以及土特产品等，并送了两副银白色镜框，上面书写着对达赖喇嘛的赞颂之词。

委员长亲赴摄政王热振处馈赠了优厚的礼物。有一枚金质纪念章（重9钱）、一套银质餐具、绸缎、地毯、银器、茶叶等。向卸任司伦朗顿·贡噶旺秋和达赖的父亲、噶伦喇嘛丹巴降央、噶伦平雪、噶伦平康、基巧堪布阿旺丹增各赠一枚金质佛像纪念章（重7钱5厘）以及内地的土特产品。

委员长根据“译仓”和“孜康”提供的噶厦官员名单，按官员职位，分别馈赠礼物。送给四品官的礼物，除略少于上述官员外，还授予金质佛像一枚（重6钱）；五品、六品官员均授予铜质搪瓷面佛像一枚。

下属官员的礼物由我们接待官分送，并索取收据，如实向上汇报。

他们还向我们接待官送了锦缎、手表、茶叶等。给一般接待人员各送一枚搪瓷纪念章，上面绘有两个金色的方块图案。

吴委员长还向噶厦的重要官员如扎萨、台吉、仲译钦波、孜本、达赖和摄政王的首席知宾、藏军司令以及我们三位接待官赠送了蒋介石及吴委员长的照片，后面有他们各自的签名和印章，照片是装在像框里的。

第十四世达赖喇嘛——丹增嘉措
在坐床典礼仪式上

1940年，即藏历铁龙年正月十四日，在这个吉祥的日子里，在思西平措大殿，举行了十四世达赖喇嘛的坐床典礼。大殿里充满了隆重、喜庆的气氛。巨型的大供食摆在大殿中央，达赖喇嘛坐在大殿正中的宝座上，吴忠信并排坐在达赖喇嘛的左边。其随行官员都坐在铺有锦缎外套的厚垫子上。吴忠信身着淡蓝色锦缎长袍,黑色马褂,头戴黑色狐皮帽,斜披蓝缎背带,背带上别着一枚金色勋章。

仪式开始时,朗杰扎仓的松桑巴(领诵人)、仁钦巴(向达赖喇嘛献礼者)两人向达赖喇嘛敬献达吉(吉祥八标)、则吉(吉祥八宝)、拉堆(七珍)等。之后,摄政热振讲解了“曼扎”。地方政府也向达赖喇嘛敬献各种礼品,参加典礼的官员均按照各自的官职向达赖喇嘛敬献哈达。哲布林还向达赖喇嘛敬献了“曲珍那杰”(八项供品),说了许多吉利话。接着到会人员吃了茶点。然后,雪列空所属豁卡,专为达赖喇嘛大典礼敬献诸贡品,又演了两场戏按照常规举行了仪式。最后班禅堪厅、萨迦、三大寺、仲吉、前后藏各部等都宴请了达赖喇嘛,并敬献了礼物。

吴忠信与十四世达赖喇嘛

国民党政府驻拉萨办事处也进行了一天活动,自然也是宴请显贵,多有馈赠。吴忠信委员长再次到布达拉宫参观之前,噶厦对我们三位接待官员说:“吴委员长的职务还在驻藏大臣之上,你们在接待时要格外尽心敬重才是。”因此当委员长到达德阳厦楼梯口时,我们打开了专门为达赖喇嘛通行阶梯的绳索,请吴委员长顺长梯而上。当吴委员长完成了主持十四世达赖喇嘛坐床大典的使命之后,即将离开拉萨时,又前往罗布林卡,到达赖的卧室“伦珠噶则”与达赖告别。并送给达赖一只怀表,表的外圈用珍珠镶嵌。同时还与达赖喇嘛在卧室外面的水池边合影。1950 年,我在噶伦堡一个学校看电影时,曾看到了这一镜头。

为了欢送吴委员长,摄政热振在热振“卓康”举行盛大宴会,当委员长一行光临时,热振佩戴吴委员长赠给的金质纪念章,到门口迎接,负责接待的是热振扎萨·江白坚村(扎萨为清代皇帝封给西藏僧俗上层的一种爵位,江白坚村是热振活佛的拉章的管事人员,有扎萨封爵,故称热振扎萨)和邦达养壁(西藏一著名富商,与摄政热振活佛关系密切)。

地方政府也举行了隆重的欢送仪式,并向吴委员长赠送了珍贵礼品。

三位噶伦和十四世达赖的父亲也给吴委员长送了礼物,其他官员按照各自的职位,向吴委员长送了礼物。原来传闻吴委员长脾气暴躁,但在多日的接触中,我感到他态度和蔼,平易近人。临别时,他对我们三位接待官说:"你们这次工作得很好!我在任蒙藏委员长期间,欢迎你们到内地来参观、游览。"他还建议噶厦政府给我们嘉奖。当时,还有许多人请吴委员长的随从医生看病,效果很好。"色新厦"房主阿妈,通过吴委员长向噶厦请求不要再借用他家的房子。噶厦同意,并给了一张加盖地方政府大印的字据。

委员长离开拉萨时,噶厦又举行了隆重的欢送仪式,之后,吴委员长经印度,从水路返回了内地。

《西藏文史资料选辑》第2辑
西藏自治区政协文史资料研究会编

"西藏贸易团"美英之行始末

周　谷

西藏要组团出访英美

西藏当局于1948年8月突呈请蒙藏委员会称,拟派遣西藏贸易访问团前往英、美两国以促进对外贸易,但对外则称"西藏印英美中贸易访问团"。同年10月25日噶厦下令组成5人访问团。团长:

孜本夏格巴,孜本为职称,藏语“孜”为会计财务之意,“本”为官员。副团长:邦达昌,原为西康富商,时任西藏亚东商务总管,负责藏印贸易事务。索康,为藏军团长,曾在西藏江孜英国军官训练团炮科毕业,略知英语。翻译:赖特拉,随从:马拉特拉,均为尼泊尔人。

夏格巴一行持西藏地方政府所发旅行文件,于 1947 年 10 月 25 日自拉萨启程,随身携带达赖、西藏地方政府分致分赠受访国家元首函件及礼品,并用 300 匹良马驮运银元 200 万个到印换取外汇。经过二十日险阻历程,11 月中旬方行抵噶伦堡,12 月初前往印度加尔各答,避免与中国驻印加尔各答总领事蔡维屏往来。12 月底转往印京新德里,与印度政府会商藏印问题。在印京期间尽量不与驻印大使馆人员往来。

驻藏办事处政治文教科长李有义时在加尔各答,乃将贸易团详情,告知正由南京返任的驻印大使罗家伦。贸易团表面任务为考察及接洽商务,实为前往英美进行独立活动,中国政府已洽请印度政府,除中国政府所发护照外不得承认任何护照或旅行文件,罗家伦大使径通知贸易团先到南京接洽一切,再行启程。

贸易团在印京期间频与美国驻印大使馆接触,1948 年 1 月 3 日,夏格巴偕同索康及翻译再度造访美国驻印大使馆代办杜罗方及二等秘书兼驻新德里领事魏尔,夏格巴对杜代办等表示,印度仅同意拨给彼等旅行所需外汇,不另给彼等在美购买金银以稳定藏币所需之外汇。如贸易团能在美购得金银及其他项所需,印度政府愿重新加以考虑。美方建议夏格巴再到加尔各答时,可将前往上海确切日期,告知美国驻加尔各答总领事馆,俾便及时转告美国驻上海总领事馆及南京美国大使馆,一俟贸易团到南京后,可由上海、南京两馆就近转报美国国务院,你尽速通知美国商务部驻旧金山代表接机。索康并便告杜罗方代办、贸易团在新德里曾拜晤中国驻印大使、英国驻印高级专员,惟不透露所谈内容。

贸易团在南京的活动

贸易团于1948年1月19日，自加尔各答乘中国航空公司班机飞往香港，1月31日转往南京，拟停留二十一天。到南京后立即先造访美国驻华大使司徒雷登，正式要求美国大使馆协助贸易团访美事，随后请见蒋介石及政府有关首脑，商谈茶叶及其他物资输藏道路，并拒绝应邀出席将在南京召开之国民大会。

贸易团在南京时曾向中央政府提出四项要求：(1)内地国产品由陆海道运藏免税；(2)藏货经海道至内地免税，国产品经印运藏免缴外汇保证金；(3)藏货得经内地运往外国销售，并得购外货自由进口在内地销售；(4)洽购美金200万元购买金银以装修佛像。政府对贸易团所提四项要求，曾邀中央有关机关会商决定，对(1)项准予照办；对(2)项另订西藏贸易办法呈行政院核定；对(3)项仍照现行进出口贸易办法办理；对(4)项政府因外汇短缺碍难照准。政府为贸易团所需外汇，曾贬价售西藏以生丝及其他可取外汇之物资，并允代向美国订购西藏所需机械。

团员索康因在南京生病，贸易团遂藉此机会于5月间畅游上海、杭州等地。贸易团在南京期间，政府一再劝阻出外访问。即使出访应持中国护照。贸易团断然拒绝，在印期间一再向美外交人员表示，出外访问将不使用中国护照，夏格巴认为此举在支持西藏独立地位，但在南京期间仍巧于应付。贸易团以在京商谈无结果，便于当年6月23日离开上海飞往香港，行前6月19日犹告知政府赴美考察作罢，即将由上海返回西藏。

中国驻美大使的备忘录

南京美国大使馆曾奉美国务院1947年12月26日第1573号

电令,对贸易团所持西藏旅行文件不得拒予签证,但最好说服贸易团先取得中国护照,再向美国驻华大使馆申请签证。因贸易团拒用中国护照,也未有向美国大使馆申请签证记录。夏格巴一行到港后,立即改变在南京公开所持立场,于取得英国签证后,又密洽英方向香港美国总领事馆获得签证。

西藏贸易团于7月3日由港直接飞往美国。国民政府随即于7月11日训令驻美大使馆向美国国务院提出抗议,外交部常务次长叶公超立即面告美国驻华大使馆以下四点:西藏当局不得以一独立国家地位对外往来;贸易团所持为西藏旅行文件而非中国护照,团长夏格巴在美无权与美国政府直接洽谈公务;美国驻港总领事发给贸易团签证,事前未先通知外交部驻港特派员郭德华;美国政府早经承认中国对西藏之主权,此次香港美国总领事竟接受西藏旅行文件,中国政府甚为诧异。中国政府愿获知此项签证系出自香港美国总领事个人之决定,抑或系美国政府授权所致。如系美国政府授权所致,中国政府应获知美国政府是否已经改变其对“西藏之常态”。

叶公超于7月14日再度告知美国驻华大使馆:贸易团所持西藏旅行文件中国政府不承认其效力。西藏地方无权在藏境外签发任何此类文件,而香港美国总领事又竟予签证。已训令中国驻美大使馆告知美国务院,中国绝不承认西藏未经驻美大使馆竟与美国所作任何协定。同日美国驻华大使司徒雷登亦电美国务院称,中国外交部对贸易团访美一事深感困扰。

驻美大使顾维钧于7月16日往晤美国务卿马歇尔谈西藏贸易团事,并留备忘录一份请其注意。备忘录四项要点如下:

(1)依照中国宪法规定西藏为中国领土之一部分,西藏不得与外国政府商谈外交,其对外关系均须秉承中国中央政府的指示与批准。

(2)夏格巴率领之贸易团所持西藏旅行文件,不能代替中国政府所发旅外护照。香港美国总领事馆未事先通知或与我外交部驻港特派员洽谈，径予签证，实令人惊异。此或为香港美国总领事馆未获美国政府指示所致。

(3)夏格巴及其贸易团无权与美国政府发生直接关系，中国驻美大使馆愿予协助，以达成贸易团贸易目的。

(4)美国政府经常承认中国对西藏之主权。中国政府相信香港美国总领事馆给予贸易团签证以取代中国护照系粗心所致，而非表示美国政府尊重中国领土完整之传统政策有任何背弃之意。

马歇尔面告顾维钧，美对西藏问题拟完全尊重中国意见办理。

美国务院远东司长巴铎卫斯当日随即召集美国务院、美国商务部有关人员会谈，并将会谈情形告知顾大使称，香港美国总领事馆并未在西藏旅行文件上签证，而系发给彼等一张纸书之入境许可证，此项许可证并无任何特殊意义；又称美国并未改变中国对西藏主权的态度。马歇尔国务卿于7月22日专电南京美国驻华大使司徒雷登，除有关顾大使备忘录四点外，并嘱向叶次长公超口头表示，美国入境许可证通常发给未能提出有效护照或护照未经美国政府承认之国家的申请人。

中美双方对接待贸易团之争议

美国对贸易团来访分外慎重，美国务院曾召集院内及美商务部有关人员讨论接待问题，决定照美商务部代表福比士及邓普塞之意见，认为贸易团系商人，照商人仪节办，贸易团于7月7日飞抵美国金山，这是西藏有史以来第一个官方团体访美。英国驻金山总领事麦可里德，曾赴机场迎接，并由彼安排贸易团于7月11日接见金山报界，声明西藏为一独立国家。中国政府对英国麦总领事为此之活动甚为注意。驻美大使馆主办此案之崔存琳参事，于7月12日告知美国务院中国局局长斯波斯，美国对贸易团来访，不得以一独立国家仪节相待，本馆愿予贸易团一切便利，并代洽考察访问程序。

贸易团于7月14日晚抵达芝加哥，下榻美商务部应邀请代订之旅馆，美国商务部、国务院分别派其驻地代表潘安及美国务院官员就近接待。驻芝加哥总领事区兆荣亦奉令于7月15日晨前往访问，并代表顾大使特别邀请赴华府之盛意。

贸易团于7月19日上午到达美京，夏格巴在接见新闻记者声称，西藏无意向美国申请贷款，西藏对中、苏、印三大邻邦不愿有所偏倚，西藏为一独立国家，并对报界展示西藏旅行文件。彼等均着西服，住华府“华盛顿旅馆”。驻美大使馆又一再告知美国务院中国局长斯波斯，美商务部与贸易团安排节目时，应许驻美大使馆人员在场。斯波斯谓贸易团既照商人办理，中国代表无须每次均参加彼等业务上之谈话，但驻美大使馆仍坚持如有最后决定时，中国代表仍盼能在场。

顾维钧大使鉴于贸易团来访造成中国若干政治问题，又鉴于西藏在现今战略地位上之重要，特于7月22日专电总统蒋介石、行政院院长翁文灏、蒙藏委员会委员长许世英，分析了西藏战略地位的重要，及美国对藏的军事意图。

贸易团携有达赖亲签之照片一张、信函一件，连同西藏噶厦致美总统函一件，奉达赖命令均须面呈美总统杜鲁门，并请美商务部代为安排请见。美国务院中国局副局长佛里门，于7月22日告知崔存琳参事，谓美商务部已将贸易团请求转达本院处理。如须安排接见，当事先通知中国驻美大使馆查照。本院不便断然拒绝其请求，盖战时西藏曾协助美军官员在藏之活动，崔参事答称驻美大使馆无意反对贸易团请见事，仅要求此事须经由驻美大使馆，而非贸易团径向美方直接要求安排。

外交部对贸易团请见美总统事，有如下初步决定：

(1)中国政府认为美总统无须接见，否则易滋误解。万一美方坚持不同意，务请美方转告贸易团须由顾大使代向白宫洽约，并由顾大使率领前往。贸易团拟递呈何物，拟作何谈话，均须事先探明，不得逾越范围。蒙藏委员会委员长许世英已电西藏噶厦，训令夏格巴等不得在外作政治活动谈话，今后行上须先与顾大使商量。

(2)夏格巴等赴美未得中央许可，其旅行文件亦未经中央核准。美国务卿马歇尔现已正式表示尊重中国政府对西藏之主权，则贸易团在美，美政府不应予以官方接待。美总统如予接见，即予该团以政治上之地位，中国政府势难赞同。

(3)贸易团如有与任何技术或行政机构接洽，必要时得由驻美大使馆为之。贸易团系技术性质者，无谒见美总统之必要。

(4)英国素蔑视中国对西藏之主权。如予接见必滋长英人轻视中国主权之心理，易起北方邻国之藉口，此点盼美政府慎重处理。

(5)中国政府尤盼美方勿固此而增加我政府之困难。美国须保证其对中国对西藏主权之立场不变。

以上各点由叶公超于7月26日告知美驻华大使馆，同日外交部部长王世杰亦电知顾大使。王部长又多次向美国驻华大使司徒雷登不断表示上述意见。顾大使亦对美国务院多次作同样表示。

夏格巴偕同团员邦达昌于7月20日下午赴驻美大使馆拜见顾大使，表示贸易团约在华府两周、纽约一个月，即经欧返回西藏。顾大使向夏格巴等表示，对贸易团在美参观、考察、接洽各项事务当予尽量协助；对美国记者发言务必审慎。夏格巴等貌甚恭顺但不多言。次日前往拜会英国驻美大使福兰克斯。7月22日晚顾大使夫妇在双橡国官邸宴请贸易团全体团员。夏格巴在宴会中向顾大使表示，仍拟请见美总统以便完成达赖交付之使命。顾大使告夏格巴等美总统政务繁忙，临时约见迟早难定。贸易团留华府时间甚为短暂，照片及信函可由驻美大使馆代为送递。夏格巴再度表示，仍须遵照达赖命令办理，对顾大使所嘱一节，容本团决定后再奉告，但不肯谈及信函内容。

美国务院国际商业政策司司长布朗定于7月29日下午5时半，假美国政府宾馆茶会招待贸易团及中国驻美技术团团长贝祖贻，特邀请顾大使、谭绍华公使、崔存琳参事及驻美大使馆商务参事刘大钧、盟国对日远东委员会财务官派在驻美大使馆办事之王守竞与会。顾大使为慎重计询问有何意义，答称对中国贵宾聊表款待之意。顾特于7月27日报准外交部其本人可托故辞却，其余人员可应邀前往。

美国务院中国局局长斯波斯于7月28日邀请驻美大使馆公使谭绍华往谈，斯波斯对谭公使表示美方对贸易团请见之最后意见，美国政府一贯尊重中国在藏法律地位，迄无变更，惟对西藏自治事实亦难过于漠视。战时美国人员入藏曾经达赖延见，颇加优礼。今贸易团请见美总统，美总统亦愿延见，若固予拒绝，不免有伤藏人感情，或致转而他向，易为某方所利用，望转请中国政府惠予谅解。顾大使特于当日急电王部长世杰谓："以现在情势若我方过于坚持，不但对于美方未必生效，更恐藏方发生意外反响。且美总统见客有时随便，倘或径予延见，则于国际视听更有不利。可否仍由驻美大使馆洽商美方向白宫约定时间，由钧（顾维钧）率同晋见，似较内外两全，请迅予电示。"

顾大使为争取时效，防阻突变，乃于7月31日令谭绍华公使即刻具函美国务院礼宾司长伍德华代约由顾大使率同贸易团请见美总统时间。美国务院中国局副局长佛里门根据顾大使之请求，于8月2日在美国务院约请夏格巴、索康及其翻译赖特拉谈论请见事，双方辩论甚久。

顾大使并将决定陪同请见事告知贸易团，夏格巴特为此事于8月3日下午往见顾大使。夏格巴面告顾大使于印度等处晋见当局均未经中国使领偕往。对随中国大使晋见未有藏政府准许不敢擅专，将另筹其他办法解决。贸易团专为研考与美直接通商，期得外汇外，并无其他企图。顾大使一再告知夏格巴，凡国内要员晋见他国当局,由驻使偕往介绍乃国际仪节通例。如贸易团觉有不便,亦可不见,可将所携函件相片等物,由驻美大使馆代递,如有复函自应转达无虞。内地与西藏唇齿相依,安危与共,中央政府对藏格外关切,方今国际情势波荡不已,如藏政府思寻他途,实甚危险。西藏应以力图安守为上策。如有政治意见尽可向中央开诚陈商。夏格巴对顾大使所提各项意见,并未完全应时接纳。

主权问题不能让步

美国驻华大使馆突于8月7日向南京外交部表示,美国务院拟请中国政府允准,贸易团单独晋谒美总统,惟对外则宣称美总统接见系徇中国大使顾维钧之请。外交部仍坚持原议,贸易团觐见必须由我驻使引导,方符美方承认我国主权之诺言,请美国务院重予考虑。美国驻华大使馆于8月8日将中国政府坚持此项立场之原因,析呈美国务院参考:王世杰外长对中国主权问题甚为警惕,一谈主权可能解释为在反对他本人;王外长深感贸易团将访问英国,与英国合作采取中国不愿见之行动;请见美总统可能造成先例;监察院早已强烈攻击外交部,未能妥善保护中国在藏利益。

贸易团鉴于中国政府对其请见事一再坚持原议,美国务院又不积极支持推动,贸易团团员索康于8月7日告知美大使馆商务参事处助理商务参事郑友揆称,夏格巴决定不再请见美总统,所有达赖、西藏噶厦、摄政致美总统函件,已面交美国务院礼宾司长伍德华代为转呈,8月8日下午1时离此,前往纽约将住在"船长旅馆",请代向顾大使表示谢意。是否仍返回华府,目前尚难决定。

三函内容均系普通问候及布达友好之忱,并无任何政治意义。三函内容略同,兹择译达赖于藏历火猪年(1947年)八月二十五日致美总统杜鲁门函如下:

本人甚喜阁下政躬康泰,乃致力于全世界和乐与繁荣之贡献。

本人在此全心全意献身佛祖谋求人民福利。兹派西藏政府财长夏格巴及其副手常庆，赴美考察贸易，采购金银。甚盼阁下于西藏采购及输出金银一事，惠予赐助。兹奉上哈达一件及本人加盖印信之照片一张、刺绣一件请纳。

顾大使随即于当日急电王世杰部长告知贸易团决定外，并另通知美国务院，如贸易团再返回华府，重申前请而美总统亦愿意接见时，仍盼依照谭绍华公使 7 月 31 日函办理，即由中国大使率同晋谒。顾大使又同时向美国务院剀切说明，贸易团访美目的表面上虽为促进商务，但观其行动似别具深意，切盼美方尊重我国对于西藏法律地位及美政府对主权一贯政策，并顾及藏境与别国毗邻关系，慎重处理以免增中国政治困难，引起国际不利反响。美国务院 8 月 11 日告诉谭公使贸易团与美国官员间之谈话严格限于商务，不得涉及任何政治问题。

西藏向美贷款洽购物资

贸易团赴美另一主要任务，系向美国洽商贷款，价购黄金以稳定藏币，计划从事双边贸易，以便向美国进口农田机械，改善西藏农产。为此要求谒见美国务卿马歇尔元帅。马卿由美国务院远东司长巴铎卫斯及其中国局副局长佛里门陪同于 8 月 6 日在国务院接见贸易团全体人员 6 人。

马卿首谓 1946 年夏天贸易团访问南京时，彼时正在中国，曾有一面之缘。夏格巴称此行主要目的在改善藏美间贸易。过去西藏曾有相当数量之羊毛、皮货输美，直到最近西藏深知无美元外汇，实难自美进口货物。现西藏急需自美输入金块银块、机器及其他商品，并拟往纽约察看可能采购之物品，甚盼马卿惠予赐助。巴铎卫斯告以美商务部已通知其驻纽约人员接待，美国务院亦并告纽约联邦储备银行给予适当协助。马卿继询西藏是否有美元洽购所需物资。夏称西藏输美物资，向经印度政府办理，不许西藏持有美元外汇，仅同意给汇印币，拟备函美国务院说明西藏外汇情形西藏所需之协助。马卿告以甚愿收到此信，夏应马卿之请详谈来美经过情形。临别马卿赠夏本人小礼品一件，另一照片嘱请回赠达赖。

夏格巴于 8 月 7 日致马卿一函，系以一独立国家地位书写，其要点如下：

过去西藏经由印度贸易不受限制，可自由使用外汇进口物资。上次大战时印度对西藏经由印度加尔各答进出口贸易，外汇受其严格控制。西藏迫切希望改善对美贸易，不仅向美输出羊毛、皮货、麝香等物，同时亦需进口西藏所需美造小型农业机械及消费物资。现印度阻止此项贸易，迫使西藏从输出品中所得美元存入印度储备银行。因此，西藏被剥削其自美采购所需之权利。吾人在印度新德里时，曾与印度谈及此项问题，并要求仅使用加尔各答作为藏货输往其他国家之港口，印度政府不得扣留西藏所赚美元，如此西藏自可自由使用此项美元进口美国物资，但无满意结论。希望阁下予印度以外交压力，以获得吾人国际贸易权利，而增进藏美间贸易。西藏政府命令本团向美申购金块银块，以稳定藏币，希望阁下发给许可证准予洽购五万盎斯金银并运达西藏政府去。

美国务卿对西藏向美采购黄金一事不表反对，不会因此而损及美国在法律上承认中国对西藏之主权。美国务院遂于 8 月 27 日将夏格巴之要求，移请美国财政部核心办，同日由美国务院财政暨发展政策局就贸易团向美申购金块银块事专函复夏格巴，告以此事例须经由纽约联邦储备银行转呈美国财政部核办，闻该部并无反对之意。核办前建议美、印(度)两国商谈西藏与其他国家之贸易及外汇管制诸问题，美国目前无意介入，相应函请查照。贸易团 8 月底自纽约重返华府，8 月 30 日团方翻译赖特拉以电话告知美国务院中国局副局长佛里门称，夏格巴拟再约见马卿等官员。佛告以彼等均甚忙碌，仅允安排往晤美国务院远东司副局长班令霍夫。

夏格巴于8月31日再函马卿,正式向美申请暂时贷款200万美元,自印度政府获得此项美元后,即刻付还。但印度目前不拟给予外汇,故拟采藏货输美所得方式以资偿还。同月班令霍夫在美国务院会见夏格巴、邦达昌及其翻译,佛里门在座。夏格巴首先感谢美国愿售西藏黄金事,但要求美方同意贷款。西藏在印有足够印度外汇,可以以此担保,应无问题,建议美商、游客、报人、官员可往西藏旅游。班令霍夫表示;学生、报人相互交换,双方均可蒙其益,但目前外人赴藏将不为藏政府所许可。如美国政府要求派领事驻藏,藏政府态度如何?至贷款一事,容有决定再告。佛里门即刻申称,美国即使派领事驻藏,不产生改变美国政府对中国对西藏主权之意。班、佛两人均认为所谓美人到藏旅游,乃醉翁之意在贷款耳。

贸易团于9月1日返回纽约,9月3日又重返华府。为此驻美大使又再度向美国务院重申中国政府对西藏主权之立场。

夏格巴虽有借款之意,但因美国事实上及法律有关规定均不可能,美国务院亦不愿其正式提出,藏方拟购机器,但不许美方派技术人员赴藏训练,且付款运输均有问题。美国务院财政暨发展政策局长纳普于9月27日正式函夏格巴,美国现在无基金可贷给西藏政府,华府进出口银行已授权在一定条件下,可予贷款资助自美出口,盼将拟购机件各物细节及货款项目,径与进出口银行代表商洽即可。同时美方并将上述决定告知驻美大使馆崔存琳参事,凭以转报中国政府知悉。11月5日夏格巴自纽约函美国务卿,谓自印度政府取得外汇后,美藏贸易谅可增进。

外交部曾于8月24日令知驻美大使馆,贸易团如与美方商谈贷款,应告知美方应先与中国政府洽谈。蒋介石总统9月30日电顾大使,贸易团抵美后,曾由英国设法为西藏购得价值750万美元之物资,其中多为军械品,嘱查报。驻美大使即向美国务院探询,告以并无所闻,亦不可能。贸易团有意贷款美已拒绝。美国务院军火出口司官员马丁告称国务院未签发任何运送西藏之出口证,亦未接有此项申请,如有将获中国大使馆同意后始可核发。但无法确知是否已列入英国大使馆及印度大使馆申请案件中,战后由美输往各国军械数字均密未发表。美国务院又告知驻美大使馆,经洽美商务部及其他有关机关均未闻有750万美元购买武器之说。此案在美遂告一段落。

贸易团于11月5日乘伊丽莎白皇后号先往巴黎转往英国。驻美大使馆奉令将贸易团在美活动详情告知驻英大使郑天锡。

贸易团于11月下旬到达英伦敦。驻英大使郑天锡特于11月23日在官邸欢宴,并派员陪同于12月3日赴伦敦唐宁街10号首相官邸拜会英国首相艾德礼。

贸易团与英国外交部及财政部官员商谈贸易后,经瑞士、意大利、印度等国,于1949年3月回到西藏,此行往返历时一年多,并没有达到他们原来的愿望。夏格巴等初在南京,其后到美访问,避口不谈政治,否认从事独立活动。观其1967年所著《西藏政治史》一书,即在阴谋搞独立活动,自云贸易团之所以要持西藏地方政府第一次公开签发之对外旅行护照,乃在显示西藏独立与主权地位,西藏必须与世界其他国家建立正常关系,完成独立。总之,西藏是中国领土的一部分,但西藏自19世纪起,不断受外力影响,阴谋搞独立活动,如今岂以再容许这些人一再倡言。一再行动胡搞分裂,破坏中国领土之完整。

文章来源《见证百年西藏》

《第十三世达赖喇嘛年谱》摘录

光绪帝同意十二世达赖喇嘛的转世灵童“毋庸掣瓶”

经各地方考察公认，生于朗顿之男孩确系十二世达赖喇嘛的转世灵童。为不使认定工作受到干扰和避免灵童被他人劫持，噶厦政府委派较熟悉内情的卸任堪布罗桑达结前往朗顿向灵童敬献哈达和金刚如意法轮、白度母像等珍贵礼品。与此同时，八世班禅丹白旺久、摄政王功德林呼图克图、三大寺和札什伦布寺的全体僧俗官员联名上书驻藏大臣松溎，请其转奏皇帝，此灵童业经各方认真考核，证据充分，确而无疑，又再无其他候选灵童，故金瓶掣签已犹如太阳之下再点油灯一样，实无必要，请准予免掣。光绪帝谕旨：“贡嘎仁青之子罗布藏塔布开甲木措，即作为达赖喇嘛之呼必勒罕，毋庸掣瓶，钦此”。

《第十三世达赖喇嘛年谱》西藏文史资料选辑 第11辑
西藏自治区政协文史资料研究委员会 编第2页

举行九世班禅灵童金瓶掣签仪式

藏历土鼠年(公元1888年)一月十四日，为举行九世班禅灵童金瓶掣签仪式之日。仪式在布达拉宫的萨松殿举行。达赖喇嘛、代理摄政王第穆呼图克图、驻藏大臣文硕和札什伦布寺代表以及诵经喇嘛多人升座或就位后，由一秘书长以藏、汉两种文字将三个灵童的名字及各自的父名写于三个象牙签上，呈给达赖喇嘛、代理摄政王、驻藏大臣和札什伦布寺代表审视，然后由满文秘书用纸分别将名签包好摆于金瓶前方，在诵经喇嘛诵经的间隙，驻藏大臣文硕行叩首礼后，将包好的名签投入金瓶内。在诵经的第二次间隙，文硕大臣席地而跪，手捧金瓶摇晃三次，甩出了写有塔波地方灵童名字的牙签，于是出生于塔波地方的灵童就被确定为九世班禅。

《第十三世达赖喇嘛年谱》西藏文史资料选辑 第11辑
西藏自治区政协文史资料研究委员会编 第19页

十三世达赖喇嘛整顿寺庙教规戒律

藏历木马年(公元1894年)由于近年各个寺庙对教规戒律的遵守较前松弛，大卓尼召集三大寺轨范师、铁棒喇嘛、哲蚌寺甘丹颇章、色拉寺寝宫管家和甘丹寺赤巴管家等传达达赖喇嘛严明训示：寺庙之各项教规戒律，本应遵照历世佛宝之规定实施，不能违反。但近年或许是寺庙执事人员管教不严，违反四根本戒的事时有发生，如喝酒、吸烟、下棋、逛林卡，参与浪人结伙，身穿奇装怪服，游荡于各个村庄，蹂躏贫困百姓等等。除应追究其直接违犯者的责任外，其轨范师、铁棒喇嘛等都应受到处罚。但又念及违犯者尚能悔过自新，拟从轻发落。各扎仓堪布、铁棒喇嘛和康村、米村的师傅长辈，应对违反戒律之人严加管理，不能再放任自流，一定要严守戒规。今后如再有违反戒律而放纵不羁之事，不仅要严惩犯律之人及其保人，且要追究各级负责人，加以严惩。望权衡处置，切勿颠倒。

《第十三世达赖喇嘛年谱》西藏文史资料选辑 第 11 辑

西藏自治区政协文史资料研究委员会编 第 34 页

十三世达赖喇嘛亲政

藏历木羊年(公元 1895 年)因摄政王第穆屡次提出辞职，达赖喇嘛谕示须经全体僧俗官员会议讨论决定。会议认为：至尊达赖喇嘛现已精通浩如烟海的显密二宗教义，习修完毕全部经文，按例，时到 18 寿年，应开始亲政。现寿年已超过双十，政教的明鉴力等各方面均已具备他人所无法比拟的能力，已获得所有僧俗众生的共同赞颂，故应祈请至尊达赖喇嘛执掌西藏政教大业。达赖喇嘛复示曰："西藏涉外条约事宜关系重大，至今尚未了解。政务繁重，我辨析智能低微，如掌管政教事务，尚难知晓对众生是否有益？故不宜亲政，如定要我亲政，需询问乃穷护法神"。根据达赖喇嘛之意，向乃穷寺护法神问卜，得到"执掌政教宏业时机已成熟"的预示。皇帝就此复谕："金刚持达赖喇嘛，尔已成年，深谙显密二宗诸法，为利乐之大根。尔深明释迦牟尼佛主所创教义，对一切众生一视同仁；为社稷平安，对恶者治罪。尔与历世达赖喇嘛一样，以副朕为天下君主，众生父母之愿，仰体朕为天下君主，注定尔将为西天众生谋利乐，朕特遣人员与尔授权为赞化政教之王，并与尔丰厚赏赐。愿尔留心经卷，为佛教的兴隆和众生造福。"达赖喇嘛始接受肩负西藏政教大业的重任。所有僧俗庶民以皆大欢喜、虔诚信奉、崇敬拥戴之情立约保证，今后任何佛法、世俗事务，均照达赖喇嘛的旨意办理。达赖喇嘛览阅盖有很多红黑印记的保证书之后，于8日在布达拉宫司西彭措大殿举行盛大隆重的亲政大典。

《第十三世达赖喇嘛年谱》西藏文史资料选辑 第11辑
西藏自治区政协文史资料研究委员会编 第38页

“丹杰林事件”

藏历土猪年(1899年)卸任摄政第穆·阿旺罗桑成列绕杰素受皇上器重，被认为是有贡献者。但是，近期因执掌丹杰林寺扎仓事务的正直的长者们相继去世，该扎仓的权力落在其侄子罗布次仁和顿珠等一些人手中。也许是他们厄运的先兆！他们根本不承认达赖喇嘛执掌政教的显赫伟绩，打算由他们来统治西藏社稷庶民。出于此种动机，他们买通了穷结地方的白热活佛和雅砻活佛，企图加害达赖喇嘛。他们将达赖喇嘛的生年八字和名字等写在纸条上放入“糌粑人”中，以使达赖喇嘛的神魂、寿命、生命进入“糌粑人”像，加以诅咒。他们为了使西藏众生背离和诋毁达赖喇嘛，愿魔鬼给西藏降来水患、火灾、瘟疫、灾荒等不吉利，将印有咒文的图案埋置于布达拉宫四周、桑耶地方的赫布山和凡供有凶神的地方，以及为达赖喇嘛新作的靴底中，以祈求给西藏带来灾荒和瘟疫。卸任摄政第穆及其亲眷用咒术加害于达赖喇嘛贵体的阴谋被揭穿后，进行了追查，主犯和同伙以及知情人都写了供文，承认全部犯罪事实。全藏代表会议向达赖喇嘛呈送了没收罪犯和丹杰林一切财产的意见书。但是，达赖喇嘛以德报怨，用多种办法尽量护持搭救了许多人。对于少数罪犯，因多数人要求强行治罪，达赖喇嘛一人也无能为力。由于对卸任摄政未采取危机生命的任何措施，只罚其在丹杰林寺经堂闭门修行。达赖喇嘛指示将此事处理的结果禀奏皇帝等史实记入《活佛列传》和《文书汇编》等档案中。

《第十三世达赖喇嘛年谱》西藏文史资料选辑 第11辑
西藏自治区政协文史资料研究委员会编 第52—53页

十三世达赖喇嘛离开拉萨流亡外蒙

藏历木龙年(1904年)入侵英军到达曲水铁索吊桥渡口，基巧堪布帕西·阿旺欧珠受达赖喇嘛派遣，带着6月8日达赖喇嘛签发并盖有内府印章的指示前去与英军军官荣赫鹏谈判，但是英军坚持要到拉萨与达赖喇嘛直接谈判。达赖喇嘛考虑，如果会见英国军官，谈判时只能屈从于英方的条件，这样本人难以承担由此而给政教大业的现今和未来带来危害的责任。于是产生了出走内地，向皇太后和天子以及内臣面奏佛业遭难的念头。6月12日，突然中断修行，直赴布达拉宫，任命甘丹墀巴洛桑坚赞为摄政王，并对政事详尽叮嘱。15日后半夜时分，向所依靠和供奉的护法神作嘱托后，带了少量随行人员离开拉萨。

《第十三世达赖喇嘛年谱》西藏文史资料选辑 第11辑
西藏自治区政协文史资料研究委员会编 第74页

西藏近代历史大事记

1624年3月20日(藏历木鼠年)

果阿主教神父德·安夺德和马努埃尔·马科斯修士化装成印度教徒,混入去巴德里纳斯朝圣的印度教徒中,于8月初抵达西藏阿里象泉河谷的古格王朝首都扎布让。这是西方传教士第一次进入西藏地区。

1630年(藏历铁马年)

西藏古格王朝发生了以寺院为首的僧俗群众暴动,推翻了古格王朝,摧毁了天主教堂,赶走了传教士,使西方在西藏的第一次传教宣告失败。

1718年(藏历土狗年)

罗马教皇决定把在西藏的传教权让给天主教卡普清教派。

1721年(藏历铁牛年)

罗马耶稣教派教士意大利人波利托·德西德里于1721年4月从西藏返回欧洲后撰写了《西藏纪事》四卷本,这是向西方介绍西藏的第一部专著。

沙皇彼得大帝下令要与中国西藏"有商务往来"。

1726年9月(藏历火马年)

天主教卡普清教派神父奥拉齐奥不仅用藏文编写了讲解基督教教理的小册子《基督教教义》,而且在拉萨木如寺附近正式修建了基督教教堂。

1742 年(藏历水狗年)

清政府下令严禁西方传教士在中国传教,从此至 1745 年在拉萨传教的天主教卡普清教派传教士全部被驱逐出境,在拉萨的教堂也被夷为平地,致使天主教在西藏的传教活动再一次遭到失败。

1774 年(藏历木马年)

英军派琼斯率领四路大军进入库赤·贝哈尔,不仅打败了不丹,吞并了库赤·贝哈尔,强占了大吉岭,而且于 1775 年 4 月 25 日同不丹签订了《和平条约》。

1774 年(藏历木马年)

英国为打开中国西藏的大门,于1774年10月派遣间谍乔治·波格尔潜入西藏,进行一系列侦察活动,并要求与西藏进行通商。但无果而归。

1783 年(藏历水兔年)

英国为拉拢西藏,于 1783 年春天,派军事间谍塞缪尔·忒涅率军医罗伯特·桑德斯等人以祝贺七世班禅坐床为名,深入西藏的日喀则进行侦察活动并测绘了入藏路线,为英国入侵西藏提供了重要资料。

1793 年(藏历水牛年)

清朝中央政府在打败廓尔喀入侵后,为加强对西藏的管理,于 1793 年正式颁布了《钦定藏内善后章程》二十九条,从此明令禁止一切外人入藏。

1811 年(藏历铁羊年)

英国间谍曼宁于 1811 年 9 月,带着他的中国仆人赵金秀秘密地潜入西藏拉萨。他以行医为名,与清朝驻藏官员和地方达官贵人接触,借机刺探西藏情报,于1812年4月19日被驱逐出境。

1816年(藏历火鼠年)

英国军队战胜尼泊尔,强迫签定《塞哥里条约》,从此控制了尼泊尔。

1817年(藏历火牛年)

英国强迫哲孟雄签定《梯塔亚条约》,随后于1828年提出租借大吉岭,并于1835年正式将长24英里宽6英里的大吉岭租与英国,从此大吉岭成为英国侵略西藏的大本营。

1826年(藏历火虎年)

波密的噶朗第巴为摆脱西藏地方政府的盘剥,拒绝向西藏噶厦政府缴纳差税,因此引起波密事件。

1834年(藏历木马年)

印度道格拉统治者在英国的指使下,于1834年8月派大将索热部森巴头人倭色尔率军侵入拉达克。

1841年(藏历铁鸡年)

印度道格拉统治者在英国的指使下,于1841年4月分三路大军入侵西藏。但是,在西藏广大军民群众的英勇反击下,最后打败了侵略者,取得了反侵略战争的胜利。

1845年(藏历木蛇年)

清朝以埒征(热振)诺门罕掌办商上事务。

1846年(藏历火马年)

英国侵占克什米尔,拉达克随同转入英国势力之下。

1848年—1849年(藏历土猴年—土鸡年)

英国武力强占锡金南部。

1855 年(藏历木兔年)

尼泊尔以边境商务纠纷,武力侵入后藏,藏军反攻。达赖十一辈克珠嘉措卒(1838—1855 年)。

1856 年(藏历火龙年)

在驻藏大臣赫特贺调停下,西藏地方政府与尼泊尔政府签订议和条件十款,是为有关我国西藏地方的第一个不平等条约。

1861 年(藏历铁鸡年)

罗马教廷派托弥尔主教等往拉萨建立教区,至昌都被逐。

英国武力侵入锡金北部。

1862 年(藏历铁猪年)

热振呼图克图以故被控,清朝以前任噶布伦汪曲结布(夏扎)协理,并赏给诺门罕名号。

1863 年(藏历水猪年)

康区东部藏族人民反对法教士。瞻对土司叛,西藏军队与四川军队协力平定瞻对有功,清政府将瞻对拨归西藏派员管理,作为贴补军费。

哲蚌寺为法会布施分配发生骚乱,摄政热振活佛逃往汉地,夏扎·旺秋杰波出任摄政。

1864 年—1865 年(藏历木鼠年—木牛年)

英国用武力于 1864 年侵占不丹之噶伦堡山区,1865 年 11 月强迫不丹签定《新曲条约》,从此完全控制了不丹。

1866 年(藏历火虎年)

英国派遣大量经过特殊训练的与西藏有共同语言、宗教信仰的喜马拉雅诸山国土著居民间谍,进入西藏进行各种侦察活动。

1870 年—1888 年(藏历铁马年—土鼠年)

沙皇俄国间谍普里热瓦尔斯基上校,曾率领所谓的"科学考察团"先后五次深入藏区进行侦察活动。

1876 年(藏历火鼠年)

中英会议烟台条约另款中,允许英国人经西藏赴印度。

1877 年(藏历火牛年)

英国驻中国重庆查办通商事宜的陆军上尉吉为哩和英国驻重庆领事贝德禄依据《烟台条约》,自成都往西藏游历,被阻。

1879 年—1882 年(藏历土兔年—水马年)

英国派遣印人达斯两次潜入西藏活动,引起强烈反对。

1883 年(藏历水羊年)

藏历新年,拉萨喇嘛与尼泊尔商民因购货冲突,损及尼商店铺,由清政府帮同西藏地方政府赔偿损失,并允尼泊尔派少数士兵驻拉萨作为尼代表之卫队。

1885 年(藏历木猴年)

英印政府擅派马科蕾率领军队,侵入后藏干坝宗所属之甲冈地方,要求谈判通商,失败而去。中法战争爆发。

1886 年(藏历火狗年)

根据中英签订的《缅甸条约》的规定,英国放弃到西藏旅游、考察。

英国以武力占领整个锡金,并在锡金筑路、修桥,开辟通往西藏的交通,作好入侵西藏的准备。

西藏为抵制英国的侵略,在藏锡边境的险要地段隆吐山建卡设防。

1887 年(藏历火猪年)

巴塘藏族人民掀起了反洋教斗争,烧毁了该地区的外国教堂。

1888 年(藏历土鼠年)

3 月 20 日,英帝国主义者发动侵略西藏的隆吐山战役,西藏军民首次掀起抗英斗争。

1890 年(藏历铁虎年)

驻藏大臣升泰到印度加尔各答与英印总督兰斯顿侯爵谈判,于3 月 17 日签订《中英会议藏印条约》,这是西藏近代以来签订的第一个不平等条约。

1893 年(藏历水蛇年)

清政府派四川越巂参将何长荣与税务司赫政往大吉岭与英印政府驻锡金行政官保尔进行谈判,于 12 月 5 日签订《中英会议藏印续约》。

1894 年(藏历木马年)

中日战争爆发。

1895 年(藏历木羊年)

十三世达赖接受比丘戒,清朝皇帝降旨祝贺。圣旨通过驻藏大臣转递,照例举行庆典。达赖喇嘛接旨后行九叩礼谢赐。由于达赖时到二十岁,应噶厦和三大寺代表要求,第穆呼图克图阿旺洛桑赤来辞去摄政王职务,十三世达赖正式执掌西藏政教大业,并在布达拉宫司西彭措大殿举行了亲政大典。

1896 年—1897 年(藏历火猴年—火鸡年)

四川总督鹿传霖以瞻对藏官滋事,拟改设流官,未果。

1897 年(藏历火鸡年)

十三世达赖喇嘛为实行“联俄抗英”政策,不惜违背历史定制,派俄国间谍德尔智代表西藏第一次出访沙俄。

1899 年(藏历土猪年)

西藏地方政府通过蒙古哲布尊丹巴呼图克图及理藩院代奏,并请拨给枪械军火,另将三十九族及达木八旗地方,拨归西藏管辖,未获清朝中央政府准许。

1900 年(藏历土鼠年)

十三世达赖喇嘛又第二次派俄国间谍德尔智代表西藏出访沙俄。

1902 年(藏历水虎年)

英国和日本于 1 月签订“英日同盟条约”,用日本牵制俄国势力南下。英印政府驻锡金行政官怀特率兵侵占西藏地方的甲冈进行挑衅活动。

1903 年(藏历水兔年)

英帝国主义派荣赫鹏以谈判商约为名,率领英军,侵入亚东。

1904 年(藏历木龙年)

3 月 31 日英军制造了著名的“曲米新古惨案”。7 月 5 日,西藏人民英勇抗击英国侵略者,进行了著名的江孜保卫战,但因武器落后而失败。英国侵略军进入拉萨,7 月 27 日达赖十三辈北入内地。英军包围布达拉,9 月 7 日逼签“拉萨条约”。

1905 年(藏历木蛇年)

驻藏帮办大臣凤全在巴塘强施改革,当地藏族上层叛乱,凤全被杀。清政府派赵尔丰经营川边藏区,进行“改土归流”推行新政。英帝国主义用武力劫持班禅九辈去印,策动分裂,阴谋失败。

1906 年(藏历火马年)

十三世达赖喇嘛土登嘉措从蒙古回藏行至青海塔尔寺奉旨停止,等候进京。中英在北京于 4 月 27 日订立《中英续订藏印条约》,以光绪三十年(1904)《拉萨条约》为“附约”。清朝派张荫棠进藏“查办藏事”,推行多项近代化改革措施。

1907 年(藏历火羊年)

7 月,清政府派全权大臣张荫棠、西藏噶布伦汪曲结布与英国全权大臣韦礼敦,在印度加尔各答签订中英修订藏印通商章程。

8 月 31 日英、俄双方为瓜分西藏,在俄国圣彼德堡缔结了《英俄协约》。

1908 年(藏历土猴年)

9 月 20 日,十三世达赖喇嘛土登嘉措进京朝见光绪帝及慈禧太后,受封“诚顺赞化西天大善自在佛”。联豫在西藏推行近代化改革。

1909 年(藏历土鸡年)

12 月 19 日,十三世达赖喇嘛土登嘉措返回拉萨。驻藏大臣联豫电请派四川新军两千余人,由知府钟颖率领进入西藏,与西藏地方发生冲突。

1910 年(藏历铁狗年)

2 月 22 日,达赖十三辈等逃往印度。英印政府与不丹签约,嗣后不丹对外关系需遵英方劝导。

1911 年(藏历铁猪年)

英帝国主义加紧侵略中印边界东段,派遣武官等越境调查我国下察隅、洛渝、门隅等地。10 月 10 日武昌起义,辛亥革命爆发。

1912 **年(藏历水鼠年)**

3 月中华民国政府在北京成立。设蒙藏事务处(后改设蒙藏事务局,属内务部)。又设青海办事长官、川边镇抚使等职。西藏驻军内部分裂,驻藏大臣系统至此瓦解。达赖十三辈自印度回藏,西藏当局制造“驱汉事件”。川滇军奉命西进,遭受英国干涉。达赖在噶厦中设置司伦,总掌地方政务,推行“新政”。

1913 **年(藏历水牛年)**

1 月 11 日,西藏地方当局与外蒙古在英帝国主义的操纵下,签订《藏蒙协定》,公开协调分裂中国的罪恶活动。10 月 13 日,中英代表在印度西姆拉举行会议,西藏代表参加了会议。设青海蒙番宣慰使,划川边为特别区,改川边镇抚使为经略使。

1914 **年(藏历木虎年)**

3 月 11 日,英国在西姆拉会议上提出“内、外藏”划界,胁迫中国接受,被拒绝,会议失败。另外,英国谈判代表麦克马洪私下与西藏代表夏扎·边觉多吉划出了一条秘密的中印边境线—麦克马洪线。英国诱骗西藏代表在《西姆拉条约》和《英藏通商章程》上签字。北京民国政府改蒙藏事务局为蒙藏院,直属国务院。改川边经略使为镇守使。西藏牧区开征盐、羊毛、皮革等税。西藏地方当局设藏军总司令部、机器厂。驻藏办事长官陆兴祺入藏中途受阻,滞留印度达十余年。

1915 **年(藏历木兔年)**

西藏地方政府派仁岗、门仲、吉普、果卡四名贵族子弟前往英国伦敦学习水电、邮政、地勘、军事专业,由龙夏多吉次嘉带队。

1916 **年(藏历火龙年)**

十三世达赖喇嘛土登嘉措命著名藏医专家钦饶诺布等,创办拉萨“医学星算利众院”,亦称“门孜康”。

1917 年—1918 年(藏历火蛇年—土马年)

英国指使藏军东犯,推进至金沙江西岸。

1918 年(藏历土马年)

川边藏族掀起抗粮抗税斗争。

1919 年(藏历土羊年)

北洋政府派李仲莲、朱绣等人,入藏会见十三世达赖喇嘛土登嘉措。临行前,十三世达赖喇嘛土登嘉措表示“余倾心内向,同谋五族共和”。

五四运动爆发。北洋军阀政府公布了非法的西姆拉会议部分内容,全国人民强烈反对。

1920 年(藏历铁猴年)

11 月英国派原驻锡金行政长官查尔斯·柏尔前往西藏。

1921 年(藏历铁鸡年)

中国共产党成立。拉萨传昭法会时,僧俗人众强烈反对英国特务贝尔在藏活动。西藏当局设立军粮局。青海宁海军入据甘南拉卜楞地区。

十三世达赖喇嘛土登嘉措命西藏地方政府刻印藏文《大藏经》,称拉萨版藏文《大藏经》。

藏历新年,拉萨市民数千人聚集在街头示威,号召僧俗民众将英国奸细柏尔驱逐出藏。

1923 年(藏历水猪年)

英国煽动西藏亲英势力破坏西藏内部团结,11 月 15 日班禅九辈被迫逃入内地。西藏地方当局设立警察局。

1924年(藏历木鼠年)

达赖派人接管班禅辖区,并接管了扎什伦布寺。英国阴谋策动西藏贵族军官举行政变,为达赖察觉,乃罢黜亲英分子,停止军官训练。又封闭江孜贵族学校(1926)。

1925年(藏历木牛年)

西藏地方当局设立邮局、电报局。达赖下令撤消被英国控制的拉萨警察局。达赖任命龙夏为藏军总司令。

1926年(藏历火虎年)

改甘边宁海镇守使为护军使。西康改设屯垦使。

1927年(藏历火兔年)

藏历第十六饶迥之始。蒋介石叛变革命,国民政府在南京成立。南昌起义、秋收起义。中国共产党领导工农红军开辟革命根据地,建立人民革命政权。国民政府设川康边防总指挥部及川西五县三屯屯殖督办署,青海军撤离甘南,设拉卜楞设治局。西藏筹办拉萨水电厂。

1928年(藏历土龙年)

国民党在南京成立国民政府,设立蒙藏委员会。达赖派代表赴南京与国民政府联系。次年,班禅驻京办事处成立。国民政府设青海建省委员会、西康政务委员会。

1929年(藏历土蛇年)

1月,班禅九辈在南京设立办事处。2月,国民政府设蒙藏委员会于南京。7月中央政府派刘曼卿入藏,1930年3月1日到达拉萨。9月13日,蒋介石接见达赖派到南京的西藏代表贡觉仲尼,阐述了中央对西藏的政策。

1930 年(藏历铁马年)

2 月 16 日,国民政府派特使贡觉仲尼入藏与达赖联系。西藏与尼泊尔间发生商务纠纷,后经调解解决。西藏上层借口大金、白利地方纠纷派军东进,与西康军阀形成地方冲突。

达赖在南京成立西藏办事处,任命雍和宫堪布贡觉仲尼为办事处代表。

1931 年(藏历铁羊年)

九·一八事变。达赖、班禅表示抗日。达赖在南京设立西藏办事处。达赖整顿黄教寺庙集团。国民政府册封班禅为"护国宣化广慧大师"。西藏上层派军侵入玉树地区,与青海军阀引起冲突。

1932 年(藏历水猴年)

藏军借口玉树苏莽地方纠纷进犯青海,失利。康藏冲突平息。班禅九辈赴南京任西陲宣化使职。

1933 年(藏历水鸡年)

青藏、康藏冲突平息。达赖十三辈土丹嘉措卒(1876—1933 年)。

1934 年(藏历木狗年)

1 月 12 日,国民政府派黄慕松入藏致祭达赖十三辈,并册封为"护国宏化普慈圆觉大师"。国民政府决定筹设蒙藏委员会驻藏办事处于拉萨。英国派遣特务以致祭为名入藏,擅自留设代表机构。班禅九辈受任国民政府委员,着手筹备返藏。1 月 31 日,热振活佛出任摄政,5 月 29 日国民政府册封热振活佛为"辅国普化禅师"。龙夏事件爆发,龙夏入狱被挖去双眼,抄没家产。

1935 年(藏历木猪年)

中国共产党中央政治局在贵州遵义举行扩大会议,确立了以毛泽东同志为代表的党中央正确领导。第一方面军在川西阿坝藏族地区与第四方面军会师后,通过甘南入陕。

1936 年(藏历火鼠年)

红军第二方面军长征途中经过云南中甸藏区到西康与第四方面军会师。第二、第四方面军北上,分经甘南、果洛藏族地区,胜利到达陕北。长征期间,第一、第四方面军在川、康地区建立藏族人民革命政权,北上后革命政权为反动派摧残。

1937 年(藏历火牛年)

九世班禅曲吉尼玛于进藏途中,在青海玉树圆寂。抗日战争开始。

1938 年(藏历土虎年)

青海军阀成立德兴海商号。果洛藏族人民反抗青海军阀,执杀副旅长喇平福。西康建省委员会改组。

1939 年(藏历土兔年)

在青海寻访的十三世达赖喇嘛的转世灵童抵达拉萨。国民政府正式建置西康省。西康康藏茶叶公司成立。西康驻军与班禅行辕冲突。

1940 年(藏历铁龙年)

十四世达赖喇嘛丹增嘉措在布达拉宫坐床,国民政府派蒙藏委员会委员长吴忠信入藏主持坐床大典。英国以观礼为名派特务入藏活动。蒙藏委员会驻藏办事处正式成立。2 月 22 日,十四世达赖经中央政府批准,在拉萨布达拉宫由中央代表吴忠信主持举行“坐床典礼”。

1941 年(藏历铁蛇年)

1 月 16 日,摄政热振活佛辞职,推荐达札活佛代掌西藏地方事务。西康军阀成立官僚资本总机构西康企业公司。

1942年(藏历水马年)

美国战略情报局派遣特务偷入西藏、青海,进行军事勘探。7月6日,西藏地方当局擅自成立"外交局"。

1943年(藏历水羊年)

甘肃临潭地区藏汉各族人民反对征派粮款,爆发起义,组成抗日救国军,提出革命口号,波及二十余县,历时十个月。

1944年(藏历木猴年)

英印政府以武力强占达旺地区。

1945年(藏历木鸡年)

抗日战争胜利。重庆谈判。

1946年(藏历火狗年)

中国人民解放战争开始。英国派遣军官进入洛渝地区勘测,开始推行"巴里巴拉开发计划"。青海军阀成立官僚资本总机构湟中实业公司。

1947年(藏历火猪年)

西藏亲英分子在西藏策动"热振事件",热振呼图克图遇害。印度独立,英国驻藏代表机构改为印度政府驻藏代表机构。3月23日"泛亚洲会议"开幕。10月,美、英帝国主义直接支持"西藏商务代表团"赴欧美考察,进行分裂活动。

1948年(藏历土鼠年)

美国特务潜入青海作航空探测。

1949年(藏历土牛年)

第十辈班禅额尔德尼·却吉坚赞(1938—)在青海塔尔寺坐床。西藏地方当局在美英帝国主义指使下发动"驱汉事件",国民政府蒙藏委员会驻藏办事处人员被送往印度。中华人民共和国成立。班禅十辈致电拥护中央人民政府,请求立即解放西藏。

1950 年(藏历铁虎年)

甘肃、青海、四川、西康、云南等省境内藏族地区先后解放。摄政达札退职,达赖十四辈亲政,任命鲁康娃·泽旺饶登、罗桑扎喜二人为司伦。中央人民政府命令中国人民解放军进军解放西藏。10 月解放昌都。中央民族访问团分赴各省藏族地区进行慰问。甘肃天祝藏族自治县及西康藏族自治区(专区级)成立。

1951 年(藏历铁兔年)

中央人民政府代表团与西藏地方政府代表团经过谈判,5 月在北京签订《中央人民政府和西藏地方政府关于和平解放西藏办法的协议》(简称《十七条协议》)。7 月中央人民政府驻藏代表张经武到达西藏。9 月,西藏地方政府召开僧俗官员会议,决定拥护《十七条协议》,人民解放军进藏部队的先遣部队抵达拉萨。10 月,人民解放军进驻拉萨。十四世达赖喇嘛丹增嘉措致电毛泽东主席,表示拥护关于和平解放西藏办法的协议,西藏和平解放。12 月,十世班禅确吉坚赞从青海启程进藏。

参考资料:《西藏简史》、《西藏大事年表》